U0456383

清文宗

咸丰传

王尚琦◎编著

团结出版社

图书在版编目（CIP）数据

清文宗咸丰传 / 王尚琦编著. -- 北京：团结出版
社，2015.8（2023.1重印）
ISBN 978-7-5126-3744-3

Ⅰ.①清… Ⅱ.①王… Ⅲ.①咸丰帝（1831~1861）
—传记 Ⅳ.①K827=52

中国版本图书馆CIP数据核字(2015)第176316号

出　版：团结出版社
　　　　（北京市东城区东皇城根南街84号　邮编：100006）
电　话：（010）65228880　65244790（出版社）
　　　　（010）65238766　85113874　65133603（发行部）
　　　　（010）65133603（邮购）
网　址：http://www.tjpress.com
E-mail：zb65244790@163.com（出版社）
　　　　fx65133603@163.com（发行部邮购）
经　销：全国新华书店
印　刷：唐山楠萍印务有限公司

开　本：650毫米×920毫米　16开
印　张：25
字　数：320千字
版　次：2016年1月　第1版
印　次：2023年1月　第2次印刷

书　号：978-7-5126-3744-3
定　价：68.00元

前　言

　　悠悠几千年，纵横五万里，站在中国文明辽阔而又源远流长的历史天幕下，仰望着令无数人叹为观止的帝王将相的流光溢彩的天空，尽阅朝代更迭的波澜起伏，无处不闪耀着先人用心、用生命谱写的辉煌。

　　封建帝王将相是历史的缩影，自嬴政以来，秦皇汉武，唐宗宋祖……他们或以盖世雄才称霸天下，或以绝妙文采震烁古今，或以宏韬伟略彪炳史册，或以残暴不仁毁灭帝业，铸就了一部洋洋洒洒长达两千余年的封建帝王史……

　　恍然间，我们看到了"千古一帝"秦始皇"横扫六合"的雄伟身姿；大汉朝开国皇帝刘邦从"市井无赖"到"真龙天子"的大变身；汉武帝刘彻雄赳赳地将中华带上顶峰的威风场景；光武帝刘秀吞血碎齿战八方，于乱世中成就霸业的冲天豪情；乱世枭雄曹操耍尽"奸计"，玩转三国的高超智慧；亡国之君隋炀帝的骄纵狂妄；唐高祖李渊率众起义、揭竿而起，建立唐王朝的惊天伟业；唐太宗李世民玄武门兵变的狠辣果断；一代女皇武则天勇于创造命运的步步惊心；宋太祖赵匡胤"杯酒释兵权"的聪明睿智；元世祖忽必烈以蒙古铁骑横扫欧亚大陆的英雄豪迈；一代天骄成吉思汗开创铁血王朝的钢铁毅力；"草根帝"朱元璋从"乞丐"到"皇帝"的辛酸血泪；清太祖努尔哈赤以十三副铠甲起兵，开辟锦绣前程的创业史；大清王朝第一帝皇太极夺取江山的谋略手段；少年天子顺治为爱妃做到极致的痴心情意；清军入关的第二位皇帝康熙除权臣，平叛逆，锐意改革的天才谋略；最富争议的皇帝雍正的精彩人生；乾隆皇帝钟情于香妃的风流韵事；慈禧太后将皇帝与权臣操纵于股掌之间的惊天手段；历代名相为当朝政务呕心沥血，助帝王打造繁荣盛世……

在浩瀚无边的中国历史长河之中，帝王将相始终是核心人物，或直接或间接地掌控着历史的舰舵，影响着历史的进程。虽然他们已是昨日黄花、过眼云烟，但查看他们的传奇人生，研究他们的功过是非，仍然可以让读者借鉴与警醒！

即便如此，很多人依然会"坚定"地摇着头回答："NO!"因为在他们看来，"历史、帝王将相"等于"正统、严肃"，这些东西早被当年的历史考试浇到了冰点！尽管明知"读史可以使人明智"，也再没有耐心去研读、探索那些"枯燥"的历史了。其实，历史并不是课本上那些无聊的年份表，帝王将相也不是人物事件的简单罗列。真实的帝王将相的生活要丰富得多，有趣得多。

为了解决这个问题，让读者心甘情愿地"抢读"历史，本套图书精心挑选了在历史上影响力颇大的帝王或名相，突破了枯燥无味、干巴巴的"讲授"形式，以一种幽默诙谐的语言，用一种立体的方式将一个帝王或名相的多样性与丰富性展现在广大的读者面前。

全书妙语如珠，犀利峥嵘，细述每个帝王或名相的政治生活、历史功绩、家庭生活、情感轶事等，充满了故事性、知识性与趣味性，让读者在轻松愉悦的享受中体味人生的变化莫测；在"观看历史大片"的过程中收取成功的法门秘诀。

为了保证书稿的质量，编辑工作者查阅了大量的相关资料与文献，并且专门请教了很多长期从事历史教学与研究的专家学者。不过，由于时间与精力有限，如果本套图书存在些许错误，敬请广大的读者朋友们批评指正。

"古人不见今时月，今月曾经照古人"，与浩瀚的宇宙相比，人类的生命短暂得微不足道。因此，在这有限的时光中，我们要尽一切可能多学知识，少走弯路，让我们的人生变得更加绚丽多彩！

目　录

清文宗咸丰传

QINGWENZONGXIANFENGZHUAN

第一章

南苑校猎仁心得圣意　道光立嗣储位落谁家

道光二十七年,紫禁城里的一位老人正手握御笔,定夺着一件关系天下百姓命运的大事。他脑中不停地思索着:四阿哥可为太子。先不说他是孝全成皇后所生,又比六阿哥奕䜣年长;且说这次南苑狩猎的发生的事情,让他看到了四阿哥宽厚仁爱、深知孝悌的品德。

这位老人就是当时在位的道光皇帝,而这位四阿哥就是当年还是皇子的咸丰皇帝奕詝。这狩猎过程中到底发生了什么,让道光皇帝决定立奕詝为太子呢?

公元一八四八年,三月八日,道光皇帝来到永宁山下。这里是清代帝王陵寝,长眠于此的除了道光皇帝的曾祖父雍正皇帝、曾祖母孝圣宪皇后和父皇嘉庆皇帝,还有他的三位皇后孝穆成皇后钮祜禄氏、孝慎成皇后佟佳氏、孝全成皇后钮祜禄氏。

道光皇帝身后的四位阿哥奕詝、奕䜣、奕琮、奕譞以及文武百官,按照官职高低,都随他整齐地站在嘉庆皇帝陵寝前。面对自己的父亲,道光皇帝不免多做停留,在他老人家的陵寝前,说说自己的心里话。伴君如伴虎,道光皇帝年事已高,更加明白身处封建阶级的最顶端,一言一行都关系着百姓,一举一动都关系着国家。眼下皇子们已经长大,而自己已经力不从心,但太子的位置却让他犹豫不决。他隐隐觉得,父亲会在这次拜祭之时,为他指出一个可以继承皇位之人。想到这里,道光的眼神就投向了这次带来的几个皇子。

只见四人齐齐跪下,拜祭皇祖。却不知从哪里飞来一只喜鹊,直冲六阿哥奕䜣而去。道光皇帝心领神会,方才的话父皇听到了,这是他来为自己解忧了,这只喜鹊就是来为自己报喜,为自己选太子的。还没来得及多想,只见喜鹊没有飞向奕䜣,却折了一下,从奕詝头上掠过。道光皇帝很是欢喜,这是天意,父皇和自己想到一起去了。

道光皇帝的目光聚集在奕詝身上的一霎,让他想起了很多往事。他自小聪颖、性情温和,可惜少年丧母,再加上几年前在南苑落马伤了腿,有些跛脚。奕詝的母亲是自己的最后一位皇后,孝全成皇后。虽然道光皇帝爱屋及乌,这些年对奕詝也是关爱有加,却也难以消除自己对他们母子俩的愧疚。

目光扫到旁边的六阿哥奕䜣。道光皇帝觉得,能与四阿哥相比的只有他了,奕䜣的母亲是总摄六宫的静皇贵妃,他的性格与四阿哥完全不同,能文能武,高傲坦率,脾气却有些暴躁,虽有帝王的风范,却少了仁爱之心。而这宽厚仁爱之心,正是道光皇帝所看重的。

来到墓陵前,皇子们依祖制行完礼,只有奕詝跪在自己的母亲面前不肯起身,这陵寝本就使他感到哀伤,加之他早早失去母亲,不似六阿哥的母亲一般,一直陪在儿子身边。顿时哀伤、孤苦、委屈一齐涌上心头,唯有不停在母亲陵前叩首。这满心酸楚,使他随即又号啕大哭、泪流满面。

这引起了道光皇帝难以言表的悲痛之情,面对自己最爱的皇后和皇子,他所有的愧疚之情喷涌而出。只是在皇子和众人面前,作为一个皇帝,却只能是威严地看着这一切,而心中对奕詝更是多了几分怜爱和感慨。

离开陵寝,就来到了事情的发生地——南苑。正是这里发生的一切,让现在的道光皇帝决定立四阿哥奕詝为太子。

此行的目的与之前的都不一样,毕竟大清朝是马背上打出的天下,这次不仅考验各位阿哥马背上的工夫,还要考验各位阿哥的品德。

三月天气自不必说,虽然还有些凉意,但是已经春回大地,万物复苏,草木迅速生长。

进入狩猎状态,道光皇帝和阿哥们一扫之前阴霾的情绪,准备一展身手。大家穿上备好的猎装,马背之上越显雄姿英发,少年志气显露无遗。忽看这几位皇子,六阿哥奕䜣显得最为突出。

除了道光皇帝,奕詝在马背上仔细观察着这一切。奕琮、奕譞暂且不说,只见人群中最为突出的六阿哥奕䜣一双傲气的眼神,向父皇处扫视,父皇会心一笑。父皇此时一定很得意吧,四阿哥心理这样想。六阿哥端坐在马背上,如离弦的箭一般,蓄势待发。肩宽体阔、手握弓箭、勒紧马匹,与狩猎场上的六弟相比,自己没有生母的庇护已经孤苦,这身书生气更是略低了一筹,六弟显示出了王者的霸气。心中不禁暗暗地叹了一口气,独自在马背上悠闲望向远方,并不与其他皇子们一样兴奋。

道光皇帝只从这情景来看,见六阿哥最有王者气质。却无法揣测皇子们心中的所想,只能继续观察他们的举动。对于这位老人来讲,这最终也不是一场普通的狩猎啊。

奕詝早知道父皇的心思。奕琮过继给了惇王府,虽也是个好男儿,但毕竟是无法与自己的地位相比;奕譞如今才七岁,还没过当时母亲离开自己时候的年纪,机灵倒是有的,稚气未退也是无法继承大业。只有六弟可与自己抗衡,既然自己在狩猎场上无法与六阿哥相比,倒不如听从师傅杜受田的建议,表现出自己不一样的一面才好。

道光皇帝一声令下,先前皇子们的满腹壮志瞬时迸发,一方面男儿血性使然,另一方面也想在父皇面前一显身手,表现的欲望愈加强烈。脚蹬马肚,手中缰绳一紧,大家都冲了出去,草场上立刻腾起尘雾。

奕詝并未动身,他一早就知道自己要做的是什么,不与六弟相争,在这狩猎时自然不用颇费心思。他暗中观察父皇的表情,从六阿哥骑上马,催促父皇赶快下令,到开始骑马狩猎,父皇都再细心观察六阿哥的举动和言语。从父皇脸上不太满意的表情,奕詝更加确定了自己的做法。他知道,父皇是忌讳六弟不够沉稳,以及暴躁的脾气。而奕诉还没有意识到自己的问题出在哪里。如果要想博得父皇的欢心,还需要想想怎样找到合适的机会,表明自己的心志。

道光皇帝也观察着他们二人的举动,太子最重要的特质,在他们身上都有所体现,要做出决定,必须要费一番工夫。

奕诉自不必说,是一个将才,也有王者气质,狩猎过程中,在这几个皇子之中显得最为突出和耀眼,他追赶着猎物,天上飞的,地上跑的,他都不放过。几乎箭箭都能命中,身旁的奴才收了一个又一个猎物,还不时地欢呼叫好,好不热闹。

奕詝这边的情况却大相径庭,在马背上,没有丝毫紧张和兴奋,好似这场狩猎与他毫无干系,这草场的大好风光似乎才是他的心仪之处。他一会儿看看其他皇子的狩猎情况,一会儿又望向远方,马蹄的速度却放得极缓慢,这哪里是在狩猎啊?道光皇帝心中疑惑,也有不小的失望。

于是上前关切地询问奕䜣的状况，谁知这个儿子既没有什么身体上的不舒服，也没有什么不高兴。道光皇帝也只能催促他赶快过去，与皇子们一起狩猎。

四阿哥迫于父皇的催促，也只好扬鞭而去。只是他的目标不是那猎物，而是草场上欣欣向荣的景色，所以只跑了不远，就逐渐放慢了速度，去欣赏着远近不同的风景，在春色中尽情留恋和感慨。

看见两位阿哥的表现，道光帝心中大为不悦，没想到奕䜣竟不是块好材料。这大好时光，在这狩猎场上只知欣赏春色，他与这太子之位怕是无缘了。还没来得及多想，却见奕䜣正在追赶前方一只大羚羊。

老骥伏枥，志在千里。道光皇帝顾不得太多，一个纵身跳上马背，扬手追了过去，口中高喊：奕䜣躲开。

拉弓射箭，却是三箭都没射中。

眼看羚羊越跑越远，六阿哥此时一跃而上，一箭将羚羊射中。

本想在皇子们面前做个表率，自己从前射技精准，却没想到三箭没有射中。可见自己已经力不从心，要赶快定夺皇子之事才对。看到奕䜣如此的青出于蓝，他不仅骄傲，心中也安稳了许多，看来他以后可以担当太子重任。想着想着，原本唉声叹气，这时脸上露出了欣喜的神色。

这些微妙变化，都被奕䜣看在眼中。

几个时辰过去，众人都要收弓回去了。大家都心领神会，围绕在道光皇帝的身边，羡慕、谄媚的目光也都齐齐地聚集在六阿哥的身上。在大家心中，这场狩猎的意义已经达到了，太子之位恐怕已成定局。

奕䜣心中更是窃喜，自己这次的表现极为出色，在众皇子中可谓脱颖而出。狩猎成果最为丰富的也是他，这恐怕就可以决定自己之后的路了。想着想着，面露喜色，众人的眼光也使他更加骄傲，骑马来到父皇身边，他等待着显而易见的结果。

就在这时，一头母鹿轻快奔跑，出现在远处林中。众人纷纷将目光转向这只母鹿，皇子们刚刚收弓，余志未消，自然跃跃欲试。奴才们让出位置，等待皇子们的再一次一显身手。

奕琮、奕譞没有多想就扑了上去。谁知几箭过去并未射中，心中不免不快。

奕䜣此时再动，刚才的母鹿由于受到惊吓，已经开始乱跑，再迟几步，恐怕就要消失在前方的树林里了。他将满弓移至胸前，一箭出去，母鹿就倒下了。

这一幕委实精彩，这几位阿哥的能力，一下子更加直观的展现在众人面前。用不着多做分析观察，这谁更优秀也可一眼看出了。人群中立刻出现赞叹和欢呼声，场面一下子又沸腾起来。六阿哥再次成为众人的焦点，比起先前，更多了几分神奇与傲然。道光心中也有了一些定论，这两个皇子的较量今天便要结束了。只奕䜣心中不快，却也是另有打算，想着这次狩猎对他来讲，其实还没有真正定出胜负。

奕䜣此时默不作声，反倒是略显不悦。道光皇帝想到这次狩猎的结果，怕奕䜣心中不快引起兄弟间更大的隔阂，不由心生怜爱，便上前询问情况。

奕䜣就是在等这个机会，他心中暗喜，表面上却平静如初，不慌不忙地解释自己不悦的原因。自己并不是看到六阿哥比自己强，所以心中不悦，而是因为这是万物繁衍生息的季节，狩猎虽然可以展示皇子们的风姿，却也让动物们失去了生存的机会，上天自有好生之德，自己不愿意在此时杀生罢了。

这个解释，虽然没带任何霸道的词汇和语气，可是却体现着一个皇帝应有的宽厚仁爱的基本素质。这天下是百姓的天下，除了有武略，更要有文韬，最终要的是能够明白"水能载舟，亦能覆舟"的道理，心存仁爱之心，这天下百姓才可安居乐业。道光皇帝似乎一下子惊醒了，这才是他想要的继承皇位之人。

这一惊醒，让道光与奕䜣心灵相通。牵马漫步便和四阿哥并肩而行。夸赞欣慰更是少不了的，奕䜣的目的是达到了。

奕䜣本来以为自己煞费苦心，拼尽全力，表现的万无一失。眼看就要成功了，可是四阿哥什么都没做，几句轻描淡写的话，就让父皇大加赞赏。这所有的努力岂不就白费了？此时心中十分失落，也觉得奕䜣心机太深，隐藏了那么久，一张嘴就将自己比了下去。本来被众人举得高高的，此时一下子被冷落，他的苦楚的心境只有自己清楚啊，只好独自扬鞭而去。

这南苑狩猎的完整经过就是这样了。

正是经过了这件事，一幕幕浮现在道光脑海中，他看到了奕䜣的宽厚仁慈，似乎也感觉到了奕䜣的不能容人。左思右想，才在这案头，想要选

个黄道吉日,亲执御笔,就此立奕詝为太子。

这时发生了一件事,让本来已成定局的事件,再次掀起了波澜。

事情的主要症结是一个人,这个人就是奕詝的舅舅,孝全成皇后的弟弟,现在的一位国舅爷琦玉。

琦玉在孝全成皇后离开后,仕途发展也没有受到道光的特殊照顾,时下官至四品,也对他的外甥有几分惦念。现今他二十四岁,一直想有机会,去找奕詝。虽然两人相见次数寥寥无几,但是毕竟奕詝现在是当今皇子,以后有可能成为太子。母亲早早离世,奕詝心中不免孤苦,虽然不知道他是否还认识这个舅舅,但是去探探总是可以的,这位阿哥会跟他这个舅舅更加亲近呢。

皇宫里的人,关系错综复杂,想要办成一件事,只要用心,总能找到突破口。这位国舅爷心思机敏,很容易就和四阿哥的师傅攀上了关系。原来,杜受田的儿子杜翰与舅舅琦玉是同窗好友,走得很近。

这天杜翰带着一个人进了上书房。杜受田见有人来,忙上去迎接。看到杜翰先是一惊,还没来的想是为何事,却看到了他身边的来人,正是玉琦。虽说不常见面,杜受田还是认得玉琦,知道他是孝全成皇后的三弟,奕詝的亲舅舅。没有时间思考,他直接开口问玉琦此行的目的。玉琦还没答话,只是抬头看了一眼,眼圈竟然就红了,定定地看着书桌前的奕詝,目光再也移不开。

奕詝本来在听师傅讲解《资治通鉴》,听到先前的问话,知道是来了一个人,却不知道此人是谁。现在突然安静下来,奕詝便向外看,这一看让自己吃了一惊。只觉得眼前这个人与自己有几分相像,却想不起了这是谁。隐约间,他觉得此人一定是与自己有着某种关系。

这并不奇怪,虽说是舅舅,但毕竟是外臣,进宫是很不容易的事情。这么多年,他也不过与这舅舅见过两三回,还都是小时候的事情。他哪里记得?

此时奕詝心中急切想知道答案,忙问来者是谁。师傅却是支支吾吾不肯告诉他。他就不停追问师傅,杜受田只好告诉他,这人就是他的亲舅舅。

果然没错,奕詝本来自觉孤苦,母亲早走了,此时来了一个舅舅,心里一下子觉得自己有了一个亲人,倍感欣喜和激动。这些年来思念母亲的心，一下子转到了眼前这个人身上。忙拉着舅舅，仿佛得到宝贝一般。交谈中才知道，这舅舅也只在自己生日的时候来过两次。

见到舅舅，只是感念旧情，相互倾诉，本来也生不出什么事端。可是奕詝对母亲的思念久久挥之不去，这个舅舅就格外让他想要照顾。为了让自己心安，他决定寻找机会，为这个舅舅做些事情。

奕詝见道光的机会倒是常有。于是他找了个合适的机会，就向父皇提起了这个舅舅。

道光皇帝被这突然的提及，有些不悦。他不知道这个孩子从哪里听说了这位舅舅，也不知道这位国舅到底有什么样的图谋，所以疑惑的同时，觉得这件事一定有蹊跷。所以并没有直接回答奕詝的问题，而是找了一个理由，将他支走了。

奕詝看到父皇的反应，怕影响他的心情，引起他对自己的不满。知道自己的行为可能有些鲁莽，缺乏考虑。所以也只能不动声色，父皇说过之后，他也不敢再说下去，只得乖乖地走了，思考自己的想法是不是错了。这件事也没敢再次提起。

从南苑归来，道光皇帝初步确定立四阿哥奕詝为太子。一方面，奕詝居长，又是孝全成皇后所生，他占有得天独厚的优势，即"立嫡立长"之传统习惯；另一方面，几件事情都表现出奕詝仁慈宽厚的品德，这一点道光皇帝非常赞赏。

主意已定，道光皇帝准备择吉时亲书奕詝之名，立他为太子，可就在这关键时刻，突然发生了一件事，不得不让道光皇帝再次搁下御笔，冷静思考、思考。

奕詝虽然具备仁爱的潜质，但就是因为他的仁爱，让他很可能以后看不清楚状况，滥用同情心。以目前的情况来看，若自己没有能力监督之后，他任人唯亲，让类似于国舅爷的人物，玩弄权势，大清江山就毁于一旦了。道光帝还多次思考到底是那些人心怀叵测。从杜受田到静贵妃，他都仔细分析了一遍，却还是没有什么结果。

太子之位继续搁置也不是办法，道光帝这才再次想到奕䜣。

可是此次立奕䜣为太子，道光还是没能下定决心，这又是为什么呢？

道光决定立奕䜣为太子，封好密缄已经有些时日，他心中大事已定，便感到身上担子轻了很多。心情也变得很不错。此时贴身太监王海却急

匆匆地跑到他的面前,告诉他有人得知了宫里的机密,正在三五一群的议论这什么事情。

道光心头一震,这刚刚决定了太子的事情,不会是有居心不良之人,心怀不轨吧。他立即让眼前的王海去查清此事。毕竟已经跟了自己二十多年,道光深知这个奴才的心性,他一定会将此事办妥。道光这才稍稍松了一口气,等待王海的消息。

事情很快就有了结果,原来是静贵妃一时心急,派人盯紧道光的一举一动,这才获悉了太子的秘密。

南苑狩猎之后,静贵妃自然是焦急地想知道结果如何。待儿子将那天的事情讲完,她意识到,道光可能会在近期就决定太子之位的人选。作为母亲,她为自己儿子的前途着想,并不为过。想知道这太子究竟是不是自己的儿子,就成了她的一个心病。

于是日思夜想,静贵妃实在忍不住了,就派李根子的哥哥去打探消息了。李根子不是省油的灯,但是能探听到消息,才是她最关心的问题。

这个李根子本来在坤宁宫里做事,但由于此人总爱到处说闲话,对其他正经事又不是太上心,所以没几个人愿意和他接触。但是他的哥哥确实个老实人,他在皇帝面前做个御前太监,谨言慎行,又勤勉,做事得当,自然讨得皇帝的喜欢。让他来打探消息,是最合适不过的了。于是赏银给了李根子,在宫里的奴才大多生于贫苦家庭,有了银子,自然是欢喜的不得了,也就答应为静贵妃办这件事。

静贵妃也深知这奴才口风不紧,于是千叮咛万嘱咐,又许了他事后给两倍的赏银,这才放心地让他的哥哥去办这件事。

李顺子本来就是个老实人,所以他也不用做什么特别难的事情,只要观察皇上做了什么,特别是写了什么东西就可以了,得知了这些消息,就能大致分析出太子之位到底是谁的。李顺子得了这样一个差事,更加谨小慎微,皇上的一举一动都看的清清楚楚,一一记在脑子里。每当皇上提起御笔,他更是眼睛不敢眨一下,紧紧盯着皇上写了什么字。虽说他也不一定,但是看个大概也是可以的。

一个多月后的一天,道光皇帝来到南书房,让其他人都退下,只让李顺子留了下来。李顺子心中大喜,隐约觉得皇上可能要做什么重大决定了。因此站在旁边,心都提到了嗓子眼儿里,眼睛一刻也不敢歇息,只怕这件事办不好。眼睛紧紧盯着道光,生怕遗漏了道光写些什么。

这时候皇帝却要他去端一碗赤豆汤,李顺子悬着的心再次跳得厉害。他不知道这皇帝的葫芦里卖的什么药,只得乖乖地去端了一碗汤过来。正巧看到皇帝在写着什么,心中窃喜,连忙迎上去将汤递过去。皇帝却抬手不喝了,可他的目的却达到了,他看到了皇上写的最后一笔。

静贵妃反复确认李顺子说的话,她不敢相信自己的耳朵。李根子说,皇帝的最后一笔拉的很长,并且他二哥眼力很好,绝对不会看错。这最后一笔很长,就只能是"䜣"字了。确认自己的儿子是太子,静贵妃立刻消除了几天以来疑惑的心情,转而大悦,赏银也高高兴兴给了这两兄弟。

道光皇帝听完了这件事情的来龙去脉,立刻下令处死了这李家两兄弟。本来已经定下的心,一下子又沉重起来。不仅因为这件事是静贵妃对自己的过分行为,更因为这件事情居然成为宫里的议论,让他威严扫地。

随即,刚刚立好的太子被道光否定了。他只有继续考虑,认真考量,到底哪个皇子更适合做太子。

皇帝决定的太子之位,关系江山社稷,不能轻视。道光皇帝一改再改,储位究竟会落谁家?

第二章

亲情开路孝心感父皇　少年登基新帝欲有为

　　道光皇帝年近七旬，国事家事，事事烦心。很快地，他衰老下去。过了新年，也就是道光二十九年，八十四岁的老太后孝和睿皇后一病不起。

　　母亲病重，心憔力悴的道光皇帝旻宁难过极了，大清朝从关外建国到他为止的八代帝王中，只有他是唯一的皇后嫡出，他的母亲十余岁便生下旻宁。旻宁即位后，晋封母亲为皇太后，母子感情一直很好。两年前，为了让皇太后早日康复，旻宁为儿子奕詝纳了一嫡福晋，以求冲喜，可是，老太后的病情仍不见好转，反而一天天地加重。

　　不久，老太后撒手归天了。道光皇帝悲痛万分，他想想死去的皇额娘，还有自己的三位薄命皇后，又想想内忧外患的大清江山，心如刀割，痛心疾首，一下子又病倒了。

　　整整三天，道光皇帝都没有上朝了，他昏昏沉沉睡了几天，头还是很疼，像要炸开了一样。到了第四天早上，惇亲王绵恺进宫来看望病中的皇兄，他吞吞吐吐说的话很让道光皇帝忧心：云南上个月又发生了洪涝灾害、山东菏泽地区发生大地震、山西灾民暴动、沙俄侵犯乌苏里江地区……

　　真是内忧外患，令人焦虑。所以，今天一早，道光皇帝想挣扎着爬起来，上朝听政。可是，病魔苦苦地缠着他，他刚走几步，只觉得眼前一阵发黑，天旋地转，支撑不住。

　　"唉，不服老不行啊，上了年纪，这也不方便，那也不舒服。看来，天将收我。"

　　道光皇帝在心里默默地念叨着，坐在软榻上，有气无力地说："传四阿哥。"

　　"传圣上口谕，宣四阿哥进养心殿。"

这一口谕如同一声炸雷，震得四阿哥奕詝丈二的金刚摸不着头脑。不知父皇为何突然宣他，心里未免有些忐忑不安的。

奕詝随王海到了养心殿，直奔东暖阁。这会儿，道光皇帝勉强喝了一碗燕窝粥，心里觉得好受多了。奕詝好几天没见道光皇帝了，见父皇面容憔悴不堪，心里一阵酸楚，差一点没掉下泪来。

道光皇帝猛烈地咳嗽了一阵子，又喘了几口粗气，王海为他轻轻地拍了拍胸口，总算好受多了。

"阿哥，你都十九岁了，该为阿玛分担一些了。"

听到父皇的这句话，奕詝心中不禁大喜："难道说真的要有福运了？"

奕詝不敢多想，仍然垂首低眉，洗耳恭听。

"阿玛身体一天不如一天，连批阅奏章的精力都没有了，从今日起，由你代阿玛上朝，批阅奏章，召见大臣，共商国是。"

奕詝努力使自己镇静下来，刚才听到父皇这句话时，他高兴得差一点没蹦起来："啊！盼了好多年，终于盼到了这一天，这是走向皇位的第一步，为了这第一步，自己付出了多少艰辛的努力！"

自从道光皇帝决定让奕詝代批奏章，奕詝每天上午必须上朝，代父皇听朝。只不过他只能坐在象征最高权力的那张龙椅的旁边，手扶皇位罢了。暂时，他还没有坐到皇位上。每天下午批阅奏章，处理军机大事，到了傍晚，他才有空去上书房，聆听师傅的教诲。

随着年龄的增长，奕詝越来越感到，他一天也离不开师傅。从杜师傅那儿，他不但学到广博的知识，更重要的是，还学到了做人的道理、处世的哲学。特别是这个特殊的时期，奕詝更感到做人的艰辛。

代批奏章，是他梦寐以求的，这至少可以说明他在父皇心里的重要地位，但他也感到很为难。以前从未干过这事儿，究竟该如何把握分寸才能达到最佳的程度？要赢得父皇的信任和群臣的信服，将来才好顺利登上王位。

带着沉重的精神负担，奕詝来到了上书房。十几年来，每次见到师傅，奕詝总是规规矩矩行尊师礼。

"师傅好！"

杜受田望着一脸倦容的奕詝，心中有一些酸酸的。

"阿哥吉祥！"

这师徒二人总这么各守本分。奕詝坐在书桌前,温习前几天读的《资治通鉴》,这篇文章已经读好几天了,可是,他一句也背不出来。一翻开书页,他的头脑直发胀。他只好揉了揉太阳穴,又使劲儿挤了挤眼,还是无济于事。这一切,杜师傅全看在眼里了。

"阿哥,把书放下吧。"

听师傅那温和的语气,奕詝心里明白,师傅一点儿责备他的意思也没有。奕詝遵从师傅的意思,合上书本,轻轻地叹了一口气。杜师傅沉吟了片刻,开口道:"很累吗?"

"嗯。师傅,处理朝政,原来如此艰难。"

奕詝在师傅面前无须遮掩什么,他说的是真心话,杜受田默默地点了点头,语重心长地说:"阿哥,千斤的重担等着你去挑,你一定要咬紧牙关,挑起这副重担!"

"师傅,我觉得肩上的担子太重,一举一动都有很多人注视着。尤其是批阅奏折,很多烦心事,什么四川水灾、云南灾民闹事,还有什么外敌威逼。这些烦心事儿,究竟该如何处置呢?"

杜师傅轻轻地说:"处理朝政并非易事,上朝时,阿哥只管用心听取大臣们的上奏,退朝后再做仔细思量。"

奕詝点了点头,他又问:"父皇那边如何呈报?"

这个问题最让奕詝头疼。每天向父皇问安时,父皇那浑浊的眼睛总盯着自己的目光不放。这事儿很让他难处理,所以,此时又只好向师傅请教。

杜师傅本来也打算谈到这事儿,此时被奕詝一提,他便说:"阿哥的确想得很周全。皇上正在病中,还不忘问及国事,实在感人。可是,毕竟皇上上了年纪,加上皇太后仙逝,他受到了很大的刺激,人在心憔力悴之际不可再受刺激。我建议阿哥谈及国事时应委婉相告。"

奕詝赞同师傅的这一观点,可是在实际应用时,做到委婉一些实在很难。他进一步向师傅讨教:"那我究竟应该如何做呢?"

"阿哥,民间有句俗话.叫'少怕问闲,老怕问钱'。这就是说,年轻人怕人问他做什么,因为这时他有可能混得并不如意,而老年人则最怕别人,特别是他的儿女们问起他一生究竟积蓄了多少钱,他挣的钱到临终前一定会主动交给儿女的。他希望儿女们多关心他,关心他的身体,这能表明儿女们的孝心究竟有多少。"

师傅的一席话,使苦闷中的奕詝茅塞顿开。病榻上的道光皇帝更需要的是至亲温情,奕詝应扮演好病榻前孝子的角色。经过杜师傅指点迷津,奕詝顿悟,他决心扮演好大孝子这一角色。

从上书房回来,奕詝就在挖空心思想万全之策,既要让父皇信任自己,又要让父皇怜爱自己,这一切又不能露出破绽来,要演好这一出戏并非易事。目前,皇位传给谁,虽然人人都看得出来,奕詝比奕䜣占优势。但奕䜣也深得父皇垂爱,他为人精明能干,随时都有可能牵动父皇的心。于是,加紧攻势乃是上乘之策。

奕詝认为事不宜迟,应尽快表现自己的孝心,以挚爱亲情来打动父皇的心,使父皇下定决心,立自己为储。

奕詝又使劲儿揉了揉泪眼,好让眼皮更红肿一些,这才举步向道光皇帝的卧房走去。

"阿玛,阿玛。"

不知从何时起,叫了几年的"父皇",又改称为"阿玛"。小的时候,记得当时亲额娘还在的时候,奕詝称道光皇帝为"阿玛"。后来长大后,大概是十二三岁的时候吧,"阿玛"改成了"父皇",这个"父皇"称呼虽然很正统,但多少总有些显得生分。为了更能表达父子之情,奕詝又改称为"阿玛"。

听到儿子的轻轻呼唤声,昏昏沉沉的道光皇帝努力地睁开了眼。"阿哥,你的眼泡怎么这般红肿?"

做父亲的对儿子的关心与爱护,总是无微不至的。这小小的变化也能引起父皇的关心,奕詝打心眼里感受到父爱。他的鼻子一酸,落下泪来:"阿玛。"

四阿哥说不出话来。道光皇帝爱怜地说:"今日的朝政处理了吗?瞧,你都累瘦了许多。"

"阿玛,你安心养病,儿臣若能代你受罪儿臣宁愿躺在床上,换得阿玛好身体。"

一席话说得道光皇帝那浑浊的目光顿时变亮了许多。他想向上挪动一下身子,便用目光搜寻着宫女,希望她们能帮他一个忙,也真巧,此时身边一个宫女也没有。奕詝领会了父皇的意思,他连忙走近父皇,将道光皇

帝扶坐起来。这时,宫女端了一碗燕窝粥进来,奕詝接过碗,对道光说:"阿玛,喝点粥吧!"

道光皇帝摇了摇头,奕詝心疼似的说:"不吃东西可怎么行,阿玛,喝了这碗燕窝粥,你的病便会好起来了。来,儿臣来喂您。"

道光皇帝也真心希望自己快快痊愈,希望儿子的话灵验。再者,病中的老人,由儿子亲手端着碗喝粥,是莫大的心灵安慰。他张开嘴,奕詝一口一口地喂着,他一口一口地吃着。

此时,道光皇帝心里安慰极了。"四阿哥如他母亲一样,宽厚、仁爱,将来登上皇位,一定是一个爱民如子的仁慈君王。"

吃了粥,道光皇帝觉得有些乏了,他又卧了下去。"王海,替朕捶捶肩,睡了这许多日,肩膀都睡酸了。"

王海应声上前,四阿哥奕詝却拦住了他:"我来吧!"

奕詝抡起双拳,很有节奏地为父皇捶肩,不轻不重不紧不慢,捶得舒服极了。道光皇帝慢慢地闭上了眼睛,又发出了轻轻的鼾声。

一觉醒来,已是深夜。道光皇帝挪动了一下身子,他发现四阿哥正倚靠在一张椅子上睡着了。

"好个孝顺孩子。"道光皇帝心中有说不出的高兴。

第二天下午,道光皇帝的病情有所加重,他一会儿昏迷不醒一会儿又清醒一些,太医会诊,都流露出难看的神情。看来,道光皇帝已经望见了"奈何桥"。四阿哥、六阿哥、七阿哥及王公大臣们纷纷赶到圆明园慎德堂,全都在东暖阁候着,准备随时进见皇上。

道光皇帝昏昏沉沉地睡了约莫两个时辰,他又睁开了眼,瞟了一下跪在榻前的几个皇子,只见奕詝双眼又红又肿、奕䜣与奕譞眼边也湿润润的,好像刚才才哭过。

王海扶起皇上,让他半倚在龙榻上。突然间,道光皇帝觉得头也不晕了,身上也轻松多了。多日来,他的双眼总是看不清东西,可此时视力好极了,将近七十岁的老人连地上的一只蚂蚁都看得清清楚楚,而且嘴角也感觉不到麻木了。

见道光皇帝像过去一样,目光炯炯、容光焕发,太医连忙给他诊脉。

"恭喜皇上,皇上龙体已康复了。"

道光皇帝使劲地摇了摇头,他苦笑了一下,刚才诊脉后,他发现太医的脸上掠过一丝难以察觉的震惊，他马上明白了，这便是所谓的"回光返照"，是病入膏肓、无力回天的征兆。忽然，他又感到一阵眩晕，眼冒金花，他连忙又闭上了眼睛，告诫自己还有一项重大的工作没有完成，此时可不能撒手而去，国不可一日无君！

道光皇帝咬紧牙关，努力睁开眼睛，两行泪水潸然而下。几个皇子全都默默地低下了头，他看见四阿哥奕詝一直在流眼泪。又过了一会儿，道光皇帝强作欢颜，让皇子们走近一些，一一抚摸他们的脸颊。然后提出了一些治国安邦的问题，并限定皇子们以最精炼的语言进行回答。

还是六阿哥奕䜣先开了口："父皇，儿臣认为天子爱民如子乃本分，治国安邦乃天职。目前，外敌犯我大清，应击退之，万一击退不了，也应限制其再进犯内地。至于各地乱民，则应合力剿尽，以防后患。"

奕䜣讲得头头是道，道光皇帝满意地点了点头。他把目光投向四阿哥奕詝，希望奕詝也能发表一下见解，可是奕詝沉默不语，他跪在龙榻前，泪如泉涌、伤心至极，泪水打湿了前襟，后来几乎是泪雨了。道光皇帝见此情景，抽泣着说："皇儿快别哭了。"

奕詝依然是泪水如断了线的珍珠，直往下落，过了一会儿，他才断断续续地说："阿玛龙体欠安，儿臣日夜向上苍祈祷，唯愿父皇早日康复，此乃国家之大幸、万民之大幸、儿臣之大幸也！"

"阿哥。"

道光皇帝紧紧拉住奕詝的手，叫了一声"阿哥"，老泪再次如雨下，那情景十分动人。奕詝将头埋在父皇的臂弯里，呜咽得不成声，他的泪水、鼻涕把道光皇帝的衣衫都打湿了。道光皇帝撩起自己的衣角为儿子奕詝擦去泪水。又哭了一会儿，奕詝才抬起头来："阿玛，此时儿臣方寸已乱，实在无法虑及安国之事，恕儿无能，倘若阿玛有什么不测，儿愿伴驾西行，永伴阿玛身边。"

一番话，情真意切，句句动人，在场的其他几个皇子们也纷纷落泪，老太监王海哭成个泪人儿，养心殿的宫女们也泣不成声。眼见骨肉至亲就要永别，怎不让人痛心！

"阿玛，儿臣不孝，未能尽孝病榻之前，儿不能原谅自己，愿父皇赐儿随父而去。"

奕詝见父皇奄奄一息，的确也很悲痛，再加上他又突然想起师傅杜受田的教导:"病榻前无孝子,若出了个大孝子,做父母的宁愿牺牲一切,也要给孝子大半个天。"

于是,奕詝说出了这句话。道光皇帝听来,奕詝的字字句句都是那么入耳、动听,心中不禁十分宽慰,人到临死之际,只求心理上的安慰了,他觉得有子如此也不枉此生了。他内心为自己两个月前确定立奕詝为太子感到无比欣慰。

奕䜣虽然精明能干、胆识过人、博才多识,但作为人君,似乎少了些仁爱之心。而四阿哥奕詝,虽才识远远不及奕䜣,但忠厚仁义,有仁君之气量,此乃天下百姓之福也。至于六阿哥奕䜣,立他为恭亲王,辅佐朝政,也算对得起他了。

道光皇帝一手拉着奕詝,一手拉着奕䜣,然后又把两个皇子的手放在一起,努力地微笑了一下,安心地闭上了眼睛……

"阿玛、阿玛。"奕詝失声痛哭。

"阿玛,阿玛。"奕䜣潸然泪下。

奕琮与奕譞也悲声大放,哭声传出大殿。

无论皇子们怎样呼唤,道光皇帝再也听不见了,他走完了人生之路,坦然地上了黄泉路,寻他的父皇、祖皇去了。

国不可一日无君,道光皇帝殡天后,大臣们的热点话题是立谁为新君之事。一时间,紫禁城里空气紧张了起来。在这个特殊的过渡时期,几位亲王出来主持局面。惇亲王、郑亲王、怡亲王共同决定于先帝殡天后第三天上午,偕同诸位大臣,当着几位皇子的面,从乾清宫"正大光明"匾额后取下密缄,与一个月前先帝亲手交给何汝霖的那个密匣一同打开,取出两份密缄,遵遗旨拥戴新帝登基。

道光三十年(一八五〇年)二月二十五日,诸皇子齐聚乾清宫。

决定他们命运的关键时刻就要到了。奕詝与奕䜣兄弟二人,从小手足情深,可此时彼此戒备,谁也不想多说什么。

只见惇亲王小心翼翼地开启两个一模一样的密匣。奕詝、奕䜣两个人直盯着他的手,眼睛一眨也不眨。

取出来了,两个红锦密包,捧在惇亲王的手里,郑亲王、怡亲王、何汝霖、季芝昌、杜受田、祁隽藻、陈孚恩等大臣一同走上前。人们屏住呼吸。

惇亲王绵恺为道光皇帝御弟,资历最老,于是由他宣读遗旨。只见他双手捧起两张黄色御书,约有三寸宽、七寸长,四扣相折。

"皇四子奕詝著立为皇太子,皇六子奕䜣封为亲王。道光二十六年六月十六日。"

半晌,无人出声。这遗旨既在人们的意料之中,又在人们的意料之外。大清入关以来,前几代君王皆立储,可从未有立储的同时,又封亲王。由此可见,先帝道光当时的矛盾心情,他生前生怕如此立储委屈了心爱的六阿哥,亲封奕䜣为亲王,不能不说是用心良苦。

也有大臣心存疑问,但是,惇亲王绵恺从匣中又取出一份遗旨,一念之下,众人疑虑全消。后一道遗旨是这样写的:"皇四子奕詝著立为皇太子,尔王大臣等何待朕言,其同心赞辅总以国计民生为重,无恤其他。"这份朱谕是道光三十年正月十四日道光帝临死前在圆明园慎德堂亲笔书写的,字迹潦草,但意思十分明确。天平终于倾向了奕詝这一边,皇六子奕䜣虽深得父皇的宠爱,终因种种原因,被淘汰出局。聪明、机智的奕䜣强忍着泪水,他敢肯定皇兄乱世登基,不久就会请他奕䜣出场收拾残局。中国历史的发展,后来也证实了这一点,在晚清历史上,奕䜣的确是一个不可多得的人才,但同时他也犯下过不可饶恕的过错。这些历史自有公论。

道光皇帝驾崩的第十五天,中国历史上,清朝入关后第七代君王爱新觉罗·奕詝神采奕奕,登上了皇位。

年方十九岁的咸丰皇帝,英姿焕发、踌躇满志,他身穿黄色龙袍,外罩锈有日月星辰的团龙补褂,升至太和殿宝座。御前大臣、军机大臣、御前侍卫、乾清宫侍卫等人正在殿外排班侍立。三声礼炮响后,群臣跪拜,齐呼:"万岁,万岁,万万岁。"

与此同时,太和殿东西两廊鼓乐齐奏,"丹陛大乐"不绝于耳,震撼京城。紫禁城外,老百姓们争相传诵:"新帝登基了。"

生活在社会底层的人们把未来的希望全寄托在新帝身上了,幻想新帝登基后,不再有水旱之灾、瘟疫之难,洋人不再进犯,四海平安,人们安居乐业。

可是,中华民族并没有因十九岁的奕詝登基而改变苦难命运。

新帝登基,心情最复杂的是恭亲王奕䜣。他终因种种原因败阵下来,可是令他稍稍安慰的是先帝亲封他为亲王,这是大清史上不曾有过的。他又与奕詝是至亲兄弟,即使不坐龙椅他也还是一人之下,万人之上,堂堂正正的铁帽子王爷。

奕詝以翌年为咸丰元年,因此人们称他为咸丰皇帝。

咸丰皇帝十九岁登基,正值血气方刚、风华正茂之年。登基之初,的确有过宏图大志。人所共知,咸丰皇帝从道光皇帝手上接过来的是个烂摊子,当时不但内忧外患,而且朝政弊端甚多。特别是鸦片战争以后,年迈的道光皇帝就像所有的老年人一样,贪图耳边清静、政治平静。他明知全国上下一片混乱,特别是官场黑暗,贪赃枉法者比比皆是,可是,他不愿意过问这些事。摸透了道光皇帝脾气的大臣们,也是报喜不报忧、掩饰真相,封杀言路,一时间朝廷上下没有真话可听。

咸丰皇帝登基以后,书房便设在了历代皇帝的共同书房——南书房。一天,他退朝归来,信步到了南书房。南书房的每一样陈设都保留了上一代皇帝的印记。咸丰皇帝是一个性情中人,每次看着书房内的物品,心中都会默默地想起自己的父皇道光皇帝。这时,咸丰皇帝坐在南书房的龙椅上,心中又不免酸楚起来,不知不觉间,两行泪水从他的眼角溢出。他轻轻地抹去泪水,起身去书架前,想翻一翻父皇看过的书。但是此刻心情忧郁的咸丰皇帝哪里看得进去书本,正准备转身离去的时候,突然,一本书吸引了他。

那本书放在书架的一角,不是偶然目光所及,很难发现它。书的边角已经磨的很旧了,中间还有好多张页被折了起来。咸丰皇帝有些好奇:"难道是父皇读过的书,中间还被折了页,想来父皇很喜欢读。"这样想着,他走到书架前,抽出书本,弹落上面的灰尘,原来是《战国策》。虽然经经常听杜师傅提起这本书,但是咸丰皇帝还没有细心读过。

出于好奇,咸丰皇帝翻开了手中的书本,整平书中折页的地方,是《邹忌讽齐王纳谏》,书页的边上还有父皇用朱笔做的标记。咸丰皇帝细细读了起来。

"邹忌修八尺有余,而形貌昳丽。朝服衣冠,窥镜,谓其妻曰……暮寝而思之,曰:'吾妻之美我者,私我也;妾之美我者,畏我也;客之美我者,欲有求于我也'。于是入朝见威王,曰:'……今齐地方千里,百二十城,官妇左右莫不私王,朝廷之臣莫不畏王,四境之内,莫不有求于王。由此观之,王之蔽甚矣。……

"妙,妙! 这不就是在说当今朝堂上的情况嘛!"

读到这里，咸丰皇帝想到自己现在身为一国之君，就好像书中的齐王，哪有人敢对他说真话呢？这本书解答了他在朝堂上的疑惑，心中高兴起来。他坐在椅子上，聚精会神，继续读了下去。

"王曰：'善'。乃下令：群臣吏民能面刺寡人之过者，受上赏；上书谏寡人者，受中赏；能谤议于市朝，闻寡人之耳者，受下赏。令初下，群臣进谏，门庭若市；数月之后，时时而间进；期年之后，虽欲言，无可进者。"

"真乃良策也！"

咸丰皇帝读完以后有些激动，现在他终于找到了革除朝堂弊病的对策了，"古人懂得广开言路，如今朕何不效仿之。"回味着书中的词句，咸丰皇帝心中久久难以平静。

这时，书房门外侍从太监报告，师傅杜受田来见。咸丰皇帝此时心中正想找人讨论书中所说的良策，一时心中大悦，他连忙站起身来，恭恭敬敬地喊了一声："请杜师傅。"

"皇上吉祥！"

"师傅，您以前曾对学生讲过《邹忌讽齐王纳谏》，今日学生才了悟其中的真义。刚刚学生读了这片文章，心中明白了一个道理：'广开言路'乃明君也。"

杜受田微笑起来，捻着胡须，欣慰地看着咸丰皇帝。"皇上明白了这个道理，老臣心中也为皇上高兴。古人懂得直言纳谏，当今人也应该学习古人，对讽刺时弊、直言面圣之人予以嘉奖。"

"学生正有此意，学生准备颁布新的诏令，让百官知无不言言无不尽，再没有欺上瞒下之事。"

咸丰皇帝双手一拍，一张纸条从书中落了下来。咸丰皇帝捡起纸条，只见纸条上写着两行小字："着着着，祖宗洪福臣之乐；是是是，皇上天恩臣无事。"

咸丰皇帝出声地念了一遍，一时迷惑不解，对杜受田说："师傅，这对联你可曾听说过。"

杜受田走近一看，无奈地笑了笑说："着着着、是是是，乃如今许多臣子的口头语，见了天子多叩头，上奏言'是'无忧愁。"

听杜师傅一解释，咸丰皇帝立即明白了原来臣子拿这一套来对付天子，简直把天子当成了傻瓜，恨得咸丰皇帝咬牙切齿："这些可恨的大臣，不说实话，不露直言，是在可恶。从今日起，朕要下令各级官员畅所欲言，讽刺时弊，打破这万马齐喑的沉闷局面。"

杜受田看着咸丰皇帝紧攥拳头的样子，心里对少年天子的魄力既是欣慰又是赞赏。

第三章

新政初颁臣子各怀心　任贤唯能曾氏初见圣

　　自登基以来,咸丰皇帝决心励精图治、大展宏图,改变先帝晚年的局面,以达到治国安邦之目的,使百姓安居乐业、国家太平安定。

　　十九岁的咸丰皇帝办起事来雷厉风行,颇有大刀阔斧之势。

　　这天,乾清宫大殿之上,咸丰皇帝端坐在龙椅上,待众大臣跪拜完毕。御前太监手持圣旨,高声宣读:"凡九卿科道,有奏事之责者,于用人行政一切事务,皆得据实直陈,封章密奏,俾庶务不致失理,而民隐得以上闻。钦此!"

　　大殿之上一片哗然,有的赞同,有的低声反对,争论不休。特别是道光时代的旧臣,他们以前利用道光皇帝不爱过问多听的性格,习惯报喜不报忧,掩饰真相,官官相护,即使触犯刑律也能瞒得滴水不漏。现在咸丰皇帝让大家知无不言,岂不是对自己大大的不利。

　　太傅穆彰阿这时站了出来,开口道:"皇上,臣认为人有刚柔、才有长短,无功者无过,陈言直谏,未免失之妥当。"这个从不爱在公众场合,尤其不爱在皇上面前发表意见的前朝老臣一开口就是反对意见。

　　初颁新政,咸丰皇帝也知道会有诸多反对意见,他并没有生气,而是更加坚定了自己改革的决心。

　　当朝廷内外还在为咸丰皇帝的前一条新政议论纷纷的时候,没过几天,咸丰皇帝又颁布了圣旨:"著再饬谕在京部院大臣,各举所知,果有品学兼优、才德出众之员,无论京外家居,准其保奏……督、抚、提、镇、学政于政事有关得失者,著据实胪陈,备朕采择。其藩、臬两司,亦许各抒所见,密封交本省督、抚,代为呈奏。钦此!"

　　对于咸丰皇帝所颁发的圣旨,众臣们心怀忐忑,不敢有半点疏忽,竖起耳朵一字一句地听着,似乎不敢相信自己的耳朵。

大臣罗惇衍也寻思着:"这道谕旨,再明白不过了,它将保举的范围扩大到不在职的官员,历来不得直接奏事的布政使、按察使,此时也获得了向天子进言的机会。皇帝真乃少年天子图大业也。"

罗惇衍兴奋极了,在朝为官十几年,从来没有像现在这样兴奋过。他只不过是个政使司的通政使,即掌管各省的题本。过去,他这小小官员不敢直接向天子陈言,如今天子有谕,广开言路,也为他抒发心声开辟了场地。

"皇上明鉴,臣罗惇衍启奏。"

咸丰皇帝往下面一看,此人很面熟,但认不太清楚,既然他自称"罗惇衍",那就称他"罗爱卿"吧。"有言直陈,罗爱卿无须遮掩。"

"臣认为:古帝王立纲陈纪,根源只在一心。检摄在此心,莫先于居敬穷理。居敬穷理,莫先于勤省察。勤省察,莫先于观览载籍。圣祖仁皇帝御纂《性理精义》一书,其总论为学之方,立志之要。"

一席话,说得咸丰皇帝频频点头,他非常赞同罗惇衍的"以理学治天下"之主张。"说下去,爱卿不必顾忌什么,说下去。"

"唯在皇上万几之余?讲习讨论,身体力行之耳……皆得犯颜直谏,指陈天下利病,无所忌讳……"

大殿之上,罗惇衍大胆提出"犯颜直谏",这是大清王朝二百多年所未有过的,说得群臣无不震惊。可是,人们从咸丰皇帝那和蔼的面容上可以看出,他不仅乐于接受这种意见,而且还准备推行这种意见。

下朝以后,群臣议论纷纷:

"皇上真乃明君也。"

"大清有希望了。"

"此乃国家之幸、百姓之幸也。"

就连那些当初支持恭亲王奕䜣做太子的季芝昌,此时对咸丰皇帝也不得不刮目相看,心中顿生敬仰之情:"先帝所择,果然不凡。"

连颁几道圣旨,皆求直言,使大清皇宫上下震荡不已,有响应者、有观望者、有顾虑者,当然也有反对者。但是,还是响应者居多。

过去,年迈的道光皇帝只求耳边清静,不愿听到一个又一个令人忧虑的消息,所以臣子们多报喜不报忧,长期以来封杀言路,朝廷上下一片谎言。

如今不同了，年轻的咸丰皇帝下诏求言求贤，犹如一股春风吹拂着皇宫上下，人们心情激动、精神振奋，各抒己见、匡正时弊。一时间，大清皇宫注入了清风。

"皇上，臣悉四川水灾，灾民四处流离，惨不忍睹。"

"臣已查实：安徽安庆巡抚贪赃枉法、鱼肉百姓，百姓怨声载道，疾呼惩治于他。"

"广东水师懈怠嬉玩，竟使英军乘虚而入强占水域。"

"河北财用困乏，无银囤粮。"

一连串的奏章像雪片一样，飞到咸丰皇帝的手中，他震惊了。原来天下太平，人们安居乐业的景象一下子没了，取而代之的是这等灾荒贪乱的现实。他陷入了深深的沉思之中。

"父皇，你去了，却给儿臣留下了这么一个烂摊子，儿臣实在有些措手不及了。"咸丰皇帝暗暗地想，他万万没想到，做天子这么难，并不停地反复地问自己："奕詝，大清江山，太沉太沉了，你能挑得起来吗？"

几天前，还是踌躇满志的咸丰皇帝，此时已被纷至沓来的种种困难压得喘不过气来了。

广开言路，是他所倡。但是，他万万也想不到，"广开言路"后会出现这么多的问题，有的问题他感到很棘手，也感到来得太突然。少年天子陷入了深深的痛苦之中。

可是，毕竟爱新觉罗·奕詝是血气方刚的青年人，他不会轻易退缩的。困难再大，也要迎着困难上，他不但相信自己的能力，还相信师傅杜受田的能力，杜师傅会与自己坚决地站在一起，作为坚强的后盾，出谋划策。

想到此，咸丰皇帝又鼓足了勇气。他准备大展宏图、大干一场，以实际的成绩告慰列祖列宗，也不枉做一代天子。

更使咸丰皇帝鼓足勇气的是，朝廷上下响应、支持他的臣子不是一个、两个，而且一大群人。他们决心与咸丰皇帝配合，合奏出大清中兴的奏鸣曲，这其中有一个重要人物正跃跃欲试，准备为新帝献计、献策。

此人正是曾国藩。曾国藩于道光十八年中进士，初到京城时投靠在道光旧臣穆彰阿门下。道光二十九年，不到四十岁的曾国藩便当上了礼部侍郎。

这对于从偏远山村走出来的曾国藩来说,是极大的成功。他已沾沾自喜,但是,曾国藩并没有停滞不前,初步的成功反而促使他更加发奋,以争取更大的成功。

这时,他认识了倭仁,倭仁多年来潜心研究程朱理学,在此方面颇有造诣。曾国藩敬佩倭仁的为人,更崇拜他的学识。可是,新知倭仁与旧交穆彰阿一向不和。这是一个矛盾,曾一度使曾国藩陷入两难的痛苦之中。

曾国藩是汉臣,而倭仁与穆彰阿皆是满蒙大臣,自大清入关以来,满蒙大臣一直占上风,汉臣一直受排挤,虽然道光年间,汉臣的地位稍稍提高了一些,但总还免不了有压抑之感。所以,多数汉臣都要找一个有实力的满蒙大臣做靠山。

可是,曾国藩的两棵大树却矛盾极深。夹在中间的汉臣曾国藩真难做人。经过认真、仔细地分析,他认为穆彰阿保守、落后,而倭仁开明、进步。最后,他做出了痛苦的抉择:弃穆取倭。

这时,已不是道光年代,而进入了咸丰时代。获得理学家、古文学家桂冠的曾国藩,又敲开了一扇新的大门——咸丰皇帝。

咸丰皇帝初登基,采取了一系列的新政,得到大多数臣子的拥护,曾国藩也在其中。曾国藩抓住了千载难逢的好机会,利用自己多年来潜心研究程朱理学的便利,一登场,便得到了咸丰皇帝的青睐。

当时,曾国藩官位并不高,连上朝陈言的资格都没有。

曾国藩只有通过倭仁这条渠道,向朝廷陈述自己的主张。也许是天意,也许是倭仁很赏识这位靠自己才能一步一步走过来的汉臣,反正,倭仁一点儿也没有推辞:"成,明日上朝,我即向皇上呈上这份意见。

"谢大人。"

曾国藩双拳紧抱,感谢倭仁的知遇之恩。倭仁在答应向朝廷推荐曾国藩的时候,他万万也没有想到,自己推荐的这个人若干年后会成为大清朝举足轻重的人物,在镇压太平天国运动中,大出了风头。

这一天,曾国藩破例走进了乾清宫大殿。能走入大殿,跪在地上口呼。"万岁,万岁,万万岁"的人,必须是正二品以上的臣子,而此时曾国藩还没达到这一级别。

当倭仁将曾国藩起草的奏疏呈到咸丰皇帝手里的时候,咸丰皇帝立刻做出了反应："宣曾国藩进殿！"

"宣曾国藩进殿。"

御前太监放开嗓门，洪亮的声音一直传到礼部，曾国藩激动得差一点儿掉下了眼泪。

"皇恩浩荡，大清有希望了。"

曾国藩强抑着内心的激动，浑身直发抖，连忙整衣正冠，跌跌撞撞趋上大殿。"曾国藩叩见皇上，万岁、万岁、万万岁"湖南湘乡偏远山村走出来的曾国藩永远忘不了初仰天子的那一天。他跪在乾清宫大殿里，头不敢抬，大气不敢出，有一种如梦如幻的感觉。

"免礼平身！抬起头来。"

咸丰皇帝的声音很洪亮、很清脆。曾国藩起初还是不敢抬头，只听得倭仁在旁边催促着："曾大人，抬头呀。"

曾国藩猛地抬起了头，他怯怯地向前方望去，只见一个身穿龙袍的少年端坐在龙椅上。想来他便是皇上。

咸丰皇帝冲他微微笑了一下。这一笑，一下子缩短了他与天子之间的距离，曾国藩觉得：天子是人，不是神。

"曾爱卿，你的奏疏，朕已看过，讲得不错。今日让你进殿，是想与你谈一谈。"

听那话语，咸丰皇帝是一个很温和的人，曾国藩顿时解除了许多疑虑。于是，胆子也大一些了，他抬起头来，大胆陈述自己的观点："皇上，臣虽官位低微，但报国之志不低，当今我大清内忧外患，正处在紧要关头，要想振兴大清，扬我国威，当务之急，重在用人。"

一席话说得咸丰皇帝频频点头。过去，人人心中皆认为大清正处于内忧外患之中，可没有一个人敢直言的。今天，小小的曾国藩居然在大殿之上，公言大清正内忧外患、风雨飘摇，足以见此人胆量不小，而且有见地。

咸丰皇帝欠了欠身子，说："说下去。"

曾国藩看得出来，初次见面，咸丰皇帝是赞赏他的。所以，他直言道："今日当讲求者，唯在用人。人才不乏，欲作用而激扬之。"

"怎么激扬之？"咸丰皇帝插问了一句，曾国藩放慢了语速："那就要看皇上是否妙用他了。臣有三个建议。"

刚讲到这里，只听得穆彰阿大声咳嗽了起来："咳，咳，咳……"

咳声不断，越咳声越高。曾国藩听得出来，穆彰阿是干咳，示意曾国藩不要说下去。

咸丰皇帝是何等机灵之人，他一听那干咳声，心里明白，此时再让曾国藩说下去不妥当。于是，他说："穆爱卿，身体不适，先退朝吧。"

又转向群臣："今日就上奏到此，明日再议。"

曾国藩强抑住自己内心的激动，他几乎要喊出来了："我曾国藩被请进了大内！"

"曾爱卿！"

"皇上万岁，万岁，万万岁！"

曾国藩抬头一看，是咸丰皇帝，他连忙拜见皇上。

"免礼平身！"

曾国藩手足无措，他从未到过后宫，也不曾想过自己此生会来到后宫。不过，既然他被轿子抬到了这里，皇上一定找他有事。

"皇上，臣曾国藩无能，大殿之上……"

他想说"大殿之上该讲的话却未能讲出来"这句话，聪明的咸丰皇帝却制止了他。

"朕并不想在大殿之上听到什么，朕只想在这养心殿听你慢慢叙来。"

原来这就是皇帝的寝宫养心殿。怪不得这般富丽堂皇、豪华气派。

曾国藩随咸丰皇帝到了东厢房，想必这东厢房就是东暖阁吧。

"小安子！"

"嗻！"

安德海垂首低眉，应声而人，曾国藩一看，被唤作"小安子"的正是刚才去接他的那个人，哦，原来他是太监，怪不得有些不男不女的怪模样。

"小安子，若有人来见驾，一律不见。"

"曾爱卿，你的奏疏，朕已阅过，讲得不错，很中肯。今天让你来，就是想当面听听你的看法。"

一席话，说得亲切而自然，一下子缩短了天子与臣下之间的距离，在这种融洽的气氛中，便于臣子说真话。曾国藩虽是第二次见咸丰皇帝，但他却有一见如故之感，所以，他也放开了胆量，陈述起来："目前，我大清正值多事之秋，英国人搅乱沿海，太平军起事于广西，水患旱灾连年不断。若要重振大清威武，须培养一批有才干、有魄力的新官员。”

“何谓才干与魄力呢？”

“即那些有脚踏实地的精神、不以权谋私、敢作敢为之人也。这些人在朝廷上多敢直言陈谏，不趋炎附势，不屈不阿，正直刚毅也。”

“好，爱卿一针见血指出要害，实难得也。”还没等曾国藩说完，咸丰皇帝便拍手叫好。

曾国藩暗自想：“这少年天子有理想、有热情，只可惜太易感情用事，只怕日后一旦受到挫折，便灰心丧气，经不起打击。”

“皇上，眼下一些臣子浮于人事，被世风所扰，虽然本质是好的，但是如果不加以引导，以后恐怕也会是朝廷之病。臣认为应该加强他们对儒道的学习，提高他们的素质，使他们不仅忠君，而且能够真正为大清所用。”

“知我者爱卿也，这件事情也正让朕感到头疼。朕颁布谕旨，重申广开言路，但敢于直言进谏的人甚少，而像穆彰阿那种趋炎附势的人太多。今天在朝堂之上，爱卿也是深有体会啊。”

曾国藩惭愧地低下了头，现在在养心殿的面谈不就是由于今日大殿之上他不敢直言陈谏吗。自己因为以前受过穆彰阿的赏识和推荐，就被他几声干咳给镇住了，实在有些汗颜啊。

咸丰皇帝见曾国藩一时顿住，说：“爱卿不必太为今日之事挂心。爱卿，朕还想问你如何才能辨别小人和君子呢？”曾国藩想了一会儿，开口道：“君子和小人不难分辨，臣认为可以通过官员考核的办法来区分。而皇上坐镇天下不可能去各地察访，那么通过奏折也可以看出一个人的立场、态度、观点。自古以来，邹忌讽齐王纳谏，孙嘉淦谏高宗、高铣谏宣宗，前人都是通过奏章来传达政事。国家也有定例，九卿科道、督府藩桌，都有上奏的机会，各省道员，也允许他们专折言事。通过奏章，可辨其真伪也。”咸丰皇帝高兴地拍拍曾国藩的肩膀，称赞道：“爱卿，有你等匡正朝政，此乃朕一大幸也。”咸丰皇帝兴奋地呷了一口茶，“朕命你缮写《朱子全书》可否？”

咸丰皇帝对自己如此器重是曾国藩没有料到的。他慌忙跪下：“皇上，臣不才，只恐担不起这如此大任。”

"爱卿乃理学大师,古文学家,你若担不起,谁人能担得起?"

　　"谢皇上。"曾国藩双膝跪地,心中对皇帝的恩德感动不已,着着实实地磕了一个响头。

第四章

爱惜人才启用老英雄　憎恶奸邪革除害国贼

林则徐福建人,嘉庆进士,道光年间历任浙江杭嘉湖道、江苏按察使、东河总督、江苏巡抚等职。林则徐廉洁奉公,办事细心干练,是道光年间清朝官员中少有的能员。

在咸丰皇帝还是阿哥的时候,师傅杜受田就向他提起过林则徐。他知道林则徐是一位爱国的忠臣,特别是一八四〇年的禁烟运动中,林则徐更是赫赫有名。

当年林则徐虎门销烟,不料惹怒了英国人发动了鸦片战争。最后清廷大败,首席军机大臣穆彰阿、大学士琦善在朝廷之上极进谗言,林则徐被指责为"禁烟过激"、"招来外祸"因而蒙冤。

杜受田为林则徐暗暗鸣不平,他利用上书房教诲皇子奕詝的便利,对爱国忠臣林则徐加以赞颂。所以,在咸丰皇帝的心目中,林则徐是一个了不起的忠臣。

咸丰皇帝一登基,便想到了当年令英国人闻风丧胆的林则徐。一天,他问杜受田:"师傅,林则徐现在境况如何?"

杜受田说:"臣也不甚了了。当年他被革职后,发配边疆,不过,听人说起过他,说他到了边疆之后,垦田种植,自食其力。后来,他从内地带去的种子在那里大获丰收。当地居民纷纷向他学习种田的经验。又有人知道他是抗英英雄,便加以保护、照顾他,请他到家里做客。臣的一个早年同僚知道一些林则徐的情况,他说林则徐的足迹几乎遍及那里。"

咸丰皇帝不住地点头:"民心所向啊!那么,后来呢?"

杜受田发现他这个特殊的学生似乎对林则徐特别感兴趣,便接着说了下去:"林则徐在边疆过了三年,后来回到了福建老家。先帝念他早年的伟绩,又调任他到陕西做了一年的巡抚,到云贵做了一年的总督。"

"哦。"咸丰皇帝听到这里,长长地舒了一口气,"师傅,朕欲重新启用林则徐,可否?"

"这个——"杜受田沉吟了一下,开口道,"这个问题,臣早已想过。林则徐为人耿直,做事干练、精细、博学多识,是个难得的忠臣,理应启用他。可是会不会有人反对?"

咸丰皇帝点点头说:"朕已想到过这一层,他们一定会有所反应的。"

咸丰皇帝所指的"他们",杜受田心里明白,是穆彰阿、琦善、耆英这些前朝老臣们,他们当年极力谗害忠良,今天一定不会善罢甘休的。

"师傅,朕决定启用林则徐,谁也阻拦不了。"

杜受田望着年轻的皇帝,露出了满意的微笑。这不愧为他十四年悉心教诲的弟子,爱憎分明、明辨事非、任人唯贤、励精图治。

大殿之上,咸丰皇帝身着龙袍端坐在龙椅上,众臣三呼万岁:"皇上万岁、万岁、万万岁。"

"众爱卿免礼平身。"

群臣们纷纷呈上奏折,咸丰皇帝令御前太监接过折子,放在龙案上,以供批阅。咸丰皇帝看了一下群臣,问道:"哪位爱卿还有事上奏?"

这时,杜受田看到了咸丰皇帝在注视着他,他心里马上明白了,忙上前奏道:"皇上,臣有一事相奏。"

"杜爱卿,请讲!"

"臣保荐一人,此人忠心耿耿、为官清廉、作风正派、有胆有识。"

众臣把目光纷纷投向杜受田,他们你看看我,我看看你,似乎在问:"杜大人保荐的是谁呢?"

杜受田看了看群臣,又注视着咸丰皇帝,猛地说:"林则徐!"

大殿上下一片沉默,很多大臣万万也没有想到沉寂多年的林则徐的名字,今天会在乾清宫大殿上又重新提起。林则徐当年的虎门销烟威震四海,从他被革职以后,无人再想起他。今天,杜受田突然提起"林则徐"三个字,焉能不引起朝廷的震动。

"皇上明鉴,老臣有一言欲奏。"

人们一听,是前朝老臣穆彰阿的声音,咸丰皇帝开口道:"准奏!"

只见穆彰阿向前迈了一步,毕恭毕敬站在大殿的丹墀下面,缓慢地说着:"皇上求贤若渴,圣明至极,但林则徐年高多病,不堪录用。"

话刚落音，大学士潘世恩便反唇相讥："穆大人，若林则徐年高体弱，不胜朝廷重任，那么穆大人，好像你比林则徐还大五岁，如何解释？"

　　"哈、哈、哈……"大殿不时爆发出一阵笑声，气得穆彰阿直瞪眼。

　　咸丰皇帝摆了摆手，笑声没了，尚书孙瑞珍奏道："臣以为林则徐果如杜大人、潘大人所言，虽曾蒙受耻辱，但始终忠于朝廷，实在难得，皇上，念在他为大清浴血疆场、奋不顾身的份上，也该给他以昭雪。"

　　"昭雪？这么说，是先帝冤枉他了？"耆英抓住话柄，咄咄逼人。

　　咸丰皇帝一看双方僵持的情景，便果断地说："朕已决定，林则徐即日复出。"

　　杜受田、潘世恩、孙瑞珍等人露出了笑容，穆彰阿、耆英垂下了头。

　　再说林则徐，道光二十二年被穆彰阿、琦善那些投降派所谗害，革了职，发配边疆。三年后到陕西任巡抚，后又到云贵任总督，道光三十年春因病归居福州。回到福州，他深居简出，不愿与人多打交道，但闽浙总督刘韵珂非常敬仰这位抗英英雄，曾多次亲自登门探望。林则徐对刘韵珂十分感激，两个人来来往往，关系十分密切。

　　这一日，林则徐带了个书童到了刘府。

　　"林老先生，请！"

　　"刘大人，打搅了！"

　　林则徐发现刘韵珂神情有些异样，但不便直问。刘韵珂坐定之后，缓缓地说："林老先生，近日未能登门拜访，还望先生原谅。"

　　"咦，哪里，哪里，刘大人公务繁忙，老夫心里明白。"

　　"刘某是心情不好。"

　　"噢，有何烦心事儿，可否说来听听。"

　　林则徐与刘韵珂已关系非同寻常，所以，他很关心刘韵珂。只见刘韵珂眼圈一红："圣上驾崩了！"

　　"什么？圣上驾崩了？"

　　林则徐惊叫了一声，他不敢相信这是事实，可又不能不相信。刘韵珂默默地点了点头。林则徐伏案痛哭，刘韵珂也泪如雨下，那情景十分动人。

　　"先帝呀，臣永远忘不了你的皇恩。"

　　曾经被革职的林则徐只恨穆彰阿、琦善、耆英那几个谗害他的小人，

并不恨道光皇帝,这才能称为"忠臣"吧,忠君思想到了任何时候都不会有丝毫的改变。

林则徐想起了当年抗英时,道光皇帝对他的信任与赏赐,记得虎门销烟后,道光皇帝兴奋至极,大殿之上,特谕赏赐林则徐一匹宝马,林则徐可以在紫禁城内骑马上朝,这是对朝廷重臣的特殊奖赏,叫"赏朝马"。往事历历在目,如今先帝已去,林则徐悲痛万分,仰天长哭。回到家里,林则徐伏案疾书:"皇上圣安。臣林则徐闻先帝驾崩,不胜悲痛,病体愈沉,不能入京谒梓宫,大为遗憾。"

这封信后来由杜受田转交到了咸丰皇帝的手里,咸丰皇帝不胜感叹:"此等忠臣,国之大幸。"

林则徐从心底深处感激早年道光皇帝对他的知遇之恩,他为先帝的驾崩而悲痛,也为自己的政治生涯画上一个句号而感叹。

他万万没想到,大殿之上,他又成了热点人物,咸丰皇帝又想起这位老臣。

道光三十年五月,即新帝登基后的四个月,朱谕到了福州。"前任云贵总督林则徐,经杜受田、潘世恩保奏,准林则徐上京听候简用。如林则徐病体尚未复元,应加紧调治,稍有痊愈,即行来京。钦此!"

一个月后,病体尚未完全康复的林则徐进了京。上殿跪拜时,他仰视咸丰皇帝,见咸丰气度非凡、眉宇轩昂,颇有人君气魄,心中暗喜:"新帝虽然年轻,但龙颜安泰,此乃国之大幸、民之大幸也!"

咸丰皇帝往下一看,只见丹墀上跪着的分明是一个瘦弱的小老头,一点儿也看不出当年威震疆场的影子。咸丰皇帝心里不禁酸楚:"当年英雄驰骋沙场,今日却老态龙钟,人生短短几个秋,闪光的就那么一瞬间。"

"臣林则徐恭请圣安,皇上英明,万岁、万岁、万万岁!"

"爱卿免礼平身!"

就在林则徐起身的一瞬间,咸丰皇帝发现这位老者行动有些迟缓,似乎腿不听使唤,刚站了一下,又倒了下来。杜受田连忙上前扶住林则徐,林则徐尴尬地笑了笑。

"林爱卿,朕特谕你在京调治,不必每日上朝。"

林则徐感激涕零,艰难地又跪地长拜:"皇上,臣蒙皇恩,进京候简,臣不愿在家养息,臣愿早日为国效力。"

咸丰皇帝摆了摆手,示意老臣不要再推辞什么了。林则徐退出大殿,对自己说:"皇上如此厚爱,老朽实在受之有愧,将来一旦身体康复,必当报效朝廷。"

又过了半年,林则徐经过精心调养,身体日渐康复,他坚持每天上朝,准备随时奉旨效力。这时,太平天国领袖洪秀全在广西桂平金田起义,两广总督呈上奏折,说洪秀全农民军阵容强大,势不可当,吓得咸丰皇帝几天几夜都合不上眼。为了尽快扑灭这场烈火,他先后派向荣、赛尚阿等名将前往镇压农民运动,但不久就大败而归。

咸丰皇帝想起了抗英英雄林则徐,他从杜受田及其他大臣那儿听到过许多关于林则徐调兵遣将的传奇故事。于是,他决定启用林则徐。

此时的林则徐虽然吃胖了一点儿,两颊也出现了红润,但毕竟是六十五岁的老人了,两腿时常还有些肿胀,而且腹泻常年不断。当他大殿之下接到皇上谕旨时,上前接旨下跪之时竟腰腿疼痛难忍,但他还是接了下来。道光三十年十一月,林则徐奉旨南下镇压农民运动。

天气特别寒冷,天上下着大雨,脚下路面坎坷、泥泞不堪,军队每前进一步都很困难,二十天后才到达广东潮州普宁县境界。

连日来的疲劳使林则徐打不起精神来。本打算小睡一会儿再吃晚饭,可是普宁县知县热情款待,非要给林大人接风洗尘不可。林则徐吃力地走了几步,仍觉得身体不舒服,便又退回房里。

"林大人,闻大人到此,敝县大大小小官员无不觉蓬荜生辉,大人业绩,天下皆知,今晚这酒非喝不可。"林则徐又艰难地站了起来,落座应酬。一杯酒下肚,他觉得天旋地转。眼冒金星、腹疼难忍。"我要上茅房……"

书童扶他从茅房出来。腹疼更厉害,大滴大滴的汗珠滚了下来。这可真的吓坏了当地官员,连忙请来大夫,可是已经晚了。一代抗英民族英雄合上了眼睛。

咸丰皇帝登基后的第十一个月,即道光三十年十二月(一八五〇年十二月),他亲书朱谕《罪穆彰阿、耆英诏》。

"任贤祛邪,诚人君之首务也。祛邪不断,则任贤不专,方今天下因循废坠,可谓极矣。吏治日坏,人心日浇,是朕之过。然献替可否,匡朕不逮,则二三大臣之职也。穆彰阿身任大学士,受累转之恩,不思共难共慎,

同心同德,乃保位贪荣,妨贤病国。小忠小信,阴柔以售其奸;伪学伪才,揣摩以逢主意。从前夷务之兴,穆彰阿倾排异己,深堪痛恨……穆彰阿恃恩益纵,始终不悛……自本年正月朕亲政之初,穆彰阿遇事模棱,缄口不言。迨数月后,则渐施其伎俩……潘世恩等保林则徐,则伊屡言林则徐柔弱病躯,不堪录用。及朕派林则徐驰赴粤西,剿办土匪,穆彰阿又屡言林则徐未知能去否。伪言荧惑,使朕不知外事,其罪实在此。至若耆英之自外生成,畏葸无能,殊堪诧异……穆彰阿暗而难知,耆英显而易著,然贻害国家,厥罪维均。若不立申国法,何以肃纲纪而正人心?又何以使朕不负皇考付托之重欤?第念穆彰阿系三朝旧臣,若一旦宿之重法,朕心实有不忍,著从宽革职,永不叙用。耆英虽无能已极,然究属迫于时势,亦著从宽降为五品顶戴,以六部员外郎候补……布告中外,咸使知朕意。”

咸丰皇帝终于说出了他多年想说而不敢说的话。朱谕颁布后,大小官员京城内外一片称赞之声,他们竞相传阅,对咸丰皇帝的果断英明赞不绝耳。特别是潘世恩、杜受田这些老臣,激动不已,他们热泪盈眶,纷纷赞叹说:“皇上英明,申国法、肃纲纪、正人心,此乃大快人心也。”

迈出这一步咸丰皇帝对自己的大清江山有了进一步的认识。年轻的皇帝更加清醒地认识到,父皇传到他手里的大清江山,已经千疮百孔,是一个拎不上手的烂摊子。那些排斥异己,专横跋扈、为所欲为的家伙们正是造成这一局面的罪魁祸首。所以,不除他们,难得人心;不除他们,国法难申。

咸丰皇帝初期的一系列改革措施,让人们看到了大清的希望。他励精图治,办事果断,朝廷内外心悦诚服。大清仿佛迎来了新的春天。

第五章

重用恭亲王兄弟一心　探疾寿康宫两人生嫌

咸丰皇帝登基时只有十九岁,这个英俊天子并没有人们想象的那么孱弱,他重振朝纲,勤于政务。可是大清历经九位皇帝,传到他手上的时候已经不再有往昔的辉煌。人才严重缺乏、财政紧张、农民起义、英国人再犯等等时时刻刻困扰着他。虽然有师傅杜受田在一旁协助,但是杜受田不是军机大臣,上朝时很多问题不便于直接参与,只能为他在幕后出谋划策。

可是,有时大殿之上群臣针锋相对,或者遇事模棱两可,特别是前朝重臣、军机处首席大臣穆彰阿与琦善、耆英串通一气,缄口不言之时,常常弄得咸丰皇帝大殿之上难做判断,以致朝政不易理顺。后来,穆彰阿、耆英被罢免。军机处便有了缺口,需要补足人员。咸丰皇帝想让师傅杜受田补入军机处,无奈阻碍颇多,只得作罢。不过师徒二人心有灵犀一点通,他们同时想到了恭亲王奕䜣。

咸丰皇帝即位后,遵照先帝的遗诏,于道光三十年二月封六弟爱新觉罗·奕䜣为恭亲王。

按照道光皇帝遗诏:"皇六子奕䜣封为亲王。"

在咸丰年代以前,亲王是不能进军机处的。可是,在师傅杜受田的鼓励下,年轻的咸丰皇帝冲破了祖制,令奕䜣为军机处行走。这既是亲情的表现,又是当时形势所迫。也许,后一点更占主要因素。

"臣恭请圣安!"

"师傅快免礼平身!"

养心殿里的咸丰皇帝对他的杜师傅永远是尊重、恭敬。他曾告诉师傅,在大殿之外,不要行君臣之礼,可是杜受田不管在何处,都规规矩矩向这个殊的学生请安。

"师傅,穆彰阿已被革职,军机处有一空缺,学生正思考着由谁去补呢。"

真巧,杜受田也正为此事而来。

"皇上,你是怎么考虑的呢?"

"师傅,我考虑了很久,有一个人比较理想。此人才智敏锐、机灵过人,读诗书,通晓地理,堪称一个才子。"

杜受田还没听咸丰皇帝说出此人的名字,他就频频点头。可见,两个人到一起去了。

"可是,此人不易进军机处。"咸丰皇帝一想到祖上没有先例,他又愁了。

杜受田问:"为什么?"

"因为他是亲贵。"

"恭亲王奕䜣?"

"对,正是老六。老六为人机警,文武双全,才学广博,实在是难得的才子,可是祖法不用亲贵,我不敢破祖制。"

"皇上,祖制谁制定的?"

"当然是祖宗制定的。"

"这就对了,祖宗有法便可依,臣记得嘉庆年间,因事务繁忙,几位军机大臣病了,嘉庆帝便特谕成亲王永理暂入军机处行走,虽然只有短短的十几天,但毕竟是曾经打破过祖制。难道这不可依吗?"

"对,师傅所言极是,我怎么就没想起来呢。再者,祖制也没有遗诏封亲王的,先帝不也打破祖制吗。"

就这样,恭亲王奕䜣成为清代第一个亲王任军机大臣的人。为了扩充军机处的力量,咸丰皇帝又决定军机大臣由原来的四个人变成七个人,新增人中有一个是杜受田之长子杜翰,而奕䜣此时已升任首席军机大臣。那年,咸丰皇帝二十一岁、恭亲王二十岁。

两个年轻人,血气方刚、励精图治,携手共创大业,以重扬大清国威。此后一年里,咸丰皇帝连授恭亲王宗人府右宗正、宗令、都统、阅兵大臣等职务,可谓春风得意也。

然而,天有不测风云、人有旦夕祸福。皇宫里发生了一件事,使骨肉至亲疏远、猜疑以致恭亲王在一夜之间,被解除所有职务,回到上书房读书。

大家还记得，咸丰皇帝十岁丧母，其亲生母亲孝全成皇后是道光皇帝赐死的，他十岁小儿怎么独立生活，道光皇帝疼爱他，便把他交给奕䜣之母静贵妃抚养。静贵妃还算贤淑、温厚，视奕䜣为己出，但是奕䜣总觉得从她那儿获得的母爱没有从亲额娘那儿得到的温馨、宽厚。所以，在奕䜣的内心深处，静贵妃不是母亲。

但她毕竟抚养过、关怀过、疼爱过奕䜣。咸丰皇帝登基后，应以儿子的义务去尽量照顾好这位额娘。咸丰皇帝首先令静太妃移居寿康宫，以示做儿子的孝心。而且，咸丰皇帝也没忘记为人子的职责，一有空，他便信步来到寿康宫，向静皇太妃问安，有时候还陪她聊聊天、品品茶，俨然是母子俩。因为恭亲王奕䜣住在宫外恭王府，来往不十分方便，所以相比之下，咸丰皇帝问候母亲的次数要比恭亲王奕䜣多一些。尽管如此，咸丰皇帝与皇太妃之间的阴影始终存在，只不过两个人都不愿意说破这一层罢了。

一天，咸丰皇帝用过晚膳，一看天还没大黑，便只带了两个御前太监信步来到寿康宫，他正想把心里话说给静额娘听听。

这些日子以来，静皇太妃身体欠安，她总有睡不醒的感觉，除了一日三餐，其余时间几乎是睡觉，她几乎不出寿康宫。咸丰皇帝担心这样下去，太妃的身体只会更差，于是他好言相劝，希望她能多活动、活动。

咸丰皇帝又令太医仔细诊治，太医把了脉，回皇上："皇上，太妃乃老年之疾也，无大碍，只需调养即可，太妃适宜户外散步，心情爽朗，疾自愈也。"

"跪安吧！"

咸丰皇帝一摆手，太医退下了。他走近皇太妃软榻边，坐在她的身边，说："额娘，太医所言极是，儿也希望额娘多活动、活动，以保康健。"

静皇太妃勉强地笑了一笑："皇上，额娘老了，活动不了了。"

咸丰皇帝一听这话，心里有些不高兴。自从他登基以来，人人都称他"皇上"，即便是师傅杜受田这么称呼他，他也能勉强接受，唯独静皇太妃这么称呼他，他觉得十分刺耳。因为他们毕竟是母子，世上哪有母子这么生疏、客套的。

"额娘，你一点儿都不老，儿希望你走出寿康宫，到外面，御花园或者

恭王府去走一走,散散心。"

静皇太妃点了点头。可是,她并没有做到,依然是一天到晚很少活动,仿佛睡不醒似的。

今天,咸丰皇帝又信步来到了寿康宫,一进宫门,守门太监便上前问安:"奴才给万岁爷请安了!"

"跪安吧!"

"嗻!"

太监向后退了几步,依然站在宫门口履行他的职责。咸丰皇帝的两个太监也站在宫院里,并没有随主子进宫。咸丰皇帝进了寿康宫,这时皇太妃贴身宫女娥儿从卧房轻手轻脚地走了出来,她一见咸丰皇帝到此,连忙请安"奴婢给万岁爷请安了。"

"起来吧。"

"万岁爷,您坐。"

娥儿今年二十八岁,她十二岁进宫,一直在皇太妃身边,当年咸丰皇母时,他来到静贵妃身边生活,正是这个娥儿伺候他的,从小总称她为"姐姐",如今当了皇上,可有时还难免脱口而出"娥儿姐姐"。娥儿心地善良为人仁厚,咸丰皇帝很喜欢她。

"娥儿姐姐,额娘呢?"

娥儿连忙下跪:"万岁爷这么称呼,奴婢担不住。"

咸丰皇帝一笑:"习惯了,很难改。"

"娥儿,快起来!"

娥儿这才敢站起来,她明白今天的咸丰皇帝已不是当年那个怕黑夜、拍风雨的四阿哥,四阿哥是一个可爱的小男孩,而今天的咸丰皇帝是九五之尊的天子,不敢造次。

"额娘呢?"

咸丰皇帝又问了一遍。娥儿说:"还在睡觉呢。奴婢这便去叫醒她。"

"不用,不用,朕等一会儿。"

反正是已经用过晚膳了,咸丰皇帝也没有什么事情做,干脆在寿康宫等一会儿,难得这么空闲。娥儿是领班宫女,她的主要职责是不离太妃左右,随时听候吩咐,她是不用做粗活的。现在太妃睡了,她也可以坐下来与咸丰皇帝聊一聊了。

"娥儿,平日里太妃也是这么沉郁吗?"

宫女娥儿从小看着咸丰皇帝长大,知道这个年轻的天子性情温和、天性善良,她不愿意伤害他,所以淡淡地说:"太妃年纪大了,精力差一些,也是正常的。"

其实,娥儿心里很清楚,静皇太妃在生咸丰皇帝的气。按理说,奕訢丧母后由静贵妃抚养长大,奕訢也算她的儿子了。如今儿子登基,自己却不是皇太后,而只是个皇太妃,心里未免有些不是滋味。

一日,春光明媚,静皇太妃在寿康宫的东暖阁坐着,她盯着自己长长的银指甲看着,她有些出神了。娥儿端着一碗银耳汤走上来:"太妃、太妃。"

她轻轻地唤着。静皇太妃轻轻地叹了一口气:"儿子登了基,额娘做太妃。"

娥儿早明白皇太妃的心思,只不过不便说什么罢了。她轻声说:"喝口银耳汤吧,是娥儿亲手煮的。"

皇太妃接过来,呷了一口又说:"昔日顺治帝登基后,他的母亲由太妃封为皇太后,康熙爷、雍正爷、乾隆爷也都是这么做的,他们乃仁孝之君啊。"

静皇太妃终于把憋在心底的话说了出来,咸丰皇帝已经登基几年了,可她日夜盼望的皇太后封号还是迟迟没有下来,她的心里当然有些不高兴。无人处感叹自己命薄,不是皇上的亲生母亲,若是亲生儿子奕诉当上了皇上,她早该被尊为皇太后了。

静皇太妃对咸丰皇帝十分不满,所以,她便以整日不出宫来表示这种不满的情绪。她与咸丰皇帝各自心里都有一本账,只不过谁也不愿意捅破这层纸罢了。特别是咸丰皇帝,他总以为静额娘曾经在他失去母亲最痛苦的日子里,照顾过他、安慰过他,他更不想伤害他们之间的母子感情。他要尽最大的努力,做一个仁孝的好儿子。

可是,他从心底里不愿意封静皇太妃为皇太后,因为先帝妃嫔被嗣皇帝尊封为皇太后的,前朝还没有先例,因为她不是自己的亲生母亲,如果现在封她为皇太后,这则意味着当她殡天后,必须葬在墓陵,和亲皇额娘孝全成皇后葬在一起。两个人平起平坐,咸丰皇帝不能接受这一点,在他

的心目中,亲额娘只有一人,谁也不能强占这个位子。

坐了一会儿,咸丰皇帝觉得天色不早了,想回养心殿歇息去,便起身欲走。

"皇上,太妃也该醒了,再不起身,夜里又要失眠了,奴婢这便进去,请太妃起身。"

宫女娥儿转身要走,咸丰皇帝伸手拦住了她:"朕进去看一看,若太妃醒来,朕正可请安。"

再说静皇太妃迷迷糊糊地睡着,她这几天不单是心情忧郁,打不起精神来,她还真的有些身体不适。不知怎么回事儿,她总觉得头晕晕沉沉的,有时还有些天旋地转的,眼睛也看不清东西,眼前总有些模模糊糊的。昨天上午,她竟把宫女小庆儿看成了宫女娥儿。

"唉,人老了,不中用了,荣华富贵也抵挡不住衰老,不知我还有几天日子,至今仍还只是个太妃,白养了个不仁不义不孝的儿子。"

这么一想,她竟掉下了眼泪。正巧,此时咸丰皇帝进来了,他一言不发,轻轻地走到皇太妃的软榻前,正欲请安,只听得皇太妃开口了:"阿哥,你又来干什么,不是昨天才来请过安么。以后没事儿的时候,你不要多来我这里,省得他起疑心。"咸丰皇帝一听,就明白静皇太妃眼神不好,认错人了,他连呼两声:"额娘、额娘,是我。"

静皇太妃猛地一睁眼,发现不是自己的亲生儿子恭亲王奕䜣,而是咸丰皇帝。她自知说漏了嘴,很是难为情,急忙一翻身,面向着墙壁,一言不发。

"额娘,我来请安,娥儿说你正睡着,便没有吵醒你。"

皇太妃一个劲儿地流泪,还是一言不发,咸丰皇帝也觉得很尴尬,便说:"额娘仍感倦乏,那儿子走了,明日再来请安。"

咸丰皇帝出了寿康宫,心里很不是滋味,他想起了杜师傅说过的一句俗语:"假的亲不了,亲的假不成。"

看来,皇太妃对自己的成见不小,这种阴影永远也消除不了。

但是,作为人子,咸丰皇帝始终告诫自己:"静额娘毕竟是额娘,当年她的养育之恩,定当回报,不管她对你奕䜣存有怎样的芥蒂,你都不能计较。"

虽然经过上一次的误会,静皇太妃与咸丰皇帝之间的隔阂加大了,但咸丰皇帝仍坚持二、三天到康寿宫去请安。不过,咸丰皇帝的内心深处有些凄凉的感觉,他对奕䜣母子多多少少有一些反感。

静皇太妃的身体一天比一天差,几乎下不了床了,整日也吃不下几口饭,看来离黄泉路已不远了。咸丰皇帝当年痛失亲皇额娘,后来又失去了父皇、师傅等亲人,一想到亲手抚养过他的静额娘也快要离去,心里很是悲伤,过去的种种误会与猜疑,如今都已烟消云散。他每日坚持到寿康宫请安,以尽最后的孝心。

这日,寿康宫里空气仿佛都凝固了,连一点儿声音都没有。咸丰皇帝悄悄地坐在正厅里,耐心地等待太医会诊的结果。一会儿,两个老太医从卧房里走了出来。

"启禀皇上,太妃的脉搏极弱,只怕——"

太医不敢直言,皇宫里的忌讳特别多,说错了有可能头颅难保。

"还有多久?"

咸丰皇帝低沉着声音,他希望太医有起死回生的本领。

"禀皇上,恐怕拖不了几天了,最多两、三天。"

"跪安吧。"

"嗻。"

太医退下了,咸丰皇帝潸然泪下。他轻轻地走近静皇太妃,发现静额娘先前的明眸如今已混浊无光,脸上也失去了光彩,头发干燥有些蓬乱。

"额娘。"

咸丰皇帝低声地叫了一句,拉住太妃的手,又唤了一声:"额娘,你好些了吗?"

只见太妃眼睛闭上了一会儿,又睁开了眼,她也紧紧拉住咸丰皇帝的手,泣不成声:"儿啊,当年你阿玛最疼爱你,最初的确想立你为太子,无奈你四阿哥从你手中夺走了你的皇位,额娘今天告诉你,没有别的意思,额娘只希望你小心谨慎为人,别让他猜疑你。"

太妃又昏昏沉沉地睡了。咸丰皇帝猛地站了起来,心想:"我奕䜣视你为亲生母亲,努力做一个孝子,可如今你还这般对待我。"

咸丰皇帝一抽手,拂袖而去。他刚一出宫门,正好撞见恭亲王奕䜣慌慌张张往里进,兄弟俩你看看我,我看看你,谁也没说话。当时,奕䜣听说母亲病危,心情十分沉痛,并没有注意到皇兄的情绪不正常。

咸丰皇帝回到养心殿，仍不开心，这时太监安德海来报："万岁爷，寿康宫来报，太妃只怕不行了。"

咸丰皇帝气呼呼地坐在软榻上，一声不响也不起身。

"万岁爷，不去不好吧。"小安子人很聪明，在皇上的气头上，他不是火上加油，而是极力规劝，他这是聪明的做法。

"太妃是万岁爷的养母，她就要归去了，别人都到场了，却不见万岁爷，人家会怎么说呢。"

小安子的话句句在理儿，咸丰皇帝只好起身到了寿康宫。寿康宫里鸦雀无声，人们都在等待着那一时刻的到来。宫女、太监有的在抹眼泪，有的在抹鼻涕，咸丰皇帝急匆匆地往卧房里进，与正要出来的恭亲王撞了个满怀，只见奕䜣满面泪痕、泣不成声，咸丰皇帝心里一惊，连忙问："老六，额娘怎么样了？"

恭亲王奕䜣泪如雨下，扑通一声跪了下来，说道："额娘已去矣，魂魄不远，意待封号才能瞑目。"

咸丰皇帝没想到会这么快，他急促地："啊，啊。"

除此之外，他一句话也说不出来。可是，恭亲王奕䜣却误以为皇上没有答应了他们母子的请求。兄弟之隙便从此开始了。

咸丰五年七月九日，抚养过咸丰皇帝的静太妃永远闭上了眼睛，咸丰皇帝当日发了一道谕旨："钦慷康慈皇贵太妃，侍奉皇考二十年，微柔素著，抚育朕躬十五载，恩恤犹加，虽懿德撝谦，而孝忱难罄，今谨上尊号为康慈皇太后。"

封号虽有了，但皇太后的丧礼却被减少了不少。咸丰皇帝于十日又谕旨："丧服酌遵旧典，皇帝持服二十七日而除。饰终仪物，有可稍从俭约者，务惜物力。"

这就是说，咸丰皇帝及皇族的人只须穿二十七天的孝服，而不是穿百日孝服，这与前代皇太后的葬礼相比较，可谓大不同也。这立刻引起了恭亲王奕䜣的反感，但他此时敢怒不敢言。咸丰皇帝还决定大行皇太后不升太庙，只升祔奉先殿，理由是："朕不敢以一己之感恩，致违大行皇太后谦和之盛德。"这不仅令恭亲王奕䜣接受不了，也让皇亲载垣等人有所不满。奕䜣终于按按捺不住，与皇兄发生了争执。

"皇上，我大清有先例，大行皇太后丧仪为百日孝，为何此乃为二十七日孝?"恭亲王虽非常生气,但他还是先行君臣之礼,跪在大殿之上,后起兄弟冲突的。咸丰皇帝不慌不忙,开口道:"大行皇太后一生谦和,其德盛也。今我大青正值多事之秋,若祭服百日,朝廷上下无人照料,岂不有辱皇太后之美德,她在天之灵也不会瞑目的。"

咸丰皇帝早已料到老六会这么问的,所以他对答如流。说得奕䜣无言以驳。

奕䜣居然在大殿之上责难咸丰皇帝,这使高高在上的天子很不高兴,但他又不好发作。

三天后,皇太后梓宫安奉绮春园迎晖殿,恭亲王奕䜣正哭哭啼啼领众人安放梓宫,突然御前太监安德海到了迎晖殿。

"王爷吉祥!"

小安子来了个单腿安。恭亲王一看是令人作呕的小安子,便连个"免礼!"二字也不肯出口,他只从鼻孔里冷冷地哼了一声。安德海装作不知道,拖着一副尖嗓门,说道:"王爷,奴才等着呢,皇上口谕,传王爷上殿。"

恭亲王心想:"皇兄怎会此时召我上殿,他明知此时我正忙着呢。"

无奈,天子之令不听不行,奕䜣只好随小安子上殿。一路上,安德海洋洋得意,大步流星,把恭亲王甩得远远的,心里暗道:"哼,别看你是先帝亲封的王爷,你还不是被捏在我们主子的手心里。"

一到大殿,奕䜣就发现咸丰皇帝板着个脸,一丝笑容都没有。

"臣奕䜣恭请圣安。"

"免礼平身!"

这一对从小一起长大的亲兄弟,大殿之上,亲情无存,只有君臣。

"恭亲王奕䜣听旨。"

御前太监手捧谕旨,高声叫道。奕䜣连忙下跪。

"恭亲王奕䜣,于一切礼仪,多有疏略之处,著勿庸在军机大臣上行走。宗人府宗令,正黄旗满洲都统,均著开卸,并勿庸管理丧礼事务,管理三库事务,仍在内庭行走,上书房读书,管理中正殿等处事务,俾自知敬惧,勿再蹈愆尤,以副朕成全之至意。钦此!"

恭亲王惊呆了,这怎么可能?皇太后尸骨未寒,丧仪正在进行之中,居然发生了这等事情。半晌,他也说不出一句话来。还是安德海提醒了他:"王爷,快谢恩。"

"谢皇上。"

奕䜣有气无力。咸丰皇帝只喊了一句："退朝。"

大殿之上，空荡荡的，只有欲哭无泪的恭亲王奕䜣一个人。他又能说什么呢！当年，父皇偏袒四阿哥，未能做到任人唯贤，他也认了。当上了亲王，他竭尽全力辅佐皇兄，虽未屡建战功，却也是尽心尽力，成绩卓著。如今因额娘封号及葬礼一事发生点口角，皇兄就如此对待他，使他在一瞬间被解除了所有的职务，他焉能接受！

"父皇啊，父皇，你在天之灵能瞑目吗？"

恭亲王奕䜣瘫坐在大殿那冰冷的地上，直愣愣地看着丹墀上面的金碧辉煌的龙椅。道光皇帝的一念之差，就把同是生在皇宫的亲生兄弟隔得这么远。

咸丰皇帝心里也不是滋味，奕䜣毕竟是与他从小一齐长大的亲兄弟。他急匆匆离开了大殿，回到了养心殿。回想起刚才御前太监高声宣读谕旨时，他看到奕䜣的表情万分痛苦，脸色煞白，就像死人一样。咸丰皇帝感到有些内疚。

"这么做是不是真的有些过分，父皇在天之灵会瞑目吗？"

咸丰皇帝在软榻上辗转不停，矛盾极了。他反复问自己"这样做到底对不对？"今天他处置奕䜣不可以说没有私心。奕䜣学识宽广，能力出众，比起自己来，有过之而无不及。从心里讲，他佩服老六的才学、赏识他的能力，希望兄弟联手干出一番事业。但皇太后弥留之际的那一席话，也让他警醒：奕䜣也可能是对自己的最大威胁。这让咸丰皇帝感到害怕。如果奕䜣势力强大起来，有心与他争夺皇位，那他是绝对容忍不了的。而现在只能趁他羽翼尚未丰满，早早防患于未然。

咸丰皇帝的担心也不是没有道理。大清江山本来就处在风雨飘摇之中，如果为皇位再起争端，不异于是雪上加霜。但是为了坐稳江山，如此这般处置自己的亲兄弟，不免让众大臣看在眼里，寒在心头。咸丰皇帝不仅失去了一个忠心耿耿的臣子，也失去了其他皇亲对他的信任，更为今后的清廷统治集团的尖锐矛盾斗争埋下了祸根。

第六章

救济灾荒师生成永诀　肃顺为重臣排除异己

岁月如梭,转眼间,新皇帝登基已经整整三年了。经过两、三年的整顿、治理,大清国政初见成效,年轻皇帝的才干不仅让人们刮目相看,也让一些企盼国家强盛,重振清廷皇威的大臣们心悦诚服。国家上下无不翘首以盼皇帝更完善的政策出台,使政治清明,百姓安居乐业,外敌不敢来犯。

但是朝廷之上有忠臣敢于直谏,也有奸佞溜须拍马。取得初步成就的咸丰皇帝此时被众臣吹着、捧着,在一片喝彩声中,他有些飘飘然了。处理朝政有时不免显露出浮躁的情绪,还好师傅杜受田及时发现了这一问题,婉言规劝,咸丰皇帝也有了些警觉。

这年冬天,四川、陕西一带出现了多年不遇的少雨天气。

咸丰皇帝已看到了地方官员的奏折,此时正愁眉不展呢。

"皇上,奏章上写的是实情,四川、陕西一带三个月来旱情严重、颗粒无收,现在灾民饿殍遍地、携家带口、四处逃荒,惨啊!"

杜师傅手捻花白胡须,感慨万千。二十二岁的咸丰皇帝从小生在皇宫、长在京城,什么是"饿殍遍地",什么是"惨不忍睹",什么是"卖儿卖女",他根本没见过,只是听杜师傅描述罢了。

"师傅,他们家里难道就没有囤粮?"

年轻的天子还认为广大农民家家都很殷实。杜师傅摇了摇头:"农民背朝青天、面向黄土,日出而作、日落而息,终生劳累,尚不得温饱。年景好了,勉强能吃饱;年景不好,卖儿卖女者有之,逃荒要饭者有之,一根上吊绳了此一生者也有之。唉!"

杜师傅又重重地叹了一口气,咸丰皇帝问师傅:"灾情如此严重,灾民几十万,该如何处置呢?"

"皇上,臣恳求皇上急颁谕旨,令各地官员打开粮仓,运往四川、陕西一带,以赈灾民。"

"朕这便召见群臣,不过,国库乃防患之用,也不能全去赈灾呀,朕认为应号召群臣节衣缩食,献食献银,以赈灾民。"

听到这话,杜受田用赞赏的目光望着他的这位特殊的学生,满意地点了点头:"皇上的确爱民如子啊!"

此时的咸丰皇帝已离不开杜受田了。他治理国家、处理朝政,明里天子听朝、批阅奏折,实际上杜师傅暗中相助、献计献策。

"师傅,朕谕群臣解囊相助、赈济灾民,不知他们会如何反应?"

咸丰皇帝早就听师傅说过,"三年清知府,十万雪花银"。尽管这几年来,咸丰皇帝下决心求言求贤,整顿了朝政,但贪官污吏屡禁不止。他很清楚,让朝臣、各级官员拿出钱财赈灾,只不过是他们贪污的一小部分,但对于这一小部分,他们能乐意拿出来吗?

"依臣之见,皇上首先做出表率,不怕群臣不应。"

"师傅所言极是。"

几天后,乾清宫大殿之上,又有大臣呈奏章,报告灾情。

"启禀皇上,四川灾民流离失所、陕西灾民已有造反之举。"

端坐在龙椅上的咸丰皇帝果敢地说:"各地打开粮仓,拿出储备的五分之一,迅速运往灾区,以赈灾民。"

几个大臣你看看我,我看看你,点了点头。这时,御前大臣又高声宣告,为了赈灾,皇上拿出养心殿的月银十万两白银,即刻送往灾区。此外,还有古玩字画之类,变卖后,将所得银两也全部用于赈灾。大殿之上,一片哗然。众臣做梦也没想到咸丰皇帝会来这一手。

"臣杜受田出资二万白银,以赈灾民。"

大家的目光一齐转向杜受田,这时大家才明白,皇上做出这样的决定,是杜受田一手炮制的。就是再不乐意,也无可奈何。

"臣出资一万两白银。"

"臣出资五千两白银。"

"臣出资二万两白银。"

一个上午,就筹集了二十万两白银,咸丰皇帝露出了微笑,他心中暗想:"师傅此计妙也!"咸丰皇帝努力做一个好皇帝,可是,父皇留给他一个烂摊子,挑起这担子好沉重、好沉重。洋人不断进犯、太平天国运动方兴未艾、全国各地灾情严重,这一切都让年轻的天子发愁。他几乎有些动摇了,也有些后悔了,和老六奕䜣争夺皇位,争得那么辛苦,已经伤了兄弟感情。可争来的是什么呢？是一把龙椅、一个烂摊子和一大堆的烦心事儿。他怨天尤人,感叹自己生不逢时,感叹国家时运不济。

日日上朝听政,不是灾情,就是战况。由于咸丰登基以来,广开言路,让臣子说真话,大臣们便改变了道光末年报喜不报忧的作风,实事求是地呈报各地情况。

"皇上,四川灾民有造反的趋势。"

"皇上,陕西灾民已有少数人参加了捻党。"

"山东大旱,灾民有的投向太平军。"

"英国人再次提出广开通商口岸。"

咸丰皇帝面色惨白,有气无力地说:"别说了！退朝。"

杜受田看在眼里急在心里:"皇上呀！师傅教你的东西全都忘了吗？师傅早已告诫过你,什么叫做'宰相肚里能撑船',什么又叫做'平心静气,稳坐钓鱼台',唉,如今你大殿之上表现出浮躁的情绪,让群臣看到了,有何反应,你知道吗？"

杜受田已出了大殿,本打算打道回府,但转念一想:"不行,若皇上心绪欠佳,明日上朝依然会这样,岂不引起朝廷上下的震动？"

于是,杜受田径直走向养心殿。

他轻轻地叫了一声:"皇上。"

咸丰皇帝转过身来,杜受田发现他一脸的不高兴。

"师傅,快请坐！"对于师傅杜受田,咸丰皇帝永远是恭恭敬敬。自从父皇殡天后,咸丰皇帝就把师傅当成最亲最近的人了。

"皇上,近来你心绪不好？"

"嗯,内忧外患、灾情不断。难啊,做皇帝怎么这么难！"

咸丰皇帝仰天长叹,他的这种状况很让杜受田担心。杜师傅拉着咸丰皇帝的手,温和地说:"做人难,做人杰难,做天子更难。可是,再难也要做下去。"

"师傅所言,朕也明白,只不过这些日子以来,大殿之上,朕就没听到什么好消息。"咸丰皇帝在师傅面前无须掩饰什么,他道出了心声。

"难道皇上也爱报喜不报忧?"杜师傅有些忧心忡忡了,他生怕咸丰皇帝被困难压倒,他生怕刚刚三年的好局面又被破坏,重新回到道光末年的那种死气沉沉的气氛中去。

　　"不,朕只是觉得治国安邦,太难了。"年轻的天子觉得肩上的担子太沉重了,他几乎有些挑不动。

　　"皇上,此时正是多事之秋,英国人敲开了大清的国门,太平军运动屡禁不止,反而愈演愈烈,今年又逢天大旱。臣认为,这些都是上苍在考验皇上,皇上耐心一点儿,等过了这几年,年景会好转的。不会永远这样下去的,这还要靠皇上耐心地去等待。"

　　对于风雨飘摇的大清江山,杜受田也没有什么好法子,他只能这样安慰年轻的皇上,自己总不能与咸丰皇帝一道急躁发火吧。

　　"师傅,这几日,我心情一直不好,本来好好的,可一旦上了朝,听他们奏呈的一份份折子,尽是烦心事儿,情绪马上又变坏了。我已尽量压制自己,不要发作,可心里烦得很。"咸丰此时像一个小孩子,在亲人面前倾吐所有的不快。

　　可能是上天要考验这位年轻的帝王,可是,年景依然没有好起来。到了夏天,四川、陕西仍然旱情严重,可山东、江苏、安徽一带却出现了百年不遇的洪水灾害,六月间黄河竟在山东境内破了坝,百姓死伤无数,一时间惨不忍睹。咸丰皇帝刚一坐下,便急切地问:"什么事?""皇上,山东、江苏一带水情严重,前日山东境内黄河破坝,百姓死伤严重。""死伤多少人,淹没多少村舍?"一位大臣沉痛地说:"据报大水冲毁村庄十二座,全村百姓无一幸存,其他村子也被毁坏,据估计已死亡四千多人。""什么?什么?死了四千多人!"咸丰皇帝瞪圆了眼睛,表示不相信,可他从大殿上几位大臣的面部表情上却证实了这一骇人的消息。几个大臣默默地点了点头。咸丰皇帝猛地问:"什么地方,朝廷命官是吃干饭的,眼睁睁地看着百姓淹死!""山东、江苏搭界处,丰县、沛县都有不少人淹死。"

　　"拉出去,把知县给我斩了!"

　　咸丰皇帝真的动怒了。自从他记事以来,道光年间,他也曾听说过旱灾、水灾,可从来没听说过一次灾情竟死掉几千人。他能坐得住吗?有的大臣上奏道:"皇上息怒,斩知县再容易不过了,不过能救活灾民的命吗?再者,流离失所的灾民,谁来组织赈济?臣认为应该快快派一钦差大臣赶往灾区,亲自勘察、救灾救民。"咸丰皇帝强压心头怒火,说:"也对。可是,派谁去呢?"他正在考虑钦差大臣的人选时,杜受田闻讯进了大殿。一看杜受田到此,咸丰皇帝急切地说:"师傅——"杜受田猛地一使眼色,皇上马上改口:"杜爱卿,你来得正好。""臣杜受田恭请皇上圣安!"大殿之上,师傅给学生跪下了。"爱卿免礼平身。"杜受田这才站立起来,"皇上,有什么紧急事儿?""爱卿,朕正想让人请你去呢。朕接到六百里加急折子,山东、江苏一带水灾严重,前日,丰县、沛县境内黄河破坝,淹了十二个村庄,死亡四千多人。"一听这话,杜受田的脸色大变:"如此严重灾情出现,当地官员都在干什么?"真是师徒俩,连问话的语气都那么酷似。咸丰皇帝也说:"朕也是这么说的,朕认为出现如此严重事件,一定是当地知县玩忽职守、草率行事。朕正考虑派一钦差大臣,亲临灾区,勘察灾情,赈济灾民。"

"皇上英明,不知皇上可有合适人选。"杜受田很高兴,他一手培养起来的皇帝是个明君,直接继承了师傅的仁爱之德,这也不枉费自己十四年的心血。

"朕尚在考虑谁去最合适。"

咸丰皇帝说罢,突然他的目光停留在师傅身上了,久久没有移开视线。杜受田从小看着他长大,皇上的一皱眉、一微笑、一个动作、一个眼神,都逃不过师傅的猜测。咸丰皇帝似乎在说:"恩师,你去行吗?"

杜受田也望了一下咸丰皇帝,也似乎在问:"皇上,我做钦差大臣,合适不合适?"

君臣二人对视片刻,杜受田开口道:"臣愿请旨前往,赈济灾民。"

咸丰皇帝龙颜大悦,一拍龙案:"准奏!"

两天后,杜受田拜别了学生咸丰皇帝,快马加鞭南下了。

这一别,竟是师徒永诀!

这一别,咸丰皇帝永生难忘!

正是六、七月酷暑季节,大水过后,瘟疫四起,痢疾、霍乱就像狂风暴雨,席卷灾区。整整三天三夜,杜受田没合过眼。实在撑不住了,他靠在椅子上打个盹儿,突然,一阵剧痛把他弄醒,他手按肝部,咬了咬牙,可是疼痛难忍,他的额头上渗出了汗珠。

"大人,怎么了?"一个随员关切地问。

他指了指腹部。"没什么，这儿有点儿疼。"

见杜受田汗珠大滴大滴地直往下掉，随员执意为他请来了大夫。老中医仔细诊脉："大人，你连日太辛劳，脾胃肝皆受损，大人必须静卧调养。"

大夫开了几剂药方，杜受田咬牙喝下了苦药，疼痛缓解了许多，他决定明日启程南下，继续勘察灾情。

随员们纷纷规劝，可杜受田不为所动："我杜某奉皇上之命，南下赈灾，不去灾区，有愧我主、有愧百姓。"

就这样，拖着一个病身子，杜受田到了江苏境内的清江。一到清江，他便召见知县、实地察访灾情，命知县开仓赈灾，清江百姓伏身在地，口呼："皇上万岁、万岁、万万岁！杜大人安康、长寿！"

就在百姓感恩戴德，口呼杜大人安康、长寿之际，一代老臣杜受田溘然长逝了。他死于赈灾的路上，死于肝病发作、死于百姓的欢呼声中。

杜受田之死，对咸丰皇帝来说，犹如晴天霹雳，他掩饰不住内心的悲伤，失声痛哭。哭声在紫禁城上空久久回荡，在场的人无不落泪。

哭了一会儿，他提起笔来，御书："忆昔于书斋，日承师傅清诲，铭切五中。自前岁春，懔承大宝，方冀赞襄帷幄，谠论常闻。讵料永无晤对之期，十七年情怀付于逝水。呜呼！卿之不幸，实朕之不幸也。"在咸丰皇帝看来，失去了师傅，他失去了又一位至爱至亲之长者、失去了共谋大事的政治家。

与其说咸丰皇帝哀叹杜受田的不幸早逝，不如说他更感慨自己早早失去了一位最信得过的军师。这是杜受田的悲剧，也是咸丰皇帝的悲剧。

咸丰皇帝决定隆重为恩师发丧，以告慰师傅在天之灵。杜受田死在江苏清江，又是盛夏之季，扶柩回京困难极大，有人上奏就地发丧，可咸丰皇帝大怒，命京城官员南下迎灵柩，沿途地方官员护送灵柩，不得有误。

护柩队伍浩浩荡荡，历经大半个月，才到了京城。

一到京城，咸丰皇帝便令恭亲王奕訢前往吊唁，又特谕杜府要大办丧事，其隆重程度几乎达到了王府丧事的规模。

"皇上，杜府大办丧事，缺少银两。"

恭亲王奕訢从杜府归来，如实禀报了情况，咸丰皇帝朱谕一道，赏银五千两。咸丰皇帝更亲谥杜受田为"文正公"。

杜受田入了土,百日祭奠,异常隆重。深居紫禁城大内的咸丰皇帝居然身着素袍,乘坐一顶黑色小轿子出了宫,他直往杜府。小轿径直入了杜府大院,在正厅前停了下来。杜府上上下下戒备森严,所有仆人、丫头全都退了下去。

老太爷、杜受田之父杜堮拄着拐杖迎了出来,他的后面跟着杜受田的两个儿子。杜家爷孙扑通通长跪在地,个个眼噙泪水:"皇上万岁、万岁、万万岁;皇上恩泽,亲临寒舍,臣实在担当不起。"

二十二岁的咸丰皇帝欲语泪先流,亲手扶起杜堮,感慨万千:"师傅早逝,朕悲痛不已;师傅教诲,学生终生不忘。"

说罢,他泪如雨下。咸丰皇帝快步入灵堂,他抬头一看,只见师傅遗像悬挂正中,两边挽联高悬,白花簇拥着杜受田的灵位。一见师傅画像,杜师傅的音容笑貌又浮现于脑海之中,咸丰皇帝再也抑制不住自己的情感,他悲恸万分,抚灵痛哭。

在场的人无不感动,纷纷上前劝慰咸丰皇帝。恩师去了,咸丰皇帝一下子就像塌了半个天;恩师去了,他要对恩师的家人一一安慰。

三天后,咸丰皇帝特谕:"授礼部侍郎杜堮为礼部尚书、授翰林院杜翰为二品侍郎。钦此!"

若干年后,咸丰皇帝又恩赏杜受田的三个孙子为举人。师徒关系虽然已经结束,但咸丰皇帝对恩师的怀念却一直伴随到他热河殡天为止。

肃顺,字豫亭,满洲镶蓝旗人。清太祖努尔哈赤的侄子济尔哈朗的七世孙、郑亲王乌尔恭阿的第六个儿子,他与郑亲王端华为异母兄弟。

道光十六年授三等辅国将军,是个散闲的大臣。道光二十九年,授奉宸苑卿,也不是什么重要职务。道光三十年,迁内阁学士兼礼部侍郎。咸丰四年,授御前侍卫,又升至户部尚书、兵部尚书、协办大学士,可谓发迹神速,令满朝文武刮目相看。

肃顺的发迹,并不是偶然的。有其个人因素和历史原因。从个人因素讲,肃顺作为散闲宗室,他肩上并没有什么大任,有足够的时间在社会上游荡。此人虽书读的并不多,但他善于结交社会上有名望的人,特别是他有一帮汉人朋友,如郭嵩焘、龙湛霖、王闿运、邓辅纶、尹耕云、高心夔、李篁仙等文士名流,曾与他终日游历,称为"肃门七子"。

由于这些人生活在社会的底层,所以也能以较清醒的目光审时度势、批评朝廷,他们放荡不羁的性格对肃顺的影响很大,不久,肃顺成了皇族少有的"游侠"。他狂放不羁,颇有游侠的习气。因为他是皇族,家境并不贫困,他的母亲是郑亲王乌尔恭阿最宠爱的小妾,母亲又只有他这么一个儿子,非常疼爱他,时常背地里拿出自己的私房钱,贴补儿子。偏偏这个儿子沾染了一些不良习气,气得母亲直掉眼泪。

母亲抹干眼泪,又要继续贴补儿子。肃顺一旦手头有钱,便呼朋唤友下酒馆,他的几位好友都是汉人,又是才子,对他的影响很大。当时,正值年轻的咸丰皇帝励精图治、重用汉臣之际,"肃门七子"与肃顺聚在一起,便口出狂言,评论朝廷,指责朝臣。

郭嵩焘为"七子"之首,是个举人,但官运不亨通,很有些怀才不遇之感。

"各位,且看这林则徐,为朝廷立了这么大的功,虎门销烟威震四海,可道光爷却罢了他。还是咸丰帝有眼力,启用于他。"

"什么咸丰帝有眼力,分明是他的汉人师傅杜受田卓识远见,没有杜受田,能有咸丰帝的今天。"

邓辅纶很欣赏太傅杜受田,才说了刚才那一句。尹耕云也争着发表高见。

"林则徐太可惜了,征途中暴卒,枉了他一生的英名。"

肃顺暂时没插什么话,他这个人虽然相貌粗拙,有时也口出粗语,甚至脏话,但他很有心计,他一般是等别人说完了,再发表自己的意见。

"嗳,肃老兄,那位铁帽子王爷好像近来很发达?"

李篁仙说的是恭亲王奕䜣。一提起恭亲王,肃顺的心里便有些酸溜溜的,同是皇族,一个天、一个地,同族不同命。

"他老六算什么东西,不就是他那个皇上哥哥嘛,哼,说不定哪一天手足离异,翻起脸来,比咱们这受冷遇还难受。"

"哈、哈、哈……"

你一言,我一语,酒馆里爆发出一阵阵浪笑声。吓得酒馆小老板把其他客人都打发走了,又让店小二站在门口看着人,不让任何人进来,生怕肃顺这些人太放肆,招来事端,殃及小酒馆。夜已很深了,肃顺这几个人犹未尽兴。

"老板,再来两斤驴肉,要辣一些,送些酒来。"

"来喽。"

菜也添了,酒也送了,不一会儿,又全吃完、喝完了。小店早该关门了,可是,他们仍没有走的意思。

"奕䜣太机灵了,比老子强。"

肃顺喝得差不多了,他借着胆壮说出了压在心里很久的话。几个人安慰着他:"肃兄,等他奕䜣下了台,还不是你的天下,你不也是皇族,谁比谁差呀。"

"一点儿也不错,要是咱们肃兄上了朝廷,一定比他奕䜣威武。"

你一言,我一语,哪一句传出去都吃不了兜着走。酒店老板吓得直拱手:"各位爷,莫谈国事。拜托了!拜托了。"

"怕什么,有咱们肃兄撑着,天塌不下来。"

几个人闹哄到半夜,才醉醺醺地离去。第二天上午一觉醒来,肃顺早忘了昨天晚上他说过什么。不过,长期与汉人交往,使他认识到汉人中不乏有志之士、有才之士,他几乎被汉化了。

肃顺登上咸丰舞台,也有其外因。咸丰皇帝登基后不久,恭亲王奕䜣成为首席军机大臣,但好景不长,由于康慈皇太后葬仪一事,兄弟间出现了裂痕,奕䜣被赶出了军机处,一时间,军机处无人挑起这副重担。当时,太平军风起云涌,他们大力提倡排斥清廷,所以咸丰皇帝对汉臣是有所提防的。在皇宗近支中,不是年幼无知,就是没有才干,人才问题十分突出。于是,咸丰皇帝想到了宗室支派的几个人。

一个是怡亲王载垣,另一个是郑亲王端华,最后是端华的弟弟肃顺。

怡亲王载垣,康熙第十三子允祥的五世孙,道光五年袭爵怡亲王,御前大臣行走,道光殡天时受顾命,咸丰皇帝登基后,历任左宗正、宗令、领侍卫大臣等职。

郑亲王端华,道光五年封三等辅国将军,道光二十六年袭爵郑亲王,后任御前大臣,也为顾命大臣。咸丰皇帝登基后,历任阅兵大臣、右宗正、前军统领、领侍卫内大臣、内廷行走。

他们两个人是理想的接班人选,可以代替恭亲王奕䜣之职。但是才干上远远不及奕䜣,尤其是他们只通满文,不通汉文,办起事来十分不便,咸丰皇帝为此苦恼。在这种情况下,精通汉文、熟悉社会各阶层生活的肃顺被推上了历史的舞台。

肃顺一登台,便得到了咸丰皇帝的赏识。其主要原因是,肃顺确实表现出特殊的才干,令人刮目相看。由于肃顺长期为散闲宗室,他过去无所事事,所以有机会接近社会的各阶层生活,对复杂的社会了解要深刻一些。加上他结交了七个汉人才子,与他们长期往来,使他认识到汉人中不乏杰出者。在这种情况下,肃顺一旦担当重任,他便主张咸丰皇帝多重用汉臣,因为他觉得满臣糊涂虫居多,只知道伸手向朝廷要俸禄,不晓得如何帮助朝廷歼灭太平军、赶走英国人。

肃顺这个人性情暴戾,甚至有些粗野,但他办起事来也雷厉风行、大刀阔斧,满朝庸人又恨他,又怕他,但又不得不佩服他。咸丰八年,肃顺整顿科场,掀起了"戊午科场之案",人们不禁对肃顺肃然起敬。

咸丰八年,即一八五八年,戊午科顺天乡试揭榜,结果众人哗然。一个名叫平龄的戏子,居然中了第七名举人,知情人无不忿然。

"平龄唱唱小曲还凑合,要说这考举人,恐怕他连名字都写不好。"

"今天唱戏的能中举,明日卖茶的说不定也能中举。"

"二爷这话说得一点也不错,听说考场乱得很,试子不是应考,而是画圈子。"

"柱儿,什么是画圈子?"

二爷不明白"画圈子"是什么意思,他便好奇地问了起来。柱儿一仰脸,说:"嗨,这还不明白,画圈子就是考生在考试之前纷纷呈递条子给主考官。他们一个字也不用写,只需在条子上画一个、一个的圆圈,几个圆圈就表示送银几百两。"

二爷愣了:"妈呀,有这等事情,我活了这么大年龄,还是头一回听说。"

柱儿更神气了,他眼睛得圆圆的,直对着二爷,唯恐他听不明白,

"二爷,三道圈就是三百两银子、五道圈就是五百两银子,听说这位平龄呀,他的条子上画了九道圈,九百两银子呀,不做戏子,改做举人,当了官,白银哗哗淌回来,多合算。"

"噢,天哪!"

听的人个个都长叹了一声。天下没有不透风的墙,平龄高中花了九百两银子,这消息很快就传到了朝廷上。

"皇上明鉴,一个戏子只需花九百两银子,便可中举,臣以为不惩此

事,难消舞弊之风气。"

肃顺有些咬牙切齿。咸丰皇帝端坐在龙椅上,第一次听到有这等事情,他欠了欠身子,问:"消息从何而来?"

肃顺答道:"京城街头巷尾无不议论此事。"

"道听途说,不可信也。"

咸丰皇帝舒了一口气,端华上前陈言:"臣也耳闻此事,不可不信,有话就有影,还望皇上明鉴。"

"肃爱卿,此事交给你查处,一经核实确有此事,严惩不贷。"

"嗻。"

肃顺一退出大殿,便急令孟传金着手调查,孟传金在堆积如山的试卷中找出平龄的答卷。这时,端华、载垣也到了,他们摊开一看,气不打一处来。平龄答卷错误百出,再翻开其他人的试卷核查,发现都有类似情景,有的甚至答卷上有圆圈。

肃顺猛地一脚,将试卷踢散:"什么玩意!"

回到乾清宫,肃顺、载垣等人如实禀奏:"皇上明鉴,平龄答卷错误百出,而且有人替他修改过的痕迹。"

"查处,严惩不怠!"

咸丰皇帝一拍龙案,龙颜大怒,怒不可遏。肃顺等人匆匆下殿,着手细查此科场舞弊案。结果发现这次考试竟有九十一个考生舞弊,有的考官手里竟接到几十张条子。

"肃爱卿,都查清了吗?"咸丰皇帝相信肃顺定查清此事,所以直截了当地问肃顺。

"全都查清了。"

"快奏。"

肃顺迈前一步,开口道:"皇上,顺天乡主考官为柏葰,副考官为程炳才,同考官浦安、主事李鹤龄、试子罗鸿绎,他们串通一气,收受银两,以条子上的圆圈多少论才学,六百两银子以上者便可中举。"

"欺君罔上,罪不可赦!"

咸丰皇帝万万也没想到,他的臣子竟如此大胆,考场舞弊如此严重,他立即下谕旨,将柏葰等五人斩首,其他有牵连的人革职,平龄除去举人之名,一同斩首。谕旨为:"科场为抡才大典,交通舞弊定例甚严,不意柏

葰身为大学士,在内廷行走有年,曾任内务府大臣、军机大臣,且系科甲进身,岂不知科场定例,竟以家人求情,辄敢撤换试卷,既有成宪可循,就所供情节详加审核,法难宽宥,言念及此,不禁垂泪,柏葰著照王大臣所拟即行处斩。钦此!"

肃顺一向与柏葰不和,这次顺天乡科场案柏葰有错捏在肃顺的手心,焉能逃过这一劫。肃顺刑场监斩时洋洋得意,不禁流露出胜利的微笑。

柏葰的人头落地,肃顺当然也泄了私愤,但更重要的是通过整顿科场,确有实效,此后的数十年间,乡试再也没有发生此类案件。

科场舞弊案的余波还没完全停息,咸丰九年,又发生了"钞票舞弊案"。鉴于肃顺处理科场舞弊案所取得的成绩,咸丰皇帝又令肃顺着手查处钞票舞弊案。

"肃爱卿。"

"臣在。"

"近日户部奏称'五宇官号'有严重问题,朕令你对此事严加查处,一经核实,严惩不贷。"

"嗻。"

有了"尚方宝剑",肃顺还怕什么,他开始调查此事了。什么是"五宇官号"?这还要从头说起。

早在道光末年,由于英国敲开了中国的国门,清政府被迫还击,这便大大增加了军费开支,财政曾一度出现了窘迫的局面。咸丰皇帝即位后,又爆发了太平天国农民运动,为了剿灭农民起义军,又增军费,仅仅三年间便耗资二千九百六十三万两白银,所以,这些年,国家财政出现了严重的危机。

在这种情况下,清政府决定从币制上着眼,把财政危机造成的通货膨胀视为"生财经营之至计",决定发行各种巨额的新币。大清宝钞面额以百千文为最大,铜制钱竟出现了当百、当千的货币。官府通过铸大钱,来加大钱币的发行量,铸钱的收入很高,增加了财政收入。

可被坑苦了的是老百姓,他们不愿意接受大钱,可又不得不去接受,甚至出现了背一袋子钱换一袋子米的情形,老百姓焉能接受?为了强制使大钞流通,'1853年,户部决定设立第一批官钱号,即乾豫、乾垣、乾丰、乾益,也称"四乾官号"。次年,朝廷又允许几个有实力的大商人设立银钱官号,有宇升、宇恒、宇谦、宇泰、宇丰五个官号,也称"五宇官号"。

这样一来,官商大开互相勾结之"绿灯",强迫推行大钞,坑害了百姓,他们的信用极低。户部决定调查此事,所以上奏咸丰皇帝,希望能通过查处弊端,以缓解官民的矛盾。于是,肃顺再次大显其铁腕。

不消一个月,真相大白了,原来宝钞处所列的"五宇官号"欠款与官钱总局存档不符,朝廷官员司员荣溥、王正谊、吴廷溥和商人胥吏全牵连了进去,他们贪污的赃款总计六千万两。肃顺禀奏皇上,这几个人全部被没收了家产,有的下狱、有的流放、有的革职,肃顺丝毫也没有手软。

可是,当肃顺发现另一个事实时,他大怒之余更多的是犹豫。这便是他的门生、多年好友、肃门七子之一的李篁仙也参与了贪污巨款之事。当初,肃顺尚未发迹时,他与七位汉人朋友几乎天天都泡在一块儿,尤其是湘人李篁仙与他的私交很好。肃顺被皇上重用后,大才子李篁仙由肃顺推荐,做了户部主事,这几年来,肃李关系十分密切。因为肃顺排行老六,所以李篁仙亲切地称他"六哥",肃顺也按照湖南人的习惯,称李篁仙为"阿李"。

李篁仙的事情败露后,肃顺怒不可遏,大堂之上,拍击案几:"王子犯法,与庶民同罪。"

"肃大人,你冷静一下,再细细地想一想。"

一位师爷知道李篁仙与肃顺平日里私交很好,便劝肃顺冷静下来,再作处理。

"李篁仙,这等事情也敢做!他不知道贪污巨款要砍头吗?"

"大人,李大人又不是主犯,他只是浑水摸鱼而已。"

师爷觉得这正是巴结肃顺的好时机,便尽力为李篁仙开脱。其实,肃顺气李篁仙,更心疼他,事情逼到了这一步,他也无可奈何,大堂之上,他必须装腔作势。既然有人替李篁仙说情,干脆顺水推舟算了。

肃顺舒了一口气:"若不严惩,何以服众?这样吧,交刑部会同载垣审讯,再做惩处。"

载垣非常清楚肃顺与李篁仙的关系,由他来处理此事,再妥当不过了。经过一个月的审理,李篁仙获罪入狱,总算保住了性命。一个风雨之夜,李篁仙正躺在木板床上,望着空空四壁发愣:"肃大人怎么不来看我,难道他不愿意救我出水火。不,这不可能。当年他还没发迹时,我李篁仙待他可不薄。人说:人情淡如水。莫非真的如此吗? 不过,别人会这样,肃顺不会这样,我可是于他有恩啊。"

窗外淅淅沥沥下着小雨,雨声滴答、滴答地响,李篁仙不禁想起十年前的一个风雨之夜。那时的肃顺,人称"肃浪子",他整日无所事事,游逛街头,走亲串友、喝酒行令,一个标准的纨绔子弟。"来,来,来,干了这一杯,喝,喝呀,不醉不罢休。"已有八方醉意的肃顺,摇摇晃晃地站了起来,他的眼前已经模模糊糊的了。他举起杯一仰脖子,又干了,他伸手继续要酒。李篁仙拦住了他:"六哥,你醉了,不能再喝了。"

"什么,你醉了,没醉。你没醉,我更没醉,你瞧,我没走路,怎么屋子却在晃动。"肃顺一个踉跄,差一点跌倒了。

"走,六哥,我扶你回家。"

两个人出了小酒店,肃顺也分不清东南西北,天上正下着小雨,直往脖子里灌。肃顺倚在李篁仙的身上,嘴里嘟嘟嚷嚷地说着什么:"醉了,没醉,嗯,酒真香。"他张开嘴巴,咽下雨水,还以为又干了一杯。渐渐地,肃顺支持不住了,他东倒西歪地乱撞一气,李篁仙气得直摇头:"老六呀,平日里劝你不要太贪杯,就是不听小弟的话。瞧你这个样子,到了府上,老爷又该骂我了。"这时,从街的对面走来一群人,为首的是个管家模样的人,后面四个轿夫抬着一顶轿子,正匆匆地赶着路。肃顺闭着眼睛走着,突然,他想吐出来,便猛地甩开李篁仙的搀扶,跑到一边去吐。也真巧,他正拦住轿子,哇哇大吐。

"谁这么放肆!"

轿子里传来一个男子的声音,一听那语气,就是朝廷的什么大官。管家不管三七二十一,对着肃顺,上来就是两脚,吓得李篁仙连忙上前劝阻:"轿内大人,这是肃六爷,放开他吧。"

管家破口大骂:"什么肃六爷,冲撞了穆大人,挨一顿打是轻的。"

管家又是几脚,踢得肃顺鼻青眼肿,肃顺好像被踢得酒醒了,他大吼一声:"皇老子,六爷也不怕。"

他直撞轿子,几个轿夫连忙拦住了他。

"打,给我打死他。"

管家大喝一声,几个轿夫对着肃顺就要打,李篁仙大叫一声:"他是怡王府的六公子,打不得。"

这么一叫,还真挺灵,轿夫抬起来的脚都轻轻地落了下来。

"走吧,走吧,以后少喝一点儿。"轿子里的穆大人发了话,李篁仙扶着肃顺连忙逃离是非之地。

第二天一大早醒来,肃顺摸着肿胀的脸,努力回忆着,他总算模模糊糊记起了一点儿,他自言自语说:"嗯,多亏了阿李。"

从此之后,肃顺便很感激李篁仙,处处多多照顾他。

往事历历在目,可如今肃顺与李篁仙却境遇大相径庭。李篁仙正欲睡,突然传来牢头的声音。

"大人,脚下留神,这牢狱里光线不好,可别闪了脚。"

"李犯听着,肃大人到此,还不快起来!"

牢头大叫这一句,李篁仙猛地一翻身,冲到牢门前。牢门被打开了,肃顺一摆手,随行人员和牢头全退下去了。

"阿李。"

"六哥。"

两个人泪如雨下,一时说不出话来。还是肃顺先止了眼泪,说:"阿李,你好糊涂呀。"

"六哥,事已至此,小弟再说什么也都晚了。"

肃顺为李篁仙抹去泪水。"阿李,怡亲王如此处置你,够轻的了,你安心服役,日后六哥再想法子救你。"

"不,不,六哥,我一天也待不下去了,这儿吃不好,睡不好,老鼠成灾,这是什么地方呀。"

"哼,什么地方,你自己想一想,做得也太过分了。"

"六哥,千错万错小弟都认了。只求六哥念在以往的情分上,快让小弟出去。"

"出去,你说得这么轻巧,进了大牢,就这么容易出去吗?"肃顺背对着李篁仙,气哼哼的样子。

李篁仙扑通一声跪了下来:"只要六哥救我出去,小弟一定洗心革面、重新做人。"

"阿李呀,不惩处你,众人不服。别让我太难做。"

李篁仙仍不死心,他希望以情打动肃顺,"六哥,你难道忘了十年前的那个风雨之夜。"李篁仙指的"风雨之夜",当然是他救助肃顺的那件

事情。

"你李篁仙的恩情,我肃顺一辈子也忘不了,可法网无情,小弟,你还是死了这条心吧。"

肃顺拂袖而去,李篁仙大骂:"肃六你太不够义气,我李篁仙做鬼也要缠死你!"

肃顺不以情枉法地处理了"钞票舞弊案"。他大义灭亲的举动,让咸丰皇帝更加器重他了。咸丰皇帝甚至称他为"铁面无私、不事阿徇。"

这件事情之后,咸丰皇帝对肃顺刮目相看,这在当时确实起了一定的作用,但是上位后的肃顺开始排除异己,形成了肃顺集团是咸丰皇帝万万也没有料到的。

第七章

金田村起义震撼大清　皇帝爷兵将纷纷败退

　　十九岁的爱新觉罗·奕詝登基时正值多事之秋。虽然年轻的天子曾一度励精图治、重用汉臣、力排奸党，也取得了初步的成效。但大清此时弊病多端，尤其是那些可恶的贪官污吏把社会搅得一团糟，国库空虚、官场舞弊、民不聊生。在这个特殊的历史时期，更出现了令咸丰皇帝一提起来就心惊胆战的一位人物——洪秀全。

　　一八五一年一月十一日，洪秀全、杨秀清等人在广西省桂平县金田村宣布起义，组织起了一支两万人的太平军。

　　一八五一年三月二十三日，太平军进武宣县东乡，天王洪秀全宣布他的大儿子洪天贵福为幼主，明年为太平天国辛开元年。"太平"者，治之至也；"天国"者，上帝之所在也。故称"太平天国"。

　　太平军在广西发展迅速，不能不引起广西巡抚郑祖琛的注意。起初，他还有点儿漫不经心，他认为不过是山村几个秀才造反，不以为然，但是两场战役下来，郑祖琛不得不找到两广总督徐广缙，向徐总督汇报了此事，徐广缙深知事态严重，他不敢隐瞒实情，急忙写了份奏折，六百里加急送到了京城。比此奏折只晚一天到京城的是广西地方官员弹劾广西巡抚郑祖琛的折子。

　　咸丰皇帝端坐在乾清宫大殿之上，万万没想到广西会有人造反，他更没有想到广西巡抚郑祖琛会掩盖真相、姑息酿乱，一气之下，下谕旨将郑祖琛革职。着林则徐速往广西，剿清乱军。可是抗英将领林则徐不幸死在途中，他只好又遣两员干将两江总督李星沅与漕运总督周天爵赶往广西，此时周天爵已任广西巡抚。

　　李星沅是位能臣，虽军事知识丰富，深谋远虑，却未免有些手软；周天爵是有名的酷吏，为政暴戾。咸丰皇帝同时派他们去是有深刻用意的，他

希望李、周二人取长补短、刚柔相济。可是,年轻的皇帝竟忘了中国官员"窝里斗"的传统,结果不但没有平定太平军,反而给了太平军休整的良机。

李星沅,字石梧,湖南湘阴人。道光十二年进士,授编修,历学政、知府、粮道、按察使、布政使、巡抚、总督之职。一八五一年一月三日,李星沅到了广西省城桂林,他认真、仔细地向当时官员询问了情况,以他的经验,立刻判断出桂平金田村的太平军不可轻视。第四天,他便上奏:"浔州府桂平县之金田村贼首韦正、洪秀全等私结尚弟会,擅贴伪号、伪示,招集游匪万余,肆行不法……实为群盗之尤,必先愿集兵力,乃克一鼓作气,聚而歼之。"

咸丰皇帝接到李星沅的奏折时,恰好是咸丰元年的正月初五,咸丰皇帝还沉浸在元年春节的喜庆气氛之中,他这时正年轻,希望自己能干出一番事业来。师傅杜受田也尽力辅佐自己的这个特殊的学生,正为学生出谋划策,折子到了。

"师傅,什么是上弟(帝)会?"

对于这个新名词,咸丰皇帝一点儿也不知道,他这个人就是勤学好问,凡是自己不懂的,都谦虚地向老师请教。杜受田接过折子,仔细看了一会儿,也摇着头说:"臣着实也不懂。"

这时,御前太监手捧另一份奏折走了进来。

"万岁爷,军机处又送来了一份六百里加急的折子。"

咸丰皇帝皱了一下眉头,他心想:"什么急事儿,大过年的,也不让过个安静日子。"

杜受田看着奕詝长大,奕詝的一举一动,全逃不过他的眼睛。作为太傅,他当然希望皇上勤政爱民,于是他劝说:"皇上,想来必有大事,不然何以呈六百里加急折子。"

咸丰皇帝接过奏折,原来是新任广西巡抚周天爵上奏的,他便知道一定又是广西乱民造反之事。打开折子,咸丰皇帝又是眉头一皱。

"……其最凶无如大黄江一股,为尚地会之首韦元蚧等。"

咸丰皇帝说:"什么乱七八糟的,李星沅说'尚弟会',这会儿周天爵又云'尚地会',而且贼首也不是同一个人。"

杜受田默默地看着两份奏折,研究了一会儿,才开口道:"臣认为'尚

清文宗咸丰传

QINGWENZONGXIANFENGZHUAN

弟会,与'尚地会'乃同一组织也,韦正与韦元蚧也有可能是同一个人,可见,李星沅与周天爵配合不紧。"

"何以见得?"

咸丰皇帝一时还没弄明白杜受田所言的意思,于是便问了这么一句。

"如果他们密切合作,乱军组织和人名应是一致的,由两份折子看来,他们失和了。"

杜受田分析得很对,咸丰皇帝派出去镇压太平军的两员干将此时正在互相猜疑、互相指责,哪儿还有心思"剿匪。"李星沅天性软弱,周天爵根本不把这位钦差大臣放在眼里。而李星沅自恃学识渊博,更瞧不起粗莽之夫周天爵,两个人谁也不买谁的账,各自行事,有失和睦。

"师傅,我想派向荣为广西提督,何如?"

向荣,字欣然,四川大宁人,行伍出身,有骁将之美名,因屡建战功而升至提督。

"这个嘛,是个好主意,向荣与李星沅、周天爵都没有什么矛盾,他们三个人正好互相牵制,共剿乱军。"

骁将向荣领了圣旨,不敢怠慢,日夜兼程赶到了广西,他根本就看不惯李星沅与周天爵两个文官的作风,他认为李周只会耍嘴皮子,是无能鼠辈。于是,向荣远离李、周,孤军作战,可谓"三个人三条心,不如一心的太平军。"

很快地,李星沅发现自己的无能,加上作战屡屡失利,他深感有负于皇上的重托,从此一病不起,竟死在广西武宣。咸丰皇帝在紫禁城听说李星沅死在广西,心中不免有些悲伤,他又谕令周天爵暂署钦差大臣。可是周天爵也让他失望了,因为咸丰皇帝接到了周天爵的奏折:"自二月十七日开仗,至三月初二等日进兵,虽则相持,而实无一胜。"

周天爵不敢隐瞒实情,他的军队被太平军打败了,他只好如实上奏。咸丰皇帝一看奏折,气不打一处来,革去他的总督衔,令回省暂署巡抚,又派乌兰泰赴广西援助向荣。乌兰泰的黔兵,明里一杆枪,暗里两杆枪,大部分人偷吸大烟,所以战斗力极差。黔兵与太平军作战,一场战斗下来,黔兵死伤四百多人,而太平军却未伤一兵一卒,这不禁令乌兰泰大为恼火,一气之下,他亲手杀了五个下了战场就猛吸大烟的人。失利后的乌兰泰上奏皇上,急求授兵。

咸丰皇帝看到广西的奏折像雪片一样直飞皇宫,便明白广西的事态一定非常严重,他决定调整广西的军政班子,这一回派出了朝廷最硬的人选,文华殿大学士、军机大臣赛尚阿。

军机大臣赛尚阿虽然身居首辅,但并不十分精通军事。不过,他领了圣谕之后,想到马上要赴南疆作战,便开始招兵买马,以扩充自己的实力,他的麾下有都统巴德清、副都统达洪阿、总兵长瑞、军机章京丁守存、按察使姚莹等人,可谓手下强将如云。为了让赛尚阿一举歼灭太平军,咸丰皇帝令内务府拨银一百万两以满足军饷之需。同时,当赛尚阿辞别天子,南下出征时,咸丰皇帝于乾清宫大殿之上亲授乾隆年代的"遏必隆神锋气胜刀",为他壮行的咸丰皇帝希望他马到成功,不日凯旋归来,然而,军机大臣赛尚阿却忧心忡忡,虽然他调集了最强的将帅,但心中还免不了有些担心。临行前,武英殿大学士卓秉恬在卓府设宴为老朋友饯行,酒饮三杯,朋友面前便吐了真言。

"卓兄,我此次出征广西,并非什么美差。"

"赛大人,何以言之?"

赛尚阿此时是军机大臣,恭亲王奕䜣的师傅卓秉恬只是个大学士,关系再好,他还是恭恭敬敬称"赛大人"。

"唉,不知真相者都以为皇上赠刀为我壮行,是对我的器重。其实不然也,这是对我的考验。卓兄,你想一想,太平军若是好对付的,李星沅、周天爵、向荣等人为什么一再失利?此行艰难啊!"

赛尚阿面对挚友,还有什么不好出口的,他终于说出了憋在心里的话。卓秉恬何尝不明白这一点,但他又说什么好呢?他只好安慰一下好友:"赛大人,车到山前自有路,也许李星沅、周天爵、向荣他们几个人只顾互不服气去了,贻误了战机。"

"唉,现在还能说什么呢!"

赛尚阿长叹一声,卓秉恬借着灯光看得非常清楚,军机大臣赛尚阿竟流出了眼泪。卓秉恬连忙说:"来,喝酒、吃菜,老弟我等大人凯旋而归。"

赛尚阿一仰脖子,猛地干了这一杯。也许是出于对太平军的惧怕,也许是路不好走,整整两个月,赛尚阿等人才抵达桂林,此时是一八五一年六月初四。刚到桂林,赛尚阿便上奏皇上,禀明广西情况,紫禁城里的天子不知赛尚阿有畏战的心理,竟以为他这一到广西,马上就会歼灭太平军,年轻的天子兴奋至极,不问战绩,竟赏黄马褂、大荷包、小荷包等物,并谕旨"迅扫妖氛"。

却说洪秀全、杨秀清金田起义后,由于他们军纪严明,力倡天下男人皆兄弟、天下女子皆姐妹,唤起了广大民众的响应。不久,便频报战绩,太平军的队伍不断扩充、壮大,似乎没把清军的围追堵截放在眼里。一日,洪秀全正在与萧朝贵、冯云山等人商议制定《太平礼制》、《太平军规》等事情,突然接到情报,说朝廷所遣军机大臣赛尚阿已到广西。

洪秀全早就听说过赛尚阿其人,说他老谋深算,不是那么容易对付的。洪秀全想了一会儿,便附在萧朝贵的耳边,嘀咕了几句,只见萧朝贵笑了一下:"不知此法可灵验否?"

洪秀全拍了拍他的肩膀,也笑着说:"灵,肯定会灵验的,你只管放心大胆地去做。"

几个人头凑在一块儿,边商谈边开怀大笑。第二天早上,萧朝贵滴水未进,士兵端来热腾腾的粥,劝他喝几口,可他一言不发,突然宣布了"天兄"的旨意,鼓舞了士气。

士兵们一呼百应,喊声震天,士气大增。太平军回师金田,赛尚阿动用三万精兵,分两路包抄太平军,太平军勇敢突围,死伤并不严重,他们到达平南县境内。清军尾随其后,太平军在"葫芦口"埋下了伏军,清军还以为太平军溃不成军,早已被打散了,便放着胆子穷追不舍。太平军静下心来等待清军自动钻进"葫芦口"里,然后断其后路,截其前路,清兵在太平军的埋伏圈里被打得晕头转向,不知所措,好不容易一小部分突围出去。找一片安全地带安营扎寨,几个将领总算舒了一口气。

"太平军果然厉害,我们不可轻敌也。"

"由此看来,要想在近日内全歼太平乱贼,并非易事。"

"算了,算了,打了几天的仗,总算舒了一口气,弟兄们,放松、放松,快别再提什么太平军了。"

"对,我们放松、放松,喝点酒,解解乏。"

将领一个个躺倒便睡,士兵忙着拾柴烧饭,吃上一顿饱饭,好好睡上一觉。

"来,干了这一杯,老子这条命是捡来的。"

"对,干了它,天知道谁能活到哪一天!"

士兵们吃饭,将帅们喝酒,就在他们酒酣饭饱正准备睡觉之际,突然听到外面杀声震天。

"冲啊,杀啊!"

"抓活的,开膛剖肚,赏银十两!"

清军吓得抱头逃窜,太平军直捣军营,继而又攻占了广西东部的永安州,取得了胜利。

太平军占领永安后,开始整顿军纪、建设军政。天王洪秀全封杨秀清为东王(九千岁)、萧朝贵为西王(八千岁)、冯云山为南王(七千岁)、韦昌辉为北王(六千岁)、石达开为翼王(五千岁)。此外,他们还废除了清王朝的正朔,颁布了天历,于一八五三年实行。颁刻《太平礼制》、《太平条规》、《太平军目》,重颁《天条书》,规定了等级制度、军纪军规和部队编制。

最后,又出台了最令人激动的"小天堂"封赏。洪秀全向全军宣布:"到了小天堂,凡一同打江山功勋等臣,大则封丞相、检点、指挥、将军、侍卫,至小也军帅职,累代世袭,龙袍角带在天朝。"

"天王万岁、万岁、万万岁。"

永安城外,赛尚阿的清军早已把城池围住,人头攒动,密密麻麻,至少有四万精兵。城内太平军加紧防备,团结一致、视死如归。天王洪秀全大为感动,他亲自带领东王、西王、南王、北王、翼王等人一个军营、一个军营地看望士兵以鼓舞士气。

士兵们同仇敌忾,誓死保住永安城,他们纷纷表示:"只要有天王、天兄在,有九千岁、八千岁、七千岁、六千岁、五千岁与我们共同抗清兵,什么样的苦我们都能吃,多激烈的仗我们都敢打。"

洪秀全激动地说:"我洪秀全就仰仗各位弟兄了!"

太平军攻占永安城,咸丰皇帝震怒不已,大殿之上,他拍打龙案,谕令将赛尚阿降四级留任,向荣、乌兰泰革职留任。可是,将帅再失职,还得重新启用他们,毕竟天子咸丰皇帝不能亲自率兵打仗吧。赛尚阿丢了永安城,也觉得很丢面子,他决心夺回城池,给天子一个交代。

永安城外,清军如云,可永安城内森严壁垒,两军相持不下。已经是整整十天过去了,赛尚阿欲以围困城池使太平军不攻自破,可是好像城内什么也不缺似的。赛尚阿在距城二里路的军营里还能听得见城内太平军喧天的锣鼓声,他气得直摇头。又组织了四次攻城,依然拿不下来。无可奈何之下,他只好上奏皇上:"太平军一经入会从逆,辄皆悍不畏死。所有军前临阵生擒及地方拿获奸细,加以刑拷,毫不知惊惧及哀求免死情状,奉其天父天兄邪谬之说,至死不移。"

咸丰皇帝手里掐着这份报告太平军士兵毫不畏死的奏折,读了一遍又一遍,他不禁自言自语:"太平军视死如归、团结一致,这到底是为什么?大清兵勇一个个畏敌如虎,难道是他们认为朝廷拨的军饷不足?不,为了剿尽太平乱贼,朕已动用了一百多万两银子,够多的了。"咸丰皇帝百思不得其解,大殿之上,他端坐龙椅之上,默默无语,殿下几个大臣面面相觑,谁也不敢发出一点声音。

"对,是这么回事,一定是!"

忽然间,咸丰皇帝大叫一声,站了起来,弄得大臣们莫名其妙。只见咸丰皇帝提起朱笔,奋力疾书。御前太监在一旁研墨,大臣们目不转睛地盯着皇上的手,好像他不是拟谕旨,而是在写诗。

"怪了,大殿之上,正在商讨剿贼之事,他写什么诗,抒什么情?"

可是,谁也没敢问出来。不一会儿,咸丰皇帝满意地放下笔,读了一遍,又转向殿下的几个大臣,开口道:"朕终于找到了答案,永安失守不在于兵不精、粮不足,而在于士气不振。朕特谕一诗,以鼓士气也。"

"皇上英明。"

"是呀,臣等怎么就没想到这一点呢。"

几个大臣齐声附和,咸丰皇帝颇有得意之神情,令御前太监高声朗读:《盼信》

狼奔豕突万山中,负险紫荆必自穷。

峡界双峰抗难破,兵分五路锐齐攻。

壮哉鸟向谋兼勇,嘉尔赛邹才济忠。

权有攸归师可克,扬威边徼重元戎。

罗劫吾民堪浩叹,冥顽梗化罪难宽。

因除巨憝武非黩,迥思庸臣心可寒。

默吁苍天事机顺,速望黔庶室家完。

未能继志空挥泪,七字增惭敢慰安。

几个大臣不禁赞叹咸丰皇帝才思敏捷,有人开口了:"圣上英明,此诗

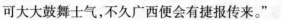

可大大鼓舞士气,不久广西便会有捷报传来。"

咸丰皇帝在心中暗暗地说:"但愿如此!"

可是,事情并不像咸丰皇帝想的那么轻而易举,广西永安城仍被太平军占领着,迟迟攻不下来。赛尚阿最头疼的是,咸丰皇帝要的是天王洪秀全的首级,可别说什么首级,就连洪秀全长成什么样子,他都不知道。赛尚阿因前战失利已连降四级,他生怕这一回作战不利,还要受惩罚,再惹咸丰皇帝不高兴,恐怕洪秀全的人头没取到,自己的人头倒是先落地了。左思右想,赛尚阿十分苦恼,但他不敢直言失败,只好在上奏的折子里含混其辞。远在紫禁城的咸丰皇帝十分恼火,他下了一道谕旨给赛尚阿:"以后如不能迅速攻剿,徒延时日,朕唯赛尚阿是问! 若或防堵不周,致贼匪溃窜,再扰他处⋯⋯朕唯乌兰泰、向荣是问! 其能当此重咎耶?"

咸丰皇帝心想:"朕已下了死命令,他赛尚阿、向荣、乌兰泰必当竭力拼杀,不然,立正典刑,以肃军纪!"

可是,距紫禁城遥遥几千里的广西永安城,整整半年了,依然屹立如泰山。赛尚阿、乌兰泰、向荣并非不攻城,而是永安城如铜墙铁壁,怎么攻都攻不下来。

永安城内,洪秀全、冯云山、杨秀清、萧朝贵正围在一起。杨秀清今年二十七岁,他长得眉清目秀,一对大眼睛炯炯有神,他先开了口:"天王,清妖久困永安,永安城内虽有囤粮,但五万士兵消耗了半年,已剩不下多少了。"

萧朝贵也赞同杨秀清的观点,附和道:"秀清讲的是实情,清妖再这么困城下去,粮仓就要见底了。"

洪秀全沉思着,一会儿,他果断地说:"突围!"

"突围? 清妖四万压城池,突围不易呀!"

冯云山说了这么一句。杨秀清说:"天王讲得对,必须突围,不然,大家全饿死在城里。"

一直没怎么开口的洪秀全看了看天色,说:"这几天天气阴沉沉的,看样子要下雨,通知各军营,做好突围准备,一旦下雨,趁天公助我,马上突围!"

"遵命!"

各王分头行动去了,洪秀全双手合掌,默默祈祷:"仁慈上帝,保佑我太平军突围成功,冲出永安城。"

果然,到了下午,天上下起了小雨,看样子一时半会儿停不了,太平军在永安被困半年多,今日终于要冲出去了。那天是一八五二年二月十四日。

小雨转成了大雨,哗哗啦啦倾盆而下,清军军营里一片喧腾,他们半年来没这么安逸过了,三天一小攻,五天一大攻,炸药用了不少,士兵也死了不少,可都没能攻下城来。今天总算可以休息一下了。自入冬至今,没下过几场大雨,只要是晴天,便要随时准备攻城,好不容易下了场大雨,总可以休息一下了。将领们也很体恤兵勇,特意拨出些军饷,让士兵们喝上一杯,美美地睡上一觉。

"报告大帅,不好了,太平军从苏冲突围了。"

哨兵慌慌张张钻进了军帐,他一脸的惊慌神情。正在喝酒的乌兰泰拍案大叫:"讲清楚一点,太平军是全突围了,还是只逃一小部分。"

"这个,小的暂时还不清楚。"

"滚!"

乌兰泰恼怒之下,飞起脚把哨兵踢到了军帐外,提起宝剑便走。一些小将领们连忙跟在他的后面。当乌兰泰长驱直入进入永安城时,城内空空也,一个太平军也不剩了。

"追,追击太平军,他们走不远。"

乌兰泰大叫,清兵紧紧追在太平军的后面,杨秀清指挥太平军作战,他大吼一声,地动山河震:"弟兄们,大家齐心杀清兵,不杀清兵我自亡。"

"冲啊!杀啊!"

"杀清兵!杀清兵!"

杀声震天,喊声动地。激烈的战斗打响了,太平军男女老幼个个能上阵,豁出去了,来个面对面的肉搏战。一个清兵直刺太平军士兵,太平军士兵只一闪,躲过了一剑,又一闪,又躲过了一剑。清兵恼羞成怒,左刺右刺,想取太平军士兵的人头,太平军士兵来个虚晃一枪,闪到一旁,他马上来个"回马枪",只轻轻一挑,取了清兵的人头。

鲜血横流,尸体乱卧,一天下来,乌兰泰的队伍损失惨重,长瑞、长寿、董光甲、邵鹤龄四位总兵阵亡,乌兰泰险些被俘,清军的元气大伤。

击退了清军,太平军不敢多耽搁,在杨秀清的指挥下,大队人马过牛角瑶山，出荔浦马岭，经高田圩、六塘，直抵桂林城下。太平军军纪严明，一路保护当地群众，所以深受老百姓的欢迎。特别是他们的"天下男人皆兄弟、天下女子皆姐妹"的主张更得人心，从永安到桂林，虽士兵死伤了不少人，但至桂林仍有五万人马，其原因是一路上有不少老百姓送子送女入太平军，那场面十分动人。

"阿妈，你这仔才十四岁，我们不能收。"

一位将领拉着一位年过半百老妈妈的手，耐心地讲解着。老妈妈的身旁站着一个十三四岁的少年，少年身材矮小、十分消瘦，但显得很精明。

"长官，让孩子留在家里也没有出路，年年不是水灾，就是旱灾，年景好一点时，又来兵灾。让孩子跟你们去吧，不能打仗，他给你烧烧饭总是可以的。"

太平军五万人马，号称十万大军，乌兰泰不甘失败，又追到了桂林城外，与太平军交战，这一次，不但清兵损失惨重，就连乌兰泰也未能免于一死，他战死于桂林城外。大帅战死，士兵纷纷逃窜，兵败如山倒，太平军势不可当，捷报频传。

桂林城内，向荣整日忧心忡忡，他抢先一步进了桂林城，当太平军抵达城外时，他已做好了守城的防御准备。毕竟清军装备好一些，太平军的云梯、长矛攻不下清军的火枪、炸药包，太平军围困桂林三十三天，攻了二十四次城池，也没能攻下。最后，太平军决定放弃桂林，北上克全州，一八五二年六月六日打出广西，进入湖南境内。一进湖南境内，太平军便改旱路为水路，希望乘船沿湘江北上，加速进程。可是，他们过低地估计了清兵，楚勇头目江忠源在蓑衣渡命令士兵砍伐了大量的树木，把湘江水给堵住了。无可奈何之下，太平军只好又弃水路抄小路走，没了船，又没了车，部队前进十分缓慢，老残妇婴掉了队，清军追来加以杀戮，其惨状不忍目睹。有的妇女怀里抱着婴儿，妇女仰卧在地，鲜血流了一地，可她的孩子还扒开母亲的衣服，吮吸着乳头。一个清兵走过来，孩子也被杀死在母亲的怀里。南王冯云山身负重伤，但他咬紧牙关，指挥太平军迅速撤退，当最后一个士兵撤出危险地带时，冯云山倒了下去。太平军损失了一位重要领袖，洪秀全不胜悲伤，他怒吼："杀清兵，为南王报仇！"

士兵们挥泪祭南王，纷纷表示："不杀清兵，誓不回家乡！"

太平军撤出蓑衣渡口，突入湘南地区，在永州、道州、桂阳、郴州一带转战四个多月，人数急剧扩大，不少贫苦人家纷纷把子女送到太平军的队伍里来。几乎不出十天，太平军由五万增至十万，包括妇婴足有三十万，号称"天兵"百万。

咸丰皇帝最不明白的是，太平军装备不及清军，作战经验不及清军，可为何节节胜利，而清军却一败涂地。清军损兵折将，军队兵力日益不足，而太平军天兵百万，如洪水汹涌、势不可当。

咸丰皇帝百思不得其解，对于将帅该赏的也赏了，该罚的也罚了，他认为的能员都出了城，开往前线，可一个个都一败涂地，送京的奏折无一报捷。这几日，咸丰皇帝吃卧不宁，怒气难消，他回到养心殿依然想着这件事："一个个都是饭桶，只知道伸手要银子，到了关键时刻，不肯为朝廷卖力，可恨、可恶、可耻！"

一想到这些无能鼠辈，咸丰皇帝就咬牙切齿。为了保证前方军饷，咸丰皇帝不惜拿出自己的私房钱——内务府的银子，又动用了东北关外的军饷，可是还没消灭太平军。太平军反而越壮越大，实在可恼！

就在咸丰皇帝闷在紫禁城里恼火时，西王萧朝贵又率曾水源、林凤祥、李开芳统带两千精兵袭击了长沙，虽然长沙一战清军败阵，但洪秀全并不十分高兴。因为，萧朝贵战死了，太平军又损失了一位主要领导人。

咸丰皇帝不再轻信赛尚阿的上奏了。赛尚阿连降四级，他生怕皇上盛怒之下，再重惩于他，于是，他每交上奏时报喜不报忧，而且词语含混，让咸丰皇帝琢磨不透。曾经，赛尚阿的手下俘虏了一个名叫"洪大全"的太平军士兵，赛尚阿听说后，喜出望外，连忙上奏朝廷说："洪大全系洪秀全之弟，兄弟二人同出同进，同称万岁，所有谋划皆系其主掌，洪秀全仅坐享其成。"

赛尚阿又派了一队人马秘密解押洪大全至京。起初，咸丰皇帝也信以为真，命军机大臣亲自审讯洪大全。结果，与赛尚阿所奏出入极大，洪大全与洪秀全既不是兄弟，也不是亲属，洪大全不过是一个普通的太平军士兵罢了。这可把咸丰皇帝给惹恼了，他狠狠地说："身为军机大臣，赛尚阿，你知道欺君之罪吗？"

咸丰皇帝欲加罪于蒙骗他的赛尚阿，但转而又想，朝廷上下还有谁统兵打仗能比得上赛尚阿的，若加罪于他，罚他不难，再用其他人可就难了。咸丰皇帝只好咽下这口气，这叫"小不忍则乱大谋。"

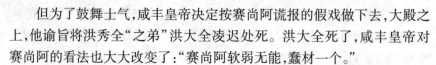

但为了鼓舞士气,咸丰皇帝决定按赛尚阿谎报的假戏做下去,大殿之上,他谕旨将洪秀全"之弟"洪大全凌迟处死。洪大全死了,咸丰皇帝对赛尚阿的看法也大大改变了:"赛尚阿软弱无能,蠢材一个。"

但他的这种思想又不便流露出来,暂时他还要用赛尚阿,还要让他为朝廷卖命。再说赛尚阿,自从受了咸丰皇帝的"遏必隆"宝刀,自知责任重大,前途艰辛,他哭着辞别了京城,到了广西剿太平军,每战必败,几乎没打过胜仗,曾被连降四级。如今,太平军势不可当,他更只有望洋兴叹了,干脆来个"奏称有病,自请自罪"。自古以来,官不差病人,咸丰皇帝也奈何不了他。接到赛尚阿称病的奏折,咸丰皇帝决定趁机另派能员,接替无能的赛尚阿。

想来想去,咸丰皇帝想到了两广总督徐广缙。于是,谕令徐广缙入湖南,接任钦差大臣,并署湖广总督,将赛尚阿革职拿问送京审决。

一八五二年十月三十日,太平军到达益阳,在益阳顺利地弄到了几百只渔船,顺流而下,又到了岳州,又弄到一千多只渔船。杨秀清亲自指挥训练水师,偶然的机会又使太平军得到一百七十多年前吴三桂当年留下的大炮军械,从岳州起程,千船太平军,锣鼓喧天,沸沸扬扬地进了汉阳、汉口.准备攻打武昌。

两广总督徐广缙虽然接到了咸丰皇帝亲手所书的朱谕,但他深知太平军的厉害,所以迟迟不敢北上。而向荣虽在湖北、湖南一带截堵太平军,但他生怕像乌兰泰一样,丢了性命,也采取称病开缺之法,气得咸丰皇帝差一点给他个"斩监候"之罪,将他革职。当太平军直趋汉口、汉阳时,徐广缙尚未到达湖北,出于无奈,向荣只好率部紧追太平军。咸丰皇帝大为感动,大殿之上,欣喜若狂:"究属老于行阵,临事尚知机警。"

咸丰皇帝觉得以往的做法有失当之处,是不是对向荣有些太严厉了,他认为向荣能自告奋勇追击太平军,实在可贵,于是又下令赏向荣提督衔,督办军务。至此,向荣已是几起几落了,弄得他自己也是哭笑不得,他对下属说:"朝闻奖赏夕受审,难得! 难得!"

太平军开始围困武昌城,向荣率兵连忙赶向武昌,以增援武昌。但湖北巡抚常大淳过去曾作恶多端,焚烧民宅,大火三天不断,引起了民愤。所以,太平军围困武昌,湖北乡民自动组织起来,支持太平军,与清军针锋相对。向荣的部队被堵在洪山之外,接近不了武昌城。

一八五三年一月十二日，太平军中十名敢死童子军在陈玉成的带领下，扬旗登上武昌城楼，插上了太平天国的旗帜。林凤祥一声令下："冲啊，活捉常大淳！"

太平军如洪水一下子涌进了武昌城，清军纷纷溃退，巡抚大院里，常大淳一言不发，他的夫人和两个小妾跪在地上流泪："老爷，饶过我们姐妹这一次吧，还有四个孩子，他们还小，怎么活下去呀。"

常大淳脸色铁青，半响，才从牙缝里挤出一句话来："四个孩子我已托嘱于可靠之人，他们会平安回家乡，有他们的爷爷奶奶照顾，你们放心好了。我常大淳烧过民宅，他们饶不过你们，还是保住自己的贞洁吧！"

他顺着眼角流着泪，一咬牙，对下属说："一个也不能留。"

"老爷、老爷……"

妻妾全被勒死了，常大淳长叹一声，门外杀声震天，他反扣房门，拿着一根白绸子走向内屋。巡抚自杀，士兵溃退逃命，有的投降后马上换了一身衣服，成了太平军士兵。

徐广缙赶到湖北时，听说武昌失陷，巡抚常大淳自杀，他生怕自己也是送肉进虎口，干脆退回了岳州。安徽巡抚蒋文庆想不到皇上竟重用如此鼠辈，他觉得徐广缙太丢大清朝廷的人了，于是上奏弹劾徐广缙。

咸丰皇帝这几天心情烦躁，他对徐广缙并不是十分放心，他深知徐广缙有些滑头，这一次命他两广剿匪，不知他可否愿为朝廷卖命。正在这时，咸丰皇帝接到了安徽巡抚蒋文庆的奏折，他龙颜大怒。一想到武昌失守，便痛心疾首，他把所有的恨与怨全发泄到了徐广缙的身上。立即发出谕旨："籍其家，论大辟。"

下令徐广缙解回京城，革职拿问，连他的三个儿子也不能放过，统统罢官！至此，咸丰皇帝为了对付太平军已四易其帅了。看来，他要重新布置，调兵遣将，以堵截占领武昌的太平军。

节节失利，一败再败，咸丰皇帝才认识到那些平日里夸夸其谈的重臣、大将，原来都是些酒囊饭袋，他们一个个只知道争官位、拿俸禄、喊万岁。一到关键时刻，逃的逃、病的病、自杀的自杀，咸丰皇帝仰天长叹："智勇者何处求？"

痛定思痛之后，咸丰皇帝决定在两湖一带布置重兵，来个天罗地网，看他太平军还往哪儿去。他又想到了向荣，在镇压太平军这三年中，向荣已六次被他惩黜,差一点儿发配边疆,可是他出身行伍,征战四十年,与太平军交手三年,屡次受惩,仍忠于朝廷,实在难得。这次重用于他,希望他能感恩戴德,为朝廷卖命。

一八五三年二月,湖北提督向荣被破格提拔为钦差大臣,"专办军务,所有军营文武统归节制。"

咸丰皇帝又环视了一下朝廷上下,实在没什么能员了,于是他又想到了一年前被他革职的琦善。琦善虽然在洋人面前软弱、无能,但镇压农民运动,他还是手腕强硬的,一八五三年一月十二日,又授琦善为钦差大臣,带兵南下防堵太平军。另外还有一个人,他叫陆建瀛,此时他是两江总督,也授他为钦差大臣,带兵西进防堵太平军。

三个钦差大臣分布在两湖、河南、江西一带,咸丰皇帝这才深深地舒了一口气:"向荣、琦善、陆建瀛总不至于像徐广缙那样坐失良机,他们互相牵制,互相配合,完全可以把太平贼子消灭在两广。"

可是,大殿龙椅上的天子高看了他的臣子,陆建瀛还不如赛尚阿、徐广缙,陆建瀛初遇太平军便演了一出丑剧。

钦差大臣陆建瀛奉旨率领五千兵马西上,于一八五三年二月九日到了江西九江,他先在广济县老鼠峡布置了一个关卡,两千兵马驻扎下来,又在龙坪布置了一个关卡,三千兵马以挡太平军西行。六天后,在武昌休整一个月的太平军放弃了武昌,沿江而进,抵达老鼠峡。太平军号称"天兵百万",实际上有十几万人马,浩浩荡荡突破陆建瀛防军的江岸,清军五千怎抵十万人马,不消半天的工夫,太平军便攻下了江口,清军总兵恩干自知失职,羞愤交加沉江自杀。

此时,陆建瀛离江口有三十来里路,他的一个卫兵报告了江口失陷的情况,他二话没说,转身便走。一个清兵站了出来,"扑通"一声跪在了他的面前:"陆大人,太平乱贼不灭,何颜回京?"

陆建瀛不顾士兵苦苦哀求,依然走他的路,又有几个清兵跪了下来,求他不要奔逃。急于逃命的陆建瀛大吼道:"贼势浩大,快走逃生!"

众人有的随他而去,有的潸然泪下,奔向江口。陆建瀛命人划着一只小船,沿江而下。当他逃到安徽安庆时,安徽巡抚蒋文庆非常生气,亲自到了江边,劝说陆建瀛:"陆大人,贼匪当前,你若弃城而逃,岂不开了恶例,若清军纷纷效法,你难向皇上交代!"

"蒋大人,陆某是为了保存实力,留得青山在,不愁没柴烧。"

"不,不要再为自己辩解什么。陆大人,蒋某哀求你了,留在安庆不要走,我们携手共抗贼匪。"

陆建瀛手一摆,直摇头:"不可,不可,安徽乃蒋大人所辖,陆某不敢邀功。"

陆文瀛乘小船一口气又到了南京。东进的太平军一帆风顺,如入无人之境,轻取九江、入安庆,杀了安徽巡抚蒋文庆,抵铜陵、芜湖,直逼南京。这一路轻而易举取清军人头,夺清军饷银、仓米、枪炮,太平军士气大振,人数猛增,抵达江浦时已达七十万兵马。

陆建瀛到了南京后,江宁将军祥厚认为他的这种做法很不妥当,于是劝他到上游去督战,可是,被太平军吓破了胆的陆建瀛干脆连头也不敢出了,他让家丁关上总督内堂的大门,闭门不见任何人。他的举动影响了其他人,于是江苏巡抚杨文定离开南京到了镇江。

陆、杨的逃跑主义影响极坏,清军一些将领见高官大吏都如此逃命,也纷纷开溜,士兵脱逃者更不计其数。一时间,南京一带无将率兵,无兵守城。

第八章

洪秀全挥师定都天京　咸丰帝抵敌依靠罪臣

陆建瀛、杨文定不战而退,将安庆等地拱手让与太平军,这不能不说是大清江山的一大悲哀,而此时,远在京城的咸丰皇帝还蒙在鼓里。江宁将军祥厚看到这种情景,义愤填膺,立刻向咸丰皇帝呈上一折,弹劾陆建瀛、杨文定。当咸丰皇帝接到祥厚的奏折时,他惊呆了,过去他对陆建瀛的印象不错,认为此人不贪财、不邀功,很有些才干。可是,没想到官声一向很好的陆建瀛居然临阵脱逃,置大清安危于不顾,这让咸丰皇帝气的暴跳如雷!

咸丰皇帝立即下旨革除陆建瀛的一切职务,送刑部大堂治罪,令江宁将军祥厚为钦差大臣署理两江总督。可是,更让咸丰皇帝震惊的是,谕旨颁布后,大殿之上却没有一个人上前接旨。难道朝廷上下就没有一个可用之臣,咸丰皇帝悲痛不已。大清的朝廷真的是已经风雨飘摇,危在旦夕了吗?几年之前自己辛辛苦苦与六弟相争的皇位,原来是这样一副烂摊子,此时,他真有些后悔。

咸丰皇帝既出于艰难世道无人为他撑大梁的悲哀,也出于对父皇给他留下这个烂摊子的不满,他只能迁怒于逃兵陆建瀛,下令将陆家满门查抄,并将其子陆钟汉一同革职,才算解了这口心头之恨。

南京有十三座城门,城池规模宏大,为六朝故都。当年明太祖朱洪武在此开国,明成祖朱棣迁都北京,虽然清朝时期这里叫江宁,但人们仍习惯称它为'南京"。此时的南京,守城的清兵兵力不足,祥厚只好临时募集壮勇,稍做编整便上阵,所以二万守兵战斗力极差。攻打武昌时,太平军用的是穴地攻城法,这次入南京,他们仍沿用此法,轰塌北城仪凤门城墙。林凤祥率军捷足先登,涌入城内。城南李开芳支云梯攻人,只消一日,太平军的旗帜便悬于城头之上。祥厚自杀、陆建瀛被斩。

消息传到紫禁城时,乾清宫大殿上端坐在龙椅上的咸丰皇帝猛击龙案,然后趴在龙椅上一动也不动,御前太监看得很清楚:皇上在哭。

　　过了许久,咸丰皇帝实在抑制不住自己的感情,猛地一抬头,大吼一声:'大清的江山毁在一群饭桶的手里!"

　　殿下的大臣们没有一个发出声音的,此时,天王洪秀全已定都南京,埋怨谁都晚了。

　　一八五三年三月二十八日,天王洪秀全红光满面、春风得意,他身着黄袍马褂,在众人的簇拥下进入南京城。街道两旁,路人跪迎,口呼"万岁、万岁、万万岁。"这个往日的落榜学子,今天也和北京紫禁城里的爱新觉罗·奕詝一样,做起了皇帝。在清代的历史上第一次出现了南北两个皇帝,咸丰皇帝岂能容忍,夜深人静之时,咸丰皇帝泪流满面,自言自语:"大清列祖列宗,皇孙奕詝不肖,愧于祖宗,洪氏贼子江宁称帝,实难容忍。奕詝也尽了力了,这几年没睡几次安稳觉、没吃几顿安稳饭,拨银五百万两做军饷,派出一个个能员做统帅,可是都是一败涂地,这到底是怎么一回事呀?"

　　"四阿哥。"

　　身后传来恭亲王奕䜣亲切的叫声,咸丰皇帝为之一动,多少年了,兄弟俩互相猜疑,亲情疏远,奕䜣总是口称"皇上",可今晚咸丰皇帝十分孤独、悲痛之时,奕䜣却叫了他一声"四阿哥",他怎能不激动。

　　"老六,是你来了。"咸丰徐徐地抹去泪水,他不愿让六弟看到当上皇帝的他这个样子。

　　"四阿哥,你已经尽了力了,也别太难过,列宗列祖全都看在眼里的,他们不会怪你的。"

　　"你说,这到底是怎么一回事?"咸丰皇帝百思不得其解的当然指清兵屡屡打败仗,而太平军则由小壮大,由大到强。奕䜣沉思了一下,说:这也许是天意吧,天要我大清让位。"

　　"不,这不可能。大清是爱新觉罗的大清,大清不会灭亡的!"

　　咸丰皇帝大吼大叫,几乎有些失态了。

　　就在紫禁城里的皇帝不服输的时候,南京城里的洪秀全正在设宴庆祝胜利。

　　"天王,来干一杯,祝天王万岁、万岁、万万岁!"

东王杨秀清举杯祝愿。天王洪秀全亲自斟满两杯酒,双手高高举起,发出洪亮的声音:"弟兄们,都静一静。"

人群立刻鸦雀无声,有好几年了,天王洪秀全不再称士兵为"兄弟们"今天他仿佛又回到了当年共同创业的岁月里。

他眼里噙着泪花,声音有些发颤:"弟兄们,我太平天国能有今天,是大家浴血奋战换来的。在今天庆祝胜利的日子里,大家不要忘了死难的弟兄们。来为南王冯云山、西王萧朝贵洒酒祭拜。"

说到动情处,洪秀全泪眼涟涟。他将两杯酒洒到了地上:"云山、朝贵,你们看到了吗?太平天国建都了,在南京。"

人群欢呼:"洒酒祭英灵!"庆祝仪式之后,天王洪秀全开始颁布诏书:"地转实为新地北,天旋永立新天朝。一统江山图已到,胞们宽草任逍遥。"太平军士兵三呼万岁,兴奋不已,远在京城的咸丰皇帝半年后看到与他并为天朝天子的这份诏书,不禁嗤之以鼻:"还是读了二十多年圣贤书的学子呢,什么诏书,简直是乌七八糟的东西,连对仗都不工整,更不合平仄关系。看来,当年广州主考官没冤枉他。"

一个大清的天子,一个天朝的皇帝,当年同读圣贤书,如今一个去夺他的江山,一个去保他的江山,颇耐人寻味。

天王洪秀全颁布了诏书,紧接着,东王杨秀清也颁诏诰谕说:"……兹建王业,切诏苍生,宜速敬拜上帝,毁除邪神,以奖天衷,以享天福,士农工商,各力其业。自谕之后,尔等务宜安居桑梓,乐守常业,圣兵不犯秋毫,群黎毋容震慑,当旅市之不惊,念其苏之有望。为此特行诰谕,安尔善良,布告天下,咸晓万方……"

杨秀清从来没读过书,这诏诰肯定不是他拟制的,只不过借他的威望诏诰天下黎民百姓罢了,天朝建立为的是让百姓安居乐业。

太平天国建都南京,咸丰皇帝受到的震动确实不小,他觉得大清的江山已开始动摇,自己在紫禁城的大殿的龙椅上还能坐多久,他也说不清楚。惊恐之余,他率领文武百官祭典列宗神灵,并且发出了他登基以来的第一个"罪己诏"。

"朕为天下之主,不能察吏安民,导致盗贼肆行,阎闾警扰,每念及此,寝不安席,食不甘味。每念百姓生灵涂炭,统治抚育无方,即再三引咎自责,也是虚文,无济于事。唯恐惧、修身、反省、叩吁苍天,围朕大错,予朕改过之机,以拯救黎民百姓。"

由此看来,蓬勃发展的太平天国运动的确给他敲起了警钟。百姓造反、官家所逼。咸丰皇帝是明白这个道理的。"罪己诏"也检讨了自己的不足"不能察吏安民","统治抚育无方,即再三引咎自责,也是虚文,无济于事"字里行丑流露了他后悔莫及的心理。特别是"予朕过之机,以拯救黎明百姓",打动了很多人,一些大臣读了咸丰皇帝的"罪己诏",纷纷下跪,涕泪交流:"臣愿为大清肝脑涂地⋯⋯"

咸丰皇帝的心中稍稍有了一些安慰,他仿佛看见了胜利的曙光。他那愁云密布的脸上终于露出了一丝微笑。

太平天国定都南京,改南京为"天京"。天王洪秀全认真、冷静地分析了局势,他认为太平天国要夺取全国性的胜利,必须捣毁清王朝的老巢——北京,把坐在紫禁城龙椅上的咸丰皇帝赶出皇宫。于是,他决定"扫北",后称"北伐"。

一八五三年五月,由天官副丞相林凤祥、地官正丞相李开芳统率的太平军约二、三万人,开始了轰轰烈烈的北伐军事行动。这支部队在太平军中是主力部队,士兵骁勇善战,而且其中从广西、广东一路打过来的老兵比例很大,约三千人。临行前,天王洪秀全为他们举杯壮行,并明确指示:"师行间道,疾趋燕都,毋贪攻城夺地糜时日。"

这就明确了北伐的意义:直进北京、推翻清王朝。北伐军渡过长江,第一站是安徽。当时安徽的清兵力量不足,巡抚李嘉瑞刚刚上任不久,省城也由安庆迁至庐州。咸丰皇帝原认为太平军定都之后,形成南北对峙的局面,便可以暂时告一段落,他没料想到太平军继续北伐,所以,没在安徽布置重兵。

当林凤祥、李开芳率两万精兵直抵安徽凤阳、临淮关一带时,安徽告急兵部侍郎周天爵仅率兵不足一千,他惊慌失措,上奏清廷:"各地土匪纷起,驰赴扑剿,日不暇给,若欲厚集兵力,以扼冲要,实属无可筹拨。"

没有兵,周天爵纵有天大的能耐,也无法抗击太平军。咸丰皇帝收到他的奏折后,连忙召集军机大臣商量对策,大家莫衷一是,议论纷纷,有的人主张调重兵在安徽境界歼灭太平军,有的人认为两万太平军进皖没什么可大惊小怪的,清兵在江北有几十万大军,消灭两万太平军不足挂齿。

被太平军搅得心烦意乱的咸丰皇帝,牙齿咬得咯咯响,恨不得一口吞

下太平军,好让他安安静静做皇帝。于是,他急忙谕令尚在途中的四千陕甘兵不要再去山东了,直接进皖,又令四川总督慧成拨兵援皖,令河南巡抚陆应谷拨兵进皖。可是,谕令河南巡抚陆应谷进皖后的第三天,他又改变了主意,因为安徽北部与河南永城一带接邻,万一安徽抵挡不住太平军,这就要靠陆应谷在永城一带防堵太平军。陆应谷按兵不动,在永城做好防御准备。

咸丰皇帝又想起了重新启用不久的琦善,于是又令琦善总统江北诸军,令湖广总督张亮基、湖北巡抚崇纶、湖北按察使江忠源率兵急赴安徽,抵御太平军。但这一次调兵遣将又让年轻的天子失望了,援兵还没到,太平军便一往直前,进临淮关、入凤阳府、克怀远,一路北上,占领了宿州、亳州,最后入河南省,攻下了归德。林凤祥、李开芳乘胜北上,率兵以迅雷不及掩耳之势到达了刘家口黄河渡口,眼看着太平军就要渡黄河。

咸丰皇帝听到太平军将渡黄河,他由原来的气愤转为焦急,当夜谕旨直隶总督讷尔经额加强黄河沿线的防御,切切不可让太平军渡过黄河,以风高浪急的黄河为天然屏障,堵住北进的太平军。讷尔经额怎敢等闲视之,他在刘家口布置了重兵,又令清兵把黄河岸边的所有船只烧毁,封锁河面。太平军到了黄河岸边,一眼望去黄河河水滔滔,卷起巨浪,岸边别说船只,连一根木头都难以找到。他们只好折而向西,一路攻取睢州、杞县、陈留,这是清军所没预料到的。讷尔经额原认为烧了船,毁了渡口,太平军不熟悉路线,势必折回南下,也没意料到太平军会西进,调兵遣将为时已晚,只好望洋兴叹,任太平军横行,一路杀到开封城下。古城开封城墙高大、坚实,城外深沟两重,攻下城池并非易事,太平军根据出发前天王洪秀全的指示:"师行间道,疾趋燕都,毋贪攻城夺地糜时日",于是放弃了攻克开封的念头。

太平军从天京出发,一路北伐打到河南,不但没有损兵折将,反而兵力大增。这是因为太平军纪律严明,不犯百姓,沿途百姓对这支勇敢的军队颇有好感,纷纷送子参军,至此,北伐的太平军已由原来的两万增至四万有余。

紫禁城里的咸丰皇帝最怕太平军渡黄河,一渡黄河,他的皇椅就放不稳了,作为天子,他不愿意弃城出逃,所以,他对这支骁勇的北伐军又恨又怕。他整天提心吊胆,令军机处日夜值班,一有前方奏折便要送给他。就是这样,他还是提心吊胆,不敢睡一个安稳觉。为了加强黄河岸边的兵力,他又将"斩监候"的赛尚阿交给讷尔经额,以差遣委用。

当初,太平军在广西金田起义后,咸丰皇帝生怕这支农民军成长、壮大,曾委赛尚阿以重任,孰料军机大臣赛尚阿使咸丰皇帝大失所望,竟在他的手里连失数城,咸丰皇帝大怒,处他以"斩监候",如今还要用他,希望他能悔过自新,再赴前线、效忠朝廷。临行前,咸丰皇帝赠他一言:"失律羁囚,置身事外,值此军务紧急,岂容安坐待毙。"老臣赛尚阿深知自己当初的无能,但也希望咸丰皇帝再给他一次机会,让他纵横沙场,挽回原来的不良影响,给自己挣回面子。所以,出京前,赛尚阿跪在乾清宫大殿上,感激涕零,发出誓言:"不灭妖匪,誓不为人!"

咸丰皇帝满意地点了点头。这时,咸丰皇帝突然想起还有一个能员可以重新启用,那便是徐广缙。徐广缙此时也是"斩监候"。咸丰皇帝把徐广缙交给了河南巡抚陆应谷,嘱咐徐广缙这次切切不可再失职。徐广缙伏在大殿上,听得清清楚楚:"责令徐广缙戴罪自效。"徐广缙连连叩了三个响头,鼻涕眼泪一齐出:"圣上英明,罪臣一定戴罪自效,不灭妖匪,罪臣自行了断。"徐广缙带领二千精兵南下,咸丰皇帝相信他一定会豁出命来抗击太平军的。就在这时,理藩院尚书恩华的奏折到京,咸丰皇帝一看,大惊失色,恩华声称太平军已渡黄河,但他没有写清太平军在何处渡的河。咸丰皇帝没多加考虑什么,他于慌乱中再次调兵遣将,拦截太平军,以防太平军直抵北京。可是,第二天凌晨,恩华的奏折又到了,声称自己弄错了,太平军尚未渡黄河,气得咸丰皇帝拍案大骂:"恩华不想活了,谎报军情,搅乱人心,若不是非常时期,朕一定饶不过他。"咸丰皇帝所说的一点儿也不错,恩华谎报军情,的确搅乱了人心,起码,昨天一夜养心殿里灯火通明,咸丰皇帝就没合过眼。还有几个大臣也惊慌失措起来。既然恩华谎报了军情,现在咸丰皇帝可以舒一口气,睡上一觉了。

咸丰皇帝实在是又困乏又心烦,他想睡上一大觉,忘却种种不愉快的事情,于是便躺在龙榻上闭上了眼睛。就在他闭上眼睛做美梦的时候,太平军真的在汜水渡黄河了。当时,河南境内只有托明阿、善禄两军,清兵不过千名,怎么挡得住四万太平北伐军?

一八五三年五月二十八日,北伐太平军大部分已过黄河,这次是真的了。咸丰皇帝双手一个劲儿地发抖,拍着龙案,大叫:"饭桶,都是大饭桶。"

"皇上息怒,太平贼子只有一部分渡过了黄河,还有一部分逃回江宁了。"

跪在大殿丹墀之上的军机大臣们想宽劝一下咸丰皇帝。咸丰皇帝一听这话,连忙问:"过来多少? 逃走多少?"

"这个,臣尚不清楚。不过,皇上请放心,有讷尔经额、托明阿、善禄、胜保等将军在,不会出什么大事的。"

"出大事? 出大事就完了,太平军一旦进紫禁城,你们的人头统统都要落地!"

听他那口气,咸丰皇帝自己的人头也难保。几个大臣也觉得事态严重,吓得一声也不敢吭。

六月八日,咸丰皇帝令讷尔经额继续节制诸军,又调恩华、托明阿为帮办大臣,全力以赴围堵北伐军。六月十日,托明阿、善禄带兵追过黄河,到达怀庆城外,胜保也率兵六万到了这里,清军分三路围扑太平军。太平军死伤惨重。北伐军使用了他们擅长的掘地攻城法,挖地道埋火药,轰塌城墙,但都没有成功。这时各路清军已到,太平军发现自己消耗太重、死伤数千人,只好放弃了围攻怀庆的计划,离开怀庆,突入山西。这次怀庆之围,太平军损伤十分严重,于是,讷尔经额上奏朝廷:"乱贼丢盔弃甲,仓皇而逃。"

多少天以来,咸丰皇帝都是愁眉苦脸的,他似乎已认定清军只会打败仗,胜利与他们无缘,可是今日看到讷尔经额的奏折,咸丰皇帝露出了喜色,他几乎不敢相信这是真的。太平军居然会"仓皇而逃",他焉能不高兴,龙颜大悦,一高兴,他对御前太监说:"告诉御膳房,朕今天喝两杯,做个红烧鹿肉吃。"

咸丰皇帝最爱吃红烧鹿肉,平日里是吃不到的,只有喜庆的日子才能吃上这美味佳肴。太监一见皇上高兴,也高兴了起来,应了一声:"嗻。"

恭亲王奕訢上殿来,他已经习惯于听皇上发脾气了,今天皇上喜形于色,他知道一定是前方传来捷报了。

"皇上,为何欢喜?"

"老六,讷尔经额上奏,太平乱贼被打得仓皇而逃。"

"离开怀庆了?"恭亲王奕訢一听也十分高兴,怀庆已被困六十来天了,据报城内清兵已断粮食了,这下可好了,太平军竟逃走了。

"奏折在这儿,一点儿也不错。"咸丰皇帝高兴得摇头晃脑,他继续说:"朕要赏罚分明,这样才能鼓舞士气。朕要赐讷尔经额双眼花翎,黄马褂。托明阿、胜保、善禄皆加巴图鲁名号,胜保加都统衔,赐黄马褂。"奕䜣附和道:"皇上英明,愿我将士再接再厉,彻底消灭太平乱贼。"

咸丰皇帝仍沉浸在胜利的喜悦之中,他万万没想到,太平军又回到了河南,并且连攻数城,已经进入直隶了。八月二十三日攻下临沼关,又占沙河、任县、隆平、柏乡、赵州、栾城、晋州,最后到了深州。前方告急奏折如雪片一样,直飞紫禁城,咸丰皇帝见太平军如此强大,早已吓得手忙脚乱,频频下旨,并且给了胜保以先斩后奏的特权:"特赐康熙转安亲王所进神雀刀,凡贻误军。随者,副将以下立斩以闻。"

恩华、托明阿帮办军务,讷尔经额、桂良奉命布置直隶防务。讷尔经额岂敢怠慢,他深知贻误军机的后果,一年前的赛尚阿与徐广缙就是一块"镜子",若是从自己的手上丢了城池,咸丰皇帝非把他碎尸万段不可。讷尔经额两腿发抖、头皮发麻,歇斯底里地大叫:"杀贼匪,回皇城。"

吓得清军大大小小将领心惊胆战,他们背地里纷纷议论:"莫非天要亡我大清,太平军又没有三头六臂,为何这般顽强?"

"别说话了,让大将军听见。头可保不住了。"

"管他呢,反正别想活着回家见老娘了,死在太平乱贼手下也是死,还落个为国捐躯的美名,死在外乡,孤魂何去呀!"

清兵们眼睁睁地看着弟兄们死在战场上,为了逃命,死者的尸体都来不及掩埋。

讷尔经额振了振精神,率兵万人前去把守临洺关。临洺关是河北、河南两省交界处的重镇,若临洺关失守,直接威胁保定县,以致皇城都受威胁。

可是,讷尔经额越是担心的事,越很快地发生了,太平军似天兵从天而降,清军根本无抵抗之力,临洺关一天后便到了太平军的手里。清军弃马丢车,只顾逃命,连回头望一眼的勇气都没有。

咸丰皇帝似乎麻木了,他手里捏着奏折,脸色铁青,一声也不响。

"皇上,皇上。"

几个军机大臣低声地呼唤着,生怕年轻的皇帝承受不了这一次又一次失败的打击。可是，咸丰皇帝依然紧锁眉头，动也不动。

"皇上，快下谕旨。"

恭亲王奕訢上前一步，催促咸丰皇帝快快做出决断，不能总这样沉默下去呀。半晌，咸丰皇帝才从牙缝里吐出几个字："讷尔经额、恩华革职留任"。

他不再像以前那样了，若再来个"斩监候"，谁还去前线。最后，咸丰皇帝又谕令桂良为直隶总督。

太平军临沼关大捷、大振人心，胜利的消息传到天京，天朝天王洪秀全封林凤祥为靖胡侯，李开芳为定胡侯，吉文元为平胡侯，朱锡琨为剿胡侯。看来太平军决心推翻清王朝，这一点，太平军看得清楚，清军看得也清楚，所以有一些清兵偷偷地开溜了，生怕一旦太平军攻进皇城，杀尽所有的清兵。

清军人心不稳，大大削弱了战斗力，有的将领认为滥杀逃兵会更激起清兵的愤怒，弄不好来个反戈相击，后果更严重。于是，一些将领联名上奏朝廷希望朝廷能想个良策，以稳军心。

几个大臣正在军机处议事，他们一个个愁眉苦脸，"恭亲王，你说，这前线的士兵总是开溜，怎么办呢？"

奕訢也面有难色，说："本王这正为这件事发愁，士兵纷纷开溜，总不至于统统杀光吧。"

"皇上口谕，诸位大人上朝！"

门外传来御前太监那不阴不阳、不男不女的怪腔调。大臣们不敢怠慢，连忙离开军机处，到了乾清殿。

"诸位爱卿，前方有什么新情况？"

这两年来，除了太平之乱，还是太平之乱，咸丰皇帝所指的"前方"，人人心里都明白。几个大臣都默不作声，过了一会儿，恭亲王奕訢开口了："皇上明鉴，前方士兵人心躁动，据报开溜者一天比一天多。"

"朕已知道了这件事情。"

又没有人说话了。咸丰皇帝问："廉保如何处置的？"

"回皇上，廉保已押在刑部，只等秋后，开刀问斩。"

廉保是谁？廉保是钦差大臣胜保的亲弟弟。这个廉保，本人有些才气，身为前军统领衙门笔帖式，曾赴安徽督办剿匪之事。但他一到安徽便大开"胃口"，收受钱财，贪污巨款，后来被人告发了。此时正押在刑部，准备送他上黄泉。

咸丰皇帝开口道："廉保侵吞官款，罪该封其家产，斩首示众，但朕因念其兄驰骋沙场、浴血奋战，特谕廉保延缓斩首，家产封其一半，以使其老母得以赡养，以示朕眷念勤劳、恩施在外征战爱将的圣意。"

大臣们一个个点头称是。

"皇上英明，胜保定当感激不尽。"

两天后，钦差大臣胜保手捧特谕，扑通一声跪在了地上，面向北方，三呼万岁："臣胜保叩谢皇上，皇上万岁、万岁、万万岁。"

他此时已感动不已，回转身子，大叫一声："凡勇猛敢死者，负重伤赏银二十两，献身赏银五十两，抚恤家属，决不食言。"清兵一个个欢呼雀跃。从此以后，逃兵渐渐减少了。但是，太平军更是不断在扩大，沿途当兵的人越来越多，经过两个月的休整，北伐太平军又达到了四万多人。一八五三年九月十一日，北伐军攻破张登集，离保定仅有六十里了，清朝京师大为恐慌。太平军首先切断了进京的粮食，继而又杀了当地的清廷官员，消息传到紫禁城，咸丰皇帝如惊弓之鸟，连夜召见军机大臣，商量下一步棋该怎么走。

咸丰皇帝这几天总是做噩梦，深夜里，他时常惊醒，一身的虚汗，侍寝太监一步也不敢离开他的卧房。早上醒来，时常还心有余悸，心里扑通、扑通跳个不止，"难道大清入关后只能有七代君王，难道我奕詝是亡国之君。父皇啊，做皇帝怎么这么难，我从来没有这么头疼过。如今天运不济，大清遇到了一股强敌，太平贼子如天兵而降，我实在没有什么好招术了。赏也赏过了，罚也罚过了，赏也好，罚也好，就是不见成效。而今反贼已进直隶，难道老天爷眼睁睁地看着反贼亡我大清。"

咸丰皇帝变得孤独、胆怯、焦虑不安，一天到晚不说一句话，动辄发火，谁也不敢搭理他。前方失利的折子一个接一个传来，干脆，军机处扣下不报，反正千篇一律，太平军太强大，又攻占了某某县城。一八五三年九月三十日，军机大臣们再也不敢扣压奏折了，因为太平军已占据了定州，离京师只有二百公里了。

"皇上，臣认为还是暂避一下为上策，万一太平贼子冲进城里，他们可是杀人不眨眼的。"咸丰皇帝反而不像以前那么惊慌了，他端坐在龙椅上，暗暗地对自己说：一旦太平贼子杀进京城，我爱新觉罗·奕詝便走亡国君崇祯皇帝的路，白绫子已经准备好了，往脖子上一套，不消片刻，什么痛苦都没有了。"

可是，大殿之上，这些话，他是万万不能说的。他泰然自若提笔朱谕："弃大业而出奔，古所耻；谕各省勤王兵，势无及。国君死社稷，礼也。然与其坐而待亡，不若出而剿贼。唯遣师督兵，战而捷，则长驱直捣，灭此小丑而还；不捷，则深沟高垒，待勤王之师不迟。"殿下大臣全都跪了下来，齐声说："皇上英明，臣愿为大清赴汤蹈火，在所不辞。"

一八五三年十月十一日，紫禁城乾清门外一片欢腾，咸丰皇帝将"锐建玎"亲手交到惠亲王绵愉的手里，他的手紧紧握着惠亲王的手，眼睛有些湿润了，发出颤抖的声音："五皇叔，全托给你了！"

惠亲王下跪后仍拉着咸丰皇帝的手，也显得声音有些颤抖："皇上，臣豁出老命也要杀尽反贼。"

咸丰皇帝感动地看了看他的五皇叔，心里一阵酸楚，老亲王已是年逾花甲之人，两鬓苍苍，行动迟缓，还要披甲出征，怎能叫人不感动。咸丰皇帝又走到僧格林沁的身边，拍了拍他宽厚的肩膀，说："大捷回师，封大将军为亲王。"

僧格林沁挺了挺胸膛，洪亮地回答："臣不敢邀功，只愿为大清杀尽反贼。"

这次咸丰皇帝授僧格林沁为参赞大臣不是盲目的，而是经过慎重考虑的。科尔沁郡王僧格林沁原来只是个蒙古贵族，不过几年前，年轻、潇洒的僧格林沁过继给道光皇帝的姐姐庄敬和硕公主，这样一来，僧格林沁便攀上了皇亲，和咸丰皇帝成了表兄弟。咸丰皇帝心想，太平贼匪当前，一个个酒囊饭袋都不中用，也许他们不是皇亲，不肯为朝廷卖命。这一次，豁出去了，退不了太平军，自己有一条白绫子就足够了，干脆用清一色的皇亲。也许，列祖列宗在天之灵会保佑皇族贵戚马到成功，退敌于千里之外。于是，僧格林沁便破格使用了。

第二天，大殿之上，咸丰皇帝又谕旨恭亲王奕䜣参加办理京城巡防事宜。三个皇亲正式登场了。

京城里一片大乱，大有树倒猢狲散之势，百姓逃命，官员也逃命，携细软、带家眷纷纷出城，谁愿陪着咸丰皇帝去送命。消息传到紫禁城，咸丰皇帝黯然神伤："唉，世道变了，家贫出忠臣、国乱出孝子！"

何谓"穷贫出忠臣"？家境贫寒的人，没钱携家带子出逃，只好留在京城做忠臣；何谓"国乱出孝子"呢？国家危难之时，达官贵人不好明讲出逃，只有借口回乡探老母，以逃得远远的。

偌大的京城，找不到卖小吃的，也找不到坐轿子的，可谓空前的安宁、清静。紫禁城里皇上脸也沉，大臣脸也青，太监、宫女面无表情，好像天就要塌下来似的。

惠亲王绵愉挂帅出征，多多少少鼓舞了清军的士气，而这时起重要作用的则是蒙古将军僧格林沁。僧格林沁虽然年轻，作战经验不足，但他十分尊重惠亲王，事事请示，多做汇报，最后，他们采取了稳打稳扎的作战方案，一改以前几个败将不慎重的作战方法，结果，初见成效。

其实，并不是僧格林沁有什么特别的才能，而是上天赐福于他，他逢上了好时运。

此时已是寒冬腊月，刺骨的北风侵袭，习惯于南方温湿气候的两广老兵一下子承受不了了。他们没有足够的棉衣、棉被、棉裤，特别有一部分广西兵，穿上鞋子走路艰难，打赤脚反而走得快。可是这是在寒冷的北方，他们焉能受得了。手冻肿了，脚冻烂了，腿也麻木了，一下子病倒几千人，这可急坏了林凤祥和杨开芳，要医没医，要药没药，冻疮膏一时间成了抢手货，有的士兵腿上溃烂流脓，又感染全身，不幸死去，有的士兵日夜嚎叫，红肿的脚一落地就疼得掉泪。再加上长期吃面食，胃肠直接受不了，太平军困境重重，他们只好从静海、独流一带南撤，一路惨景，目不忍睹。有的士兵脚不能行走，便爬着前进，有的倒毙路边，无人掩埋。一八五四年，即咸丰四年二月，林凤祥、李开芳率兵到了河间束城镇。

参赞大臣僧格林沁率兵立刻赶到了束城，没有援助的太平军只好冒险突围，又被僧格林沁与胜保围困在阜城。僧、胜上奏朝廷，咸丰皇帝在欢欣之余仍有不满，他斥责僧格林沁太优柔寡断，竟让太平军牵着鼻子走。为什么清军不可以主动攻击一次，每次都是被动出击。北伐军千余人居然又突破了阜城重围，咸丰皇帝大怒，他怎么也想不通，区区千余人的残兵竟能抵挡僧格林沁的两万人马！咸丰皇帝不客气地下了谕旨："朕数日未阅军报，即觉烦闷难堪。今早忽接军报，认为必可得手。及细阅情形，仍属敷衍。若不赶紧灭尽，何日是了！又借口冰雪皆融，若早能歼灭，焉致今日之费力,断不能再宽时日!"

谕旨下达后,可是太平军的驻守地连镇仍未被僧格林沁拿下。他提心吊胆,生怕咸丰帝一怒之下,惩处自己。而咸丰皇帝也是心急如焚,他也害怕,临敌换将会使情况更加恶化。

太平军孤军奋战,情况危急。到了咸丰五年二月,太平军弹尽粮绝。整整坚守了十个月的连镇被僧格林沁攻破了。僧格林沁上奏朝廷,咸丰皇帝心中的石头总算落了下来,露出了喜悦的笑容。太平军残部突围至冯官屯,僧格林沁下令引水浸灌村屯,北伐军全军覆没。林凤祥、李开芳被捕,被押至京城,英勇就义。

咸丰皇帝得知林凤祥、李开芳死后,心中十分感慨地说:"如果林凤祥。李开芳之辈能为大清所用,大清何愁没有御敌之将!想我大清朝重银厚饷却养了一大批酒囊饭袋,无用无耻之徒,真乃国家之悲也。"

第九章

捻军小刀会张举义旗　借兵用曾氏力保清廷

咸丰五年二月，太平军北伐失败，虽说遭此重创，但太平军并没有完全被清政府消灭，太平天国运动仍在长江中下流一带蓬勃发展。

咸丰皇帝刚登基的时候，太平军祸乱已起。这几年来，清军在和太平军的对阵中屡屡打败仗，连咸丰皇帝自己也记不清为此惩罚过多少朝廷命官、动过多少次肝火、流过多少次眼泪。有时压力实在太大，他甚至后悔和六弟奕䜣争夺皇位，以至于接手一个烂摊子。他感叹时运不济，即使贵为天子也没有多少快乐。特别是洪秀全之乱让他食不进寝不安，连夜里梦境中都是太平军的影子。此外，全国各地的人民起义也让他头痛不已，各地刮起的反清之风，吹得大清江山摇摇欲坠，此时的咸丰皇帝才深深体会到什么叫"四面楚歌"。

辽阔的中华大地，有一片大平原，称为黄淮平原。黄淮平原上居住着勤劳的人民，他们以农业生产为主，兼搞农副产品的产销。有的人到东海边去运来食盐，再到这块大平原上卖，换得一点零花钱。出门做生意不容易，谁能不磕磕碰碰的，于是私盐贩子们便自觉地团结在一起，也好有个照应。后来，贫苦的农民见他们这样也很好，少受人欺负，于是也参加了进来。这是咸丰皇帝出生以前的事了。

他们时聚时散，聚则为"捻"，散则为民，时间长了，人们称他们为"捻子"。捻子遍布在江苏、安徽、河南、山东四省的交界处，他们没有什么宗教信仰，也没有什么领袖、纲领，他们只知道接济贫困的百姓，打击贪官污吏及地方恶霸，带着穷哥儿们齐心协力，过好生活。

捻子行侠尚义，劫富济贫，在百姓的心目中威信很好。

一八八五年，即咸丰五年秋，皖北雉河集热闹非凡，散乱多年的捻子终于推出了盟主，正式建立了捻军。捻军一成立，便得到了天朝的封赏，天王洪秀全封张乐行为征北主将、鼎天福,后又封为沃王。

咸丰皇帝以前就听说过鲁、豫、皖三省交界处有什么"捻子",聚而为捻散而为民,但他一直没在意,散乱乡民成不了气候,可如今不能等视之了。

他们居然也学着太平军,推戴领袖、建立五旗军,拿起了大刀、长枪配合太平贼匪打清兵。看来,要让捻军尝一尝朝廷的厉害了。咸丰皇帝令僧格林沁派小股部队去剿捻,可是捻军都是当地人组成的,他们神出鬼没,变化极快,半小时以前还是捻兵,现在又成了老实巴结的老百姓,该种地的去种地,该做买卖的去做买卖,喂猪去了。

弄得清兵也不敢乱抓人,生怕引起民愤,僧格林沁只好如实上奏,气得咸丰皇帝直骂他是饭桶。

就在鲁、豫、皖交界处捻军搅得咸丰皇帝心烦意乱的时候,天地会也发展壮大了起来。天地会自称"洪门",他们遍布南中国,从广西到福建,从湖南、湖北到上海,各地都有天地会的人。他们的旗号是"反清复明",凭着一股"忠义"驰骋天下,由于天地会分散在南中国各个地区,所以每一个小支派又有不同的称呼,如小刀会、红线会、三合会、三点会等等。天地会配合太平起义军,打得清军昏头转向。一提起天地会,清军将领就恨得咬牙切齿,恨不得一口吞了天地会。

一八五三年,小刀会从澄海起兵,他们高呼口号"反清复明",首先攻占了漳州,又乘胜追击,占领了厦门。

咸丰皇帝接到奏折,紧锁眉头:"福建居然出了这等事情,朝廷命官怎么这么迟钝,让两股匪兵闹起来了,才上奏朝廷,可恨、可恶。"他立即明谕闽浙总督,"乱匪贼子,居然反清复明,痴心妄想,杀,统统杀净,一个不留。"

"反清复明"这四个字,在咸丰皇帝听来非常刺耳,比掘他祖坟还难受,也焉能容忍这等乱匪横行下去。于是,他下决心斩尽杀绝,不留后患。咸丰皇帝谕令浙江、广东两省清军入闽,合力剿匪。结果小刀会的首领在厦门被处死,闽南天地会降下了帷幕。

上海小刀会起义后,先以"大明"为国号,后来改为"天运",刘丽川认识到自己势单力薄,必须迅速与天京取得联系,以求太平军的援助。可天王洪秀全没有重视这一股同盟军,只泛泛指示,让刘丽川率众归天朝。上海起义军多是当地人，他们不想离开家乡，因此，仍留在上海一带与清军周旋。洪秀全了解这一情况后，只好派镇江守将罗大纲前来接应，与小刀会会师，可是，北伐军战事紧张，罗大纲只好返回镇江。上海的小刀会眼看就要被吉尔杭阿击灭，这时，福建帮首领李成池率兵突围，可是，李成池不幸身亡，刘丽川的兵力更弱了。周立春与刘丽川分别率领两帮小刀会顽强地抗清，在上海孤军奋战，终因寡不敌众，十七个月后，两位优秀的将领不幸牺牲，残部一部分降了清，一部分辗转投奔了太平军。咸丰皇帝不无感慨地说："小刀会士气高涨，若我大清有此勇士，太平之乱早已平定。"

天地会系统中响应太平天国起义的还有广东三合会。

咸丰皇帝接到奏折后，哭笑不得。一个中国，京师紫禁城一个皇帝、太平天国天京一个皇帝，两帝并立还不够，如今又出现了什么这王、那王，王者之多不计其数。他只好摇头叹气："天下大乱也。"

也许此时他想起了杜受田给他讲述的故事，从春秋到战国，从秦汉到魏晋又从唐宋到明清，一代又一代，斗争不断，风水轮流转，浪尖上的洪秀全闹得爱新觉罗·奕詝坐不稳江山。

朝堂上的咸丰皇帝内心却极不平静。堂堂大清的天子又说什么好呢，自从他登基以来，战争不断，今天洋人来了，明天太平军造反，再加上全国各地的小规模起义，什么天地会、小刀会、红线会、三合会他都有些麻木了，四面楚歌也惊不了他的心，各地危机已习以为常，惊恐万分也无济于事，咸丰皇帝学会了泰然处之了。

只要乱民贼子不过黄河，只要紫禁城的龙椅放得安稳，他奕詝就不怎么担心，头疼医头，脚疼医脚，咸丰皇帝早已习惯了。

太平天国北伐军虽然覆没了，但太平天国运动并没有停止，洪秀全、杨秀清领导的太平天国运动又进入了一个新的时期，他们以天京为大本营，不断向清军发起大规模的进攻，以最终推翻清王朝为目的。

江苏巡抚许乃钊生怕小刀会得到英国人的支持，忙上奏朝廷，请求皇上恩准他向洋人借兵。咸丰皇帝大为恼火，他明谕许乃钊："妥为羁縻，务即严饬各员弁，明攻逆匪，暗防外患。"

咸丰皇帝的这种担心不是没有道理的。江苏巡抚许乃钊的这种"请夷剿匪"的思想也不是没有根据的。

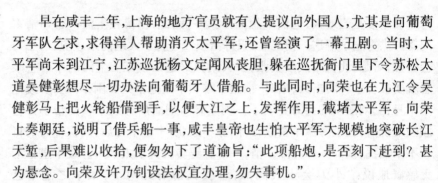

早在咸丰二年,上海的地方官员就有人提议向外国人,尤其是向葡萄牙军队乞求,求得洋人帮助消灭太平军,还曾经演了一幕丑剧。当时,太平军尚未到江宁,江苏巡抚杨文定闻风丧胆,躲在巡抚衙门里下令苏松太道吴健彰想尽一切办法向葡萄牙人借船。与此同时,向荣也在九江令吴健彰马上把火轮船借到手,以便大江之上,发挥作用,截堵太平军。向荣上奏朝廷,说明了借兵船一事,咸丰皇帝也生怕太平军大规模地突破长江天堑,后果难以收拾,便匆匆下了道谕旨:"此项船炮,是否刻下赶到? 甚为悬念。向荣及许乃钊设法权宜办理,勿失事机。"

谕旨以六百里加急转到了吴健彰的手里,吴健彰洋洋得意,对他的副手说:"看来皇上是赞同向洋人借兵的,他关心的是洋人船只是否能及时赶到,并且指令'勿失事机',这个嘛,我吴某自有妙计,让洋人乖乖地把火轮船送到我的手中。"

吴健彰有本事借到洋船,这一点也不错,可是他却洋洋得意早了一点儿。咸丰皇帝并不欣赏他的这种做法,至少咸丰皇帝不是心甘情愿的。谕旨一发出,咸丰皇帝就后悔了,他突然产生一种反感。

"洋人不知怀的什么鬼胎,他们能真心帮助大清,鬼才相信,他们恨不得一口吞掉中国。"

本来,咸丰皇帝想马上补发一道谕旨,让向荣不要向洋人借船,可是转而一想,万一太平军势如破竹,清军怎能抵挡。

"唉,借就借吧,以后不再借了。"

咸丰皇帝此时真的希望他们借不来船。

咸丰皇帝反对借兵剿匪,是怕外国人借此机会,大力发展在中国的势力,他的这种担心是完全有必要的。他似乎早已看出外国人包藏祸心,所以,他对两个对手——太平军与外国人都是加倍提防的。

英美外国人看得清清楚楚,大清政府已岌岌可危,而新兴的一股农民起义军却蓬勃发展。如果按这个速度发展下去,不久,太平军便可以站稳中国的政治舞台。这就是说,英美外国人将来与之打交道的有可能是天王洪秀全。不过,太平军与清政府究竟谁是胜利者,他们一时还看不清楚,还要进一步冷静观察,才好做出决策。在这种情况下,英美外国人干脆来个坐山观虎斗。

既与清政府保持一定的联系,又与太平军有所接触,英美公使采取了

清文宗咸丰传

QINGWENZONGXIANFENGZHUAN

这种脚踏两只船的滑头政策。咸丰四年,英国公使与美国公使先后乘船从上海到了天京,会见了太平天国的天王洪秀全。这件事情引起了朝廷的震怒,许多大臣纷纷上奏,表示对此事的不满。咸丰皇帝更是大发雷霆,他万万没想到英美公使会如此猖獗,在中国的土地上,他们居然如入无人之境,来回自由自在,一会儿在广州,一会儿到了上海,一会儿又去了天京,还把中国政府放在眼里吗?

于是咸丰皇帝下定决心,谕旨不得向洋人借兵。然而,咸丰皇帝的谕令已经不像以前那么威严了,各地方官员阳奉阴违,天高皇帝远,管它三七二十一,只要能消灭小刀会,上海地方官员又想到了外国人。此时,法国的军舰泊在上海港,小刀会在刘丽川、周立春的领导下,浴血奋战,打得江苏巡抚吉尔杭阿头昏脑涨,久久攻不下小刀会占领的上海城。咸丰皇帝多次谕令不克上海,吉尔杭阿便会被革职问罪。

吉尔杭阿急得团团转,寝不安,食不下,也想不出什么好法子来。副官凑近吉尔杭阿,说:"大人,我有一计,不知大人可否考虑一下。"

"快说,别吞吞吐吐的。"

自从久不克上海,吉尔杭阿变得心烦意乱的,只要有人能替他出主意,他都乐意听一听。

"咱们用的是土枪土炮,不比乱匪小刀会的装备好多少,若是大人肯向洋人开口,借师助剿,岂不美哉。"

吉尔杭阿还没等他说完,就连连摇头:"不可,不可,皇上早已明谕,不可与洋人往来,恐生后患。"

"大人,你仔细想清楚,只要歼灭了小刀会,皇上哪还管咱们求没求助于洋人? 皇上最怕的是乱匪迟迟不灭。"

吉尔杭阿觉得副手的话也很有道理,不禁点了点头。

咸丰四年十二月,吉尔杭阿向法国领事开了口,借法国军舰的大炮向小刀会发起了猛烈的进攻。小刀会几乎全军覆灭,整个上海城血流成河,那景象惨不忍睹。

咸丰皇帝背着手,来回地踱着,他真有些生气了,军机处刚刚给他送来吉尔杭阿的奏折,说小刀会已被彻底消灭。按理说,他应当高兴,可此时他一点都高兴不起来。吉尔杭阿毫不掩饰地说,不借洋人枪炮,歼灭不了小刀会。咸丰皇帝气得是江苏巡抚吉尔杭阿竟如此蔑视三令五申的圣谕。明明早就强调过不能借洋人的力量剿匪，吉尔杭阿偏偏就这么做了。而且奏折中还请求朝廷奖赏辣厄尔银一万两，绸四千匹。

这怎么能让咸丰皇帝不生气。

咸丰皇帝只好谕旨："此时驾驭之法，唯在因势利导，断不可专恃外人之力。倘信任不疑，设夷情反复，与城中匪徒暗相勾结，转恐堕其术中。"

虽然咸丰皇帝准奏了吉尔杭阿赏洋人银财，但他对洋人仍抱有怀疑之心。

不久，太平军又发起了向苏州、常州一带的进攻，太平军所到之处，清军溃不成军，江苏巡抚徐有壬急忙向英、法求救。英、法回答是只有两江总督何桂清亲自出面到上海与他们面谈，他们才肯商议借兵之事。出于朝廷上下的压力，何桂清也不愿意让国民谴责，他推托身体欠安，致书苏松太道吴煦，责成他与外国人联系。英、法方面见何桂清不肯出面，显然很不高兴，执意不见吴煦。这时，太平军已兵临城下，何桂清万般无奈之下，只好派江苏巡抚徐有壬出面与英、法洽谈。徐有壬以优厚报酬许诺洋人，只要他们肯出面剿匪，清政府将不惜一切代价。英、法正在犹豫之际，太平军攻占了苏州，徐有壬死在太平军的长矛下。

咸丰皇帝知道了这件事，非常生气，他想不到朝廷命官竟如此目无皇上，还敢向洋人借兵，他说："徐有壬这种做法，荒谬至极，这种事情他也敢做，胆大妄为。"

一些大臣规劝道："皇上英明，徐有壬已死在长矛下，他也已受到了惩罚。"

咸丰皇帝愤愤地说："徐有壬死的好，不然也要受到革职之惩罚。如今徐有壬已死，借兵之事任何人不得再提起。如果洋人主动提出出兵剿匪，应婉言谢绝，这样才能以绝后患。"

几个明理的大臣们都明白咸丰皇帝的苦心，他最怕太平军未平，再起洋人之患，内忧外患，年轻的皇帝如何能承受得了。这些年来，太平军以及各地人民起义已经把他搞得昏头转向了，如果再加上洋人的骚扰，咸丰皇帝就更苦恼了。

咸丰十年，恭亲王奕䜣与法国全权代表葛罗签订了中法北京条约，葛罗向奕䜣表示，如果清政府需要的话，法国可以出兵助剿太平军。奕䜣一向知道皇兄是个易于改变态度的人，于是向咸丰皇帝上奏了此事。恭亲王偏于借兵围剿太平军,他的理由是太平军已对清廷构成了十年之久的威胁,如果再不迅速剿尽太平军,清廷将进一步加深各种危机,尤其是严重的经济危机。

咸丰皇帝似乎也觉得恭亲王奕訢的话有些道理,便把借兵剿匪一事提了出来,交给总督、巡抚们讨论这件事。一时间,全国上下热闹了,各大臣、总督、巡抚各抒己见,议论纷纷,有的认为借兵剿匪是上上策,可以迅速结束长达十年的太平军之乱;有的坚决反对借兵剿匪,认为此事有辱朝廷,中国人的事情不应让洋人插手,否则,外国人会借机扩张在华的势力,后患无穷;也有的采取中间态度,认为向洋人借兵是万万不可,但可以考虑向英、法等国借船,这样一来,既可以借助洋人的先进枪炮攻击太平军,又不至于让洋人在中国的土地上肆意横行。

经过认真的讨论、研究,咸丰皇帝接受了第三种意见:借船不借兵。

方针既定,咸丰皇帝派恭亲王与英国人威妥玛商洽具体事宜。可是这种没有好处的事情,洋人怎么会干呢?他们很直接拒绝了清政府的。

此路不通!一些大臣也纷纷上奏,说:"大清不可只图一时的小利,而贻害无穷,洋人绝没那么多善心,他们替我朝剿匪是假,借以扩张自己的势力是真。"

咸丰皇帝也十分感慨地说:"我大清虽兵力不足,但万不可借洋人的势力剿匪,法国人最贪小利,今后可筹款购买法国人枪炮及船只,以为我用。"

咸丰登基不久,湘人曾国藩便崭露头角,活跃在清廷的政治舞台上。他考察了道光末年的社会现状,指出种种弊端,向年轻的皇帝提出了用人之道、考察官员的方法,很受咸丰皇帝的赏识。很快,就升为礼部右侍郎,兼署兵部右侍郎。

咸丰二年十二月,曾国藩接到了湖南巡抚传来的皇上谕旨:"前任丁忧侍郎曾国藩,籍隶湘乡,闻其在籍,其于湖南地方人情自必熟悉,著该抚传旨,令其帮同办理本省团练乡民、搜查土匪事宜。伊尽力,不负委任。"

什么是"团练"呢?团练最早始于嘉庆年间,是一种地方武装组织,一般由乡绅资助兴办,也由乡绅控制,有的团练发展壮大后,官府发给一定的饷银,官府可以任意征调他们,成为雇勇。团练主要是与保甲制度相配合,镇压地方小股反叛,以补官军之不足。

于是,咸丰三年元月,曾国藩与刘蓉、王鑫等人,伙同湘乡练勇一千多人到了长沙,开始了他训练"湘军"的生涯。

咸丰皇帝交给他的"搜查土匪"工作,对于曾国藩来说易如反掌,不消半年的工夫,土匪就搜查尽了,他来个书生变武夫,大开杀戒,只要捉到土匪,就知道砍头,丝毫情面也没有。所以,曾国藩也有了个绰号"曾剃头"。对于曾国藩的初步胜利,他当然也是加以赞扬:"曾国藩办团练乡勇甚为得力,剿平土匪,业经卓有成效。著酌带练勇,驰赴湖北,全力围攻,以助兵力之不足。"

得到咸丰皇帝的肯定和嘉奖,曾国藩更加专心一致训练他的湘军。他下定决心,要把湘军训练成一支新军,有别于其他清军的新军。首先,他在将领的任用上,打破了以往的传统,基本上能做到任人唯贤。他本人是儒生出身,他认为读过圣贤书的人认识问题深刻,忠义思想浓厚,可以任用,于是,湖南一带读过书的儒生纷纷被他招用。士兵来源也一反清军一向习俗,他坚决不招游手好闲之徒,至于在其他队伍里混过的兵痞,他更是坚决不要,为了保证士兵的纯洁性,他宁愿多费一点银子,也要从偏僻山区招山民。他认为山民忠厚老实、易于训练。而且招来的兵多是同乡,以便利用亲情关系同心作战。

官也任了,兵也招了,他又购买了一批比清军先进得多的武器,而且还训练了水军,当时湘军有陆师十三营、水师十营,每营五百人,计一万七千多人,可谓一支规模不小的队伍。

队伍刚刚建立起来,咸丰皇帝便看中了曾国藩的湘军。倒不是湘军有什么特殊的魅力让皇上格外垂青,而是此时咸丰皇帝的手里实在没有可调动的兵力了。太平天国天京定都后,立即开始了北伐和西征,北伐的目的是直捣朝廷老巢,把咸丰皇帝从龙椅上拉下来。这可吓坏了爱新觉罗·奕詝,他把主要兵力都调到北方了。至于西征,咸丰皇帝当然也不敢轻视,但他不愿分散向荣的江南大营和琦善的江北大营的兵力,这时候,他自然会想到曾国藩和他的湘军。

可是湘军刚刚组建、羽翼尚未丰满,出省作战能成吗?曾国藩担心的事情终于发生了。湘军根本不具备远征作战的能力,一遇到太平军便显示出湘军的弱点,曾国藩正在心急如焚之时,天意的安排为他解了围。太平军急于解天京之围东归,湘军乘机也打了一次胜仗,咸丰皇帝知道后,居然龙颜大悦,朱谕:"汝能斟酌缓急,甚属可嘉。"

湖北一战,曾国藩落个美名,湘军在咸丰皇帝的心目中也有一定地位了。咸丰三年十二月,湘军已发展到六千多人,这时,太平军已攻克了安庆、九江等地,咸丰皇帝心想:"曾国藩在湖南老家带了一批家乡兵,攻了武昌又闲下来了,何不让他再赴安徽,收复安庆。"

于是,一道谕旨召传曾国藩:"该侍郎忠诚素著,兼有胆识,朕所素知。谅必能统筹全局,不负委任也。"

曾国藩突然产生了一种被皇上信任的自豪感,他率部离开了湖南,进入了湖北。也真巧,太平军南下,湘军北上,两军于宁乡相遇。曾国藩起初没有一点儿思想准备,冷不防地遇到太平军,他有些显得措手不及,结果被太平军打得落花流水,只好又退回长沙。

咸丰四年四月,曾国藩亲率水师攻打被太平军占领的靖港。太平军在两天前就听说了曾国藩要以靖港大捷来洗刷失败的耻辱,于是,全力以赴做好了迎战的准备。自从湘军水师建立之后,这是第一次作战,而太平军的水师早已征战南北,积累了十分丰富的水战经验,在这种情况下,湘军一败涂地,闻风而溃,看着节节败退的湘兵,曾国藩无力回天,这一战曾国藩差一点投水自尽。

曾国藩只能率余部撤回了长沙。

然而时过三天后,突然传来令人振奋的消息,虽然湘军水战失利,但陆战却大获全胜。湘军在湘潭围攻太平军,将太平军击退。太平军撤出了湘潭,靖港获胜的太平军见局势有了新的变化,也不敢久留,于是从岳州向北撤。消息传到长沙,这让此时已心灰意冷的曾国藩简直不敢相信。本来打算以死明志的曾国藩重新燃起了生的希望,精神为之一振。

曾国藩开始了冷静的思考,总结胜利的经验和失败的教训,结果他发现水师失败的主要原因是将领不力,士兵纪律不严,作战经验不足,一旦敌方进攻得利,士兵便纷纷败退,溃不成军。而陆师平日就军纪严明,训练有素,败不馁、胜不骄。

于是,曾国藩开始行动了,对于那些指挥不力、带兵无方的将领,统统让他们滚蛋,他六亲不认、铁面无私,哪怕是至亲。

经过几个月的整编,湘军还剩四千人。但战斗力大大加强了。曾国藩又从湖南湘潭一带招了一些山民,补充部队,他严格规定士兵的年龄必须在十八至二十五岁之间。

湘军兵勇年轻化，不能不说是一个大进步。长沙休整半年多，兵勇达一万余人，战斗力也大大增强了。咸丰四年十一月，曾国藩踌躇满志，再次率兵北上，与太平军在岳州、城陵矶一带会战，太平军受到了严重挫伤，终于把被太平军攻占一年有余的武昌城攻了下来。

曾国藩武昌大捷，让他沉浸在胜利的幸福之中。这一战不仅挽回了靖港惨败造成的不良影响，而且还很有希望升官加爵。当年，曾国藩回湘奔丧时，在京只是个礼部右侍郎，官位并不高。靖港惨败，当天他就自请革去这个并不吸引人的职位，所以，虽然他手中掌握兵权，有一万多人听从他的调遣，但他在朝廷上无职无衔，说起来很惭愧。

这一回，他可高兴了，打了胜仗，咸丰皇帝不会不奖赏他的，曾国藩深知天子脾气，他从来都是赏罚分明。当年他出山时，正在守孝期间，所以声称不受议叙，咸丰皇帝也曾授他三品顶戴。这次打了胜仗，奖赏还会小吗？

"曾国藩听旨！"

曾国藩正在遐思之际，忽然听到圣旨到，他喜出望外，连忙身着官服，扑通一声跪在正厅里，恭恭敬敬地接旨："览奏感慰实深。获此大胜，殊非意料所及。朕唯兢业自恃，叩天速赦民劫也。着曾国藩二品顶戴，署理湖北巡抚。钦此！"

"谢主隆恩，万岁、万岁、万万岁！"

曾国藩连连磕了三个响头。他终于盼来了这一天，为了这一天，他付出的太多、太多了。他想到了初组湘军时的艰难、湖南地方官员的刁难、靖港惨败、武昌围攻战。想着想着，他的眼圈竟湿润了起来。虽然目前只是个"署理"，即代理之意，但毕竟他受到了天子的肯定，总比当年赛尚阿、向荣、徐广缙要好得多，他们不是被革职，就是"斩监候"，提着脑袋过日子。

咸丰皇帝不再小看湘军，曾国藩在他心目中的形象也提高了。一天，在大殿之上，咸丰皇帝高兴地说："真没想到曾国藩一个书生，竟有能力挫乱匪，建立如此之大功。"

几个军机大臣并没有发话，一反平日一呼百应的态度，看来，他们有不同的看法。

"众爱卿，你们有什么异议吗？但说无妨！"

几个军机大臣互视半晌，这才纷纷说道："臣等均认为曾国藩不可委以重任。"

"为什么这样说？"

"臣等认为曾国藩是在家乡湖南办团练、组建湘军，皇上不可过于器重于他，他只是一介书生匹夫，与朝廷关系并不是十分密切，不得不防他实力壮大以后一呼而起，他能调动万千兵马。皇上，曹操曾灭过黄巾！"

一席话，说得咸丰皇帝心里冷了半截子，他怎么会忘记前人的教训，如今可不能学前人，养虎为患。当即，他便谕旨曾国藩仍为兵部右侍郎，撤回署理湖北巡抚之职。

曾国藩手持圣谕，心里真不是个滋味，他明白皇上对他是有戒备之心的。清代历来都是汉臣带兵、满臣掌权，看来，咸丰皇帝也如此，他早年的重用汉臣之倾向，此时似乎也不复存在了。

不过，虽然没得到朝廷的重用，曾国藩也没有一蹶不振，他的心里仍有很大的安慰，那便是他曾国藩的手里握了一支"私家兵"——湘军。湘军是曾国藩一手组建、壮大的，从士兵到将领，百分之九十五以上都是湖南人，很多人就是曾国藩的亲属，他们心目中只有一个曾帅，根本没有什么天子，也没有朝廷。历朝历代，兵为国有，而在曾国藩这里却是兵为将有。除了他，谁也指挥不动湘军。这就是他的成绩，他的最大的骄傲。

咸丰五年二月，太平军第三次攻占武昌城，咸丰皇帝乱了方寸，他又想起了一支可以利用的军队——湘军。

咸丰皇帝几乎忘了自己曾对曾国藩的种种戒备，此时不用湘军，还用谁呢？他命湘军援湖北，转而又调湘军克九江，直取天京。这下可苦了曾国藩。他的湘军自组建以来，一直没得到很好的休整，官兵疲于战斗，军饷严重缺乏，他明白伸手向中央朝廷要钱，那是万万行不通的。只有向地方筹钱，他是湖南人，湘军都是湖南兵，伸出了手，也许地方官能给几个钱，但还要看人家的脸色。如今到了江西的地盘，江西巡抚根本没把"曾剃头"放在眼里，曾国藩敢怒不敢言，原来的巡抚被他告了一状，咸丰皇帝将他革了职，新任江西巡抚更不买他的账，他只好求助于署理湖北巡抚胡林翼，以求得他的一点点援助，孤军与太平军周旋。

胡林翼，湖南人。道光二十年任江南副考官，后因科场舞弊案受牵连，改做内阁中书。其人才气过人，很多师友同情他、支持他，为他集资一万五千两银子，捐了个四品知府。胡林翼决心干出点成绩来，以报众友。他自愿到了贵州最贫穷的地方当知府。他发誓做一个清清白白的知府，不取一两不该取的银子，所以为官几年，官名很好。

咸丰皇帝登基后，广招贤士，重用汉臣，胡林翼脱颖而出，云贵总督吴文镕、贵州巡抚乔用迁一起举荐他。从此之后，胡林翼步步高升，直至湖北巡抚。多少年来，胡林翼与曾国藩都保持着密切的友人关系，如今湘军粮饷已成了问题，胡林翼焉能袖手旁观。

曾国藩孤军被困在江西，心中十分苦闷，一方面太平军太强大了，打得湘军头昏目眩，另一方面，朝廷不信任他，也使他忧郁不乐.，这些年来，湖南、湖北、江西、安徽等地巡抚、总督走马灯似的换了一茬又一茬，可吉星始终没照在他曾国藩的头上。如果说咸丰皇帝在任人方面比道光皇帝开明得多，他尚能做到任人唯贤。他曾国藩应该算得上个贤才，如果说朝廷重用忠臣，他曾国藩也够忠的了，他屠杀太平军从来都是不眨眼的。

可是，曾国藩至今还是个兵部右侍郎，他的心里焉能平衡。咸丰七年三月，曾国藩的父亲病故，他没说二话，回家奔丧去了。按规矩，他应该向咸丰皇帝告个假，可是，他故意不这么做。他要让咸丰皇帝体验一下，没有他曾国藩效力的滋味。

咸丰皇帝得知曾国藩私自离开江西，龙颜不悦，但他此时又不敢惩处于他，因为只有曾国藩才能指挥得动湘军。又加上朝廷上下一些官员为他说情，咸丰皇帝也只好咽下这口气，并且还给了他三个月的假期，让他在家安心守制。三个月很快就过去了，曾国藩迟迟不出来，他在老家湖南给咸丰皇帝奏了一本："添臣一人，未必有益，少臣一人，不见其隙。"

这话说得太清楚不过了，他是想让一直不信任他的咸丰皇帝掂量、掂量他的分量。咸丰皇帝也是个很聪明的人，他听出了曾国藩的弦外之音，立即批朱："该侍郎所带湘军，素听指挥。"

意思是说，离开了你，谁能指挥得动你的湘军。咸丰皇帝令曾国藩早日回到江西，但这一次曾国藩似乎下了很大的决心，不到黄河不死心了。他硬是抗旨不出，其理由是丁忧守制。而且，他又上了一道奏折，道出了自己这些年来，没有实权的种种难处："以臣细察今日局势，非位任巡抚，有察吏之权者，决不能以治军。纵能治军，决不能兼及粮饷。臣处客寄虚悬之位,又无圆通济变之才,恐终不免贻误了大局。"

咸丰皇帝是个明白人,他对军机大臣说:"曾国藩这次是亮底了,不给巡抚之位不出山,好,羽翼尚未丰满,你就抖威风了。"

几个军机大臣对曾国藩的做法也很反感,他们你一言、我一语也开口了:"皇上明鉴,曾国藩不可纵他,不然,日后恐难控制于他。""臣以为曾国藩狂妄自大,不可顺他。""虽然打过胜仗,但也打过不少败仗,靖港之战还不够惨吗? 他是好了疮疤忘了疼,当年溃不成军,皇上厚仁大度,没惩处于他。如今刚有些起色就请赏,也太过分了。"

咸丰皇帝本来就有些反感,这会儿又被他们七嘴八舌一说,更对曾国藩有看法了。

"好,你不是要做孝子嘛,这一回,朕就成全了你。"

咸丰皇帝破例允许曾国藩守制,至于守到什么时候,咸丰皇帝没说,他的意思是,你愿意守到老死都行。

咸丰皇帝来了这么一手,是曾国藩万万没有料到的。曾国藩没法子,只好关在家里,待了三个月。咸丰七年十月,曾国藩接到咸丰皇帝的圣谕,让他再度赴长沙,举办湖南团练。曾国藩呆了,湖南境内已没了太平军,这些年连小股起义都没有,风平浪静的,办什么地方武装啊。于是,他小心翼翼地给咸丰皇帝递了一份奏折:"臣自到籍以来,日夕惶悚不安。自问本非有用之才,所处又非得为之地。欲守制,则无以报九重之鸿恩;欲夺情,则无以谢万世之清议。"

他的心思完全暴露了出来,他是在家里待急了,他极希望咸丰皇帝念过去的成绩,让他快快回到江西,统领他的湘军去。可是,咸丰皇帝一不做、二不休,干脆又发了一道谕令,让曾国藩连湖南团练也不用举办了,一个人在家长期休养吧:"江西军务渐有起色,即湖北亦就肃清,汝可暂守庐礼。"

这下,曾国藩像泄了气的皮球,跳不起来了。他早年饱读诗书,后来潜心研究程朱理学,是个能沉住气的儒生。自从咸丰二年初办湘南团练,至今虽只有短短的五年光阴,但这五年胜过前四十年,他亲手组建的湘军远在江西,他已经与湘军水乳相融了。甚至,他把湘军看成自己的爱子,一旦失去,他的心里怎么能承受得了。可是,咸丰皇帝是天子,天子金口玉言,谁敢不从。他只有老老实实地待在家里。

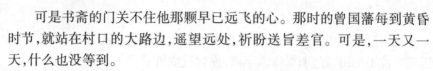

可是书斋的门关不住他那颗早已远飞的心。那时的曾国藩每到黄昏时节,就站在村口的大路边,遥望远处,祈盼送旨差官。可是,一天又一天,什么也没等到。

"老爷,回去吧,该吃晚饭了。"他的糟糠妻好言相劝,她真怕丈夫会得精神病。

虽然是柔声细语。可在曾国藩听来,是那么的刺耳。"滚滚滚,滚一边去,再啰嗦,小心我打你。"

曾妻两眼泪汪汪,默默地走了。村头只剩下曾国藩那孤零零的身影。

"老爷、老爷。"

从村外传来熟悉的喊叫声,曾国藩心头为之一颤,这声音太熟悉了,是他的勤务兵张来子的声音。半年前离开江西回湖南奔丧时,他把张来子交给了他的心腹将领杨载福的手里,语重心长地说:"好好对待张来子,等我回来向你要人。"

曾国藩两次投水自尽,都是张来子救了他的命,所以,他把张来子看成亲儿子。"来子,是来子。"

曾国藩迎了上去,张来子下了马。

"老爷,杨统领派我来见你。"

张来子有些气喘吁吁的,大冷的天,他满头大汗。曾国藩为他揩去额上的汗珠:"来子,走,回家再说。"

到了曾家小院,张来子迫不及待地说:"杨统领让我来向你汇报战况。"接着,张来子把一年来湘军的各种情况从头到尾、仔仔细细地向曾国藩讲述了一番。

"嗯,杨载福,好样的,不让别人插手湘军,这步棋,你走对了!我没看错你!"曾国藩露出了满意的微笑。

咸丰八年,曾国藩再次得到咸丰皇帝的启用。原来江西、浙江、福建局势突变,万般无奈的咸丰皇帝只好谕令曾国藩再次出山,但咸丰皇帝忌惮曾国藩湘军的力量,不给他实权,直到咸丰十年,江南、江北大营先后被太平军攻破,咸丰皇帝手中再无清军可用,他才做了让步。

在短短的几个月内,曾国藩历任兵部尚书、署理两江总督、钦差大臣,并督办江南军务,节制大江南北水陆各军。曾国藩开始对太平天国运动进行血腥的镇压了。

第十章

无可奈何躲进温柔乡　兰儿入宫笼络安德海

登基六年之后,二十五岁的咸丰皇帝被内忧外患的国政压的有些喘不过气了,他逐渐失去了登基初年的宏伟壮志,对政事开始逃避起来,他沉溺于女色,在女色筑成的温柔乡里消磨着自己的雄心和身体。咸丰皇帝登基初年,为了革除政治弊端也曾做出了令人满意的成绩,他广开言路,爱惜忠良,重用曾国藩等这样有能力的汉臣,在中国的历史上确实写下了辉煌的一页。但是,自从英国的大炮打开了中国的国门,外敌不断入侵,面对前朝道光皇帝留下的烂摊子,这位才华横溢的天子也无力回天,他只有仰天感慨,恨水东流。就在英法不断进犯大清江山的同时,洪秀全领导的农民运动在全国范围内风起云涌、势不可当。尽管咸丰皇帝动用重兵围剿起义军,但无奈清军入关一百年来早已失去了铁骑的威风。农民起义军所到之处,清军仓皇逃遁,甚至不战而败,咸丰皇帝作为一国之君只有待在紫禁城内感叹国运,无可奈何。政治失意中的咸丰皇帝,不肯再日日面对令人着恼的奏章、失败的消息,像所有的帝王一样,躲进了温柔的绮罗帐里,企图在女人温柔的臂弯里寻找到暂时的精神安慰。

中国帝王三宫六院七十二妃是正常的,如果天子只爱一个女人,那简直是天方夜谭,不可思议。咸丰皇帝也是有血有肉、有情有欲的男子,他当然也需要多妻多妾,以表明天子的显赫地位。

《周礼·注疏》就有这样的记载:"古者,天子后立六宫,三夫人,九嫔,二十七世妇,八十一御妻。"

由此可见,作为一国之君的天子,宠幸众多嫔妃是古来有之的。到了清代,几代君王虽不像古代帝王那么贪得无厌,但比起寻常百姓来,他们依然能称得上骄奢淫逸。一般是立一位皇后,封皇贵妃一至两人,贵妃三人左右,妃四人、嫔六人、贵人、常在、答应十五、六人。风流天子乾隆皇帝一生就先后拥有过五十多个美貌女子。比起先帝乾隆爷,咸丰皇帝真是"小巫见大巫"了。

咸丰皇帝至今身边只有一位嫔妃,这似乎很不正常。于是,内务府开始进行选秀女活动。清廷入关以来,皇帝、皇子、皇亲的婚姻一般都是通过选秀女的方式确定下来的。即从蒙满官员的女儿中挑选貌美女子,由内务府大臣初步确定谁能参加"复选",送至天子身边做嫔妃,乃至皇后;谁不能参加"复选",只有悲悲切切去王府,做福晋或王爷的侍妾。清代皇宫为了保证王族血统的纯度,选秀女时不能考虑汉族女子,只在蒙满八旗官员家庭中考虑人选。而且规定只在十四至十七岁这个年龄段中考虑,特别优秀的女子,年龄可以放宽到十八岁。

咸丰二年,内务府为咸丰皇帝选了一位温柔、贤淑,知书达礼的好女子,她当时被封为贞嫔,后来叫贞妃,最后叫慈安皇太后。

这个女子便是钮祜禄氏——慈安皇后,即咸丰二年时的贞嫔。她是广西右江道穆杨阿之女,美丽动人、风姿绰绰、丰润飘逸、容色冠群,年方十四,正是含苞待放的花季。她不但有其貌,更有其德。咸丰皇帝看到她第一眼时,便心中暗自高兴,原来钮祜禄氏如此美貌绝伦而又贤淑大方。当天,便宠幸了她,并封为贞嫔。

咸丰皇帝对贞嫔有爱也有敬,爱她的艳丽,敬她的端庄,曾有一度,咸丰皇帝为了她不早朝。两个人甜甜蜜蜜、恩恩爱爱一个多月后,贞嫔晋封为贞贵妃。咸丰二年八月,道光皇帝丧期已满,咸丰皇帝决定立贞贵妃为皇后。虽然咸丰皇帝与皇后相亲相爱,犹如神仙伴侣,但是古代帝王怎么可能永远只有一个女人。

咸丰三年,又逢选秀女。

姑娘们由内务府公差领着进入内务府大院,先由内务府大臣初步目视一下,将其中的佼佼者留下,送到寿康宫康慈皇太妃那里,由咸丰皇帝和康慈皇太妃共同定夺。

候选的秀女们五个人一组,由内务府大臣领着,排着队走进寿康宫。此时,康慈皇太妃正目不转睛地盯着每一位姑娘,上上下下打量着,她那全神贯注的神情简直就像在挑货物。姑娘们一个个羞羞答答地施礼、回话,她们有的人故作媚态,仿佛自己百般娇丽才能一下子吸引住咸丰皇帝,不料咸丰皇帝却打不起精神来。他的确很困乏,昨晚留宿坤宁宫,与皇后浓情蜜意大半夜,今天早上他真懒得起身,可是,他又不愿意惹康慈皇太妃不高兴,毕竟她是养母啊!

这会儿,姑娘们一个个款款飘来,又款款飘去,咸丰皇帝根本就没正眼看她们一眼,并非她们不艳丽,而是皇后钮祜禄氏太迷人。

咸丰皇帝手握朱笔,迟迟不肯圈名字,康慈皇太妃有些不悦,她真不明白怎样的姑娘才能打动咸丰皇帝的心,已经目视五十个人了,难道没有一人中他的意。

"皇上,仔细瞧着些儿,总要选一至二人吧。"

康慈皇太妃提醒咸丰皇帝留点神,因为她看到皇上心不在焉,一个劲儿地打哈欠。

"还有几个?"

显然咸丰皇帝有些不耐烦了,太监安德海连忙凑向前,贴在他的耳边说:"皇上,还有十人。"

这就是说还有二组,咸丰皇帝欠了欠身子,又打了个哈欠,心想:"谢天谢地'总算快完了,前面五十多人,没有一个娇媚迷人的,想来这剩下的十人也无非如此。"

御前太监用他那喊得已经嘶哑的嗓音报:"丽儿、兰儿、蓉儿、英儿、萍儿见驾。"

只见五个姑娘款款人行,她们依次下跪、叩头,自报姓名。

"丽儿叩见皇上,祝皇上万岁、万岁、万万岁;叩见皇太妃,祝太妃福如东海、寿比南山。"

这句祝词是统一规定的,每个见驾秀女都必须说。可是从这个叫"丽儿"的秀女口中吐出却无比清脆、悦耳,咸丰皇帝抬眼一看,丽儿娇艳夺人,不过是十四岁左右,满脸的稚气,咸丰皇帝心想:"这小姑娘娇巧玲珑,一定不错。"

他手中的朱笔终于点了下去,咸丰皇帝的爱妃丽贵妃便这样改变了她的一生命运。

"兰儿叩见皇上,祝皇上万岁、万岁、万万岁;叩见皇太妃,祝太妃福如东海、寿比南山。"

咸丰皇帝还想再看一眼丽儿,也许是天意,也许是巧合,他的目光却转移到兰儿的脸上,咸丰皇帝无意中与兰儿的目光相对,兰儿以为皇上已中意于她,不禁脸上浮起一片红云,她又掩饰不住那份秋波,左顾右盼,娇媚极了。咸丰皇帝心中也怦然一动:"刚才那个娇巧玲珑,现在这个体态妩媚,朕真有艳福。"

这正是所谓酒不醉人人自醉,色不迷人人生迷。

咸丰皇帝有些看呆了,太监安德海又凑前一步:"皇上,这兰姑娘颇有福相。"

咸丰皇帝点了点头。安德海为何在这关键时刻赞誉兰姑娘,这是有原因的。兰儿的世伯苏域在内务府混了十几年,皇宫大内错综复杂的人际关系岂能逃过他的眼睛。他认为咸丰皇帝身边的太监安德海的确是个人物,于是,昨天下午,苏域将二十两银子塞进了安德海的手中。

咸丰皇帝平日里并不讨厌小安子,现在小安子一句话又恰好说到他的心里去了,于是,他手中的朱笔又在"兰儿"二字上圈了一下。这简单的一个动作竟改变了叶赫那拉兰儿一生的命运。

叶赫那拉兰儿将走进皇宫,大清皇宫从此不太平了。

兰儿迈开了走向天梯的第一步,她要一步步登上天宇,尽享荣华富贵,满足最大的权欲。中国封建社会的历史上,第二个野心勃勃的女人开始粉墨登场了。

叶赫那拉兰儿与丽儿同一天进了皇宫,成了咸丰皇帝的候选妃子,但是,咸丰皇帝并没有很快宠幸她们。

咸丰皇帝与皇后钮祜禄氏恩恩爱爱、甜甜蜜蜜度过了许多美好时光,与其说咸丰皇帝对皇后是爱,不如说更多的是敬。他敬皇后高尚的品质、宽阔的胸襟、博深的文才,他以有这么一位皇后而感到十分荣幸。他与皇后日日相伴、浓情蜜意,让人好羡慕,虽然几个月前,内务府组织了一次"选秀女"活动,咸丰皇帝也亲自钦定了两个令他多看一眼的秀女:兰儿与丽儿,但这些日子来,他早把那两个佳人给忘了,似乎从来没发生过"选秀女"的事情,他既问起过她们,也从来不去宠幸她们。可怜两个佳人儿空守垂泪。咸丰皇帝几乎每天下朝都会到皇后的坤宁宫,有时还留宿坤宁宫,把其他妃嫔都抛却脑后,这一切都被他的贴身太监安德海看在眼里。安德海很机灵,他从不掺和在皇上和皇后之间,由他们夫妻去亲热去,自己落个清闲自在。但是在其他妃子的面前安德海却有横插一脚的本领。皇上每次晚膳后,都由安德海递上妃子们的头牌,只要他稍微动点手脚,便能掌控妃子们的荣辱。因此想获得皇帝宠幸的妃子,不得不巴结讨好这个奴才。

这天咸丰皇帝又在坤宁宫与皇后颠鸾倒凤,安德海便在小花园里闭目养神。

"安公公吉祥。"

一声清脆、悦耳的问候把安德海从遐思中唤了回来。安德海定神一看:"是兰贵人。"

安德海前几天才认识这位兰贵人,今天真巧,在坤宁宫小花园,两人相遇。其实,在安德海看来是种巧合,而在兰贵人看来,则是一种幸运。她深知咸丰皇帝身边的安公公不是等闲之人,自己若要想顺利地接近皇上,必须请安德海帮忙。

十二岁的安德海自阉入宫当童监,倍受孝睿和皇贵妃的喜欢,安德海聪明、机灵、勤快、心细,很快便博得了主子的欢心。不久,奕詝登基,开始了咸丰年代,咸丰皇帝把做皇子时期的贴身太监安德海带到了乾清宫,安德海成为咸丰皇帝的御前太监。虽然他从不过问朝政,但他手中的实权可真不少,后宫嫔妃若想受宠于皇上,非打通安公公这一环节不可。这一点,兰贵人早在几个月前就认识到了,那天内务府选秀女,若不是安公公的一句:"皇上,这兰姑娘颇有福相。"恐怕第一关,兰贵人她就过不了。从那天起,兰贵人就瞄准了咸丰皇帝身边的一个特殊人物——安德海。可是,她总没有单独的机会接近安公公,想来想去,兰贵人决定暗中注视安德海的行踪,以便接近他。今天,兰贵人悄悄地躲在坤宁宫外,皇天不负有心人,当兰贵人等得不难耐时,安德海伴驾而来。兰贵人看见他们进了坤宁宫,她估计这会儿皇上与皇后一定正在亲亲热热、甜甜蜜蜜,于是便进了坤宁宫,宫女告诉兰贵人不要去打搅皇上与皇后,兰贵人也根本不想去惊动他们,于是便来到小花园里,拣块干净山石坐了下来。

她刚坐下,便看见安德海从房里出来,也来到花园里,安德海倚在围栏边正想打个盹儿。突然听到有人在向他问安,他定神一看,是前些日子刚晋封为贵人的兰儿,便点了点头,算是奴才安德海见过主子兰贵人了。兰贵人冲着他甜甜地笑着,那淡淡的微笑十分迷人。安德海虽然是个阉人,没有性功能,但他也正值青春少年,血气方刚,对异性的魅力,他也能觉察几分。他觉得兰贵人太漂亮了,很有江南姑娘的风韵。

"哦,是兰贵人,兰贵人吉祥。"

安德海也向娇憨媚态的兰贵人问个安,他真想摸一摸兰贵人姣美的面庞,但他不敢,哪怕皇上终生没宠幸过一次的贵人,只要她有贵人的封号,就永远不允许有第二个男人拥有她。再说,自己是无能的阉人,撩拨兰贵人,又不能满足她,不也太残忍了吗?

想到这里,安德海的心里舒坦多了。兰贵人款款地飘到安德海的面前,安德海顿时产生了一种如梦如幻的感觉,兰贵人将纤纤玉手轻轻地搭在安德海的肩上,嗲声嗲气地倾诉着:"安公公在这儿等待皇上,可真有耐心,这会儿皇上和皇后正亲热着呢,看样子,一时半会儿是出不来的,安公公到我那儿去坐一坐,喝点水,歇一歇吧。"

安德海还真有点儿口渴了,肚子也有些饿了。再说,美人相邀,为何不去。安德海高高兴兴地跟随兰贵人到了怡凝宫。这儿与皇后住的坤宁宫相比,一个地狱,一个天堂,这儿房屋矮小,院落破破烂烂,院里只有两个小宫女侍候着这位兰贵人。未来的西太后现在竟栖身于这种地方,它与宏伟、壮丽的皇后寝宫——坤宁宫不可同日而语也。一个豪华、一个寒碜,一个高大、一个矮小。这屋子又低又小,光线也很暗,室内陈设十分简陋,仅一床、一桌、一箱、一柜而已,甚至连个像样的梳妆台也没有。那桌子上的铜镜年代已久,有些斑驳陆离了。怎么,连个坐的凳子也没有,兰贵人只好请安公公坐在床上。她亲手为安德海端上一杯茶,拿了些点心,安德海又饿又渴,便低头吃点心、喝茶,他并没有在意兰贵人情绪上的变化。当他吃饱喝足抬起头的时候,只见娇媚的兰贵人早已热泪盈眶,一颗晶莹的泪珠滚了下来。安德海还以为是自己哪儿做得不好惹兰贵人伤心,他连忙站起来:"奴才该死,惹得兰贵人不开心。"

说罢,举起手来,做出自己掌嘴的姿势,兰贵人忙抓住安德海的手,把他的手放在自己的手心里,柔声地说:"不,这不关公公的事儿,是我自己伤感罢了。安公公若不嫌弃,以后无人处,你称我姐姐,我叫你弟弟,我俩同是天涯沦落人,不分什么主子,什么奴才。"

一席话,说得安德海暗自高兴,自己真的没有姐姐,从小他就希望能有个姐姐疼他、爱他,今天突然从天上掉下个大美人姐姐,乐哉!乐哉!这等好事到哪儿找去。安德海毫不犹豫,上前一步,"扑通"一声跪在兰贵人的面前,磕了个响头:"兰姐姐在上,受小弟德海一拜。以后姐姐无论有什么事情,尽管吩咐小弟一声,小弟愿为姐姐尽心尽力,赴汤蹈火在所不辞!"

安德海又磕了三个响头,干姐弟关系就这么确立了。兰贵人破涕为笑,伸手拉起了跪在面前的安德海。这么一拉,安德海觉得兰姐姐的手又柔又嫩,摸到手中舒服极了,安德海突然壮了壮色胆,他紧紧握住这玉指不放,捏得兰贵人好疼:"哎哟,瞧你,贼劲可不小呀!"

兰贵人挣脱他的手,在安德海的额头上轻轻一指,两个人会心地笑了。

"姐姐.以后我会常来这儿看望你的。"

安德海此时是有些非分之念头的,但是,他是奴才,又不敢直接讲明。兰贵人可不愿意与这奴才偷情,她的最终目标是咸丰皇帝,这条狗只不过是她借用的一个工具罢了。于是,她柔声细气地说:"弟弟呀,我是你姐姐,等姐姐一旦有出头之日,还能忘了你小安子。以后白天里你千万不能来我这里。这皇宫大内,人多嘴杂,耳目太多,本来我们没什么,万一被皇上、皇后知道了,你我的头可就保不住了。以后每逢夜里皇上留宿坤宁宫时,你估摸着皇上在皇后那儿能待多长时间,抽个空儿来看看姐姐,也为姐姐排遣个烦闷。"

安德海见兰贵人说得句句在理儿,他只好一一答应了。为什么小安子如此听从兰贵人的意见呢?他当然有自己充分的理由。

安德海自阉入宫,足以证明他不是平庸之人,他有野心,他要做大太监,在皇宫大内虽不参预朝政,但在后宫生活中,要风得风,唤雨得雨,甚至连地位低下的嫔妃都要敬他三分。若要达到这一地步,势单力薄的小安子必须找个靠山,俗话说"背靠大树好乘凉"。这"大树"并不是那么好找的。皇上虽把小安子看成是贴身太监,但从咸丰皇帝的眼神里,聪明的安德海看得出来,皇上只不过把他当成一条狗,是为主子服务的奴才。

皇后那边呢?似乎也行不通,皇后性情温和,对所有的太监、宫女都一视同仁,好像根本就不打算偏爱哪一个。丽贵人更不行,她还是个孩子,只知道在咸丰皇帝面前撒娇,至于人情世故,她一窍不通,可兰贵人却不同,她精明能干,工于心计,谁敢说将来她不崭露头角,对于这一个聪明的女人,还是巴结住的好。

于是,出于相互利用,兰贵人与安德海一拍即合。从此以后,每当皇上到坤宁宫去陪皇后时,安德海便偷偷地溜到兰贵人的住处,两个人叙叙话儿,谈谈心,倒也十分开心。这天晚上,小安子又到了兰贵人这里。兰贵人刚用过晚膳,正一个人暗自垂泪,安德海蹩进小屋,昏暗的灯光下,安德海发现兰贵人眼睛红红的,像刚哭过一样,他关切地问:"兰姐姐,又有什么不开心的事吗?"

兰贵人轻轻地叹了一口气:"唉,姐姐何尝开心过。"

安德海坐在床上,颇有同感似的说:"姐姐的苦,小弟也明白。可是,现在皇上专宠皇后一个人,连丽贵人也看不上眼,都二十多天没召幸过丽贵人了,听说她也是以泪洗面。"

"真的吗? 皇后究竟有什么巨大的魅力,让皇上对她如此着迷?"

安德海想了想,说:"皇上对皇后是又敬又爱,敬她的人品,爱她的美貌,小弟很想帮姐姐个忙,可是皇上从来不问及其他嫔妃之事,小弟无能,没帮姐姐什么。"

安德海的确有些内疚,他近日来始终在努力,想让皇上召幸他的兰姐姐,可是至今兰贵人还是独守空房。这姐弟二人唉声叹气,真有"同是天涯沦落人"之感叹。

兰贵人也可能是太难过了,她居然伏在安德海的肩头,抽泣着。小安子从没这般和女人亲近过,他被兰贵人这一举动弄得不知所措,他壮了壮胆子,伸出手来抚摸着兰姐姐的秀发,低声说:"姐姐,不要再伤心了,弄坏了身子,不值得,小弟回去以后再做一次努力,姐姐一定要耐心等待。"

兰贵人突然破涕为笑,她用那纤纤玉指点着小安子的额头。

"小安子,你为什么这般心疼姐姐?"

被兰贵人这么猛地一问,安德海真不知如何回答是好。他也不十分明白为什么这般心疼兰姐姐,有客观因素,也有主观因素吧。从客观上说,自己只不过是个奴才,皇宫里的一条狗,他必须找个主子来靠他喂养;从主观上说,他的确很喜欢兰姐姐,她温柔多情,美丽动人,作为阉人的他,虽然性畸形,但仍有着男人的心理,即渴望接触异性。

安德海干脆一不做,二不休,他大胆地张开双臂,将兰姐姐搂在了怀里.只见兰贵人也温顺地倚在他的胸前,喃喃地说:"安弟弟,可惜你是个公公。"

兰贵人的潜台词,聪明的小安子早已听了出来,他也低声说:"如果我不是公公,就是冒杀头的危险,我也要把姐姐带出宫。"

"安弟弟,天色不早了,皇上差不多该起身了,你快回去吧,免得让人看到了,无端生麻烦。"

就这样,兰贵人与安德海暗中往来两个多月,这两个月来,他们以姐弟相称,关系是纯洁的。安德海果真把兰贵人当成了亲姐姐,有什么高兴的事儿或苦恼的事情,他总想找兰姐姐说一说。他觉得在冷酷无情的皇宫大内里,能有这么一位美人相知是他人生的一大幸也。

这些日子以来,咸丰皇帝仍眷恋着皇后,两个人虽大婚已过一年有余,但仍有新婚之感觉,用如胶似漆来形容他们毫不过分,那位娇巧的丽贵人偶尔也能得到皇上的宠幸,她的肚皮很争气,前些日子,经太医诊脉,确定丽贵人已身怀有孕,这对于无子无女的咸丰皇帝来说,无疑是一大喜讯也。他叮嘱皇后,一定要照顾好丽贵人,皇后温和地笑了一笑:"皇上,这还用你说吗? 丽贵人已怀有身孕,这是我们的一大喜也,妾当然也希望她养好身子,明年春天生个白白胖胖的阿哥。"

皇后嘴上是这么说的,心里也是这么想的,她从小受传统的儒家教育,伦理纲常她早已接受,丈夫的孩子,就是自己的孩子,她对丽贵人丝毫也没有嫉妒之心,她自己至今未怀身孕,早已深感内疚。如今,丽贵人怀上了龙种,皇后高兴的就像自己快要生孩子一样,她专程去了一次太庙,恭恭敬敬磕了头、烧了香,祈祷上苍为咸丰皇帝送上一皇子。

丽贵人的身子越来越笨重,咸丰皇帝已不再召幸她,干脆每晚留宿坤宁宫,夜夜与皇后相伴。安德海每晚都等皇上与皇后双双入寝后,偷偷溜到兰贵人那儿,与他的兰姐姐叙叙话儿。

"兰姐姐,丽贵人已临产,皇上不再召幸她,他天天与皇后相厮守,从来不问及他人。"

安德海的一席话,说得兰贵人黯然神伤,后宫嫔妃并不多,除了一个尊贵的皇后和一个临产的丽贵人,不就是还有一个兰贵人吗? 至今自己从未被召幸过,这究竟为何?

为何如此冷落兰贵人? 不为什么,只为咸丰皇帝竟然忘了后宫还有个兰贵人。尽管兰贵人每次见到皇上时,都含情脉脉,温顺无比,可是,咸丰皇帝对她却视而不见,气得兰贵人整日以泪洗面,好不凄惨。兰贵人夜夜独守空房,苦熬长夜,昏暗的小油灯照着她那张惨白的脸。极端孤独中,她不禁想起安徽池州的荣大哥,那个棒小伙儿多么体贴而多情。有时,她竟想入非非,如梦如幻,她似乎感到荣大哥正张开双臂,将她紧紧搂在怀中,吮去她那孤独、忧伤的涩涩的眼泪。

"兰姐姐,瞧你,又在垂泪。"

安德海从外面走了进来,他仔细地端详着兰姐姐,发现她比刚入宫时憔悴多了,心中不禁有一种酸楚的感觉。其实,机灵的安德海十分清楚兰贵人为何整日泪涟涟,但是,这种事情,他看在眼中干着急,帮不上忙呀。安德海心想:"可不能再让兰姐姐这样折磨自己下去,不然,一朵芙蓉花还没开放,便枯萎了,岂不可惜哉!"

安德海望着陷入沉思之中的兰贵人,不禁伸出手,为他的兰姐姐抹去几滴冷泪,说:"姐姐不必如此伤感,自古以来,天子无情,戏子无义,后宫佳丽多薄命,姐姐还应想开一点儿。好在皇上嫔妃并不多,早晚有一天,他与皇后渐渐疏远,到那时便是姐姐的天下了。"

兰贵人听到小安子这几句话,心里舒坦了起来,她说:"安弟弟呀,你真是姐姐的知心人,等一旦姐姐混出个人模人样来,姐姐一定加倍报偿于你。"

"姐姐,你我姐弟二人,还用得着这样客套吗?弟弟愿为姐姐尽心尽力,赴汤蹈火在所不辞!"

这句发自安德海内心深处的肺腑之言,兰贵人是第二次听到了,她对小安子的这句话也深信不疑。她有这个自信心,小安子对她是绝对忠诚的。兰贵人幽幽地说:"弟弟,姐姐命薄,入宫近一年了,仍未被皇上宠幸,到今天还是个有名无实的贵人,就是有一天熬到嫔,再熬到妃,最后至贵妃,恐怕也不及皇后,况且如今连个嫔也不是。"

安德海安慰着他的兰姐姐:"姐姐,莫着急嘛,目前皇上专宠皇后,但据小弟所判断,这种局面不会拖得太久,因为皇后虽温和贤淑,但她缺些情调,皇上乃多情的种子,早晚有一天,他会觉得皇后太乏味了,到那时,他对皇后只有敬,而没有爱,他需要有人来安慰他空虚的心灵,姐姐不正是最佳的人选吗?"

兰贵人觉得安德海说的句句在理儿,不禁点了点头,她轻轻地点了安德海的额头:"好一个机灵鬼儿,如此说来姐姐的苦日子快熬到头了,既然如此,姐姐全仰仗你了。"

"姐姐,听皇后娘娘说,丽贵人昨日已有感觉,看来,她要生了,万一她生个阿哥,母凭子贵,皇上一定会封她为妃或贵妃,到那时,可怎么办呀。"

一听小安子这句,兰贵人又痛苦了起来。是呀,与自己同一天进宫的丽儿,居然要生皇子了,可至今自己还没挨近皇上的身边,真是老天爷不长眼。兰贵人忿忿地说:"唉,听天由命吧,老天爷让她生皇子,谁也拗不过来,这是命。不过,姐姐总有个感觉,而且这个感觉很强烈,我总觉得丽儿不会生阿哥,她只能生格格。"

安德海附和道:"小弟也这么认为,她那瘦弱的身子,生不出龙子来,能生个格格就已经是她的福分了。"

这姐弟二人会心地笑了。安德海决定利用自己接近皇上的有利条件,再一次向咸丰皇帝推荐兰贵人。什么有利条件?原来皇宫生活有这么一种习俗,就是由于历代帝王的嫔妃们不止一个,有的包括贵妃、妃、嫔、答应、常在在内多达二十几人。这么多的嫔妃皇上都可能宠幸她们,但不可能同时宠幸,每晚只能有一人被召幸,究竟皇上这晚召幸哪一位,当然由皇上自己决定。往往是每晚用过晚膳后,由贴身太监拿出写有每个妃嫔姓名的赏牌,也称头牌,皇上想召幸谁,就把谁的赏牌挑出来,送至内务府,再由内务府派专职太监去请该嫔妃。

咸丰皇帝当然也遵循这一生活规律,安德海便是他的贴身太监,所以安公公决定再为兰贵人做一次努力。以往,每当晚膳后,安德海拿出兰贵人的头牌时,咸丰皇帝连看也不看一眼,只是淡淡地说:"去。"

因为那时咸丰皇帝心中只装着一个人,那便是德才貌俱佳的皇后,此外还有一个俏人儿,即丽贵人。可是,最近以来,情况发生了一些变化,变得有利于兰贵人了。皇后近来身体欠佳,三天两头生病,不是感冒了,就是患上风疹,御医千交代、万嘱咐,告诫皇上不可在皇后患病期间与皇后亲近,否则将直接影响皇上的健康。

为了龙体安康,咸丰皇帝已多日没到坤宁宫去了,他也没留皇后在乾清宫过夜。而那位娇小的俏人儿丽贵人更不可能伴寝,因为她已临产。咸丰皇帝满心希望丽贵人能为他生个儿子,可老天爷有意捉弄人似的,偏偏让丽贵人生了个白白胖胖的小格格。这位格格便是日后的固伦公主。

固伦公主的出生,并没给她的父皇咸丰皇帝带来多少欢乐,甚至可以说,他失望极了。虽然小公主长得极像她的额娘,圆圆的小脸、乌黑的头发、翘翘的小鼻子、长长的睫毛,非常漂亮,但由于她是女孩,并没赢得父皇的多少爱怜。咸丰皇帝失望地站在女儿的面前,并不十分仔细地端详她,他只是轻轻地瞟了她一眼,对产妇丽贵人淡淡地说:"好好调养身子,朕抽空再来看你。"

咸丰根本就没去看望尚未满月的丽贵人,丽贵人也恨自己肚皮不争气,头一胎居然生了个女孩,惹得皇上不高兴。加之咸丰皇帝令内务府供给减半,小公主的"洗三"及"满月"两个重要礼仪也就非常平淡。咸丰皇帝在女儿过满月那天,根本就没有来看望丽贵人及女儿,只是派安德海送来金锁一只、金镯、银圈一个,玉佩若干。这足以证明,由于丽贵人生的是个女儿,咸丰皇帝对她十分不满,看来,丽贵人近日里没有被召幸的可能性了。

妻妾成群的咸丰皇帝居然连续几日独衾,真有点儿不可思议也。

安德海把这一切全看在眼里了,他心里禁不住暗自欢喜:"也许是苍天怜悯兰贵人,她入宫一年有余,竟从未被宠幸过,这对于她也太不公平了,看来,上苍有眼,她的时运到了。"

安德海的确是从内心深处希望皇上能宠幸兰贵人。因为小安子发现这位兰贵人非同寻常平庸之辈,她虽从未露过锋芒,但此人一旦得势,定会与众不同,从她那富有棱角的双眉里,就能看出她不是平庸小女子,她有可能是位巾帼丈夫。

安德海在后宫众嫔妃中已寻觅多时了,终于,他觅得一位贴心人。若日后兰贵人真的得势,她还能忘了这位"安弟弟",这姐弟之谊颇笃厚,为了兰姐姐和自己将来的荣华富贵、显赫一时,安德海又做了一次努力。

这日,咸丰皇帝用过晚膳,安德海试探性地问:"奴才斗胆,皇上今晚可去坤宁宫?"

咸丰皇帝皱了皱眉头,漫不经心地说:"这些日子,为太平军之事,朕心烦意乱,再说,皇后又病了,两天都没吃什么东西了,太医说她又患上了重感冒。唉,皇后到底是怎么回事,最近以来时常生病。今晚哪儿都不去,朕就在乾清宫静养。"

说罢,他懒洋洋地伸了伸胳臂,瞧那样子很有些无聊的意味。小安子心里明白,这风流天子像这几日如此之独衾的情况,简直是罕见。漫漫长夜,他能熬过来吗?既然皇上已表明不去坤宁宫皇后那儿过夜,安德海便鼓足勇气,拿出兰贵人的头牌。他用银盘子端上赍牌,谁知咸丰皇帝连看也不看一眼,不耐烦地说:"拿下去吧,朕想静一静。"

安德海只好退了下去。他并没有走远,聪明的小安子有一种强烈的预感,这便是今晚咸丰皇帝一个人独宿乾清宫似乎不可能。

第十章　无可奈何躲进温柔乡　兰儿入宫笼络安德海

第十一章

义弟相助兰儿承恩露　懿嫔笼络太监买人心

这天晚上，咸丰皇帝一个人在乾清宫的小花园里静坐了一会儿，便回寝宫休息去了。安德海是何等机灵之人，他看得出来，咸丰皇帝很不开心，风流天子如果离开了佳人相陪，就会无精打采的。安德海是皇上的侍寝太监，咸丰皇帝入睡时，他必须候在卧房门外准备随时应驾。

咸丰皇帝闷闷不乐地靠在龙榻上睡着了，安德海为他掖好锦被，带上房门，悄悄地走了出去。安德海每隔两天要值一个夜班，这一夜，一般情况下，他是不可以睡觉的。但是，咸丰皇帝不是暴戾的君王，他的性情比较温和，他允许侍寝太监靠在门槛上打个盹。到了寒冬腊月天，他还让内务府给他们准备一床棉被，并允许太监在棉门帘内打盹，因此，值夜班的太监并不十分辛苦。

安德海像往常一样，靠在门边迷迷糊糊地睡了一会儿。突然，他似乎听到皇上的卧房里有什么响动，安德海仔细地听了一下，是咸丰皇帝轻轻地叹息声。原来，咸丰皇帝刚才并没有熟睡，他转辗反侧难以入眠，国事家事事事烦心，他怎么也睡不着，便干咳了几声。安德海以为皇上哪儿不舒服，便在门外小声地问："皇上，你要奴才做什么？"

咸丰皇帝轻轻地叹了一口气，并没回答什么。安德海明白了，皇上今晚失眠，一定是一个人难以入寝，这漫漫长夜可怎么熬过去呀！安德海壮了壮胆子，又小声说："皇上既然睡不着，不如召一位妃嫔来伴驾。"

"免了，还要拿赏牌、通知敬事房，这三更半夜的，免了吧。"

安德海听得出来，咸丰皇帝的口气并不十分强硬。这位皇上平日里对人很仁厚，他此时不愿半夜里打搅别人的休息，但如果真的能有一位佳丽来陪他，那一定能排遣他的孤独与苦闷。安德海跟随皇上已多年，他看得出来咸丰此时很寂寞，正需要一位温柔的女人来伴他进入甜美的梦乡。

于是，便又说："皇上，若是愿召某一位娘娘伴驾，奴才去直接通知便是，明日去敬事房补办一下手续好了。再说，寻常百姓家夫妻相聚都不受任何限制，皇上是天子，乃九五之尊，夜深寂寞时召一个娘娘相伴也在情理之中。"

安德海这张能把稻草讲成金条的嘴巴果然发挥奇效了，皇上沉吟了一下，刚想开口，点出他想召幸的妃子的姓名，安德海连忙下跪："皇上可记得与丽贵人一同进宫的那位兰贵人，兰贵人如花似玉，天仙一般的美人儿，又温柔又大方。"

经小安子这么一提，咸丰皇帝倒也想起来了，好像有这么一位兰贵人，他还记得兰贵人爱穿一件绣满兰花的旗袍，看起来倒也清新脱俗，雅中见趣。既然小安子今晚提起了她，那就让她来伴驾吧。

安德海乐不可支，一路小跑来到了兰贵人的住处。

"姐姐，姐姐。"

安德海跑得上气不接下气，一个劲儿地喘，兰贵人不知发生了什么事情，连忙撩开门帘，走了出来。安德海见四处无人，便凑近兰贵人的面前，吃吃地笑："兰姐姐，快准备一下去做新娘子吧！"

兰贵人被小安子这一说，又是喜欢、又是害羞，她的脸上飞出一朵灿烂的红霞，真美极了。她抿嘴一笑："安弟弟，姐姐可什么也不懂，我真有些儿害怕。""姐姐，怕什么，女人都要经过这一关，快，去换件衣服，随我去沐浴，咱们边走边说，可别让皇上等得不耐烦了。我慢慢教你。"

沐浴完毕，安德海引着兰贵人一路到了乾清宫，路上，他们故意撇开同行的两个宫女，赶紧说了几句重要的话。

"安弟弟，我紧张极了，生怕皇上不喜欢我。"

兰贵人的确有这种担心。她的担心是有充分的理由的。一则是兰贵人已十八岁了，俗话说"十八的姑娘一朵花。"可在皇宫里，十八的姑娘远远比不上十四、五岁少女娇艳，皇后今年十七岁，丽贵人十五岁，死去的云嫔也不大，恐怕年龄最大的是她兰儿了。再者，若咸丰皇帝喜欢她叶赫那拉兰儿，早就召幸她了，何必要等到一年半后的今天呢，由此可见，兰儿的相貌并没有引起皇上的心动。所以，兰贵人的这种担心完全有必要。

安德海此时能说什么呢？他也十分明白这些事情，不过，现在他只能安慰兰贵人，给她鼓鼓劲儿，好让这位"兰姐姐"发挥得更好一些。

"姐姐，不用担心，皇上好几日都是独处了，今日姐姐有幸，在他寂寞的时候来到他的身边，我想皇上会很高兴的。"

"阿弥陀佛！但愿如此！"兰贵人在心里祷告着。

安德海匆匆地说："姐姐请放心，皇上不是刁钻古怪之人，只要你大大方方、温柔体贴，皇上一定会高兴的。今夜姐姐应留宿皇上身边不走，并且还应争取下次再受宠。"

这时，兰贵人也是这么想的，只不过她不好意思说出口罢了，还是聪明的小安子替她说出了想说的话。

到了乾清宫，早有两个宫女候在门口了，从她们的表情中，可以看得出来，她们等得有些着急了。安德海很有这方面的经验，他连忙问其中一个："灵芝姐姐，皇上睡了吗？"

那位叫"灵芝"的宫女抿嘴一笑："怎么睡得着呢？快进去吧。"

对于咸丰皇帝来说召幸一个嫔妃太平常了，而对于兰贵人来说，今天是她的初夜，新婚中的新娘子难免有羞涩之感。她被宫女带到一间侧室里，灵芝姑娘动手为她脱去外衣，又脱去衬衣，只剩下红肚兜和短裤了，羞得兰贵人不敢抬头。灵芝还想再为她脱什么，兰贵人连忙说："不行，不行。"

灵芝知道这位兰贵人是第一次被召幸，便笑着说："都是这样的，以后慢慢就习惯了。"

兰贵人浑身发抖，灵芝拿来一块大红毯子将她紧紧裹住，冲着门口喊了一声："进来吧。"

只见一个彪形大汉走了进来，这个老太监已经在宫中干了二十年了，他的专职工作是把红毯子裹住的嫔妃扛到皇上的床上。约摸一个时辰后再扛出来。他一声不吭走上前，双臂一张，将兰贵人扛起，就像扛着一捆麦子一样走进咸丰皇帝的卧房。

本来，咸丰皇帝早已等得有些不耐烦了，这些日子以来，他的心情一直不好，国事家事，事事烦心，太平军风起云涌，派了干将"剿匪"，却一再失利，加上洋人合起伙来强迫大清朝开了一个又一个的通商口岸，就已经搅得他心烦意乱了。而家事也让他生气，先是皇后大病没有、小病不断，御医反复强调为了龙体的安康，皇上与皇后不可待在一块儿。而另一位美人儿丽贵人恰好又生产，并且生的是个女儿，很让盼子心切的咸丰皇帝失望。他此时正值青春年少,已经独守空房数日,如何耐得寂寞。所以,今晚他失眠了。

细心的小安子还算孝敬,他半夜三更里去喊兰贵人伴驾。

"兰儿,朕怎么把她给忘了,她长成什么样子,朕一点儿也想不起来了。是高、是矮;是胖、是瘦;是黑、还是白。怎么全记不起来了。她温柔吗?她善解人意吗?"

咸丰皇帝的脑海里一直盘旋着这个问题,想着、想着,他发出了轻轻的鼾声。

就在这时,安德海轻轻地走了进来,他低声说:"皇上,兰贵人来了。"

咸丰皇帝欠了欠身子,说:"快召。"

安德海手一摆,大红毯子里的兰贵人被扛了进来。安德海与那扛兰贵人进来的太监一同退下,安德海把房门也带上了。

兰贵人挣脱开红毯子,从咸丰皇帝的脚头处爬了进来。咸丰皇帝一把搂住赤身裸体的兰贵人,而兰贵人此时半推半就,又娇又媚,她身子微微发抖,脸上发烫,咸丰皇帝托起她的下巴一看,龙颜大悦:好一个美人儿。芙蓉如面柳如眉,眼似秋水肤似云;唇若涂朱、臂如白藕;似笑非笑,似语无语,浑身上下流情溢浪,好不迷人!

咸丰皇帝越看越爱,直后悔一年前没召幸这等美人儿,以致错过多少好时光。一夜风情不必细说。

候在门外的安德海一等再等,不见两人起身的响动,他暗自笑了。

"兰姐姐哟,你的好运来了。"

这是为什么?安德海心中当然明白,一般地说,皇上召幸嫔妃时,并不留她们在这儿过夜,以免影响皇上的休息,第二天还要上朝处理朝政呀。最多两个时辰后,皇上便摇一下床头的小银铃,一听这铃声,刚才那位扛兰贵人进来的太监便进来,将红毯子扔给妃子,妃子自己裹严身子,太监再把她扛出来。

可今天三个时辰过去了,没听到银铃声。安德海凑近房门,听得清清楚楚,咸丰皇帝已发出鼾声。他破例留妃子在乾清宫过夜,安德海从心底深处为他的兰姐姐高兴。安德海又怕皇上摇铃,他不敢离去,只好为他的美人姐姐熬上一夜。

第二天,天已大亮,咸丰皇帝仍不忍心让怀中的美人儿离去,他干咳了一声。守在门外的安德海听得出来其中的含义,便站在门外低声地问:"皇上,不舒服吗?用不用去请太医?"

咸丰皇帝又干咳了一声,装模作样地说:"朕有些头疼,歇一会儿就好了。"

安德海心里明白了,咸丰皇帝今天是不打算上朝了。这并非什么稀罕事情,一千多年前,唐明皇李隆基有了个贵妃杨玉环便"从此君王不早朝"。小安子也绝不会去请太医的,他要让兰贵人继续留宿乾清宫。

就这样,咸丰皇帝破例把叶赫那拉兰儿留在乾清宫整整三天三夜。这三天三夜,兰贵人纵芳情、吐莺声,与咸丰皇帝恩恩爱爱,好不快活。

兰贵人的悟性高极了,几天下来,她便对咸丰皇帝的秉性了如指掌了。她可以最佳程度地发挥自己的长处,愠而不过、恰到好处。既温柔百媚,又激情四溢。把个咸丰皇帝弄得神魂颠倒,不能自已。咸丰皇帝暗中把怀中的兰贵人与坤宁宫的皇后进行了比较。结果他发现皇后雍容华贵、温文尔雅,但热情不够;而兰贵人虽学识浅薄,难脱俗气,但情意绵绵、艳丽迷人。

于是,咸丰皇帝身边多了一个兰贵人,他去坤宁宫的机会少多了。他对皇后由爱转为敬,而对兰贵人却由冷转成了热。

咸丰皇帝此时绝没有想到,自己的一时激情与荒唐竟把大清的江山交到了一个女人的手里。而这个女人是继武则天之后的又一个专横跋扈、心狠手辣、专制独裁、荒淫无度的人。

兰贵人在忠诚的小安子的帮助下,受宠于多情的咸丰皇帝,初沐雨露,她欣喜若狂。她要牢牢地把握这天赐的良机,借女人这最锐利的"武器"来左右大清朝入关后的第七代君王,她要成为咸丰皇帝嫔妃中的佼佼者。

此时,咸丰皇帝心目中皇后钮祜禄氏的形象已大大变得模糊起来,似乎往日的温情已成为历史,咸丰皇帝对她的热度在减退,而娇小的丽贵人正在辛勤地哺养小公主,做一位慈母。于是,兰贵人如一支异军突起,独霸咸丰皇帝的心。可是,聪明的兰贵人心中十分明白,要想在后宫站稳脚跟,不但要紧紧抓住皇上的心,而且要有名分。

在后宫诸丽中,有着殊荣的是皇后,皇后之位只能有一个来坐。目前,钮祜禄氏正值青春少年,她体格健壮,看来近日里没有死亡的可能性,而且此人性情温和，为人宽厚，更不会失德，她也没有被打入冷宫的可能性。这样一来，兰贵人是不再动当皇后的念头了。

当不上皇后，还要争取当贵妃，而后宫嫔妃不可能一步登天，必须一级一级地晋升，此时，她是贵人，那么她第一步争取的应该是嫔，下一步是妃、贵妃。也可能是咸丰皇帝忽略了这件事，也可能是他目前还没考虑给新宠的兰贵人加封什么，两个多月过去了，后宫仍称叶赫那拉兰儿为兰贵人。

没受宠以前，人称她为"兰贵人"，她没什么感觉，有时太监、宫女恭恭敬敬说一句："兰贵人吉祥。"她会高兴地微笑点头，她觉得宫仆、宫婢们还把她兰儿当主子看待。可如今不同了，她是天子枕边的美人儿，宫仆、宫婢再称她为"兰贵人"，她总觉得有些刺耳，仿佛他们有意在嘲笑她地位低下，有时竟有一种受污辱的感觉。

那是一个细雨蒙蒙的下午，兰贵人为了炫耀自己专宠于皇上，一阵风似的飘到了坤宁宫，说是向皇后问安，实际上是想在皇后面前显示。当她婷婷婷婷地来到皇后面前时，坤宁宫的太监、宫女们无不向她问安："兰贵人吉祥。"

"兰贵人吉祥，"

兰贵人微微地点了点头，可脸上并没有露出笑容来，由此可见，她对"贵人"这个封号有些不满。这时，坤宁宫中最有心计的一个宫女恭恭敬敬地走了上来，她就是杏儿，杏儿向兰贵人行了个万福礼："兰主子吉祥。"

兰贵人嫣然一笑，冲着杏儿说："杏儿姑娘免礼！"

杏儿一句"兰主子"，把兰贵人给喊乐了，她望着杏儿退下的身影，对皇后说："姐姐，杏儿这姑娘很招人喜爱，她在姐姐的身边，姐姐您真有福气。"

聪明的皇后看出了兰贵人对于称呼的敏感性，她拉着兰贵人的手，亲切地说："杏儿的确是个懂事的好姑娘，妹妹若是不嫌弃她，把她给你好了。"

"姐姐，兰儿不敢夺姐姐所爱。"

"咦，你我姐妹俩还客气什么，明个儿给内务府说一句，便可以让杏儿过去了。"

兰贵人感激地望着皇后，心里想："这位皇后果然如人所传，善解人意，温和敦厚，实在难得，我兰儿应充分利用她这一点，给自己铺平道路。"

于是兰贵人说："姐姐，妹妹实在很喜欢杏儿这姑娘，不过若是让她到了我那儿，只怕委屈了她。"

兰贵人为什么会说这话呢？这是因为，兰贵人以秀女的身份进宫以后，虽居住怡凝宫，但这怡凝宫不过是三间低矮的小瓦房而已，比起辉煌、壮观的坤宁宫，那简直是高楼大厦旁边的一个小茅草棚，小巫见大巫。

一听这话，宽厚的皇后笑了笑，说："皇上已宠妹妹多日，妹妹仍住在那儿，姐姐心里很不好受。我正准备今日去见皇上，言明心意，不知妹妹愿不愿意移居储秀宫。"

皇后话还没落音，兰贵人便一个劲儿地直点头："兰儿谢谢姐姐美意，但不知皇上意下如何。"

皇后缓缓地说："皇上不会反对的，他也曾表示简陋的怡凝宫太委屈了妹妹。前几天，皇上还给我提起过晋封妹妹之事呢。"

兰贵人听到这里，她激动得心都要跳出来了。真是"风水轮流转，今年到我家"，兰贵人交了好运了，不但有可能移居储秀宫，而且很快又要晋升了。

升到哪一级呢？嫔？妃？贵妃？

兰贵人当然想升至贵妃，但这似乎有些不可能，世上哪儿有一步登天之理！如果不能一下子升至"贵妃"，那"妃"也可以，不过，还是"嫔"的可能性大一些。

兰贵人陷入了沉思之中。这时，坤宁宫大太监来报："皇后吉祥！内务府王公公传旨，请兰贵人接旨。"

原来，内务府大太监王瑞为敬事房总管，他奉命赴怡凝宫里宣旨，谁知怡凝宫小宫女告诉他："兰贵人到坤宁宫请安去了。"

王瑞心想："正巧，一举两得，皇上吩咐兰贵人接旨后，立即再向皇后禀明旨谕。既然兰贵人此时正在坤宁宫，我干脆赶往那儿，连宣旨带禀告皇后。"

这样一来，大太监王瑞便到了坤宁宫。

兰贵人一听让她接旨，连忙跪下，聆听圣旨。她只觉得热血直往上冲，心儿跳个不止，此时接旨，定是美事。

"封兰贵人为懿嫔,移居储秀宫。钦此!"

果然如此,叶赫那拉兰儿结束了贵人生活,开始了懿嫔生涯,从此大清后宫储秀宫里住上了一位非等闲之辈的女人——兰嫔,日后的西太后。

懿嫔移居储秀宫,开始笼络信得过的人,以利用他们来为自己服务。她瞄准的第一个目标是太监安德海。这个小安子是乾清宫咸丰皇帝的侍寝太监,但他与懿嫔暗地里却以姐弟相称。小安子既是懿嫔忠实的奴仆,又是她在皇宫中可以说说知心话儿的唯一贴心人,而小安子也早已把他的"兰姐姐"当作亲人。

懿嫔考虑了好久,最后决定向咸丰皇帝委婉地开口,把安德海弄到储秀宫,以做自己的耳目。小安子此人虽为太监,但他灵通机智,很会看主子的眼色行事,而且他能做到左右逢源,深得皇上、皇后的欢心。

自从咸丰皇帝宠幸懿嫔之后,小安子在他们两人的面前穿梭的机会更多了。咸丰皇帝认为这奴才办事很得体,而懿嫔更感激他为自己所做的一切,这样一来,安德海成了"红娘",目前在皇上与懿嫔面前很有点儿分量。

安德海点了点头,表示非常赞同懿嫔的话,他又说:"姐姐,你身边没个贴心人照顾不行,你考虑过这事儿吗?"

懿嫔感激地看了小安子一眼,她吃惊的是为何小安子这般和自己息息相通,她说:"小安子,今个儿我便向皇上开口,提出要你到储秀宫来,你肯吗?"

安德海一把抓住懿妃的手,一个劲地晃动:"姐姐,这太好了,小安子能在储秀宫照顾姐姐,是小安子的三生有幸。"

这主仆二人一拍即合,达成了一种默契,这种默契一直保持到同治十五年,安德海的人头落地为止,长达十八年之久。

懿嫔沐浴更衣、梳妆打扮一番,由那位老太监用大红毯子裹着扛到了咸丰皇帝的寝宫,两人一夜又是说不尽的恩爱,不必细语。第二天早上醒来,懿嫔委婉地向皇上提及了安德海:"皇上,小安子跟你有好几年了吧。"

"嗯,大概五、六年了。小安子人挺机灵,又不多嘴多舌,朕很喜欢他。"

咸丰皇帝回答了这么一句,他对安德海的印象的确不错,心里怎么想的,嘴上也就怎么说了。懿嫔顺着他的话说下去:"这等忠实的奴才也真的实在难得,这小安子做事特别仔细,又不爱传闲话,妾也很喜欢他。"

咸丰皇帝握着懿嫔那纤纤玉手,柔声细气地说:"既然你如此喜欢他,明日让内务府拨给储秀宫吧。"

"不,妾不敢接纳皇上的宠监。"

懿嫔这会儿又在欲擒故纵了,她知道咸丰皇帝是金口玉言,不会更改主意的,不过她要做做样子罢了。咸丰皇帝执拗地说:"朕马上就让小安子陪你回去,不要再推辞了。"

当咸丰皇帝执意把太监安德海送给懿嫔时,大概他想不到八年后,懿嫔变 成懿贵妃后曾与这个特殊的太监演出一幕成功的双簧戏,以致顺利地发动了"祥祺政变"。即杀了肃顺、载垣、端华,逮捕了另外五位辅政大臣,懿贵妃摇身一变,变成了圣母皇太后——慈禧西太后,继而又登上了皇太后宝座,并在这个宝座上垂帘听政,竟长达四十八年之久。

小安子到了懿嫔的储秀宫,立刻发挥了他的作用,他荣升为储秀宫的总管太监,不再做什么具体的工作,只是向更小的太监、宫女发号施令而已。渐渐地,小安子成为主子懿嫔手下的一只狂妄的走狗,其他太监、宫女们对他极为反感。狗仗人势的安德海心里很不平衡,他决定在宫中培植自己的亲信以为自己所用。找来找去,他觉得坤宁宫皇后身边那个名叫杏儿的宫女是个"好苗子",于是便撺掇懿嫔把杏儿要过来。

懿嫔也觉得杏儿善解人意,她的年纪稍大一些,所以办起事来很得体,但不知皇后可舍得让杏儿走,也不知杏儿可舍得离开坤宁宫。但为了储秀宫里多几个贴心人,懿嫔决定向皇后开口要杏儿。

这是一个风和日丽的三月天,柳枝上早已抽出了新芽儿,小草萌发、燕子呢喃。不甘寂寞的女人们纷纷走出深宫,尽享大自然的美景。咸丰皇帝也坐不住乾清宫的冷板凳,带着美妻娇妾后宫佳丽几十人来到了怡人的圆明园。各宫嫔妃带来了最贴心的宫女、太监,到了圆明园不仅是比美,而且还是比权势。杏儿寸步不离地跟着皇后,她仔细观察皇后的一举一动,一颦一笑,认真领会皇后的心意,尽量伺候得皇后舒舒服服。皇后乃温和宽厚之人,她深知杏儿这年纪也正是爱美的时候,姑娘们天性便是打扮自己,所以,她温和地说:"杏儿,哀家在园子里坐一会儿,你们四处赏赏花吧,有什么好看的花儿,摘几朵下来,插在发髻上,也漂亮漂亮。"

有皇后这句话,年轻、活泼的杏儿高兴极了。因为皇宫大内规矩特别多,尤其是对宫女们的要求很严,什么目不斜视、什么站不晃脑,什么坐不抖腿,还有什么笑不露齿,更让宫女们难以接受的是发髻上不允许插任何饰物,哪怕一个银簪子也不行。哪个姑娘不爱美,可皇宫中的这一大批宫女们就被剥夺了爱美的权利。据说,这是为了保持皇族血统的纯正,因为皇宫里住着几个有血有肉、有情有欲的男子,第一个便是九五之尊的皇上,有时还有皇上的若干儿子们。若是年轻的宫女们都打扮得漂漂亮亮的,而宫女又多是汉女,万一她们怀上龙子、龙孙,皇族的血统可就不纯了。

于是,内务府大臣给宫女们制定了种种清规戒律,以防备宫女艳丽迷人。

但春风关不住、春心压不了,正是花季姑娘们焉能见美不爱,宫女们只能夜里偷偷妆扮一下自己以满足那颗年轻的心。

今天到了圆明园,离开紫禁城,这园子里满目繁花似锦,宫女们的心更动了,而且皇后已发了话,让姑娘们到园子里玩耍,还可以摘几朵鲜花戴在头上这对于爱美的姑娘们来说,简直是喜从天降。她们欣喜若狂,一路欢跳到了繁花深处。

杏儿和另外两个宫女掩映在鲜花丛中,她们左一朵、右一朵,不一会儿满怀拥满了鲜花,有牡丹、玫瑰、百合、满天星,还有郁金香、紫竹兰、牵牛花花香扑鼻、花色迷人。杏儿忍不住,抽出两朵红玫瑰,为两个小宫女各戴一朵她嫣然一笑:"两位妹妹真漂亮。"

一个小宫女把一朵红牡丹别在杏儿的头发上,也调皮地说:"杏儿姐姐,你简直就是仙女下凡,董永见了一定会着迷。"

杏儿羞得满脸通红,她扬起手来,装作扑打小宫女,小宫女一闪身溜掉了,杏儿笑着在后面追赶她:"小丫头,看姐姐不撕你的嘴才怪呢。"

小宫女边跑边笑,一路银铃般的笑声洒过去。杏儿正低头追小宫女,突然眼前一闪,她觉得有个人站在花丛中,定神一看,她连忙下跪:"懿主子吉祥。"

懿嫔笑吟吟地望着宫女杏儿,开口道:"杏儿姑娘,你真漂亮。"

杏儿羞得脸上飞出一朵朵红霞,她甜甜地一笑:"主子,您才真正如芙蓉花一般的艳丽,古代有沉鱼落雁之容、倾国倾城之貌一说,西施、贵妃之美尚能描绘得出,可主子您的美貌无人能描,奴婢见到主子后才领会出什么是美。"

一席话说得懿嫔心花怒放,她只感到脚下轻飘飘的,心想:"这杏儿就是眼勤、手快、嘴甜,若能拢住这宫女,日后不愁她不效力主子。"

于是,懿嫔开口道:"杏儿,我总觉得你我前世有缘,每次见到你,,我总有亲如姐妹之感,不知你是否愿意到储秀宫跟我。"

杏儿掩不住内心的喜悦,她当然愿意跟懿嫔。在坤宁宫皇后的身边,她是个无名小辈,可到了储秀宫懿嫔的身边,境况一定有所改变,因为懿嫔既然是主动提出要她,那就一定过去做领班大宫女。俗语说"宁做小庙的大和尚,不做大庙的小和尚",这话是很有道理的。

于是,杏儿满口答应:"只要主子不嫌弃杏儿,杏儿愿为主子尽心效力。´

有了杏儿这句话,懿嫔心里有了谱了,只要皇后肯放杏儿过去,到了储秀宫,杏儿一定是自己的贴心人。就在这时,皇后从前面款款走了过来,懿嫔欲施礼,却被皇后一把拦住:"妹妹,一家人不必拘礼。"

杏儿忙施礼:"娘娘吉祥。"

皇后手轻轻一摆,示意杏儿不必多礼。皇后挽着懿嫔的手,说:"妹妹,今天我们姐妹一起用午膳,平日里各居深宫,一家人难得相聚,今日我吩咐御膳房多送些菜肴来,丽儿、婉儿、伊儿全聚一聚。"

懿嫔笑眯眯地点了点头,她望着杏儿退下的背影,试探性地说:"姐姐,杏儿快十八岁了吧,姐姐可曾为她指婚。"

原来,宫中有一个习俗,凡是主子喜爱的宫女到了十八、九岁,便由皇后或皇太后为她们指婚,有的嫁给王公大臣做小妾,有的嫁给家境好一些的平民,也有的嫁给她们的宠监做"伴食"。那些嫁太监的宫女,出嫁后仍可以留在宫中做事。

皇后淡淡地说:"这姑娘很懂事,年龄也不小了,可我偏舍不得她嫁。"

懿嫔顺着她的话往下说:"女大不中留哇,姐姐再喜欢她,也要为她想一想。"

"是啊,该考虑为杏儿指婚了,但不知妹妹可有合适的人选。"

懿嫔并没认真思索,脱口而出:"储秀宫的安德海怎么样?"

皇后皱了一下眉头,因为宫女嫁太监等于毁了她的一生幸福。太监是性畸形的阉人,娶老婆简直就是造孽。懿嫔发现皇后有些不高兴,连忙说:"既然姐姐不赞同,全当妹妹白说了。"

皇后沉吟了一下,说:"这样吧,先让杏儿与小安子相处一阵子,合得来便嫁,合不来便不嫁。"

"一个坤宁宫,一个储秀宫,见面机会这么少,怎么相处呢?"

懿嫔的意思已很明显,聪明的皇后完全听懂了懿嫔的弦外之音,她便送了个顺水人情,说:"妹妹若不讨厌杏儿,从今天起,杏儿拨到妹妹那儿,妹妹好生调教调教她。"

懿嫔点了点头。就这样,宫女杏儿到了储秀宫,可是,后来杏儿并没有嫁给安德海,她与安德海只以兄妹相处,关系十分融洽,这是后话。懿嫔为了在皇宫大内站稳脚跟,先收拢了两个奴仆,继而她还要扩大叶赫那拉家族在皇宫中的势力。

第十一章 义弟相助兰儿承恩露 懿嫔笼络太监买人心

第十二章

争宠君王吟曲扮伶人　不费工夫承恩结龙胎

　　咸丰皇帝与皇后及后宫嫔妃们在圆明园里足足住了十六天,这十六天来,他多数时光是与懿嫔在一块儿度过的。懿嫔一天比一天更迷人,她不但长得眉清目秀、唇红齿白、婀娜多姿,而且神韵飘逸、风情万种。她可以最大限度地发挥自己的长处,让风流天子越看越爱,不忍舍弃。本来,咸丰皇帝并不是专情之人,他在清代前几任帝王中,其多情之态不亚于风流天子乾隆皇帝,他们可以说是见一个爱一个,很少有专情的时候,可如今宠幸了叶赫那拉兰儿,居然几个月之内不再召幸其他嫔妃,这不能不说是懿嫔的能耐。

　　到了圆明园,聪明的懿嫔发现咸丰皇帝的心有些野了,虽然他每晚仍召幸兰儿,但敏感的兰儿感到咸丰皇帝对她的温度大大地降低了,这究竟是为什么? 懿嫔不能不深思一下,她首先是反省自己,似乎并没有发现自己有什么失误。她与皇上单独在一块的时候,依然是那么娇媚,那半嗔半娇之态一定会让多情的天子神魂颠倒,特别是日益娴熟的亲昵举动简直到炉火纯青的地步。如此说来,咸丰皇帝对她降温的理由只有一个——圆明园中的美貌女子太多了。

　　皇后雍容华丽,气度高雅不必说,丽贵人、婉贵人年轻貌美也暂且不提单是园子里的女伶们就足以让皇上迷离恍惚。为了增加圆明园的活跃气氛,也不知内务府哪个讨厌的大臣想出个新花招,从京城里招来了戏班子,十几天来,唱得园子里热火朝天的,一天到晚锣鼓不断,一个个浓妆艳抹的女伶们在咸丰皇帝面前如彩蝶一般飞来飞去,弄得皇上眼花缭乱,后妃们心中忐忑不安,生怕皇上一时糊涂,宠幸哪位女伶。

　　懿嫔经过细心的观察,认定咸丰皇帝到了圆明园开始花心了。

　　怎么办? 作为一个嫔妃,她无权干涉皇上的私生活,更不可以流露出吃醋的神情,可实实在在她又怕皇上移情别恋。想来想去,目前只有一个万全之策,即紧紧抓住咸丰皇帝的心,把他那颗开始放纵的花心给收回来。

单是靠容貌是不行的,懿嫔已有二十岁,怎么妆扮也比不上十七、八岁女伶那么娇嫩,再者,这些女伶们个个都会做戏,论起卖弄风情来,懿嫔自愧不如。懿嫔明白,一个女人的魅力来自两个方面,一是美丽的容貌,一是聪明的头脑与一般女人不曾有的才华。

目前,要想战胜娇艳的女戏子们,看来,懿嫔非动用第二"武器"不行了,即以别人不曾有的才华来再次赢得咸丰皇帝的那颗花心。

在男尊女卑的封建社会里,绝大多数女子是不读书的,特别是生活在社会底层的劳动人民家的女孩更没有读书的机会。所以,出身贫寒的女伶们根本没有进过学堂,她们之中有的连扁担长的"一"字都不认识,学唱戏后,戏文全靠师傅一句一句地教,有的戏文的含义她们也弄不明白。

懿嫔则不同,她虽然也不是什么大家闺秀,但毕竟少时家境还可以,特别是她的父亲叶赫那拉惠征比较开明,他主张女孩也读点书,这样一来,兰儿也进了几年学堂,相比之下,兰儿是个才女了。这会儿,懿嫔必须把自己肚子里的那点儿才气全倒出来,这对于并不博学的她来说,也不是件容易的事情。

春光明媚、春花争妍,咸丰皇帝用过早膳,信步在圆明园的翠轩亭前,一阵怡人的春风吹来,夹着娇脆的歌声。风流天子咸丰皇帝被这勾魂摄魄的歌声打动了心。

"这是谁在唱歌? 如此清脆、悦耳。"

御前太监连忙轻手轻脚走过去,不一会儿,回来报说:"万岁爷,是懿嫔在哼小曲。"咸丰皇帝点了点头,他没想到日日夜夜宠爱的娇人儿懿嫔还有这美妙的歌侯,他不禁向歌声飞起处指了指,示意太监把软轿抬过去。两个太监抬着软轿,转过一个小弯,又走入月门,这儿浓荫夹道,花香袭人,一进园子顿感清凉怡人,好一个幽雅之处。

只见身着淡黄长裙,上配乳白蝉衫的懿嫔正背对咸丰皇帝,斜靠在廊柱上,低声吟唱。她右手摇着一把红柄白鹅毛扇儿,左手捏着一块绣满兰花的翠绿帕子,杨柳细腰、斜垂双肩、白颈如玉琢、乌发似瀑布,咸丰皇帝简直看呆了。这哪儿是日日夜夜拥在怀里的那个俏丽娘,这分明是仙女下凡、杨贵妃再生。

咸丰皇帝一激动,差一点儿脱口而出:"兰儿。"

就在这时,清脆、婉转如黄莺啼叫的江南小曲飘进咸丰皇帝的耳中:"秋月横空奏笛声,月横空奏笛声清。横空奏笛声清怨,空奏笛声清怨生。"

千回百转、回肠荡气、余音袅袅。咸丰皇帝听呆了,好一会儿,才击掌叫好:"妙、妙,好曲子!"

一听皇上在后面喝彩,懿嫔连忙转身见驾:"奴婢恭迎圣驾!"

她款款地来了个千诺安,咸丰皇帝忙上前一步,拉起懿嫔之手,又爱又娇,将她拥在怀里:"兰儿,你好娇媚。怎么朕一点儿都不知道你还有这般才气、这等歌喉。"

懿嫔羞涩地一笑:"皇上见笑了。"

懿嫔心想:"皇上呀,每次我与你相聚,都是光着身子从你的脚下爬到锦被里,那软绵绵的被窝里,男欢女爱,是亮嗓子的地方吗?"

咸丰皇帝感到懿嫔倚在他的胸前,仿佛有些微微颤抖,便关切地说:"怎么了,哪儿不舒服?"

懿嫔半醉半痴,双颊微红,双眸含情,樱唇微颤,羞答答地说:"皇上,刚才奴婢哼支小曲儿,不曾想让皇上听到了,心中好不踏实,奴婢怕皇上耻笑妾哼这等低俗小曲儿。"

咸丰皇帝张开双臂,把懿嫔搂得更紧了,生怕她如一只乳燕飞走似的,喃喃地说:"朕太高兴了,朕的身边居然还有一位善解人意的小美人儿,又是个小才女。"

听到咸丰皇帝如此夸奖自己,懿嫔心里乐开了花。她知道咸丰皇帝六岁便受教于杜受田师傅,杜师傅乃大清一文豪也,他的特殊学生爱新觉罗·奕詝深受师傅文才的影响,也有着较深厚的文学功底。于是,为了标新立异,独树一帜取悦于咸丰皇帝,叶赫那拉兰儿——懿嫔挖空心思,拜博学多才的皇后为师,费了好几天的功夫才吟出这么四句歌词来,果然奏效!争宠的懿嫔焉能不高兴。

咸丰皇帝觉得有些口渴,便附在懿嫔的香腮便低语道:"兰儿取茶来。"

懿嫔挣脱开咸丰皇帝的怀抱,欲起身取茶,可咸丰皇帝硬是牢牢地捏着她的纤纤玉手不放。

"皇上,让兰儿去取茶。"

咸丰皇帝斜瞟懿嫔,轻声地说:"兰儿只管去,与朕何干?"

懿嫔干脆倒在咸丰皇帝的怀里,嗲声嗲气:"兰儿被皇上捏得好疼。"

"朕不疼你,谁疼你。"

两个人你恩我爱、其乐融融。懿嫔很会把握分寸,她觉得不能让皇上太放肆,因为她懂得:糖不可吃得太多,否则就有腻的感觉。

于是,她轻轻挣脱皇上的搂抱,站了起来,又顺手理了理稍显散乱的乌发。

"兰儿去取茶。"懿嫔说道。

她转身离去,咸丰皇帝望着懿嫔远去的背影,不禁自言自语:"此女子不但妙不可言,而且聪明伶俐,有味儿。"

懿嫔双手捧茶,款款而上,她殷勤备至,服侍皇上。咸丰皇帝一面接茶,一面凝视着她的粉腮,忍不住,在她的樱唇上吻了一下,羞得她满脸通红:"皇上,有人。"

咸丰皇帝被她这欲擒故纵的羞涩神情撩拨得更加心旌摇荡,他急切地说:"兰儿,随朕回寝宫。"

懿嫔羞答答地说:"皇上,羞死人了。"

咸丰皇帝不管三七二十一,拉起懿嫔的手就走。

咸丰五年春,爱新觉罗·奕詝与叶赫那拉兰儿在皇家别墅圆明园度过了甜蜜的二十多天,他们沉浸在欢爱之中的时候,无意中缔造了生在紫禁城中的最后一个皇帝,爱新觉罗·载淳——同治皇帝。

咸丰皇帝此时心里并不是十分快活,他被太平军搅得心神不定,也被外国人弄得六神无主,但他不去想这些。一上朝,他便心烦意乱,只有退朝回到寝宫,把后宫佳丽拥在怀中,他才忘记烦恼,在女人的香腕里度春宵。特别是有了那位风情十足的叶赫那拉氏之后,精神倍感清爽,这正是所谓"帝德乾坤大,皇恩雨露深"。

回到紫禁城,咸丰皇帝仍眷恋着懿嫔,她总能想出花样子,撩拨得咸丰皇帝欲罢不能。每晚不是召幸懿嫔于乾清宫,就是皇上驾临储秀宫,玉骨玲珑、柔躯娇嫩、欢爱无穷。

可是聪明的懿嫔却欲擒故纵,她生怕失去皇上的宠爱,于是,便更小心侍寝。每当咸丰皇帝忘却内忧外患之痛、躲在合欢帐里度春宵时,懿嫔看得出来咸丰皇帝眉宇间的愁云,她试探性地说:"皇上,日日宠爱奴婢,恐有不妥。"

咸丰皇帝只想借男欢女爱忘却愁绪,不曾想懿嫔半推半就、吞吞吐吐,显然,他有些不高兴:"兰儿,难道你不希望朕来陪你。"懿嫔听得出来,皇上的口气有些不好听,她生怕咸丰皇帝真的生气了,连忙说:"皇上,兰儿受宠,感激不尽,焉有不高兴之理,只是……"懿嫔沉吟着,并没有马上接着说下去,咸丰皇帝追问道:"只是什么?"

咸丰皇帝从小失去亲皇额娘孝全成皇后,由静贵妃抚养长大,他感觉得静贵妃之子,他的六弟奕訢比他得到的母爱要多得多,因此,他生性敏感,生怕他所依恋的人抛弃他。对于自己的嫔妃,有时,他也会有这种心理。

懿嫔见皇上追问得紧,她本来是想欲擒故纵的,她可不想因误会而弄巧成拙,害了自己,她连忙说:"皇上日夜宠幸兰儿,是兰儿三生有幸,兰儿感激不尽。只是国事重大,欢娱事小,皇上近日被长发盗贼太平军搅得心神不安、焦虑劳累,兰儿不再忍心与皇上相欢娱,恐有伤圣体。"

咸丰皇帝真想不到这怀中的小美人儿竟如此识大体、顾大局,真乃善解人意的奇女子也。他不由得抚摸着懿嫔的娇躯:"兰儿,你真是个贤德的女子,朕为有你而高兴。"

懿嫔见咸丰皇帝动了真情,心中大喜。她紧紧地依偎在咸丰皇帝的怀里,娇滴滴地倾诉衷情。这一夜,芳情脉脉、软语喁喁,男欢女爱,好不风流。

也许是男女欢爱后的必然。回到紫禁城后,懿嫔真的怀上了龙种。起初,懿嫔不敢相信这是真的,因为这个月,"那个"还有,只不过比往日少多了,而且只有短短的两天便没了。懿嫔曾听有经验的人说过,妇女一旦怀上孩子,"那个"便不来了,可是,这个月明明有"那个"。又过几天,她感到四肢乏力,一点儿胃口也没有,无论是什么东西都不香。而且明明是夏天,别人都穿着纱衫,可自己穿件厚长褂还嫌冷,那冷气从心底往外冒,有时竟冷得她直发抖。

反应一天比一天明显,她又喜又惊。这日,乾清宫太监又来宣她去伴驾,她决定把这个天大的喜讯告诉咸丰皇帝,让他与自己一同分享做人父、人母的欢乐。懿嫔沐浴更衣，用大红毯子裹着，被大力太监扛到乾清宫。这一回，她不再像往日那样，爬进咸丰皇帝的锦被后，羞羞答答、不肯主动抱住他。她一反常态，刚被塞进咸丰皇帝的锦被，她便把头埋在他的胸前，双手紧紧勾住他的脖子，一个劲儿地傻笑。咸丰皇帝被她的傻笑弄得也傻了。

"兰儿，怎么了，你笑什么？"

咸丰皇帝托起懿嫔的下巴，想知道兰儿为何事而高兴。

"皇上，猜猜看，有什么喜事？"

"喜事？猜不出来。"

咸丰皇帝天性忧郁，他甚至连一点儿幽默的细胞也没有，他直摇头。突然，懿嫔松开了双手，把头伸出锦被外，做出欲呕吐的样子。

"兰儿，受凉了吗？"

咸丰皇帝关切地问，懿嫔娇嗔地望了望他，似乎在说："你再猜猜看。"

咸丰皇帝不解其意，他被懿嫔弄得丈二的和尚——摸不着头脑。他早已急不可耐，不管三七二十一，反扳着懿嫔的手臂，急切地要求着。懿嫔欲擒故纵，扭捏作态，咸丰皇帝深知她的秉性，粗鲁地揉弄着她。谁知被他这一折腾，懿嫔恶心得更厉害了，她实在忍受不了，"哇"地一声，吐了出来，弄得龙榻上都是呕吐物。咸丰皇帝脸色一变："兰儿，你到底是怎么了。"

懿嫔见咸丰皇帝一脸的不高兴，连忙说："是，是，可能是。"

"是什么，这么吞吞吐吐的。"

"可能是有喜了。"

"什么？你怀上孩子了？"

咸丰皇帝又惊又喜，不顾龙体尊严，赤身裸体站了起来，抓住懿嫔的手，急切地追问。只见懿嫔笑眯眯地点了点头："已经两个多月了，不过，没经太医诊断奴婢不敢肯定。"

"传太医。"

夜深人静之际，咸丰皇帝大叫"传太医"，着实把侍寝太监吓了一大跳。可是，天子之语乃金口玉言，岂有不从之理。侍寝太监连忙一路小跑，一口气跑到了太医院。

"太医,快,出诊。"

一看是御前太监,夜深人静来传太医,太医顿时背起医囊便走。他岂敢多问,一定是皇上哪儿不舒服,否则的话,三更半夜的,何至于匆匆来传。

"奴才恭请圣安!"

"免礼,平身。"

太医一抬头,吓了他一大跳。原来,懿嫔是被太监扛进来的,进来时别说没穿鞋子,就是连一条肚兜,她也没有戴。此时,她已被大红毯子紧紧裹住,斜靠在龙榻上。

"皇上,奴才领旨。"

一看咸丰皇帝气色,太医就知道深夜需要诊脉的不是皇上。所以,他必须清楚诊脉的对象是谁。

被太医一提醒,咸丰皇帝似恍然大悟:"哦,是她,懿嫔,她不舒服。"

太医哭笑不得,因为懿嫔被大红毯子裹得紧紧的,哪怕连一个指头也不曾露出,怎么诊脉?! 太医凑近懿嫔,先看了看她的舌苔,又听了听她的心跳,最后说:"奴才闭上眼睛,请娘娘露出手臂。"

懿嫔将手臂从大红毯子里挪出,太医紧闭双目,咸丰皇帝看得真真切切,太医连一丝偷看的企图都没有。一会儿,太医笑了。他放下懿嫔的手腕,依然紧闭双目。

"太医,睁开眼吧。"

这句话从懿嫔的口里发出,又悦耳动听,又有些威严。太医遵从指示,睁开眼,后退几步,双腿跪下:"恭喜皇上,娘娘是喜脉,据奴才断定,已经近三个月了。"

咸丰皇帝龙颜大悦,不顾太医尚在眼前,一把抱住懿嫔:"兰儿,给朕生个儿子。"

太医忍不住偷笑了一下,懿嫔羞涩地点了点头。咸丰皇帝龙颜大悦,特谕懿嫔从今日起可以随便出入乾清宫,而且储秀宫里还增添了四位宫女、两个太监、两个嬷嬷,以更周到地伺候特殊人物懿嫔。

懿嫔怀孕反应比较重,几乎吃不下什么东西,有时勉强吃下去一点儿,

那也是吃一点、吐一点,她总是怕冷,有时冷得直发抖。无奈之下,她

只有在储秀宫里躺着,哪儿也不去。咸丰皇帝是个性情温和的人,他虽然好女色,是个风情天子,夜夜少不得佳丽陪伴,但他是个"博爱"主义者,怀里搂着其他嫔妃,但也没忘记为他怀着孩子的懿嫔。而且,他的心思还多用了一点儿在懿嫔的身上。

每天早朝回来,他总要先到储秀宫去转一圈,坐在懿嫔的面前问长问短,

有时竟问得懿嫔难以回答。两年前,丽贵人怀大公主时,他也没那么关心过,因为那时他虽然也很高兴,但盼子的心情没有此时这么强烈。当时,他总认为自己妻妾成群,生几个儿子总不成问题,可几年来,除了丽贵人生了大公主,其他人均未怀孕,当年父皇道光皇帝二十四岁时,已生了大阿哥、二阿哥、三阿哥三个儿子。可如今自己也二十四岁了,又值多事之秋,仍未有一位阿哥,怎能让他不心急。

就在他盼子心切之际,懿嫔怀上了龙种,他焉能不高兴。咸丰皇帝似乎确认懿嫔一定能给他他生个儿子,至于女儿,他连想都没有想过,他认为几个月后,一定可以抱个白白胖胖的龙子在怀里。于是,对于孕妇懿嫔当然要优待许多。

这天早朝回来,他又信步到了储秀宫。懿嫔的反应期已慢慢过去,她开始能吃一点东西了,人也显得精神了许多。此时正值深秋,凉风习习,秋色怡人,懿嫔早上起来,用了一碗米粥,又吃了几块点心,此时正站在储秀宫门前,张望着。她知道皇上马上就要到了,除非咸丰皇帝又遇到了什么烦心的事,一般情况下,此时该退朝了。

果然不错,一行人前拥后簇朝储秀宫的方向走来,懿嫔心中十分高兴,她随手拢了拢发髻,整了整衣裙。当咸丰皇帝的软轿停下时,懿嫔清清脆脆地叫了一声:"恭迎圣驾!皇上吉祥!"

轿子里的咸丰皇帝心中大喜:"嗯,看来今日兰儿精神好多了。"

当随行太监撩开门帘,扶着咸丰皇帝出轿子时,他更高兴了,只见懿嫔两颊红润,一点儿不爽的痕迹也看不到。

"免礼,平身!"

咸丰皇帝亲手扶起懿嫔,挽着她的手,径直入东暖阁,御前太监及各宫女们看到这亲昵的情景,纷纷退下。东暖阁只剩下这一对恩恩爱爱的男女。懿嫔的贴身宫女杏儿支走了其他宫女,她立在门外,以备主子随时

呼唤。

"杏儿,给皇上端参汤来。"

片刻,杏儿便端着参汤立在门外了。"娘娘,参汤来了。"

杏儿是个知趣、懂规矩的姑娘,当年她在坤宁宫伺候皇后钮祜禄氏,就很得皇后的欢心。她聪明伶俐、勤快又大方,懿嫔把她从坤宁宫要了过来,又博得新主子的欢心。

"端进来吧。"

"是,娘娘。"杏儿低着头,平平稳稳地端着参汤走将进来,懿嫔缓缓地走上前,接过参汤,杏儿退下。

"皇上。"懿嫔把参汤端至咸丰皇帝的面前,就在懿嫔走向他的时候,咸丰皇帝惊喜地发现懿嫔的肚子已微微凸出,他上前端过参汤,呷了一口,马上又递到懿嫔的面前:"兰儿,你喝吧。"

"不,兰儿不需要。"

"你需要,儿子更需要。"咸丰皇帝亲手端着,他执意让懿嫔把参汤喝了,懿嫔拗不过他,喝了几口。咸丰皇帝放下参汤,将懿嫔拉到自己的怀里,撩开她的衣裙,抚摸着她那浑圆的肚子。

"兰儿,一定要给朕生个阿哥。"

懿嫔微笑着点了点头,她何尝不想生阿哥,她盼子之急切心情绝不亚于咸丰皇帝。

一阵秋风吹来,好怡人。咸丰皇帝说:"兰儿,朕陪你到御花园散散步吧。"

懿嫔一听这话,高兴极了。一则她已闷了多日了,早想出去走动走动,二来有咸丰皇帝陪着,这是莫大的光荣。她换上一件紫红色旗袍,款款地走出,这件旗袍要肥大一些,不留意的话,根本看不出来懿嫔已怀有身孕。咸丰皇帝的龙舆在前,懿嫔的轿子随后,一行人往御花园方向走去。走不多远,懿嫔知道还不该到御花园,可是,轿夫却停下了脚步,她撩开轿帘一看,原来他们停在了坤宁宫门前。

"请皇后同去赏秋。"

皇上令太监去请皇后,不一会儿皇后身着淡绿色旗袍出了坤宁宫门。懿嫔连忙下轿,恭迎皇后。

"皇后吉祥!"

"兰儿免礼,快起身!"

还没等皇后反应过来,龙舆里便传来了咸丰皇帝的声音。他岂肯让兰儿给皇后下跪,按规矩,嫔妃见了皇后应该请安,可是眼下懿嫔是特殊的嫔妃,她正怀着皇上的孩子,所以,咸丰皇帝止住了兰儿。

皇后也连说:"妹妹何必多礼,都是一家人,还是免了吧。"

皇后挽着懿嫔的手,并亲自把她送到轿上,当轿帘放下的那一瞬间,皇后脸上流露出一丝不快,这全被宫女杏儿看在眼里了。一个是她的往日主子、一个是她的新主子,杏儿姑娘心中暗自感叹:"得势者猖啊!"

一点也不错,虽然皇后钮祜禄氏宽厚、仁慈,但毕竟她是尊贵的皇后呀,岂有嫔妃让皇后扶着上轿之理,宽厚、仁慈并不等于说就不要人格尊严,而大清紫禁城内,就偏偏出了这等邪事情…

第十二章　争宠君王吟曲扮伶人　不费工夫承恩结龙胎

第十三章

遂心愿家人共享天伦　吃酸醋为妹求赐婚姻

　　自从懿嫔有了身孕后,咸丰皇帝对她的宠幸更胜。也许是因为迄今没有阿哥出生,他对懿嫔的这个孩子的态度小心地都有些过头,甚至直言嘱咐懿嫔不要外出,静心养胎。"兰儿,从今日起,你必须静心养身,哪儿也不能去,以免出意外。"

　　皇上之语乃金口玉言,谁敢反驳,虽然懿嫔心里极不情愿,但她还是点了点头。为了平安地生下龙子,别说不准外出,就是不准下床走路,她也要忍受。可是,毕竟懿嫔是个大活人,她生性不甘寂寞,特别是十六岁以前,她生活在安徽池州,那是一个山清水秀的小山城,绿山秀水陶冶了她的性情,她热爱大自然,希望在美景中融化自己。

　　可如今生活在紫禁城里,本来皇宫里就很冷清,再加上不允许她出储秀宫,不到半个月,她就难耐了。一个人闷在屋里,总免不了胡思乱想。她想到了江南小城池州,那儿清凌凌的水、绿油油的田、茂密的山陵、秀丽的小屋,无不让她向往。

　　"兰儿,快下来,这儿有小鱼。"

　　是荣大哥的声音。荣大哥憨厚地一笑,直撞兰儿的心扉,兰儿不由自主地向荣大哥走去。

　　"再蹚几步,我给你捉小鱼。"

　　荣大哥期望兰儿走到他的面前,兰儿举步又止,荣大哥大跨一步,走到兰儿的面前,一把拉住兰儿的手:"你待着不要乱动,我捉小鱼。"

　　果然不一会儿,荣大哥便双手紧紧攥着一条七、八两重的鱼儿,朝兰儿走来。那鱼儿还活蹦乱跳的。

　　"兰儿,快,拽根茅草来,穿住小鱼儿。"

　　兰儿应声去拽草根,两个人齐力把小鱼穿好,小鱼在兰儿的怀中乱窜着,荣大哥想抓牢小鱼儿,手一划,碰到了兰儿的双乳。兰儿的脸上飞出了红霞,荣大哥也涨红了脸,一声也不吭。

往事如烟,可又历历在目。懿嫔捂着胸口,紧闭双目,两行泪水流到腮边。她轻轻地叹了一口气:"唉,快别胡思乱想了。"

她的思绪又拉了回来。可是,一个人寂寞时,总爱想入非非。

进宫已近六年,也不知额娘身体怎样,还有弟弟桂祥、兆祥,他们有多高了,更有妹妹容儿,屈指算起来,容儿也十六、七岁了。他们生活得好吗? 很久以来,叶赫那拉氏只顾在皇宫里保存并发展自己,她顾不得想念家人。如今她已怀上龙种,眼见要迈上一个新台阶,今日的懿嫔已非同几年前的秀女兰儿了,她虽不是要风得风、要雨得雨,可也是有分量的人了。突然,她产生了一个大胆的念头:"让妹妹容儿进宫住一阵,皇上会同意的。"

咸丰皇帝每隔两、三天,就要来储秀宫看望懿嫔,他也知道生性好动的兰儿难耐寂寞,所以,常来陪陪她。

"兰儿,好像你消瘦了一些。"

细心的咸丰皇帝唯恐兰儿不长肉,他与其说是关心兰儿的健康,还不如说更关心她腹中胎儿的健康,这一点,懿嫔的心里十分明白。

"皇上,兰儿十分思念家人,有时甚至难以入眠。"

兰儿从未在咸丰皇帝面前提起过家人,今日偶尔提起,反而引起了他的兴趣。

"你家里都有些什么人?"虽然兰儿是嫔妃,但毕竟她的娘家也算是他的岳母家,他也应该关心关心。

"有额娘、两个弟弟、一个妹妹。"

"你阿玛呢?"咸丰皇帝的岳父太多了,他还不曾知道,这位"岳父大人"叫什么呢。

"早已不在了。"懿嫔黯然神伤。咸丰皇帝又问:"他们都好吗?"

懿嫔摇了摇头:"一点儿消息也没有。"

"兰儿,你一定思念家人,朕特谕,让你母亲与你妹妹进宫陪陪你,怎么样?"

一听这话,懿嫔欣喜若狂,她不顾突凸的大肚子,猛地起身,紧紧勾住咸丰皇帝的脖子,娇滴滴地说:"皇上,你真好。"

就这样,懿嫔的母亲与妹妹容儿进了宫。

母女、姐妹多年不见,自然是好一番动人的情景。懿嫔差知心大监安德海去请那拉老太太和那拉姑娘。安德海不敢怠慢,一路打听,终于找到了懿嫔的娘家人。他小心伺候,把母女二人接进宫里。可是,那拉家的人不能从紫禁城的正门进来,因为她们无官无爵,再加上皇宫没有嫔妃娘家人进宫陪住的先例,至少,没有从正门公开进宫的先例,所以,她们随着安德海从西偏门匆匆而入。

在安德海的带领下,那拉母女来到了储秀宫。叶赫那拉容儿抬眼一看,她不禁感叹:"这儿太豪华了,比起家里的几间破瓦屋来,这儿是天堂。唉,同是一母所生,一个在天上,一个在地上。"

十六、七岁的容儿十分羡慕姐姐,她做梦也没想到几年后,自己也会迈上幸福的阶梯,成为七王爷奕譞的嫡福晋。而今天入皇宫,便是她改变人生命运的第一步。

懿嫔早已翘首以望,希望母亲与妹妹早一点儿到来。杏儿兴奋地报:"娘娘,老太太和姑娘来了。"

懿嫔在杏儿的搀扶下,站了起来。此时,那拉老太太与容儿已走进东暖阁。亲人几年离别,今日相见,焉能不激动。

"娘娘吉祥!"

那拉老太太按照宫中礼节,向女儿懿嫔请安。宫女杏儿见此情景,连忙扶起老太太。按礼节,老太太是娘,懿嫔是女儿,女儿应该向额娘行礼、问安,可如今母女地位悬殊,加上懿嫔身子笨重,无法施礼。杏儿灵机一动,向前施礼:"太太,姑娘吉祥!"

懿嫔心想:"这杏儿就是机灵,以后不可薄待她。"

杏儿见主子用赞赏的目光看着她,心中不禁一阵欢喜,她知道人家母女多年不见,此时一定有很多话要说。自己在这儿不便久留,便退了下去。杏儿刚走,母女几个便抱头痛哭起来,她们为久别重逢而欣喜、落泪。那拉老太太将女儿懿嫔紧紧地揽在怀里,抚摸着女儿的秀发,老泪纵横。

好一会儿,母亲才能说出话来:"兰儿,你有今日也算是你的福分。"

"额娘,女儿熬到今日,不容易呀。"

"这一点,额娘心里最明白。人都说后宫丽人个个赛天仙。额娘没能给你比过西施,赛过玉环之容,很是对不起你。你凭着自己的本事得到皇上的宠幸,当然不容易。"

刚刚见面,懿嫔不想在亲人面前讲述自己入宫做秀女以来的种种经历。如今一切都过去了,最能证明她是个胜利者的便是她那凸出的肚子。母亲凝视着女儿,轻声说:"兰儿,你怀的是龙种,可不同一般呀,你要加倍爱惜自己,将来给皇上生个白白胖胖的儿子,你这一生可就什么都有了。"

"女儿明白,额娘,两个弟弟都好吗? 一定要让他们读书,兆祥有十四岁了吧,桂祥还小,更要严加管教。"

说罢,她又望着胞妹容儿,语重心长地说:"额娘,妹妹都这么高了,你可千万不要给她乱找婆家,等我生下孩子,身体一旦恢复了,我便找个机会向皇上提一提这事儿。皇上的七弟奕譞,今年也正好十六岁,他尚无福晋,还住在宫中。我常常见到他,人品很好,长得也端庄。如果妹妹能嫁给他做嫡福晋,也是不小的造化。"

一席话,说得容儿满脸通红,说得母亲直点头。懿嫔的胞妹容儿,虽然与懿嫔是亲姐妹,但两个人从长相到脾气都有所不同。妹妹性情温和、宽宏大度,雍容华贵,长得一脸的福相,不像姐姐,多少带些尖刻相。

后来,这位温文尔雅、贤淑大方的叶赫那拉容儿的确嫁给皇七弟奕譞,做了他的嫡福晋。她与醇亲王奕譞感情笃厚,他们的长子就是后来的光绪皇帝。

咸丰皇帝自从宠爱懿嫔,其他嫔妃全都被冷落了不说,就连皇后钮祜禄氏也很少再见到皇上。懿嫔倒也肚皮争气,怀上了龙种,这一回可真是喜从天降了。

咸丰皇帝盼子心切,这些年来,他倦于政务,一上朝,不是太平之乱,就是外国人又来找事儿,搅得他心烦意乱。唯有回到后宫,他才感到稍有安慰,后宫佳丽个个温柔,人人娇媚,让他爱也爱不过来,疼也疼不过来。可是,偏偏天公不作美,除了那个娇小的丽妃生了个大公主,其他嫔妃皆没生育过。

如今,懿嫔有了身孕,咸丰皇帝焉能不高兴。他生怕懿嫔怀着龙种,妊娠反应不舒服,以致影响孩子的发育,便恩准了懿嫔的请求,派小安子请来了懿嫔的母亲那拉老太太和懿嫔的妹妹叶赫那拉容儿。母女三个人共住储秀宫,好不幸福。那拉老太太按照宫廷礼仪见了女儿懿嫔,懿嫔自从进宫以来,从没见过母亲和妹妹,骨肉分离好多年了,所以,贵为皇妃的她尽量去尽儿女的孝道。无人处直称那拉老太太为"额娘",喜得老太太合不上嘴,直夸女儿兰儿的命好。

这一天,懿嫔挺着个圆滚滚的大肚子,艰难地坐在软榻上喝银耳汤,那拉老太太喜滋滋地盯着她看,虽说是自己的亲娘,也有些不好意思,懿嫔羞涩地问:"额娘,你在看什么哪?"

"看你呀。"

老太太笑眯眯的,懿嫔脸一红:"我有什么好看头呀。"

"额娘想看透你的肚皮,看一看,你怀的究竟是阿哥,还是格格。"

"额娘,小安子去庙里求过菩萨,菩萨开金口,说是个阿哥,白白胖胖的。"

那拉老太太高兴得直念佛:"阿弥陀佛……"

自从老太太在安德海的带领下,悄悄地进了宫,储秀宫里一片欢声笑语,懿嫔也养得白白胖胖的,一天到晚挺个圆滚滚的大肚子,有经验的人看了,都说她怀的像个男孩,那拉老太太听见了,心里非常高兴,她对宫女杏儿说:"杏儿姑娘,如果你们主子生个阿哥,皇上一高兴,说不定还要奖赏你们呢。"

"老太太,杏儿天天都在祈祷上苍,保佑主子生个阿哥。不过,杏儿可不敢有什么非分之想,只要主子能得到万岁爷的宠幸,咱们奴婢就满足了。"

有的时候,咸丰皇帝退了朝,也到储秀宫来坐一坐,尽管每天都有太监向他报告懿嫔的情况,可他还是觉得不放心。

"懿嫔怎么样啊?"

刚到养心殿,他第一句话便是问起他最惦念的这件事,小太监连忙回答:"回万岁爷的话,奴才刚刚从储秀宫回来,杏儿姑娘告诉奴才,今日上午御医又为懿嫔把了脉,说一切正常。""嗯,这就好。"咸丰皇帝放心了。其实,他也知道储秀宫那边一定平平安安的,不会有什么事的,即使有了什么事情,他也会马上知道的。小太监见咸丰皇帝脸上露出了一丝安慰的微笑,又接着说:"万岁爷,杏儿姑娘还说——""还说什么?"咸丰皇帝迫不及待地问,他真怕有什么不好的消息,小太监看到他这紧张的样子,觉得很可笑,说:"说懿主子怀的一定是个男胎。"

"哦,她怎么这么肯定?"

咸丰皇帝龙颜大悦,小太监笑眯眯地说:"御医把过脉,说胎儿的心脏跳得很有力,嘭、嘭、嘭,像是个男胎。"

"巧嘴儿奴才,不是阿哥,我才撕你的嘴呢。"

咸丰皇帝心中高兴,偶尔也和贴身奴才说句玩笑话,小太监也知道皇上是说着玩的,便又大胆了一些:"那真的生了阿哥呢?奖赏奴才吗?"

"赏、赏、赏,生了阿哥赏你个大元宝。"

"谢主隆恩!"

小太监学着大殿之上大臣们的样子,逗得咸丰皇帝直发笑。咸丰皇帝斜躺在龙榻上,想闭目养神,可是一闭眼,就浮现出懿嫔那张俊俏的脸,仿佛听见她在低声细语:"皇上,很累吗?"

咸丰皇帝猛地一起身,他决定亲自到储秀宫去看一看,有两天没见到懿嫔了,多多少少有点儿不放心。一到储秀宫,懿嫔的贴身宫女杏儿便恭恭敬敬地叫了一声:"皇上吉祥,奴婢给皇上请安了!"

"免礼!"

杏儿本来是坤宁宫皇后身边的人,如今到了储秀宫懿嫔这里,咸丰皇帝仍把她当成坤宁宫的人,便说:"皇后好吗?"

"皇后?不在这儿呀。"

杏儿有点儿被他问得莫名其妙了,她不明白皇上到了储秀宫却问起了皇后。咸丰皇帝自知弄错了,也笑着说:"是朕糊涂了。"

杏儿忙说:"杏儿该掌嘴,昨天下午皇后还来看过懿主子,奴婢却给忘了。皇后很好,她面色丰润,气色好极了。"

经杏儿这么一说,咸丰皇帝反而觉得有些内疚,自从有了兰儿,他冷落了贤惠的皇后,人前背后,皇后没说过一句怨言,有这般大度的妻子,是他奕詝的大幸。这时,懿嫔挺着个大肚子,从屋里走了出来,刚才,皇上与杏儿的对话,她全听见了。

"皇上吉祥!"

懿嫔双腿微屈,正要行大礼,咸丰皇帝连忙上前搀住她:"别,别,别闪着腰。"

懿嫔温顺地倚在他的肩上,幸福地闭上了眼睛,温顺地说:"皇上,你忙于朝政,就不要来了,兰儿一切都好。"

"朕不放心,再说,两天不见你了,也不知儿子长大了没有。"

他撩起懿嫔的衣裙,朝她那圆滚滚腹部仔细看了看,他高兴地说:"嗯,好像又长大了许多,前几天朕来时,你还没这么丰腴,这会儿倒像个皮球,圆滚滚的,孩子一定很胖。朕记得丽妃临产时,也没这么显怀,她生的是个公主.你与她当时不同,一定能生阿哥。"

懿嫔也用手轻轻地抚摸着自己的肚皮,笑吟吟地说:"皇上,万一兰儿生个公主,你喜欢吗? 你会疼爱她吗?"

咸丰皇帝一个劲儿地摇头:"不会,不会,兰儿这一次一定会给朕生个阿哥。"

"万一是公主呢?"

懿嫔最担心的就是这件事情,俗语说"隔皮不识货",尽管小安子为她求过神,拜过佛,进过香,可是,她还是不放心。孩子就要出生了,她更担心。她生怕咸丰皇帝盼子心切,万一老天爷偏偏让她生公主,她会不会因此而失宠。所以,今天她要问个明白。

咸丰皇帝沉思了一下,笑着说:"生个公主,朕也疼她,骨肉连心嘛。"

懿嫔看得出来,咸丰皇帝的脸上掠过一丝不易被人察觉的不快,她的心猛然一缩,但马上又恢复了常态。

"皇上,兰儿天天都在祈求上苍,赐一麟儿予皇上,老天爷一定听见了。"

"兰儿,谢谢你。"

咸丰皇帝伸开双臂,把兰儿及腹中的胎儿一起揽在了怀中。

"兰儿,朕听得清清楚楚,是位阿哥,他在喊'皇阿玛'呢。"

懿嫔幸福而又羞涩地笑了。这时,懿嫔的妹妹叶赫那拉容儿从外面进来了,外面很冷,她的脸冻得红扑扑的,像个红苹果,很好看。

"皇上吉祥!"

容儿向姐夫皇上请了安,咸丰皇帝看看容儿,又看看兰儿,半晌也没说一句话,她们被他看得有些不好意思了,妹妹还是个姑娘家,她羞红了脸,低下了头,懿嫔看到咸丰皇帝傻乎乎的,她用手指在他的面前晃了晃:"皇上,怎么了? 有什么不对劲儿吗?"

"不,不,很好,很好,可是——"

"可是"什么,他不说了,懿嫔小嘴一撅:"可是什么?"

"可是,为什么一母所生,姐妹俩相差这么远。"

咸丰皇帝终于开口了。懿嫔也笑了："一母生九子,个个不一样,这很奇怪吗?"

"嗯,虽说老六是静额娘所生,但与朕相像极了,可你们是一母所生,却不一样。"

懿嫔接着问:"怎么不一样?"

容儿被说得很不好意思,她一扭身,转身跑掉了。若是按照皇宫规矩,她的这种做法很不合礼仪,但是,这是在储秀宫,姐姐是这宫里的主人,而紫禁城里的真龙天子正是姐夫,小姨在姐夫面前,偶尔是可以要要小性子的。咸丰皇帝望着她远去的背影,说:"姐姐娇媚、艳丽,妹妹娇小、纯洁;姐姐热辣辣的,妹妹温柔柔的。可爱、可人也。"

咸丰皇帝本意是为了讨好心爱的人,而大加赞赏她们姐妹俩,可是,他忽略了一个问题,女人天生爱吃醋。

听到皇上的这两句话,懿嫔虽然嘴上没说什么,但心里不是滋味。"知夫莫如妻",虽然她只是个皇妃,但对皇上也是了如指掌,这个天子是风流天子,天生的爱美、好色,后宫佳丽十几人,个个赛天仙,人人胜贵妃,可是好像他并不十分满足,他还想占尽天下的所有可爱的女人。

懿嫔吃醋的同时,还有些害怕,她真的很怕咸丰皇帝胡思乱想、移情别恋,如果那样的话,她的日子可就不好过了。和其他女人暗中争风吃醋还可以,如果真的皇上爱上妹妹,她懿嫔究竟该如何处理才好呢。她越想越担心,她分明看见皇上的脸上流露出一丝眷恋。

"皇上,你怎么了。"

咸丰皇帝望着容儿远去的身影,目光久久没有转向懿嫔,被她这一问,咸丰皇帝才回过神来:"你妹妹叫什么?"

懿嫔记得很清楚,母亲和妹妹刚进宫的时候,一次偶然的机会,她们见过皇上,他当时就问过妹妹叫什么。可是,今天他又问起,说明那时没在意妹妹,可如今不同的,这更让懿嫔心中忐忑不安。

"她叫容儿。"

"对,对,容儿,朕想起来了。嗯,好像容儿今年十六、七岁了吧。"

"对,还是个孩子。"

懿嫔越听越怕,难道?她连忙说,容儿还是个孩子,一听这话,咸丰皇帝反驳她了:"怎么是个孩子呢,分明是个大姑娘了。"

 第十三章 遂心愿家人共享天伦 吃酸醋为妹求赐婚姻

懿嫔满腹的不高兴,可是,她又不敢表露出来,她还没有在皇上面前耍小性子的资本。

"十六、七岁的大姑娘,该出嫁了。"

懿嫔生怕他再说下去,万一咸丰皇帝爱上了容儿,话一出口,金口玉言可就收不回了,她的心中扑通、扑通地直跳,连忙开口道:"皇上不嫌弃的话,赐婚容儿,兰儿将感激不尽。"

什么是"赐婚"?所谓赐婚就是由皇上给某某亲王或皇亲显贵指定婚姻。懿嫔说这句,就明确暗示了皇上:你可不能打容儿的主意。

一听懿嫔的这句话,咸丰皇帝恍然大悟,原来兰儿又吃醋了,他不禁笑了起来:"兰儿,朕是那种人吗?"

懿嫔心想,不见得,世上的猫儿都嘴馋、世上的男人都好色。

"兰儿,你心中有合适的人选了吗?"

懿嫔心里一高兴,至少这句话可以说明,皇上没有垂爱妹妹,她刚想脱口而出"奕譞",可又欲言又止,她知道时机尚不成熟,欲速则不达嘛。

"皇上英明,兰儿不敢放肆。"

咸丰皇帝沉默了一会儿,开口道:"等以后再说吧,让朕好好想一想,不过,你放心好了,朕一定为容儿选一门好亲事。"

懿嫔感激地点了点头,由衷地说:"皇上,你真好!"

"兰儿,你瞧,他动了一下。"

刚才,咸丰皇帝手一直按在懿嫔的腹部上,他感觉到了胎动,欣喜若狂地大叫了起来,懿嫔使了个眼色,他回头一看,那拉老太太和杏儿正向这边走来,他连忙缩回了手。老太太向咸丰皇帝恭恭敬敬请了个安,反而弄得他不好意思起来,毕竟老太太是岳母,自己是女婿,天下恐怕只有这一家人,岳母向女婿磕头的。

"老太太快免礼平身!"

"谢皇上。"

"老太太快请坐,杏儿,上茶。"

俗话说:"一个女婿半个儿",虽然咸丰皇帝做不到"半个儿",但他也懂得尊重"岳母大人",这下子,乐得那拉老太太合不拢嘴:"兰儿,你真有福气。"

话刚一出口,老太太就觉得失言了,如今女儿是嫔妃,按礼数应该称她为"娘娘",可称呼习惯了,脱口而出"兰儿",她真后悔,不禁低下了头。咸丰皇帝看出了她的后悔之情,连忙把话题岔开:"老太太,有你和容儿在这里陪伴兰儿,朕就放心了,没事儿的时候,你们母女几人常到御花园里走一走,陪着她散散心。"

老太太也是个聪明人,她十分感激皇上女婿为她解了围,不至于尴尬下去。她顺着"台阶"走了下去:"皇上英明,她现在的确应多活动活动,将来产子要顺得多。"老太太多会说话,专拣皇上喜欢听的说,说得咸丰皇帝和懿嫔都欢天喜地的,他们有一个共同的心愿与期盼,那便是生个龙子,顺顺当当、平平安安的。根据内务府敬事房的记录来推算,懿嫔应该是三月初九生产,人们都在拭目以待,盼望这一天快快到来。其中,等得最着急的便是咸丰皇帝和懿嫔,他们即将为人父、人母,未来的孩子是男孩,还是女孩?是胖、还是瘦?他长得像谁?他的脾气又像谁?这一切的一切,都让他们一遍又一遍地猜想、推测。

可是三月初九已经到了,储秀宫里的懿嫔似乎一点儿动静也没有,她越来越能吃,饭量大得惊人。咸丰皇帝听皇后说,胎儿过月不好,他心急如焚,忙下令让太医会诊。太医们非常谨慎地为懿嫔把脉,从脉象上看,几位太医都认为是记录有误,推算错了预产期。其实,敬事房的记录也不是那么十分精确,如果当时是皇上在养心殿召幸嫔妃,事后太监问"留不留",那好办多了,很准确。可懿嫔怀上龙种是例外,当时,咸丰皇帝夜夜留宿懿嫔住处,谁又没有眼看着,他们两个人也没在意,谁能算得这么准。

太医认为,根据脉象上看,应该再过半个月,这一下,咸丰皇帝心里稍稍安定了一些,可懿嫔却非常着急,是龙?是凤?这可是关系到她叶赫那拉兰儿一生幸福的大事情。

"孩子呀、孩子,你还没出娘胎,便这么和额娘作对。"懿嫔轻轻地抚摸着腹中的胎儿,自言自语。

这时候,还有一个人,也心神不定的,他便是储秀宫里的大太监——安德海。想当初,小安子为了懿嫔能受宠,他可真费了不少劲儿,又为了他的"兰姐姐"能怀上龙种,他愁得几乎夜夜睡不着、顿顿饭不香。他那叫干着急,应了那句"皇上不急太监急",总算老天爷开了眼,懿嫔临产了。

他一想到,懿嫔如果生个阿哥,将来这位阿哥有可能做皇上,他的"兰姐姐"顺理成章地当皇太后,他就暗自欢欣。一旦天遂人愿,小安子苦心经营、巧意安排的美梦就会变成现实。他越想越玄,任思绪奔腾、翱翔,不由得,他闭上了眼睛,眼前模糊了起来,渐渐地发出了鼾声。

安德海看得清清楚楚,一条大龙从太和殿的大柱上活了起来,那龙很美丽,五色斑斓,体态轻盈,在大柱上上腾下跳,十分眩目。安德海刚想说什么,只见那条龙猛然变了一副样子,它张牙舞爪起来,直扑向安德海,吓得安德海抱头就窜,可那龙紧迫不放,缠住了他,死死地、牢牢地,然后又猛一张开血盆大口将他的头咬掉了。

"妈呀,救命!"安德海大叫一声吓醒了,出了一身的冷汗。是条龙!的的确确是条龙,那么说,"兰姐姐"怀的是位阿哥,可这阿哥偏偏和他小安子过不去,还想吞了他小安子。

第二天,安德海向懿嫔描述了他的所梦所感。"姐姐,你不知道那条龙有多壮,缠缠绕绕的,把个太和殿的大龙柱全绞住了。"

"真的吗?"懿嫔心里高兴极了,她笑眯眯地说,"小安子,你的梦是个好兆头,看来,真龙天子要降生了。"

懿嫔带着焦急的心情,过着安逸的生活,储秀宫里又多了几位"姥姥"(有生产经验的中年妇女,专职指导嫔妃如何生育)。每天,太医和"姥姥"们都认真地为她把脉,到了三月二十四,脉象突然转变,人们认为是时候了。于是,各项准备工作进入最紧张的状态之中,各种接生工具陆续送到了储秀宫。这些物品不外乎是分娩时处理胎盘和脐带用的大大小小的木槽、木碗、木铲、小木刀,还有许多新生儿用的"吗哪哈"(尿布)。此外,还有一个精美的小摇车,宫中接生时使用的"易产石"和挂在养心殿西暖阁的大楞蒸刀。

这易产石和大楞蒸刀是紫禁城里最后一次用上它了,自从懿嫔生了载淳,这里再也没有出生过婴儿,皇宫从此断了种,这是后话。

第十四章

储秀宫诞龙儿皆喜乐　养心殿过百日尽欢笑

这几天，咸丰皇帝的整颗心都系在储秀宫，也无心上朝，将一切事务交由恭亲王奕䜣一人定夺。虽然不便于总是去储秀宫看望懿嫔，但是那里有任何"风吹草动"，咸丰皇帝都要第一时间知道。因此他令安德海时刻向他汇报懿嫔的情况。便令安德海穿梭于养心殿和储秀宫之间，他一心祈盼这次懿嫔为他生个儿子，以至于神经都有点儿高度紧张了，一旦小安子跨进养心殿的大门，他就立刻欠欠身子，向外张望，希望看到小安子脸上的笑容。可是，小安子总是和平常一样的表情。

这一天，小安子又到了养心殿，咸丰皇帝一看，小安子面带笑容了，他的心里一阵高兴："小安子，那边的情况怎么样？"

贵为天子的他竟也这么沉不住气，安德海还没进来，就迫不及待地问道。小安子一脸的笑容："万岁爷吉祥！恭喜万岁爷，今个儿早上，懿主子突感不适，太医和'姥姥'们正在进一步把脉呢，皇上暂且耐心等待，奴才这便回去，有什么动静，奴才马上就来报告。"

"去，去，去，快去。"

咸丰皇帝忘记了天子的尊严，说起话来也如同常人一般，他不让小安子稍喘几口气，又赶着小安子回储秀宫了。当小安子回到储秀宫的时候，懿嫔已与前一个时辰判若两人了，阵痛折磨着她，她已变得形容憔悴，面色苍白，这时"姥姥"大声宣布："所有的男子一律在宫外侍候，宫女不得远离。"

一声令下，男人们全退到了宫门外，别说是太监，就是皇上来了，也不得入内。女人分娩，没男人的事儿，也不准男人接近。皇后带着丽妃等众嫔妃也赶到了储秀宫，皇后有些坐立不安，虽然不是她生孩子，可是她盼子的心情绝不亚于皇上和懿嫔。她从来没怀过龙子，这也许是天意。但

是,温和、敦厚的皇后并不因此而产生任何妒意,反而,她替懿嫔捏一把汗。她祈求上苍赐给大清皇宫一麟儿,以了却他们的一桩心愿。

皇后坐在懿嫔的身边,她看见懿嫔双目紧闭,脸上露出一阵阵痛苦的抽搐,显得十分疼痛,皇后的心都被揪住了,她没生过孩子,但从身边产妇的表情来看,生孩子一定很痛苦。看来,做母亲要付出巨大的艰辛。皇后见到懿嫔叫喊连天,无力地偏着头的样子,她的心里默默祷告:"老天爷啊,保佑懿嫔快快生下龙种吧,别让她这么受罪了。"

"哎哟,疼死我了,哎哟,受不了了。'

懿嫔干裂的嘴唇发出微弱的哭喊声,皇后陪着她流泪:"兰妹妹,你别急,皇儿就快来了。"

其实,皇后也不知道,这个皇儿几时才能降生人世间。看来,凡人也罢,真龙天子也罢,在母亲的子宫里挣扎出来的时候,对母亲丝毫也不会怜惜。从第一次宫缩到一阵紧似一阵的阵痛,整整两天两夜过去了。

这两天两夜,咸丰皇帝没睡安稳,皇后也没睡安稳,懿嫔更是迷迷糊糊地过来的。痛起来,她就叫喊哭闹几声,阵痛暂停,她就蜷缩着疲惫的身子,睡一会儿。刚一合眼,撕肝裂肺的疼痛又猛地把她刺醒,她又大叫起来。

天子的降生与寻常百姓家的孩子没什么两样,他们都要在娘的肚子里拼命挣扎,自动脱离子宫往外挤,因为外面的世界很诱人。

懿嫔只觉得昏天暗地、死去活来,此时,她几乎顾不上什么荣华富贵了,她只有一个念头:把肚子里的这块肉弄出来,不要让他这般折腾,她实在受不了。她突然有点儿恨恨的,她恨这个孩子这么折磨人。

养心殿里的咸丰皇帝就像热锅上的蚂蚁,坐立不定,让他老实地待在寝宫里简直是活受罪,安德海约摸一个时辰来一次,他仍是那副不男不女的腔调:"万岁爷吉祥! 那边还是没生出来,奴才这便回去,一有情况,奴才即刻便到。"

咸丰皇帝手一摆,不耐烦地说:"快回去吧!"

他的心里也有些恨恨的,他恨该死的小安子,这奴才每次来报都让他失望。咸丰皇帝在养心殿里实在待不住了,干脆到乾清宫去听朝。咸丰皇帝好几天都没临朝了,今日突然驾临,大殿里的大臣们还认为龙子已经降生了呢,大家喜形于色。但是,嫔妃生孩子,这些男人们怎好开口去问,这有违宫禁。大家你看看我,我看看你,最后还是把目光一齐投向了恭亲王奕䜣,毕竟,奕䜣是皇上的弟弟。

恭亲王也想知道皇嫂懿嫔究竟生的是龙,还是凤。他上前一步,问道:"皇上圣安!臣这几日代皇上处理朝政,不知是否有失妥之处,皇上临朝,臣感万幸。"

咸丰皇帝此时最关心的是懿嫔生龙子,至于奕䜣处理朝政是否有不当之处,他并不是那么关心:"朕近日没能临朝,辛苦你了。"

"皇上,这几日你也瘦了许多。"

毕竟是骨肉至亲,奕䜣望着显得十分憔悴的咸丰皇帝,多少有些心疼,咸丰皇帝也感激地望了奕䜣一眼,他说:"老六,朕实在太乏了,你还要替朕处理朝政,一旦懿嫔生了,朕便临朝。"

恭亲王一听,问道:"怎么,还没生,这么难。"

话刚出口,他便觉得有些不好意思了,就是在民间,嫂子生孩子,小叔子也不多问什么,何况这儿是禁忌极多的皇宫呢。咸丰皇帝笑了笑,算是为奕䜣解了围:"朕也为这事儿着急,怎么这么难,朕也不清楚。"

几个大臣都笑了,有的人故弄玄虚,好像他很有经验似的:"没个几天几夜是不行的。"

咸丰皇帝一听,心中暗暗叫苦:"朕快被折磨死了,如此看来,只生这么一个,到此为止算了。"

咸丰皇帝虽然人到了大殿,但心系于储秀宫,几个大臣上奏的折子,他也只是随便翻一翻而已,他们的话,他一句也没听进去,匆匆退了朝,回到寝宫养心殿,安德海依然是那句话,不用问,一看小安子那脸上表情,咸丰皇帝就明白,懿嫔还没生,此时,咸丰皇帝真怕再看到小安子那摇头的动作,干脆,他也到了储秀宫。

同所有的男人一样,等待妻子分娩又激动兴奋,又焦急不堪,咸丰皇帝破了例,他可以进储秀宫门,但也只是在正厅里坐一坐,不准进产房。安德海令两个小太监为皇上设了一个临时软榻,咸丰皇帝躺在上面,想闭目养神,可是总静不下来心,他又站了起来,走一会儿,坐一会儿。宫女、太监们见了都偷偷发笑:"万岁爷也有这么沉不住气的时候。"

宫女小杏儿送上一杯人参汤,劝他喝下去,他刚呷了一小口又递了过来。大冷的天,咸丰皇帝的额上却渗出了细细的汗珠。

"哇——"

一声长啼从储秀宫中传出,这婴儿的第一声啼哭划破了紫禁城的上空。

这是公元一八五六年四月二十七日,即咸丰六年三月二十三日未时。这声啼哭是紫禁城里的最后一个婴儿来到人世间的第一声抗议。婴儿的哭声洪响、清脆,一个宫女乐颠颠地边跑边叫:"是个阿哥,是个阿哥。"

一听这话,二十六岁的咸丰皇帝顾不了龙体尊严,一蹦三跳地闯入了产房。皇后见他闯了进来,急忙阻拦,可是哪里拦得住,咸丰皇帝拨开皇后的双臂,硬往里挤。众人一见皇上驾临,连忙下跪,急得咸丰皇帝直叫:"干你们的活去,朕看一看就走。"

他硬闯进来看什么? 他不是看憔悴不堪,被折磨得死去活来的懿嫔。他是来看儿子,此时,他心里装的全是这个刚刚落地的小龙子。"姥姥"已经把新生儿的脐带剪好、包扎好,又将胎脂抹了抹,用柔和的小棉被包好了孩子,咸丰皇帝凑近婴儿,眼睛一眨也不眨地盯着婴儿看。"姥姥"把婴儿递给咸丰皇帝,他小心翼翼地接到襁褓,紧紧地抱在怀里,激动得热泪盈眶。心里想道:"自从乱世登基以来,很少这么高兴过了,不是外患,就是太平军作乱,整日处理不完的朝政,看不完的奏折。

今天的感觉与平常截然不同,皇子抱在怀里,心里踏实多了,我奕詝有传人了。"

"姥姥"生怕婴儿受惊,又从皇上的怀里抱回了孩子。这时,咸丰皇帝才想起来为他生这个皇子的女人,他朝软榻处望了望,只见懿嫔面色蜡黄,显得疲惫不堪,但她还是努力笑了笑,咸丰皇帝走到她的身边,轻轻地说了一句:"是位阿哥。"

懿嫔说:"皇上高兴吗?"

咸丰皇帝使劲地点了点头,说:"兰儿,你休息吧。"

咸丰皇帝心满意足地离开了储秀宫,他也该好好地睡上一觉了。

咸丰皇帝盼望已久的皇子终于降生了,他喜出望外,第二天便降旨:晋封懿嫔为懿妃,储秀宫的太监、宫女们该提职的提职、升官的升官。咸丰皇帝又为皇子精心挑选了几个太监做"谙达",让他们小心伺候新生儿,就连接生婆都受到重赏。一时间,紫禁城里喜气洋洋,各宫门前都挂上了大红灯笼,如同过年过节一样热闹。

咸丰皇帝回到养心殿,美美地睡上了一大觉,这些日子以来,他更多的不是因睡不稳而带来的困乏,而是焦虑不堪带来的疲倦,如今,心里就像一块大石头落了地,他总可以舒一口气了。民间尚有"不孝有三,无后为大"之说,更何况他是一国之君的皇上呢。咸丰皇帝登基七年,已经二十六岁了,后宫佳丽十几人,除了一个丽妃生个大公主,其他妃子皆没生育过,他能不焦急吗?为社稷、为祖宗,他都应该生皇子。今天,美梦变成了现实,咸丰皇帝焉能不高兴,晚膳时,他胃口大开,竟吃下了半只鸡、一条八两重的黄花鱼、一碗莲子羹。侍膳的太监见了,都有点儿吃惊。但是,皇宫有个规矩,叫"侍膳不开口",无论皇上、皇后、皇太后吃什么和吃多少,他们只能小心伺候,不得开口说话。可这一回,太监有些憋不住了,他生怕皇上吃多了闹肚子,便低声说:"万岁爷,明个儿还有更好吃的呢。"

咸丰皇帝正津津有味地吃着一根炸鸡腿,经太监这么一说,他住了口,也觉得自己这一顿有些太贪食了。他抬头一看那太监,觉得很可笑,太监正望着他,显得有些恐慌,生怕天子不高兴似的。咸丰皇帝突然冒出了一个奇怪的念头,说:"来,把这剩下的肉吃了。"

那太监不知如何是好,依然站在皇上的面前一动也不动,另一个侍膳太监连忙上前一步,接过咸丰皇帝吃剩的鸡腿,大口大口地吃了起来。咸丰皇帝觉得他的吃相很可笑,禁不住自己也笑了起来。

用了晚膳,咸丰皇帝躺在龙榻上,觉得人生似乎也挺美妙,特别是做天子,感觉有时也很好,虽然有时大殿之上,外患与内忧也令他心烦意乱,但一旦回到后宫,他便可以暂时忘却那些不愉快的事儿,做他的皇上。他可以任意驱遣每一个人,每一个人对他都是那么附首帖耳的;他可以不受任何约束,只要他高兴,他就可以去做。如此看来,做皇帝的确不错,不但自己一生享尽荣华富贵,就是他的皇子、皇孙也都跟着享尽荣华富贵。想到这里,咸丰皇帝猛地一起身,走到窗前,脱口而出两句话:"庶慰在天六年望,更钦率土万斯人!"

他又自言自语道:"小阿哥,给他起个什么名字好呢?他应该排载字辈,可是叫载什么好呢?"

想来想去,他也没想出个好名字,咸丰皇帝觉得有些困了,便又回到了龙榻上。他也该睡了,因为明天是小皇子的"洗三",他准备亲自到储秀宫,为他的宝贝儿子举行"洗三"庆典。所谓"洗三",是宫中的育儿习俗,即孩子出生的第三天,要给新生儿洗浴。钦天监官员选定南面是迎春神的方位,于上午十一点半开始给小皇子洗浴,到中午十二点半左右才能完成"洗三"的仪式。

这是小皇子出生后的第一次庆典活动,当然要隆重一些,它几乎牵动了皇室的全体成员。他们从昨天开始就仔细考虑应该送小皇子什么礼物,今天好亲自送到储秀宫。虽然小皇子连眼也不肯睁开,他更不懂得接纳礼物,他的皇父还是为他准备了一些礼物,有红雕添盒一件,内装金洋钱四个、金包一份、银包一份、莲子一包、苹果六个、鹌鹑六个。什么意思呢?按满人习俗来讲,金、银代表着财富,父皇希望小皇子未来像他的阿玛一样,拥有天下的财富;"莲子"即怜子,即爱怜之意;苹果、鹌鹑是取汉语的谐音,即平平安安。

皇后送金银元宝六个、金银玉如意四个、金银钱四个,此外还有"吗哪哈"若干,这叫"添盒",虽然皇后不是小皇子的生母,但从所送的礼物上也能体现出母爱。咸丰皇帝见皇后如此大度、宽厚,龙颜大悦,当着众人的面,拉着皇后的手,说:"走,咱们去看看儿子去。"

说得众嫔妃、皇亲,还有太监、宫女都笑了。皇上、皇后送了礼物,其他嫔妃也不甘落后,丽妃、婉贵人、琦贵人、容贵人、鑫常在等人也都纷纷"添盒"。小皇子的皇叔、皇姑们也来凑热闹,为小皇侄准备一份精美的礼物,储秀宫里热闹非凡。咸丰皇帝乐得合不拢嘴,一个劲儿地吩咐宫女:"小心一些,小阿哥太小,沐浴时,水要不冷不热的。"

说得人们都笑了,即使皇上不再三交代,宫女也不敢有半点儿马虎,否则,她们的脑袋还想要吗!两个宫女,一前一后,走起路来格外小心,因为其中一个怀里抱着小皇子,另一个扶着她,她们走得很慢,怕惊动了小皇子,一直低着头走到大木盆边。她们又小心翼翼地解开襁褓,把小皇子轻轻地放进水里,由于小皇子受到了刺激,"哇"地一声大哭了起来,人们都认为这太正常了,没有谁做出强烈反应的。可咸丰皇帝沉不住气了,大声说:"怎么了?是不是烫着了,或者太冷了,小心点啊,不然,要掌嘴!"

人们都笑了,恭亲王奕䜣说:"皇上,她们就是长了两个脑袋,也不敢有丝毫马虎,你这是爱子心切,小孩子哭一、两声是正常的。"

咸丰皇帝也笑了,他也觉得自己把这个皇儿看得太重了。冥冥之中,他似乎感觉到眼前这个娇嫩的小婴儿将是他唯一的儿子，而且这个儿子在不久的将来会登上皇帝的宝座。咸丰皇帝默默祈祷，求上苍保佑这个儿子，让他一生平平安安，尽享人间荣华富贵。

四月二日，小皇子又经历了"升摇车"仪式。升摇车是东北人养育儿女的特殊方式，即把摇车悬在梁上，把孩子放在车里来回悠动，小儿在里面悠然自得，不哭也不闹。钦天监博士们选定四月初二卯正（早上六点）为小皇子升摇车万全大吉之日。

预定的时间到了，众人都围拢在储秀宫后殿东次间，太监安德海和张文亮把小摇车挂了起来，这时，太阳恰好从东方冉冉升起，寓意小皇子如日初生。然后又把大红的"福"字倒贴在小摇车上，众人齐呼："福到了！福到了！"

营造司首领太监领咏喜歌，安德海在前面引路，张文亮在另外两个小太监的护送下把小皇子由东进间南床抱到东次间，轻轻地放在摇车里。咸丰皇帝上前几步，用慈祥的目光凝视着摇车里的婴儿，婴儿仿佛知道父皇注视着他，也睁开了双眼，咸丰皇帝发现皇子的眼神特别像自己，就连那翘翘的小鼻子都和自己一模一样，他忍不住，俯下身子，轻轻地亲了一下儿子，小皇子突然嘴角一动，他笑了。咸丰皇帝兴奋地大喊："他笑了！他笑了！"

皇后款款地走过来，笑吟吟地说："多么可爱的皇子，他笑得多甜，这是笑婆婆引的。"

众皇亲也跟着赞美了几句，咸丰皇帝听了，心里乐滋滋的。"升摇车"活动不仅程序繁琐，而且参加的人也很多，除了皇上、皇后外，还有丽妃、婉贵人、容贵人、鑫常在等嫔妃，有恭亲王奕䜣、醇亲王奕譞，此外还有奕琮等人，他们欢天喜地为小皇子举行这个隆重仪式，自然也少不了一番送礼物，储秀宫东暖阁里堆积着数不清的金银元宝、玉如意、绫罗绸缎，可谓金山银海也。

刚刚生产过的懿嫔，身体尚未恢复，但她也硬撑着下了床。这时，最高兴的除了咸丰皇帝，恐怕就是她了。生了皇子，她身价倍增，第二天便由"嫔"升为"妃"，而且，她还得到了皇上的赏赐，有银五百两、玉如意四柄、香荷包两只、绸缎七十匹。内务府又拨来两个太监、四个宫女、两个嬷嬷，而且每天为懿妃加三餐，这样一来，懿妃每天要吃三大餐、三小餐、水果两次。

懿嫔生了小皇子的第二天便晋封为懿妃,身价倍增,储秀宫里喜气洋洋,人人的脸上都带着笑容,咸丰皇帝和皇后几乎每天都来看一看小皇子,一眨眼的工夫,小皇子要过"小满月"了。按宫中规定,小满月要大赏生母。规定为皇后生子赏银一千两、衣料三百匹;嫔妃生子赏银三百两、衣料七十匹。生女孩则各减一半。

懿嫔生了大阿哥,为皇室立了一大功,当然也会得到赏赐。可是,她得到的比她渴望得到的还多,这是因为咸丰皇帝盼子心切,后宫佳丽十几人,竟无一人为他生过儿子,这一回,他要大赏特赏,除了按宫中规定办,咸丰皇帝还特谕多赏懿妃一些,单银子就多了二百两,皇亲们都回府了,储秀宫里还是一片喧腾,特别是懿妃的两个贴心人安德海和宫女小杏儿,更是乐不可支。他们里里外外忙个不停,指挥太监、宫女们把赏品一一摆到西暖阁里,分门别类地放好。懿妃在小宫女的搀扶下,到了西暖阁,她的眼都看花了,满堆的金银财宝、绫罗绸缎,她看看这个,又摸摸那个,所有的喜悦都写在了脸上。

安德海凑近懿妃,媚态十足:"主子,奴才从来没见过这么多的好东西,今天可算开眼界了。"

懿妃笑了笑,说:"这是皇上的恩赐,小安子,这些财物应妥善保存,不得有半点儿马虎。"

"嗻。"

小安子今天这一声"嗻"特别清脆、悦耳,懿嫔见四处无人,便用纤纤细指轻轻地点了他的额头:"小安子,姐姐能有今天,当年全亏了你,这一切,姐姐不会忘记的。"

安德海大胆地抓过懿妃的手,放在自己的胸口:"姐姐,你摸一摸,小安子的心是为姐姐跳的,小安子不求什么,只求姐姐永远得宠,永远年轻、漂亮。"

"该死的奴才!"

懿妃笑着、骂着,宫女小杏儿突然走了进来,安德海忙松开主子的手,他极力掩饰着:"主子,你身体还没恢复好,不能下床的。"

懿妃也说:"杏儿,快来扶我进去休息,刚才呀,若不是小安子上前一步扶住我,我就跌倒了。"

小杏儿一言不发,刚才的一幕,她看的真真切切,但她什么都不会说的。懿妃也深信这位聪明的姑娘最会装聋作哑,在小杏儿的搀扶下,懿妃回到了卧房。她暗自想:"别说小安子这一辈子没见过这么多的财物,就是我懿妃也没见过。"

懿妃小的时候,家境贫寒,父亲惠征仅是个小小的候补道员,额娘身体不好,兄弟姐妹又多,能填饱肚子就已经很不错了。进宫以后,做秀女时,根本没什么月银,好不容易熬成了贵人,又升为嫔,虽说内务府每月拨给她银子,但数目很小,她把银子积攒起来,母亲和妹妹进宫后,全给了她们。妹妹容儿早已把不多的银子偷偷地带回了家。

这下可好了,单银子就有五百两,布匹不方便带出宫,但银子易于携带,等过几天,让小安子偷偷送一些到娘家,娘家那几间旧房子也该修一修了,听妹妹说,每逢雨天,屋外大下,屋里小下,根本就没法住了。

懿妃生了孩子以后,她的使命也就完成了,并不需要她亲自为婴儿喂奶,太医开了服中药喝下去,当天乳便回了。小皇子的奶娘是正黄旗的一位妇女,此人心地善良、宽厚仁爱、通情达理,刚刚才生了一个男孩,那个男孩比小皇子整整大一百天,奶娘的乳汁营养正好。奶娘的孩子放在宫外抚养,她进宫一心全扑在乳儿小皇子身上了。

自从生了小皇子,懿妃的身价倍增,在母凭子贵的皇宫里,虽然皇后位居后宫第一,但实际上,懿妃所享受的特权要远远超过皇后。按照规定,嫔妃分娩以后,不用喂养孩子,小满月以后,膳食就应当与各宫一致,但是,储秀宫里的懿妃却有些例外,内务府监督领侍史进忠是个精明人,他看得出来咸丰皇帝很有些偏爱为他生了小皇子的懿妃。

史进忠何尝不明白皇宫大内的规矩,但他偏偏破坏了这规矩,小满月以后,拨给储秀宫的物品依然要比其他各宫的多。懿妃每天还是三大餐、三小餐、水果二次,而且外加一个"七合五勺八粟",即:粳米、碎粳米、碎红米、糯米、黄老米、碎黄老米、小米、凉谷米。据说,"七合五勺八粟"营养价值极高,系大补之食品。另外,老母鸡汤、猪蹄汤、乳鸽汤、鸡蛋等物不断。

不仅懿妃的膳食比其他嫔妃的好,就连储秀宫里嬷嬷的伙食也比其他宫里嬷嬷的好,特别是小皇子的乳娘,天天鸭子、肘子、肺头轮流食用,这样一来,她分泌的乳汁又多又稠,小皇子也胖,懿妃也胖。娘儿俩白白胖胖,很招人喜爱。内务府不敢怠慢了储秀宫,懿妃也仗着自己生子有功,尽享人间的荣华富贵,连她身边的太监、宫女也都跟着沾光,她在幸福的山巅上沐浴着阳光。

有一天,安德海去内务府取一套新瓷碗、瓷盘,他带着两个小太监,一路到了内务府。

"史公公吉祥!"

"哎哟,是安公公,请进!请进!"

史进忠知道安德海是储秀宫的大红人,而他的主子此时又是咸丰皇帝最宠爱的妃子,虽然史进忠以前很讨厌小安子,但这些日子以来,他来了个一百八十度大转弯,每次见到安德海,总是热热乎乎的。

"安公公,有什么需要的只管打个招呼,我让他们送去不就行了,何劳安公公亲自跑一趟呢。"

安德海一听这口气,就明白他史进忠对"安公公"是又敬又畏的,便说:"史公公,你太客气了,安某怎敢劳你大驾。"

正说着,坤宁宫的太监李公公也到了,他一进门便开口道:"史公公,皇后令李某来取一套瓷碗、瓷盘。"

史进忠一向与坤宁宫的李公公要好,想当初,他们是同时进宫的,患难之交最珍贵。

"李公公,快请进,好长时间没见着你了,近来还好吧!"

史进忠关切地问长问短,可李公公只是点点头,他说:"史公公,以后有空闲再聊,今个儿我们主子留客用膳,我还急着回去呢。"

史公公一听,连忙说:"你稍等一下,我这就吩咐人去取来.,"

安德海在一旁见史、李二人亲亲热热,心里有些醋意,便开口道:"史公公,安某可是等不得了,我们主子还正在月子里,可不能晚了她的膳食。"

史进忠说:"不会,不会,储秀宫不是还有一套旧瓷碗、瓷盘吗?也不一定等这套新的。"

"什么?你说什么,总还有个先来后到嘛,是安某先来的,还是他先来的?"

听安德海那口气,他是不会让坤宁宫的,这时,李公公憋不住了,反唇相讥:"安公公,你不要忘了,皇宫大内还有个皇后与妃子的差别吧!"

李公公也是得理不饶人,他抬出了嫡庶的大帽子来压人,说得小安子直翻白眼。史进忠一看,生怕事情闹大.连忙出面:"好了,好了,两位公公都谦让着一些,我已经吩咐他们去取两套碗、碟了,一齐拿行不行。"

安德海脸一扭,他从鼻孔里哼了一声,意思是说:"别小瞧储秀宫,我们的主子可正红着呢,你们谁敢碰她一下。"

过了一会儿,两套碗、碟都取来了,安德海一看,两套花纹不一样,一套上绘龙凤图案,一套是喜鹊登梅,也很漂亮。按皇宫的规矩,养心殿里的皇上和坤宁宫的皇后所用物品应该有龙凤图案,其他各宫可以用,也可以不用。安德海抢先一步,端起带有龙凤图案的这一套,说:"安某先告辞了!"

"等一等,安公公拿错了吧。"

坤宁宫的李公公急忙喊了一声。安德海头也不回,径直走去。气得李公公直骂他:"狗奴才,仗势欺人,竟敢欺辱到娘娘的头上。"

史进忠只好说:"小事一桩,何必小题大做!"

回到坤宁宫,李公公还是忿忿然,他向皇后钮祜禄氏描述了刚才在内务府里发生的一幕,皇后听了,只淡淡地说了一句:"以后少跟他往来。"

却说安德海以胜利者的姿态出现在懿妃的面前,向主子眉飞色舞地描述着:"主子,你不知道那小李子多生气,可他气也白搭,小安子端起碗、碟就走,他也没辙了。"

懿妃沉吟了一下,说:"这样不好吧,坤宁宫的皇后会生气的,只怕她日后和我过不去。"

安德海一听,他这么为主子争面子,可主子似乎并不十分领他的情,反而有些谴责的意思,他连忙说:"其实,小安子哪敢与他争高低,毕竟他是皇后身边的人,皇后摄六宫,咱储秀宫怎能和坤宁宫攀比。但是,主子虽为妃,她为皇后,可大阿哥在这儿呀,小安子是为大阿哥争高低,坤宁宫再威风,也没生个阿哥,咱储秀宫是沾大阿哥的光呀。"

被小安子这一说,懿妃也似乎觉得很有理,本来嘛,母凭子贵,千百年来谁能推翻这个理儿。

自从生了大阿哥,储秀宫一下子热闹了起来,安德海反而多了一层苦恼。原先储秀宫只有二、三个太监,几个宫女,他们与安德海也很熟悉,安德海竭力笼络他们,所以,安德海在储秀宫很有鱼儿得水之感,来去自由。

有时,有个什么苦恼的事情,可以向"兰姐姐"倾诉倾诉。如今这里比皇后的坤宁宫还热闹,太监、宫女、老妈子人来人往的,还有那个更令安德海讨厌的小皇子的"谙达"——太监张文亮,素来与安德海不和,安德海从心底深处惧怕他。

从小皇子一落地,安德海便很少见到懿妃。小安子自认为他与"兰姐姐"还真有点儿姐弟之情,两日不见就很思念。懿妃也如此,暗地里,她自言自语道:"这小安子,还真疼我,等过一阵子,要送一些银子给他,没有前两年他的一番努力,哪儿有我的今天呀。"

懿妃与安德海目前保持着很浓的友谊,不过,知道底细的只有他们二人,此外,懿妃的贴身宫女小杏儿好像也悟出了一些什么。不过,她的嘴巴像贴上了封条似的,谁也甭想从她那儿得到只言片语。这一点,懿妃很放心。

四月二十三日,小皇子满月了。紫禁城里又掀起了一次庆贺高潮。内务府选派了一名内殿太监杨寿给小皇子剃了头。咸丰皇帝令各宫嫔妃及皇亲到储秀宫里大摆筵席。懿妃今天起得特别早,坐月子不允许洗澡,可把她急死了,她生在南国、长在南国,向南国的其他人一样,天生的爱清洁,可是,整整一个月,她既没洗头,也没洗澡。天早已返暖,这一个月来,她不知出了多少臭汗,难受死了,所以今天起个大早,洗洗头、洗洗澡,换上一身新衣服。

刚用过早膳,皇后带着各宫嫔妃就来了,今天的主角虽然是小皇子,但他尚在襁褓中,自然,由他的母亲登场露面。经过一个月的精心调养,懿妃变得更加艳丽迷人,她比做少女时多了几分妩媚和娇艳,少妇的风韵全显露出来了。她的脸上荡漾着迷人的微笑,咸丰皇帝欣赏着美艳少妇兰儿,心里更是怜爱至极。

小皇子剃了头,显得更加有精神,他只有一个月大,但眉目清秀、五官俊逸,特别是那炯炯的目光与咸丰皇帝一模一样。咸丰皇帝把小皇子抱在怀里,他越看越爱,众嫔妃见皇上笨拙地抱着婴儿,生怕摔了孩子,十分别扭的样子,都觉得可笑,皇后打趣地说:"瞧,皇上抱着他的心肝宝贝儿,比批一大堆奏折还费劲儿。"

众嫔妃都笑了,懿妃更是打心眼里高兴,她这叫做眉开眼笑。按满人习俗,孩子过满月,做父亲的要给儿子起个名字,咸丰皇帝当然也不例外。

其实，从小皇子落地那天起，咸丰皇帝就在推敲着给小皇子起个什么名字好。按辈分，儿子应该是"载"字当头。

儿子抱在怀里，红红的小脸蛋，招人喜爱，胖乎乎的小手不住地舞动着，咸丰皇帝觉得怀中的这个可爱的婴儿将来一定会继承父业，做一番大事业，以仁厚治天下，他当然希望儿子朴实、敦厚。

咸丰皇帝又想起了十年前的一段往事，当年父皇道光皇帝立储时，他犹豫不决，于是决定狩猎南苑，以武艺论高低，结果六皇弟奕䜣满载而归，而自己空空也，父皇一看，脸上流露出不满的神情，可自己道出原委，春天万物繁衍，自己不忍诛杀，一语惊父皇，父皇大赞其仁爱、宽厚。每想到那一幕时，咸丰皇帝便从心底感激师傅杜受田，亲授其高妙之策。

仁厚，往往能博得别人的好感，他当然也希望怀中的这个小皇子长大以后具有纯朴仁孝之美德，好继承大统、承嗣皇位。所以，咸丰皇帝决定以"淳"为儿子命名，于是小皇子叫爱新觉罗·载淳。

"载淳！好，这个名字不仅响亮，而且寓意深刻。"

皇后是个才女，她认为咸丰皇帝为小皇子起的这个名字非常好，便同意了这个名字。其他皇亲、嫔妃也纷纷称赞小皇子名字起得好，懿妃更是高兴，从咸丰皇帝的面部表情，懿妃看得出来皇上是打心底喜欢她的小载淳，作为生母，她焉能不高兴。

一晃儿，小载淳该过"百禄"了。什么是"百禄"？所谓"百禄"，其实就是过百天。皇宫里的忌讳特别多，人死了以后，一百天叫"百寿"，后人才能脱去孝衣，所以孩子出生一百天，不叫"百寿"或"百日"而改称为"百禄"。

储秀宫又为小皇子掀起了一个喜庆的高潮。咸丰皇帝自然是一番赏赐懿妃和小皇子，储秀宫又一次笼罩在喜庆的气氛之中。皇后也笑逐颜开，她的赏赐仅亚于皇上，但据道光年代的老太妃们回忆，恐怕载淳过"百禄"是得到赏赐最多的，皇后送了四个金镯、一个金项圈、一个金班指、四个镀银金镯，升、斗、钟、印各一份，小帽二顶、单纱小衣八件、兜肚两个、裤子两条、鞋袜四双。

其他太妃、嫔妃、皇亲也不甘落后，纷纷送了厚礼，乐得懿妃合不上嘴，她的心里暗想道："生了一个阿哥就得到这么多的赏赐，如果自己肚皮争气，明年再生一个阿哥，岂不堆成金山银山了，大弟桂祥、二弟兆祥成家立业,妹妹容儿出嫁,一切费用都不用愁了。生活在皇宫,一旦得宠,的确就像进了天堂一样,太美了!太妙了!"

身着盛装的懿妃此时感觉到人生太美好了,仿佛老天爷特别偏爱她,为她安排了皇妃生活,不至于像其他贫苦女子那样终日操劳、容颜哀花。她的脸上荡漾着迷人的微笑,就像一朵水莲花,又娇艳,又高贵,好动人。咸丰皇帝见了,抑制不住内心的激动,趁人们嘻嘻哈哈抢着抱小皇子的时候,凑到美艳少妇懿妃的身边,悄悄地对她说:"今天朕留宿储秀宫。"

懿妃的脸上飞出朵朵红霞,她羞涩地一笑:"兰儿遵旨。"

咸丰皇帝偷偷地捏了捏她的玉指,谁知被爱吃醋的鑫常在看见了,她脱口而出:"哎哟,懿妃你好有福气,皇上这么疼你,让我们姐妹看见了,心里好羡慕。"

如果平常的日子,咸丰皇帝听到这样酸溜溜的话,一定会很不高兴。皇宫大内不比寻常百姓家,天子三宫六院七十二妃是正常的事情,皇后与嫔妃,谁都不准吃醋,谁也不能想专宠于皇上,皇上对她们是"博爱"。

可是,今天是喜庆的日子,咸丰皇帝心里特别高兴,他不愿扫大家的兴。听到鑫常在这句话,他只是稍微皱了一下眉头,并没有表现出十分的不悦。他的这种情绪变化被细心的皇后全看在眼里了,她打趣地说:"懿妃的确很有福气,头一胎便生了个阿哥,你们说,咱们姐妹几个谁有这等本事呀,这是老天爷偏爱她,不服气,咱们明天就生儿子。"

众人都笑了,懿妃更是笑得十分开心。她把小皇子抱在怀里,小儿在母亲的怀里一个劲儿地蹬腿,表示他很快乐。一百天的孩子仿佛知道他是众人瞩目的灿烂的明星,他的一举一动,一颦一笑都牵动了众人的心,他又像那颗明光皎洁的月亮,被众星拱托着,百日小儿好幸福。

载淳今天也格外争气,才这么一点点大,却不断地发出咯咯的笑声,他边笑还边不停地挥动着小手,样子十分可爱、动人,谁见了都忍不住想亲吻他一下。可是,咸丰皇帝不准任何人亲吻他,哪怕是皇后、懿妃也不行,因为太医说过,小儿太小,身质弱一些,最好少与外人接触,这样能减少疾病。于是,除了咸丰皇帝自己,别人是休想亲吻他的爱子的。

咸丰皇帝从懿妃的怀里抱过小载淳,小皇子乖乖地依偎在父皇的怀里,笑眯眯地,他瞪着那双明亮的大眼睛,注视着父皇。突然,他的小嘴一撇,有点儿想哭。

"怎么了,阿哥不想让阿玛抱?"

咸丰皇帝连忙问,他竟忘了百日小儿怎能听得懂他的话。皇后走过来,对皇上说:"可能是他习惯了小摇车,悠来悠去的,多舒服。"

"对呀,皇后所言极是。来,阿哥好乖,阿玛给你荡摇车。"

咸丰皇帝把小皇子放在腿上,又用双手夹住他的腋下,然后双腿有节奏地动来动去,这一招果然很灵,小皇子又发出了咯咯的笑声。父皇也笑、皇子也笑、众人也笑,突然,小皇子不笑了,他的小脸蛋憋得通红,他一动也不动。咸丰皇帝吓得大叫了一声:"他怎么了?"

太监张文亮连忙上前:"阿哥要尿尿。"

咸丰皇帝还没来得及把小皇子递给张文亮,载淳便开了闸,"哗哗哗——"尿了皇上一龙袍。这下可吓坏了张文亮,他连忙下跪:"奴才该死,奴才该死,万岁爷息怒。"

张文亮吓得脸色变得煞白,头也不敢抬,他跪在地上等着皇上发火,可是咸丰皇帝什么都没有说。张文亮偷偷地瞟了皇上一眼,他发现咸丰皇帝的脸上并没有任何恼怒的神情,反而在笑了。

"抱小孩,落一怀,这小儿的尿怎么这么香呢? 真是神了。"

咸丰皇帝又嗅了嗅,也许他真的闻到自己儿子的尿很香。民间有句俗语,叫"狗养的狗疼、猫养的猫疼、不养的不疼,谁养的谁疼"。这话可一点都不假,就连九五之尊的天子,平日里连自己的尿便都不敢看一眼,可如今儿子尿了他一龙袍,不但一点不生气,反而喜滋滋的,这就是人们说的父爱吧。

这一天,热热闹闹,吵吵嚷嚷,直到下午,人们才离去。懿妃明明记得咸丰皇帝的那句话,可她不明白为何皇上也随人们一同离去了,他走了以后,懿妃心想:"今天皇上很疲劳了,也许他想早早入寝,所以没有留宿储秀宫。不过,既然皇上有这种心思,今天不欢聚,明天也会欢聚的。"

懿妃也累极了,人们走后,她匆匆沐浴,换了件漂亮的睡衣,斜躺在软榻上睡着了。她刚一闭眼,一个美梦接一个美梦:"爱妃,怎么这么躺着,小心着凉。"

是咸丰皇帝那充满柔情的声音,似从天上飘下来。

"皇上,你不是走了吗? 怎么又回来了?"

懿妃也柔声细语的,咸丰皇帝弯下腰来,轻轻地亲吻着她的面庞,那吻好甜、好甜。

"爱妃,朕一个人难以入寝,朕好想你,这些日子以来,你想朕吗?"

"想,天天都想,兰儿生是皇家的人,死是皇家的鬼,兰儿心里只有一个念头,做个皇上最最心爱的妃子,此生足矣。"

"兰儿,说什么傻话,什么生啊,死啊的,好日子还在后头呢,朕好爱你。"

"谢谢皇上厚爱,兰儿感激不尽。"

梦境真美,懿妃在睡梦中露出了甜美的微笑。

"主子,主子,你醒一醒。"

安德海真不忍心唤醒正在甜美梦乡的懿妃,可是,他又不能不叫醒她,因为养心殿的侍寝太监来宣懿妃,马上去养心殿伴驾。懿妃正在梦中与皇上相亲相爱,被小安子这一声唤醒了,她很有些恼火:"小安子,嚷什么,讨厌!"

"主子,奴才也不想吵醒主子,可是养心殿的公公在外面候着呢。"

"什么? 你说清楚一些,养心殿的奴才在外面干什么?"

懿妃有些睡得迷迷糊糊的,她刚刚醒来,还有点晕头转向,她不禁问了这么一句。安德海见四下里没人,便凑近一些,低语道:"姐姐,皇上召你伴驾! 还不明白吗?"

"真的? 你怎么不早告诉我。"

"姐姐,公公不来吗。"

安德海在懿妃面前永远是附首帖耳,若是换上了别人,他也没这么温顺。当太监,虽然只是一条狗,但有的时候是个哈巴狗,有的时候是龇牙狗,也有的时候是个呆狗,这就要看主子怎么驯服了。

"姐姐,快点吧,莫让万岁爷等得不耐烦了。"

小安子说得很对,咸丰皇帝万一等急了,换上了别的嫔妃,可就不好了。懿妃慌忙站起来,让宫女为她又是梳妆、又是换装,急匆匆地被大力太监扛到了养心殿。一路上,懿妃的心中扑通、扑通直跳,将近一年了,咸丰皇帝都未召幸过她。

她能不激动吗? 往日的蜜意柔情历历在目,被大红毛毯裹得紧紧实实的懿妃羞红了脸。常言道"小别胜新婚",一年之久没和皇上亲热过了,今晚会是个什么情景呢?

再说养心殿里的咸丰皇帝,他此时正躺在龙榻上闭目养神,他也细细回味着往日与懿妃在一起时的欢娱,那时的兰儿娇媚动人、羞羞答答之中似乎还有那么一点点野情。东方女人的羞涩最令多情的男人动心,但如果女人过于羞涩,就显得有些拘谨了,只能让男人怜爱,不能让男人进入狂热的状态之中。而懿妃却与皇后和其他嫔妃有所不同,她又羞又娇又有点儿放纵,让咸丰皇帝爱不够。

记得有一次,兰儿被召幸,当赤身裸体的她从咸丰皇帝的脚下爬到皇上的身边时,突然窗外刮起了一阵风,把龙衾吹起了一个角,兰儿那美妙无比的胴体暴露了出来,她连忙拉住锦被的一角,将双乳紧紧护住,惹得咸丰皇帝直发笑:"兰儿,你这么害羞。"兰儿羞答答地点了点头,咸丰皇帝将她放在胸前的双手挪开,美丽的胴体完全展现在咸丰皇帝的面前,兰儿猛地一伸手,紧紧搂住他的脖子,呢喃着。

"兰儿,你是个聪明的女人。"

想到这里,咸丰皇帝不禁自言自语这么一句。正在这时,大力太监把懿妃扛了进来,懿妃从咸丰皇帝的脚头处爬了进来,她一言不发,紧紧地搂住皇上,激动地流着热泪。

"兰儿,兰儿,你怎么了?"

咸丰皇帝托起她的下巴,关切地问,可懿妃依然一声也不吭。咸丰皇帝笑了:"朕明白了,兰儿是想朕想得太苦了,是不是?"

懿妃躺在咸丰皇帝的胸前,点了点头。她能说什么呢,自从怀上龙种,近一年了,她与咸丰皇帝没这么亲近过了。如今小皇子已满百日,他们俩是你浓情,我密意,别后种种思念都化作这一滴滴的泪水,滴滴打到他们的心坎里,这就叫"夫妻恩爱"吧。

第十五章

恩宠过盛懿妃惹妒意　小儿绕膝国君显父爱

　　从此以后,咸丰皇帝隔三差五便召幸懿妃一次,有的时候,他也留宿储秀宫,两个人恩恩爱爱,整个皇宫无人不知。皇后为人温和、敦厚,她虽然嘴上不说什么,但毕竟她也是有血有肉的女人,她也有七情六欲,所以,心底深处,对懿妃这么受宠多少也有一些看不顺眼。皇母乃后宫之主,她怎好表露出醋意呢。但是,其他嫔妃就顾不上这么多了,尽管她们在皇上面前从不提起懿妃受宠之事,但背后没少议论懿妃。

　　丽妃生大公主前很得皇上的欢心,只因她生了个女孩,咸丰皇帝心里多少有一些不快,于是,对她有些冷淡。但娇小妩媚的丽妃依然还会得到皇上的欢心,但比起懿妃来,她要后退一点儿,她的心里焉能平衡。还有玖贵人、鑫常在等嫔妃,更是对懿妃妒忌的不得了,她们根本就得不到皇上的召幸,暗地里,几个女人怎能不攻击懿妃。

　　这天,丽妃、玖贵人、鑫常在相约到了坤宁宫,当时,皇后正在卧房里暗自垂泪。她听说姐妹几个到了,连忙抹去眼泪,又匆匆施了一点儿粉,以掩泪痕。

　　"皇后吉祥!"

　　几个嫔妃每次来坤宁宫,都是这么规规矩矩地请安。皇后连忙摆了摆手:"几位妹妹何必这么客气,都是一家人嘛,快请坐。"

　　两个宫女送上茶水、点心,皇后与她们边嗑瓜子边聊天儿。

　　"皇后,刚才我们姐妹几个到了储秀宫,大阿哥可逗人了。"

　　丽妃先开了口,她的怀里还抱着大公主,大公主不住地摆弄着她母亲的衣领,皇后见了,连忙说:"格格,来,到额娘这儿来。"

　　大公主像蝴蝶一样扑到了皇后的怀里,她的小嘴特别甜,一开口就惹人怜爱:"皇额娘,我好想你,额娘想不想我呀?"

小女孩歪着头，天真地问，皇后认真地回答她："想，额娘当然想你了。"

"皇额娘比兰额娘好，刚才我去看小弟弟，兰额娘不准我牵小阿哥的手。"

皇后的脸色一沉，问其他人："真有这么回事呀？"

玖贵人、鑫常在点了点头，丽妃的眼里噙着泪花："皇后，本来嘛，公主和阿哥是姐弟，他们骨肉相连，小孩子不懂事，牵了阿哥的小手，阿哥也高兴得直蹦，小拳头一挥一挥的，可高兴了，可懿妃偏偏甩了脸子，猛地推开大公主，皇后，这气人不气人。"

玖贵人也附和道："都是皇上的心头肉，他们小姐弟俩亲亲热热的多好啊，可懿妃硬是不让。"

鑫常在也跟着添油加醋："瞧她那样儿，仗着皇上宠她，目中无人了，刚才，我们姐儿几个约她来请安，她的脸耷拉得好长，只推说头疼，硬是不来。"

皇后架不住你一言，我一语的，她心里不禁也有了气："懿妃是有些过分。"

"过分的还多着呢，听储秀宫里的姑娘说，皇上一连三天都留宿她那儿，每天早上早朝都不去了。"

皇后的眉头皱得更紧了，她虽没表什么态，但从她的眼神中可以看出来，她很生气，而且决定用"祖训"来教训一下懿妃。第二天，坤宁宫的大太监到了储秀宫："皇后有旨，召懿妃速去坤宁宫。"

这时，懿妃正坐在窗前修指甲，突然听到皇后召她，她心里直纳闷儿："皇后轻易不召我，想必今日一定有重要事相商。"

她刚起身，想梳妆打扮一番便去，又听得坤宁宫的大太监在督促她："娘娘，快一点儿吧，皇后可等得不耐烦了。"

一听这话，懿妃觉得有些不对劲儿，太监的口气很硬，像是来兴师问罪的。平日里，有个什么事情，皇后总是亲驾储秀宫，柔声细语地与她相谈，今天怎么回事儿，难道自己触犯了什么宫规？懿妃心里老大的不高兴，自从得宠以来，别说是奴才，就是其他嫔妃也没这么和她说过话。

"急什么，大胆的奴才，小心你的皮肉。"

嘴上虽是这么说，但她还是迅速梳好了头，换上一件水绿色的长裙，

坐着轿子去了坤宁宫,一到坤宁宫,她就觉得这里的气氛有些不对劲儿,往日里皇后总是面带笑容,一副和蔼可亲的面孔,可今天却一反常态,见到懿妃进来,脸上连一点儿笑容都没有。

"皇后吉祥!"

"免礼!"

口气冷极了,冷得懿妃直感到透心的寒。她心里没底儿,也不敢坐,只是呆呆地站在那儿,皇后也不让座。

"懿妃,近来很忙啊?"

连称呼都变了,以前,皇后称她为"妹妹",可今天却称"懿妃",看来,皇后心里很有气。

"回皇后的话,兰儿近来没能来向皇后请安,是因为大阿哥一天天地在长大,几个嬷嬷照顾不过来,再说,兰儿也不放心把阿哥完全交给她们,万一有什么闪失,那是兰儿的罪过。"

听她的话振振有词,皇后更气了,心里想:"哎哟,士别三日当刮目相看了,往日的那个秀女不见了,如今是皇妃了,而且还为皇上生了个大阿哥,说起话来,口气硬多了。左一个'大阿哥',右一个'大阿哥',以大阿哥生母的身份而居功,她的眼里还有没有我这个皇后,还有没有宫规。"

皇后很少说出让人难以接受的生硬的话,可今天她说了,而且她的语气也很生硬:"懿妃,我听别人说,皇上常常留宿储秀宫,这不是谣传吧。"

说得懿妃连后退一步的余地也没有,她想反正你是知道了,不如索性认账算了,谅你皇后也奈何不了我。

"皇后,兰儿也劝皇上保重身体,以国事为重,不可为儿女私事耽误大好时光。"

皇后十分不满她的这种强硬的态度,不但一点也不认错,反而强辞夺理,为自己辩解,她的眼里还有尊贵的皇后吗?皇后忿然地大叫一声:"大胆的婢子,明明是你迷惑皇上,还说皇上眷恋你,耽误了国事,你能担得起吗?"

皇后这一怒吼,也着实把懿妃吓了一大跳,皇宫大内毕竟还有个嫡庶之分,后妃之别,她扑通一声跪在地下,声泪俱下:"兰儿知错,望皇后息怒,兰儿从今日起规劝皇上便是。"

懿妃哭得好伤心,皇后本来就是个心地善良的人,她见不得别人掉眼泪,懿妃这一哭,把她的心给哭软了。

"好了,知错就好,你还年轻,以后千万注意多劝劝皇上,不可因男女欢娱而误了国事。"

懿妃点了点头,皇后又让宫女为她端上一盆水,洗去泪痕。

"妹妹呀,莫怨姐姐训导你,你也太由着皇上的性子胡来一气了,皇上日理万机,能那么贪欢吗?"

懿妃听得出来,皇后并不是妒忌她与皇上恩恩爱爱,而是打心底深处关心皇上的身体健康。但是,究竟是谁在皇后面前告了自己一状呢?丽妃?玖贵人,还是鑫常在?不管是谁,反正都一样,后宫佳丽在妒忌她,暗害于她。懿妃在心里说:"你们这几个小女人,自己没本事让皇上宠爱你们,反而暗害于我兰儿,哼,咱们走着瞧,兰姐姐暂且不理会你们,等有一天兰姐姐得了势,还有你们的好日子吗?"

懿妃辞别了皇后,回到储秀宫,越想越生气,她没想到皇上宠幸自己竟会遭到皇后如此之呵斥,她也知道皇后是宽厚之人,不会生出这种醋意,一定是其他人在皇后面前说了什么。到了晚上,养心殿的太监又来宣懿妃伴驾。懿妃今天不做任何修饰,临走时又使劲揉了揉眼皮,眼皮马上红肿起来。

"爱妃,为何沉默不语?"

咸丰皇帝将懿妃揽在怀里,他发现兰儿今天与往常不一样,便问道。懿妃仍然低头不语,她把脸贴在皇上的胸口处,竟有些呜咽了。咸丰皇帝托起她的下巴一看,她的双眼红红的,就像刚刚哭过一样。

"怎么了,告诉朕。"

懿妃轻轻地叹了一口气,很委屈似的说:"皇上,兰儿以后不能常常伴驾了。"

"为什么? 你哪儿不舒服吗?"

咸丰皇帝与他心爱的兰儿此时正浓情蜜意,怎么兰儿突然提出这个问题,他真有些纳闷儿。

"还是不说的好,何必让皇上生气呢,兰儿一心只为皇上好。"

"说,一定要说,朕要知道为什么。"

人就是这样,都有"逆反心理",你越是不想让他知道,他越是想知道。懿妃是个聪明人,她恰恰利用了这一点,造成了咸丰皇帝的盼知心理,这叫欲擒故纵。

"兰儿天天伴驾,会影响皇上身体健康的,再说也有人说长道短,兰儿感到很委屈,说兰儿什么都无所谓,但是她们哪怕是说皇上一句,兰儿心里都不好受。"

"说什么? 谁在胡说八道什么?"

咸丰皇帝真的有些生气了,他在追问,正合懿妃的心意,她深知皇上的脾气,他有一点儿小心眼儿。

"无非就是说兰儿轻狂,迷惑皇上,误了皇上的大事儿。"

咸丰皇帝面带愠色了,他说:"长舌妇! 朕不宠幸她们,她们便生出这许多是非来。兰儿,莫和她们那些见识浅薄的人论长短,只要朕一心一意宠你,你就是个幸福的女人。"

懿妃好激动,紧紧贴在咸丰皇帝的胸前,喃喃地说:"兰儿谢皇上圣恩。"

咸丰皇帝为了让怀中的小美人儿更开心,他脱口而出:"朕不但要更加宠爱于妳,还要晋封妳为皇贵妃呢。"

一听这话,赤身裸体的懿妃高兴得差一点儿没蹦起来,她急切地问:"此话当真?"

其实,这一句是多余的,天子乃金口玉言,岂有戏语。咸丰皇帝点了点头。

懿妃柔声细语地说:"皇上,你真好。"

咸丰七年三月二十三日,储秀宫里掀起了第五次热浪,爱新觉罗·载淳满一周岁了。按照习俗,小孩子在周岁生日这天要"抓周"。

"抓周"也称试儿,据说这种习俗最早见于南北朝时期,当时在江南一带很盛行,当孩子周岁这一天的时候,做父母的便邀来亲朋好友,为自己的孩子举办隆重的"抓周仪式",先将小儿沐浴更衣、喂饱喝足,再把小儿抱出来,地上铺一张大席子,在席子上堆放着各种各样的东西,不外乎有弓箭、刀剑、针线、笔墨纸砚、胭脂、麦种等物。小儿在众人的喝彩下,开始抓取,他第一把抓起的物品就代表着他将来的兴趣。

如抓起弓箭、刀剑之类的,说明他将来爱武;抓起笔墨纸砚,说明他以后从文;抓起针线、胭脂,说明他善女红;抓起麦种,说明他只能做耕民。俗语说"一岁看大、三岁知老"。父母总希望孩子将来能干一番大事业,

所以还在他婴儿时便急匆匆让他表示志愿，

　　看志愿仅仅是一个方面，另一方面是借此机会大搞庆典活动，亲朋好友都来聚一聚，也挺热闹的。做父母的几天前就忙乎开了，杀鸡宰鹅、买肉打酒，准备一桌最丰盛的筵席以宴请亲朋好友，大爷、大娘、叔叔、婶婶不用说，他们是自家人，既来做客，也来帮忙；姑姑、姑丈也是不请自来，舅舅、姨妈们有的拎两斤点心，有的打个铜锁，也有的给孩子做件新衣裳。总之，空着手来的不多，多多少少都要带一点儿东西来。大家伙儿凑在一块儿，趁"抓周"之机会，聚一聚，热闹一番，亲戚邻里之间也增添不少情谊。

　　清廷入关以来，逐步受汉人的影响，"抓周"之庆典活动就是向汉人学习的。特别是清皇宫更是竭力推崇这一活动，皇宫里出生的孩子，个个是皇子，他们之中总有一个将来要继承皇位，登上皇帝的宝座，这样一来，"抓周"显得尤其重要。当然，立储君要取其德、才，但皇上总希望在小皇子幼年时就表现出将来的志愿，特别是对于咸丰皇帝来说，他渴望生个阿哥，将来以承父业，而载淳是他唯一的儿子。载淳满一周岁了，毋庸置疑，"抓周"一定要办得隆重一些。

　　五天前，咸丰皇帝便口谕内务府总管，大办"抓周"庆典活动，内务府岂敢怠慢，别说皇上已口谕过，就是皇上没有那么办，他们本来也打算风风光光办庆筵，初步设想是其规格仅次于皇上的生日——万寿节。宫廷里到处张灯结彩、披红挂绿、喜气盈盈，太监、宫女们来来往往，穿梭于储秀宫，有的打扫宫院；有的送来内务府给小皇子订做的几套新衣裳；有的为懿贵妃梳妆打扮，试一试究竟哪一种发式更配她那张俊俏的脸；也有的把皇上赐给懿贵妃的古玩书画小心翼翼地送来，摆放在储秀宫的东暖阁、西暖阁里。几天来，储秀宫热闹非凡。

　　这次庆典活动的小主人——爱新觉罗·载淳仿佛明白他是人们关注的焦点，他这几天来格外高兴，一周岁的小儿，口中已会呼"阿玛"，并能举起手来表示自己的意愿。他瞪大眼睛看着人们忙来忙去，似乎明白大家正为他忙碌着，他芙蓉花一般娇艳的小脸时时发出甜甜的微笑，太监、宫女们每当走近他时，总要道一声："大阿哥吉祥！"

　　小载淳挥动着双拳，以示欣喜。他不时地发出"啊、啊"之声，似乎在说"我很开心，我很开心。"小皇子长得很结实，才一周岁就像两、三岁的

第十五章　恩宠过盛懿妃惹妒意　小儿绕膝国君显父爱

孩子,很有些帅气,小手胖乎乎的,白皙的面颊、乌黑的亮发、红红的小嘴唇、翘翘的小鼻子,让人人见了都喜爱。一周岁的他虽然不能用语言表达自己的意愿,但是似乎心里什么都很明白,明白他是至高无上的皇帝的唯一的心头肉。

谙达张文亮从小皇子落地时起就来到了储秀宫,他的专职是侍候小皇子,除了喂奶、洗尿布的活儿他不干,其他事务几乎都有他的份儿。一年来,他几乎是日夜陪伴小皇子,所以,载淳一见到张文亮,便手舞足蹈起来,那高兴劲儿就甭提了。

"啊、啊……"

张文亮刚走过来,载淳高兴地手也动、脚也动,还不住地叫着,他还不会走路,坐在宫女的怀里,一个劲儿地上下蹲动着。

"阿哥,奴才正忙着呢,过两天阿哥就要快一周岁了,万岁爷口谕要大办筵席,为阿哥过生日。等过几天忙完了这事儿,奴才再陪阿哥玩,好吗?"

一岁的小儿怎能听得懂这一番话,小载淳见张文亮不像往常那样俯下身子,趴在地上,让自己骑到他的身上,小嘴一撇,哭了。懿贵妃听到儿子的哭声,连忙遣安德海过来看看怎么回事。这安德海本是储秀宫的太监总管,他在储秀宫是一人之下,众人之上,除了主子懿贵妃,谁不畏他三分。可自从小皇子落地,张文亮到了储秀宫,安德海总觉得别扭,张文亮与安德海互不服气,张文亮是皇上亲自钦定的皇子的谙达,"人事关系"不在储秀宫,只不过小皇子尚小,必须留在生母身边抚养,所以张文亮也只好住在这儿。张文亮凭自己是皇上身边的人,也有些有恃无恐,安德海借主子懿贵妃的"东风"更目中无人。这样一来,两个人总有些不融洽。

"阿哥、阿哥,怎么回事儿?"

安德海边走边说,他分明看见张文亮站在小皇子的身边。张文亮见小皇子那想让他抱一抱的逗人喜爱的心模样,忍不住伸手去把他抱了起来,正巧这时安德海来了。

"张公公,主子可生气了,公公专职侍候阿哥,却怎么惹得阿哥这般生气。"

安德海出口很不客气,张文亮看了他一眼,并没有回敬一句,他知道对于安德海这种"狗"是没必要多啰嗦什么的。安德海见张文亮缄口不语,以为他理亏,不敢说什么,于是更咄咄逼人了:"张公公,你可不要忘了自己的职责,如此失职,主子怪罪下来,让你吃不了——兜着走,哼!"

张文亮把小皇子往宫女怀里一放,拂袖而去,他口说了一个字:"狗。"

小皇子猛地大哭了起来,也许他被两个人的争吵吓着了,也许是他看见张文亮远去,不再抱他,有些失望,反正他哭得很凶。安德海为了讨好小皇子,连忙走上前,哄着小儿。

"阿哥莫哭、阿哥莫哭,小安子学小狗叫,好吗?"

安德海"汪、汪、汪"地叫了几声,可是一点儿也不灵验,小皇子依然大哭、大叫。这时,咸丰皇帝正跨进储秀宫的大门,远远地,他就听见宝贝儿子的哭声,心中纳闷儿:"小载淳很少这么哭闹,今日一定是哪儿不对劲儿,是身体不适,还是饿了?渴了?"

咸丰皇帝急匆匆走进东暖阁,他第一眼看到的是小皇子挥着小拳头扯打着安德海。咸丰皇帝见儿子眼泪鼻涕一大把,心里真不是滋味,他大吼一声:"大胆奴才,退下!掌嘴!"

安德海一听是皇上的声音,浑身上下哆嗦了一下,他连忙跪下,企图为自己辩白:"皇上吉祥!奴才给万岁爷请安了,刚才阿哥哭闹不已,奴才想——"

"想什么?还敢狡辩,掌嘴二十下。"

咸丰皇帝不问青红皂白,呵斥小安子,他已认定是该死的小安子惹得儿子不高兴,不惩罚小安子,心头难消气。安德海也深知皇上的脾气,如果此时再为自己辩白什么,后果将更加严重,他只好左右开弓,"赏"自己二十个大耳刮,打得自己眼冒金花,然后含着泪水退了下去。咸丰皇帝走上前,一手抚摸着小皇子的脸颊,一手拍着他,哄劝着:"阿哥好孩子,莫哭!听话的好孩子,来,阿玛抱一抱,对,好孩子。"

瞧着皇上那慈祥的神情,几个宫女忍不住,吃吃地笑了。咸丰皇帝见大家在笑他,便说道:"笑什么,可怜天下父母心,谁不心疼自己的娇儿。"

正巧,懿贵妃听到儿子大哭不止,不知是怎么回事儿,也走了过来,她还没进东暖阁,却听到了咸丰皇帝的这句话,心头不禁一热,为自己,也为儿子而庆幸。这一年来,早已充分表现出母凭子贵的皇宫生活现实,此时,皇上又说了这么一句话,她更是乐得合不上嘴,她笑盈盈地走上前:

"皇上吉祥!"

"爱妃免礼!"

两个人既亲亲热热,又显得十分融洽,宫女们看在眼里,都为主子受宠而高兴。咸丰皇帝从宫女的手里接过小皇子,他笑吟吟地说:"爱妃,你瞧阿哥多逗人,朕一抱着他,他就笑。刚才还又哭又闹的,这会儿多么温顺。"

懿贵妃款款地走近咸丰皇帝,她将脸轻轻地贴在皇上的肩头,幸福地说:"皇上,他是你的儿子,父子连心嘛,你一抱,他当然乖巧多了。"

宫女们见此情景,纷纷退下,储秀宫东暖阁里只剩下幸福之中的三个人。咸丰皇帝一手抱着娇儿,一手搂着懿贵妃,轻声问:"爱妃,朕已口谕过,阿哥周岁大办筵席,这儿准备得怎么样了?"

"皇上放心,兰儿早已遵旨行事,一切都已准备就绪。"

"朕令老六等人全来,为阿哥热热闹闹过生日。"

"兰儿代阿哥谢皇上!"

懿贵妃轻声柔语,十分动人,咸丰皇帝干脆把小皇子放到她的怀里,自己则张开双臂,将她们母子二人紧紧地拥在怀里,说:"还用得着谢吗?他是朕的心头肉呀!"

"皇上,阿哥快满一周岁了,可是他只能站立,还不敢行走,兰儿急得不得了,再过两、三天,人们都来了,这可怎么好呢。"

懿贵妃当然希望小皇子在周岁那一天,站立行走,露一手给大家看,可是,小皇子在娇生惯养中度过了最初的一年,虽然他长得很结实,但太监、宫女们木敢放手让他学步,生怕摔了他,所以至今还不会走路。

"来,朕教他走步。"

咸丰皇帝一高兴,堂堂一国之君居然弯下腰来教小皇子走路,他把载淳放在地上,扶他站稳了,又让懿贵妃站在载淳的对面。

"阿哥,走过去,去找你额娘。"

咸丰皇帝鼓励着小皇子,懿贵妃也柔声细语地说:"阿哥,走过来,来,额娘抱一抱阿哥。"

无论阿玛、额娘怎么鼓励、催促,小皇子稳稳当当地站在那儿,就是一动也不动,他仰起小脸,双手乱挥动,口中不断"啊,啊"叫着以表示有些害怕。

"莫怕,慢慢地走过去,阿哥是个勇敢的好孩子。"

咸丰皇帝轻轻地推了小皇子一下,小皇子一个踉跄,险些跌倒,吓得"哇"地一声哭了起来。咸丰皇帝心疼地抱起娇儿,不住地哄劝着:"莫哭、莫哭,阿哥好孩子。"

小皇子扑向懿贵妃,希望能得到母爱,懿贵妃连忙上前将儿子抱过来。小皇子紧紧贴在额娘的胸前,一动也不动。突然,他挣脱了母亲的怀抱,自己稳稳当当地站在地上,有些想学步的样子,咸丰皇帝高兴极了,他连忙又蹲了下来,拍着双手说:"走过来,大胆地走过来。"

小皇子瞪着他那双美丽的大眼睛,注视着父皇,可是就是不肯迈步。他拦了一下左脚,刚想往前迈,又放了下来,不动了。咸丰皇帝灵机一动,他从腰间解下一只香荷包,在小皇子的面前来回地晃着,小载淳一看见那绣工精巧的荷包,便忍不住想要,他一努力居然喊出:"包包,包包。"

"阿哥,给,给你包包。"

咸丰皇帝弯下腰来,慢慢地向后移动几步,他始终把那个荷包在小皇子的面前来回晃动着,小皇子又抬起左脚了,他不由自主地往前迈了一步、又一步、再一步。小皇子走得虽然不是十分稳健,但他还是坚持走了下去,咸丰皇帝和懿贵妃几乎都是屏住呼吸,专注地教儿子走步。不一会儿,小载淳就能摇摇摆摆走上七、八步了。咸丰皇帝猛地抱起儿子,高兴地大叫:"阿哥真勇敢、真勇敢!"

懿贵妃的脸上荡漾着幸福的微笑。

经过几天的准备,终于迎来了载淳的第一个生日。这一天,储秀宫里热闹非凡,咸丰皇帝和皇后钮祜禄氏比别人来得都早一些,紧接着后宫众佳丽也纷纷到此,恭亲王奕䜣及福晋等皇亲也都到了,大家带来了不少礼物。小皇子载淳穿上新装,在张文亮的搀扶下,摇摇摆摆地走来了,他发现人们都用热切的目光注视着他,便来了精神儿。

他一会儿走到这里,一会儿又走到那里,以引起人们对他的注意,他仿佛能听得懂人们夸奖他的话语,小脸笑嘻嘻的,手脚不住地乱动一气。张文亮故意逗他玩,把他放在一张软椅上,又将他的手脚摆好,不让他乱动。可是,一眨眼的工夫,他又忍不住乱动了起来,不禁引得大家一笑。小载淳见大家不仅注视着自己,而且很有欣赏自己的意味,更高兴了,他干脆挣下椅子,再走上一圈以博得人们的一阵喝彩,颇有点儿雄赳赳、气昂昂的气势,逗得大家更乐了。

时辰已到,小载淳被带到西暖阁准备"抓周"。太监、宫女们早已准备好"抓周"用的东西,有金钥匙一件、金锁一个、玉陈设二事、玉扇坠二枚、银盒一个、犀钟一捧、犀棒一双、弓一张、矢一枝、文房一份、晬盘一个、女娃玩具一件、书一部。

所有的东西都整整齐齐地摆放在大红地毯上,张文亮把载淳领到地毯上,然后放开手,让小皇子自己去抓东西。咸丰皇帝及皇后、众嫔妃、众皇亲纷纷围拢上来,大家都想目睹一下小皇子抓起东西时的神情。小载淳自从记事以来,还没见过今天这么多的人一齐围观着他,平日里爱动不爱静的他,今天却一反常态,一个人站在许多东西中间,一动也不动。他是被众人热切希望的目光给吓着了。

这可急坏了众人,尤其是躲在屏风后面的张文亮,他干着急,又不敢出来。咸丰皇帝与皇后、懿贵妃也很着急,小皇子这么僵持下去可不行。突然,咸丰皇帝找到张文亮,他知道张文亮最熟知小皇子的习性,希望张文亮能出一招,好让小皇子快快行动。张文亮也意识到皇上在寻他,他便突地干咳了一声,小皇子听到自己熟悉的声音,便循声望去,一看是张文亮,小脸马上变得不那么严肃了。

张文亮急中生智,做了一个抓东西的姿势,这一招果然见效,小皇子一弯腰,首先抓起了一本书,举在头顶,洋洋得意地笑着。咸丰皇帝和皇后露出了满意的微笑,众人也发出"啧啧"地赞叹声,小皇子又弯下腰来抓起一个小巧玲珑的弓矢,最后抓起一枝笔。众人欣喜若狂,纷纷称赞小皇子将来兼有文治武功,定可重振江山社稷。

"抓周"活动顺利地进行着,大家看到小皇子志愿颇高,都十分欢欣,纷纷拿出贵重的礼物赠给他,周岁小儿竟成了富翁。他的生母懿贵妃十分欢喜,人们走散后,亲自指挥太监、宫女们将所赠礼物一一摆放后,她才休息。一躺到床上,她突然想到白天里看到的一个情景,当咸丰皇帝令众嫔妃上前赠礼物时,懿贵妃好像看见玖贵人的身子有些笨重,现在回想起来,她的心里不寒而颤:"莫非玖贵人有了身孕?"

心中刚掠过这个念头,她便紧张了起来,眼下咸丰皇帝只有载淳这么一个宝贝皇子,他的所有父爱都给了载淳。万一玖贵人再生一个皇子岂不争爱,弄不好将来又要出现兄弟争储的局面。想到这里,她便不能安睡,披衣起身。

"小杏儿。"

"奴婢在。"

小杏儿永远是那么恭恭敬敬。懿贵妃吩咐她:"明日你去打听打听,玖贵人是否怀有身孕,几个月了,从脉象上看,呈的是什么脉?"

"杏儿一定完成。"

懿贵妃这才又躺下,可是她兴奋了一天,现在又焦虑不堪,所以翻来覆去总难以入眠,直至四更她才迷迷糊糊地打了一会儿盹。第二天中午,小杏儿便神情紧张地告诉她:"主子,奴婢已向内务府打听过,玖贵人今冬明春生产,好像呈的是阳脉。"

"什么?她也要生阿哥?"

懿贵妃真的紧张了,她千辛万苦生下载淳,眼看着小载淳一天天长大,咸丰皇帝独钟这个皇子,可半路上杀出个"程咬金"来,万一玖贵人也生个皇子可怎么办。天意难违,懿贵妃纵有天大的本事也难以阻止玖贵人生儿子,几个月后,咸丰皇帝的第二个皇子出世了。咸丰皇帝当然又是一番欢喜,他口谕内务府按照载淳出生时的规格为新生皇子准备各种庆典活动。

然而,咸丰皇帝的欣喜之情立刻被淹没了,玖贵人所生皇子来到世上才两天就夭折了,咸丰皇帝十分悲痛,懿贵妃暗自高兴。失子之痛折磨得咸丰皇帝不愿上朝,悲痛中,他立刻想起了储秀宫里活泼、可爱的小载淳。

小载淳两岁了,他已走得稳稳当当,说起话来口齿清晰,稚嫩的童音似一首美妙的乐曲冲撞着父皇的心。咸丰皇帝刚出现在储秀宫,小皇子便似小鸟儿一般飞向父皇的怀抱,他亮开银喉,高声喊:"阿玛吉祥!"

咸丰皇帝好不激动,他弯下腰,张开双臂,喊道:"阿哥,来,阿玛抱一抱。"

小皇子一直扑进父皇的怀里,他仰起粉团儿一般的小脸在父皇的脸上蹭来蹭去。

"阿玛的胡子好扎人、好扎人,疼死了。"

小皇子想推开父皇,可咸丰皇帝把儿子抱得更紧了,他用胡子茬扎着儿子,十分开心地说:"疼不疼?哦,疼不疼?"

小皇子机智地躲过父皇一次又一次的"进攻",父子俩沉浸在天伦之

第十五章　恩宠过盛懿妃惹妒意　小儿绕膝国君显父爱

乐中。这时,懿贵妃走了过来,她哄劝着小皇子:"阿哥好乖,不闹了,阿玛很累,让阿玛歇一会儿。"

"不,偏不,我要骑大马。"

小载淳有些像他的母亲,逆反心理很强,如果额娘不说刚才那一句,也许他会安静下来,现在偏偏闹得更凶了。平日里,张文亮为了让小皇子开心,总变着花样逗他,有时学狗叫、有时俯下身子当大马,让小皇子骑到身上,这会儿,小皇子又要骑"马"了。懿贵妃生怕小皇子闹得太离谱儿,万一惹得皇上不开心可就扫兴了,她连忙说:"阿哥听话,等一会儿张文亮来了,再骑马,快别闹了。""哇——"小皇子放声大哭,他哭得好委屈,咸丰皇帝心疼得直叫:"兰儿,瞧你,把他惹哭了,快哄哄他,这样会哭坏嗓子的。"

懿贵妃连忙拿来小皇子最喜爱的几件玩具,可是他什么都不要,拿上一件甩一件,气得懿贵妃脸一沉:"再闹,额娘就生气了。"

咸丰皇帝也连忙劝说:"阿哥莫要哭,哭闹这么凶,阿玛也生气了。"

小皇子一看阿玛、额娘都露出不满的神情,马上敛住了哭闹,小嘴儿一撇,不哭了。咸丰皇帝说:"阿哥想要什么,阿玛陪你玩一会儿。"

小皇子低头不语,懿贵妃拿来他平日里最爱摆弄的七巧板,说:"阿哥摆个小兔儿给阿玛看一看,好么?"

小皇子依然是一动也不动,从他那神情上看得出来:他生气了。

"好了,好了,不要生气了,这么大点的孩子,气性还真不小。"

咸丰皇帝将儿子揽在怀里哄劝着,执拗的小载淳不语也不笑,不哭也不动,像个泥塑的娃娃,这可急坏了咸丰皇帝,他急切地说:"要什么? 阿玛一定满足你。"

小载淳勾住阿玛的脖子,依然不说话。但咸丰皇帝看得出来,儿子想开口了。他便进一步鼓励:"阿哥只要开口,阿玛一定做到。"

"我要骑大马,骑张文亮的大马。"

还是"骑大马",小皇子还没忘了那件事儿,懿贵妃又气又欣喜,气的是儿子小小的年纪就如此执拗,喜的也是这一点,这执拗的脾气太像自己了,这叫"不到黄河不死心",不达到目的绝不罢休,这种人更易成功。

"张文亮。"

"奴才在!"

懿贵妃的话刚落音,张文亮便出现在他们的面前。刚才,小皇子闹得那么凶,太监、宫女们全听见了,大家屏住气息,候在门外准备随时侍候主子。

　　"马,马来了。"

　　张文亮刚跪下向皇上请安,小皇子便高兴地大叫起来,小皇子连忙跨上"马鞍",小腿一蹬,"大马"跑了起来。"咯咯咯……"储秀宫的上空回荡着小载淳那银铃般的笑声。"哈哈哈……"咸丰皇帝开怀大笑,懿贵妃也嫣然一笑,那情景十分动人,好一幅天伦之乐的图画。咸丰皇帝左手托着下巴,右手拿起羊毫笔,纵横挥洒,懿贵妃走近一看,原来是这么一句诗:"绕膝堂前助笑颜。"

　　"爱妃,阿哥真可爱。"

　　咸丰皇帝深情地注视着懿贵妃,他很感激眼前的这个女人为他生下这么一个可爱的儿子。此时,懿贵妃的心里比蜜还甜。

第十五章　恩宠过盛懿妃惹妒意　小儿绕膝国君显父爱

第十六章

皇后宽厚真爱换童心　贵妃小性亲儿远生母

在父母的精心呵护下，小载淳过着幸福的生活，一转眼的工夫三岁了。三岁的他已朦朦胧胧开始记事儿，辨别是非的能力也增强了许多。在他的天性里，既有咸丰皇帝温顺、善良的一面，也有懿贵妃那机警、狡诈的一面，但总体来说，他更多地继承了父皇的性格，加上小孩子天真烂漫的天性，所以小皇子深得人们的喜爱。

他长得越来越像咸丰皇帝，眉目清秀，端庄凝重，谈吐间流露出不凡的气度，这些都让咸丰皇帝越看越爱。这些年来，皇宫里多了个小皇子，笑声也多了起来，小孩子稚嫩可爱，人见人爱，无不称赞小载淳聪明伶俐，天性善良，这一切咸丰皇帝感到十分欣慰。这些年来，太平军一直闹得朝廷上下人心惶惶，无奈之下，咸丰皇帝只好启用曾国藩。曾国藩倒也卖力，调动他的湘军镇压太平军，无奈两军交战，时有胜负，一时间谁也灭不了谁。咸丰皇帝又急又气，但他改变了态度，不再像几年前那样，频繁地惩处将领，也许是久战的原因，咸丰皇帝对太平军不再那么惧怕了，他把重担甩给曾国藩，有时连奏折也懒得去看。

可是，战况激烈时，前方呈上来的奏折不看又不行。咸丰皇帝紧锁眉头，一言不发，他真弄不明白，堂堂几十万湘军为何总灭不了十几万的太平军。已任两江总督的曾国藩又奏，说清军在安庆被围，请求朝廷火速派援兵南下，以解安庆之燃眉之急。咸丰皇帝心中十分恼火，他恨曾国藩又给他找麻烦，更恨洪秀全在江南建立天朝，和大清的天子对着干。大殿之上，军机大臣们没有一个敢出大气的，他们深知天子的脾气，这些年的战争把他的脾气也打坏了，先前温和的天子不见了，取而代之的是暴躁不安、喜怒无常的他。

"你们怎么不说话，说出来听听嘛。"咸丰皇帝很想听一听群臣的意见,可是谁也没出声,都生怕说的不对他的口味招来麻烦。

"一群哑巴!"咸丰皇帝恼了,大吼一声,拂袖而去。

他气得连龙舆也不坐了,徒步走向养心殿,从他那气冲冲的神情看,此时他正在火头上。他径直向养心殿走去,一路气冲冲的。御前太监紧随其后,吓得他们大气不敢出。快要走进养心殿宫门时,只见小皇子兴冲冲地从宫院里跑了出来,由于天冷,他的小脸蛋儿冻得通红,就像是一只娇艳的红苹果。

"阿玛、阿玛。"

小皇子一蹦三跳,跳向父皇,随行太监差一点儿没吓昏过去,大家知道咸丰皇帝正在气头上,若是惹恼了他,一定拿他们出气。特别是谙达张文亮更是吓得面如土色,他真后悔此时带小皇子来养心殿。他看得很清楚,皇上面色铁青、眉头紧锁、双唇紧闭,这是皇上极端不开心的标志。张文亮连忙上前,拉住小皇子的手,使劲捏了捏小皇子。

小皇子也真能称得上聪明绝顶,几岁的小儿居然能从别人的手劲上判断出局势,他仰起小脸儿一看:"糟了,阿玛一脸的不高兴,肯定发生了什么事儿。"

小皇子挣脱张文亮,敛起笑容,恭恭敬敬跪在地上:"阿玛吉祥!"

一语惊众人,这童音此时从小皇子的口中发出,那么清脆、那么悦耳,如同一曲仙乐从天边飘来,又如和煦的春风吹拂了众人的心田,太监们看得清清楚楚,咸丰皇帝的脸上掠过一丝笑容。虽然他笑得很勉强,但的确露笑脸了,这使得太监们都舒了一口气。

"皇儿快起,小心些!"

咸丰皇帝上前一步,拉起小儿的手,用龙袍的一角护着小皇子,生怕冻着他似的,父子俩走进了养心殿。咸丰皇帝关切地问:"阿哥,冷吗?"

小皇子摇了摇头,他看见父皇的神情不再像刚才那么严肃了,便也放松了许多。

"阿玛,刚才谁惹你生气了?"

小皇子也关切地问着父皇。真是父子连心,小小的年龄就知道为父皇分忧,咸丰皇帝不禁心头一热,他把儿子拉得更紧了。

"是一群乱党。"

"乱党?什么叫'乱党'?"

第十六章　皇后宽厚真爱换童心　贵妃小性亲儿远生母

几岁的小儿怎么听得懂"乱党"一词呢,他禁不住好奇地问。咸丰皇帝叹了一口气.说:"你长大就知道了。对了,阿哥,你来找阿玛有事吗?"

小皇子认真而严肃地说:"有事儿。"

"什么事儿?"

"想阿玛,想得我不想吃饭,也不想睡觉,有时只想哭。"

"好儿子。"

咸丰皇帝激动地把小皇子抱了起来,在他稚嫩的小脸上亲了又亲。被国事困扰的天子此时倍感亲情的可贵,在他苦恼、疲倦的时候,他的最大的精神支柱——小皇子给了他莫大的安慰。

这时,御膳房太监来问是否用午膳,咸丰皇帝手一摆,表示马上用午膳。

"阿哥,别走了,陪阿玛用午膳,好吗?"

小皇子高兴地点了点头,虽然他们是父子,虽然他们共同生活在皇宫里,但很少有机会在一起进餐。平日里,咸丰皇帝在养心殿用膳,而小皇子则随母亲在储秀宫用膳,他们母子用膳的规格远远低于养心殿和皇后的坤宁宫。过去,张文亮也曾向小皇子描述过养心殿每餐的盛况,只不过是听听罢了,至于每膳一百道菜肴,他早就忘了。

今天一听说阿玛留他用膳,几岁的小儿岂能不高兴,他乖乖地端端正正地坐在饭桌前,目不转睛地盯着太监们看,他们正有条不紊地忙碌着。不一会儿,满桌子的美味佳肴就全摆好了,小皇子看得眼花缭乱。他只认得炖乳鸽、烧蹄子、熘大虾、蒸小鸡等菜肴,至于其他的,他连见也没见过,更叫不上名字。

皇宫里用膳,特别是皇上、皇后、皇太后用膳,总有几个太监站在他们的身后,这些太监叫侍膳太监。他们只侍膳而不劝膳,当用膳者用眼睛瞟一眼某菜肴时,他们必须立刻心领神会,小心翼翼地将菜肴夹一些放在用膳者面前的小碗里,至于吃不吃,就不是侍膳太监的事了。

咸丰皇帝这次例外,他并没有瞟什么,而是亲自动手,夹来一大块肉放在小皇子面前的小碗里,那肉还冒着热气。小皇子一吃,"啊",好香!他又吃了一大口,从来没吃过这么香嫩无比的红烧肉。比鸡肉嫩、比猪肉鲜、比狗肉香、比兔肉细,太好吃了!

小皇子低头大口、大口地吃着,咸丰皇帝在一旁欣赏着他的吃样,比自己吃在嘴里还高兴。

"好吃吗?"

咸丰皇帝轻声地问,小皇子只顾大口、大口地吞,竟来不及回答父皇的问话了,逗得张文亮和养心殿的几个侍膳太监直笑。张文亮生怕噎着小皇子,连忙上前劝道:"阿哥,小心点儿,慢慢来,可别噎着了,回去主子可要骂奴才了。"

小皇子从小由张文亮带大,他是很听张文亮的话的,果然,小皇子放慢了速度。

"嗯,真好吃,明天我还来这儿用膳。"

小儿口中吐真言,小孩子不懂得宫中繁琐的礼仪,哪怕是至亲,一般也不能在一块儿用膳,更何况是在皇上的养心殿。他一语既出,惹得众人直发笑,咸丰皇帝抚摸着小皇子的黑发,无限爱怜地说:"可以,可以,阿哥随时都可以来这儿用膳。"

"阿玛,这是什么肉,这么好吃?"

"鹿肉。"

小皇子听不懂了,他吃过鸡肉、鸭肉、猪肉、兔肉、驴肉、狗肉,还吃过鱼、吃过蟹,可从来没听说过什么"鹿肉"。

"喜欢吃吗?"

咸丰皇帝轻声地问儿子,小皇子使劲地点了点头,表示非常爱吃这鹿肉。咸丰皇帝对身后的太监说道:"告诉御膳房,以后凡是给朕做鹿肉吃的时候,必须给储秀宫送一些去。"

"嗻。"

从此以后,储秀宫里比其他各宫多了一道美味佳肴——鹿肉。

自从叶赫那拉氏生了载淳,储秀宫里一下子热闹了起来,不但多了几个太监、几个宫女、几个"妈妈",而且咸丰皇帝也常常留宿储秀宫了。小皇子在众人的精心呵护下长得很健壮、结实,才三、四岁的孩子就像一般人家六、七岁孩子的模样。他眉目清秀、天庭饱满、地阁方圆,给人以俊逸之感。咸丰皇帝看在眼里,爱在心头。

不但父皇爱他、宠他,亲皇额娘爱他、宠他,就连皇后钮祜禄氏也从心底深处爱他、宠他,小皇子沐浴在温暖的阳光里。

皇后为人温和、敦厚、贤淑、善良,自从入宫以来,她从来就没和谁有过不愉快。起初,她与皇上夫妻恩爱,情深谊长,人人见了好羡慕,后来,皇上专宠叶赫那拉氏,她也没有丝毫妒忌之意,反而为兰儿高兴。当小皇子载淳降生后,皇后以母后的姿态对待咸丰皇帝的这个唯一的儿子,她把载淳视为己出,而小皇子也对她十分依恋,亲切地称她为"皇额娘"。

每隔三、五天,皇后便让宫女到储秀宫去接小皇子,小皇子也十分乐意在坤宁宫住上一天。小皇子虽然只有两、三岁,但他已能感受到坤宁宫的皇额娘十分疼爱自己。而且,在坤宁宫,他还有个小伙伴,那就是丽妃所生的大公主,比载淳大一、二岁的皇姐姐。两个小孩子天真无邪,一个如芙蓉花一般清纯,一个如小鱼儿一样活泼,在坤宁宫里跳跃着,皇后心中十分欢欣。

"额娘、额娘,大阿哥耍赖。"

大公主毕竟是女孩,感情脆弱一些,不知为什么,她哭了,她奔跑着扑进了皇后的怀抱。

"怎么了? 小公主哭鼻子了。"

皇后撩起手帕为大公主揩眼泪,大公主委屈地说:"大阿哥欺负人,我不和他玩了。"

"等会儿见着大阿哥,额娘问问清楚是怎么一回事儿,乖,不要哭了,哭肿了眼睛像个大金鱼。"

"扑哧"一声,大公主破涕为笑,她紧紧地依偎在皇后的怀里,瞧那亲热劲儿俨然是亲生母女。这时,大阿哥载淳像一个小武士,雄赳赳、气昂昂地走了进来。边走,他还边十分得意地喊着:"大公主是毛毛虫,大公主是毛毛虫。"

皇后一看他那胜利者的神态,不禁哑然失笑:"阿哥,刚才你欺负姐姐了?"

"没有啊。"

小皇子还不知道自己惹恼了别人,他一看皇姐姐依偎在皇后的怀里哭鼻子,便说:"额娘,皇姐姐的胆子可小了,她连毛毛虫都害怕,我说姐姐是毛毛虫,其实她还比不上毛毛虫。"

"到底是怎么一回事儿?"

皇后关切地问。她知道刚才两个天真无邪的孩子玩耍的时候,一定发生了什么事儿,不然不会一个哭鼻子,一个似胜利者。

原来,是这么一回事儿:宫女们带着两个孩子到小花园去玩,大公主觉得有些累了,她便闹着回东暖阁休息一会儿。本来,小皇子的体力好一些,他还想再玩一会儿,无奈大公主回去了,他一个人钻"山洞"也没什么乐趣,于是他也跟着回去了。

"大阿哥,咱们来玩七巧板,比一比谁摆得又快又好,行吗?"

五岁的大公主虽然也还是个小孩子,但她在弟弟面前颇有个大姐姐的姿态,凡事总让着弟弟一些,她在征询弟弟的意见。

"好,我肯定得第一。"

小皇子有他母亲的遗传基因,他有些争强好胜。两个孩子拿来一大堆七巧板,趴在地上,认真地摆着。小兔、小狗、小猫、小鸡……什么图案都有,小皇子欣赏着自己的"杰作",可高兴了,他抬眼看一看皇姐姐那边,傻眼了,皇姐姐比他摆得好多了,大公主正低着头,认真地摆着。看来,小皇子要屈居下风了,他不愿服输,怎么办?

小皇子毕竟是个机灵鬼,他小小的年纪,"鬼点子"却不少,他悄悄地溜出去,到小花园里找啊找,终于找到了他想得到的东西——毛毛虫,一条小毛虫正蠕动着,他大胆地把它捏在手心里,又溜回了房里。

"皇姐姐,这小鸟儿是怎么摆的?"

小皇子凑近大公主,大公主看他那诚恳劲儿,便热情地说:"来,过来一点儿,皇姐姐教你。"

大公主打破已摆好的小鸟儿,重新摆弄起来,小皇子为她一块块递过去,突然,大公主觉得手心里有什么东西在动,软绵绵的,她一看,大叫一声:"哎呀,是毛虫。"

她又怕又惊,连连后退,甩掉手心里的小毛虫。就在她向后退的时候,刚才摆好的图形全踏乱了。小皇子高兴地拍手大叫:"我赢了,我赢了!"

大公主气得扭头便跑,她哭着扑到了皇后的怀中。刚才的一幕,皇后不用看也知道是小皇子耍了小聪明,惹恼了大公主。皇后心想:"两个可爱的小孩子,一个争强好胜,像他的母亲;一个软弱爱哭,也像她的母亲。不过,他们又有共同之处,就是他们的心地都很善良,这一点倒很像皇上。"

皇后一手抚摸着大公主乌黑的头发,另一只手拉着小皇子,说:"你们都是我的好孩子,好孩子应该团结友爱,以后不可再闹小别扭了,可以吗?"

"可以,我以后不再捉毛虫吓唬皇姐姐了。皇姐姐,毛虫有什么可怕了,等一会儿我多提几条来,你用手慢慢地碰它一下,就不害怕了。"

大公主吓得直往皇后的怀里钻,乐得小皇子又拍手,又跺脚:"真好玩,真好玩。"

皇后用十分温和的目光瞟了小皇子一眼,小皇子低下了头:"皇姐姐,对不起。"

大公主这才破涕为笑,她走过来,勾着弟弟的小手,胆怯地说:"说话算数,反悔是小狗。"

小皇子颇认真地点了点头,不过,他有可能当小狗,因为他总想捉弄皇姐姐一下,以寻开心。这时,宫女桃红走了进来,这个桃红才十六、七岁,但她心灵手巧,一根绳子在她的手中跳来跳去,一会儿是"软床",一会儿成"麻花",一会儿又像"扁担",其妙无穷,她这一手是入宫前跟邻居家女孩学的。

那天,桃红闲来无事,便拿来一根绳子翻着玩,正巧被大公主看见了,大公主只学了一会儿,便能翻出几个花样来。此时,桃红又走了过来,大公主喊住了她:"桃红姐姐。"

"大公主吉祥!"

"我们翻绳子好吗?"

桃红看着皇后,意思是征求皇后的意见,皇后微微一笑:"做完了事情来陪大公主玩一会儿。"

桃红点了点头,端着一个铜盆出去了。小皇子央求着:"额娘,皇姐姐,我也要学翻绳子。"

皇后哄劝道:"阿哥是男孩子,不学女孩的活计。"

"不,我不做男孩子,我也要当公主,扎辫子、穿裙子,多漂亮。"

皇后连忙捂住了他的嘴,轻声细语地说:"这怎么行,女孩子长大以后只能嫁人,男孩子长大以后要安社稷、定乾坤,特别是阿哥你,千斤的重担还等你去挑呢。"

"我不挑,我挑不动。"

皇后的脸一沉,着实把小皇子吓了一大跳,他从来没见过皇额娘这么严肃过，只听她说："小孩子莫胡言，你是皇上唯一的龙子，可不比一般人，不得乱讲一气。"

小皇子似懂非懂似的点了点头，皇后温柔地把小皇子拉到自己的怀里，轻声说："阿哥，长大以后，你就会明白一切的。"

"额娘，我还要听孙悟空的故事。"

小皇子一刻也不安宁，这会儿，他又闹着皇后给他讲西游记里的故事，那唐僧师徒几人西天取经的一个个曲折、惊险的故事，从皇后的口中讲出，很动人、很动人，有的时候，小皇子都听得入了迷、不想吃饭，也不想睡觉。

"乖，马上就要用晚膳了，等下次你来时再讲吧。"

"好吧。"

小皇子低沉着声音，很不情愿地勉强同意了。这时，御膳房来问，是否传膳，皇后点了点头，说："传膳，告诉御膳房，多上一点儿小孩子爱吃的东西。"

侍膳太监说："回娘娘的话，今日儿厨子做了一道大阿哥爱吃的鹿肉。平日里，总是养心殿一半、储秀宫一半，今日里大阿哥在此，可否将鹿肉传至这里。"

大阿哥一听有他最爱吃的鹿肉，喜出望外，大喊一声："传到皇额娘这里。"

大公主也听母亲丽贵妃说过，鹿肉很好吃，可她从来没吃过，于是也附和道："对，就传到皇额娘这里，不用送储秀宫了。"

皇后这可为难了，按理讲，她是皇后，总摄六宫，后宫之事由她说了算数。而且，大阿哥今天又留在坤宁宫用膳，将鹿肉传到这里，一点儿也不过分。可是，这样做会无端生是非，一定会引起懿贵妃的不高兴。

"还是不用传鹿肉，依然送到储秀宫吧。"

小皇子和大公主一起哭了起来："不行，我要吃鹿肉，呜——"

"我也想尝一尝鹿肉，呜——"

两个孩子高一声、低一声地正闹着，咸丰皇帝到了。原来，他是去储秀宫看望大阿哥的，他足足有三、四天没看见宝贝儿子了，挺想念孩子的，于是，从南书房出来，他径直走向储秀宫。也真凑巧，快到储秀宫时，遇到了太监张文亮。

"万岁爷吉祥!"

张文亮忙给皇上跪安。咸丰皇帝见张文亮一个人出门,便意识到小皇子不在储秀宫。因为张文亮是专职照顾小皇子的起居饮食的,除非特殊情况,张文亮是不能离开载淳的。

"阿哥呢?"

咸丰皇帝问道。自从生了载淳,咸丰皇帝每次到储秀宫,开口问的不再是他心中的"兰儿",而是他那宝贝小皇子。

"回主子的话,奴才这便去接阿哥,阿哥去坤宁宫了,贵妃娘娘正差奴才去坤宁宫呢。"

咸丰皇帝听说儿子不在储秀宫,他转身便走,折向坤宁宫。正巧,大阿哥与大公主正闹着要吃鹿肉。

"阿哥、格格,哭什么?"

一对小儿女的哭声直撞咸丰皇帝的心扉,他边走边问,小皇子与大公主一齐扑向父皇:"阿玛,儿臣向阿玛请安!"

"阿玛,格格向阿玛请安!"

两个孩子规规矩矩来了个单腿安,逗得皇上、皇后直发笑。他们觉得小孩子虽然年纪小,但却十分可爱又懂事儿,不禁暗自高兴。

"刚才闹什么?"

咸丰皇帝关切地问,皇后把"鹿肉"一事原原本本讲述了一遍,末了,她说:"不然,让他们回储秀宫用膳吧。"

"不,不,朕也在这儿用膳。"

一听父皇说这句,两个孩子高兴极了,又跳又蹦,拍手大叫:"太好了!太好了!"

皇后足足有两、三年没和咸丰皇帝在一起用膳了,她也从心底里高兴。咸丰皇帝转身对侍膳太监说:"传御膳房,将养心殿和储秀宫的鹿肉全送到坤宁宫。"

"嗻。"

这个晚膳,皇上、小皇子和大公主吃得都十分开心,他们爽朗地笑着、大声地叫着,充分享受着一家人共进晚餐的天伦之乐。可是,皇后微笑的同时又有许多顾虑,这并非出于她的多疑,而是懿贵妃自从生了小皇子,的确比过去刁蛮多了,这种顾虑,她不能不有。

"主子。"

他们刚刚用过晚膳,坤宁宫的一个太监便站在门外喊皇后了,从那个太监的表情看来,他一定有什么话要单独对皇后说,皇后起身随他走到了外面。

"什么事儿?"

"主子,储秀宫的安公公来接大阿哥回去了。"

"哦,大阿哥也该走了,时候不早了,免得他额娘担心。"

皇后就是这么体谅别人,她从来就不善于以恶意去猜度别人。可那个太监凑近一些,小声说:"听安公公那口气,似乎储秀宫的主子有些不高兴。"

"哦,她为什么不高兴,难道她怕小皇子在这儿吃不饱。"

皇后真想不通叶赫那拉氏为何不高兴。她怎么也想不到,自己对小皇子视为己出竟会遭到懿贵妃的嫉妒。

刚才,咸丰皇帝到储秀宫去看望小皇子,他还没走近储秀宫时,远远地,小安子便看见皇上往这边来了,他像个小老鼠似的溜到了懿贵妃的卧房,当时,懿贵妃正懒洋洋地躺在软榻上。

"姐姐,快醒一醒!"

安德海急切地低声呼唤着,懿贵妃刚有点儿迷迷糊糊入睡,被小安子这么一叫给弄醒了,她很不高兴。

"叫什么,讨厌!"

"姐姐,皇上来了,正向这边走来。"

这一句如春雷一声,懿贵妃猛地站了起来,她急切地问:"真的吗?"

"小安子纵有几个脑袋也不敢骗姐姐呀,快,梳妆迎驾吧。"

小安子又迅速溜出了懿贵妃的卧房,他去宫门口迎驾去了。却说懿贵妃真是欣喜若狂,自从生了大阿哥,自己身价倍增,母凭子贵的社会现实充分体现了出来。可是,隐隐约约间,她似乎又感觉到皇上对她不像以前那么热情了,有时一个月竟不召幸她一次,驾临储秀宫的机会也少多了。这不能不引起懿贵妃的多疑,她生怕再冒出一个女人夺走她的一切。

今天,皇上驾临储秀宫不能不说是个好兆头,看来,皇上并没有忘记他那娇艳迷人的兰儿,不然,何以驾临储秀宫。正巧,大阿哥不在,看来晚膳前,他是不会回来的。难得的好机会,自己正可以与皇上亲亲热热一番,也叙叙别后情、相思意。

懿贵妃连忙换了一件裙衫,披散了云发,稍施朱粉,点上红唇,洒点儿香水,对着镜子一照。

"呀,好迷人,爱妃,陪朕共入合欢帐,行吗?"

她猜想咸丰皇帝一定会这么说。可是左等不见皇上来,右等还是不见皇上来,她有些沉不住气了,起身便往外走,刚撩开门帘,只见小安子一脸的沮丧。

"皇上呢?"

懿贵妃迫不及待地问。小安子无可奈何地回答:"走了。"

"走了? 到哪儿去了?"

"早走远了,这会儿早到坤宁宫了,也许皇上、皇后正亲热着呢。"

一席话气得懿贵妃直咽唾沫,她恼怒之下,伸手就是一巴掌,打得安德海眼冒金花。

"主子,你怎么了?"

小安子不敢恼,但他的确有些恼了。懿贵妃气哼哼地回到了卧房,安德海见左右无人,也尾随着走了进去。

"姐姐,你莫恼,这般拿小安子出气,也唤不回皇上呀。"

安德海捂着被主子打红了的右脸,又来安慰主子。懿贵妃也觉得对小安子太狠了点儿,连忙伸出纤纤玉手来抚摸被自己打红的脸颊:"安子,疼吗?"

小安子趁机抓住懿贵妃的手,在自己的脸颊上揉来揉去:"姐姐不疼我,还有谁疼我。"

懿贵妃也顺势倒在安德海的胸前,幽幽怨怨地说:"皇上也太心狠了,都一个多月没召幸我了。"

"姐姐熬不住,今晚我趁夜深人静之际,过来陪陪姐姐,也为姐姐解闷儿。"

"不,这样不好,万一被人发现了,你我的脑袋都保不住,我只是气皇上怎么半路上又回去了呢。"

"姐姐,这还不是那个张文亮坏的事儿,如果他的嘴不那么快,说大阿哥去了坤宁宫,皇上也就进来了!"

懿贵妃在安德海的挑唆下,也开始恨张文亮了,她咬牙切齿地说:"张文亮,你逃不出我的手心。"

"姐姐,莫气,气坏了身子不值得,奴才这便去坤宁宫探个虚实,看一看皇上究竟是去看大阿哥的,还是去会皇后的。"

就这样,安德海到了坤宁宫。他有些狗仗人势,到了坤宁宫摆谱儿。

"安公公好!"

坤宁宫的一个太监主动和他打了个招呼,奴才跟主子时间长了,有时也受主子的影响,坤宁宫的太监很懂规矩,而小安子则目中无人。他爱理不理地从鼻孔里哼了一声:"嗯。"

"大阿哥和大公主正用膳呢。"

"怎么这么晚还没吃好,天都黑了,我们主子着了急,她还等大阿哥回去呢。"

"今个儿皇上口谕,鹿肉全送来了,大阿哥和大公主吃的香,多吃了一些,所以晚了些。"

一听这话,小安子心里不是滋味了,他暗自吃惊:"哦,皇后一向以温和、谦让而著称,没曾想到她还会耍滑头,不但吸引来了皇上,就连储秀宫的特权——食鹿肉,她也揽了来了,这日后还有我们懿贵妃的好日子吗?"

不由得,小安子面带不悦之神情,他冷冷地说:"快带我去见娘娘。"

就这样,皇后被那个太监喊了出来,在门外见到了小安子。

"娘娘吉祥!"

"嗯,免礼!"

皇后对安德海没有多少好感,她总觉得这个小安子虽长得俊逸,口齿伶俐,但总给人以狡猾的感觉。

"回去告诉你们主子,等一会儿就派人把大阿哥送回去,这会儿,他们姐弟俩玩得正开心呢。"

"嗻。"

安德海垂头丧气地走了,皇后也觉得把小皇子留在坤宁宫过久不合适,便说:"皇上,天色不早了,该送他们回去了,免得懿贵妃、丽贵妃担心。"

"也好,快送他们回去吧,朕今晚不走了,冷落了你这么久,今晚——"

皇后连忙使了个眼色,不让皇上说下去,下面的话只有他们二人世界里才能说。一不能太监、宫女们听见,二不能让两个天真无邪的孩子听见,但皇后此时已脸上飞出了红霞,心跳也加快了。

谁知大公主和大阿哥一听父皇说今晚不走了,他们谁也不愿意回宫,两个小孩子争着吵闹:"我要和阿玛在一起。"

"我也要和阿玛在一起。"

皇后耐心地劝导他们:"阿玛、额娘当然也想和你们在一起,但你们宫里的额娘还等着你们回去呢,不然,她们会着急的。"

"没关系,天天在储秀宫,额娘,我好想你,就让我留在这儿吧。"

小皇子近乎哀求了,皇后看在眼里,心头一热,她揽过小皇子,激动地说:"好阿哥,额娘没白疼爱你。"

"额娘,我也不走,来的时候,我就告诉过额娘,今晚不要等我回去了,她不会着急的。"

皇上与皇后相视而笑,他们笑小孩子天真可爱,也笑他们这一家人和睦友爱,共享天伦之乐。咸丰皇帝平日里很少和儿女们在一起共度良辰美景,今日终于有了机会,他当然不愿错过好时光。于是,高兴地说:"今晚朕搂着阿哥、皇额娘搂着格格,咱们谁也不允许出声,静静地睡觉好吗?"

"太好了!"

"太好了!"

两个小孩子欣喜若狂,他们扑在父皇的身上,没头没脸地亲着,闹腾得咸丰皇帝一个劲儿地大笑:"好了,好了,痒得很,都快放手。"

皇后笑吟吟地一手抱一个,把一对小儿女抱开,让宫女给他们漱洗完整,又亲自把他们哄入睡。咸丰皇帝坐到软榻边,欣赏着熟睡的一对小儿女。小载淳张着小嘴巴,均匀地呼吸着,倒像一只小狮子狗,模样可爱极了;大公主则像一只娇艳的红苹果,又嫩又娇,使人不忍心去碰她一下。

皇后幸福地偎在咸丰皇帝的胸前,喃喃地说:"皇上,瞧他们多漂亮,这是我们的福气,真是人见人爱。"

咸丰皇帝点了点头,他抚摸了一下两个小儿的脸颊,又贴在皇后的耳边说:"皇后,朕好长时间没陪过你了,今晚好好待你。"

皇后幸福地闭上了眼睛,任凭咸丰皇帝狂吻她。

"皇后,把他们送回宫吧,免得醒来,看见不好。"

咸丰皇帝急切地央求着,两个小儿虽然熟睡了,但他还是不习惯孩子躺在身边。皇后嫣然一笑,说:"先把他们抱到正厅的软榻上吧,若是把他们送了回去,明天一早醒来,发现不在坤宁宫,他们一定会大哭大闹的。"

皇上握着皇后的手,柔声地说:"你总是替别人着想。"

再说丽贵妃这边,她等了许久,见天色已晚,大公主还没有回来,她便猜想到一定是皇后留宿了。皇后对大公主十分疼爱,丽贵妃总觉得十分感激,在皇宫里,生了女孩总好像是做了什么亏心事儿似的,比人矮三分。可是,皇后对她丽贵妃不但没有看轻,反而多加爱护,对大公主也视为己出,三天不见便派人来接大公主,每次从坤宁宫回来,大公主总是吃的、玩的、穿的抱回来一大堆。丽贵妃觉得能有这么一位善良的皇后,是自己三生有幸。

同样是皇贵妃,储秀宫里的懿贵妃与丽贵妃的感触截然不同。昨天晚上,她派小安子去接小皇子回来,可半个时辰以后,还是小安子一个人回来的。

"主了,娘娘强留大阿哥,不让他回来,也不知她的葫芦里卖的什么药。"

这个奴才真是成事不足,败事有余,明明是皇后心疼小皇子,想让孩子多享受一份天伦之乐,他却从中拆台,挑拨关系。懿贵妃一听脸沉了下来:"皇后还说了些什么?"

小安子眼珠一转动,说:"主子,你猜坤宁宫今天晚膳传了一道什么美味佳肴?"

"燕窝?"

小安子摇了摇头。

"鱼翅?"

小安子又摇了摇头,他把脸凑过来,阴阳怪气地说:"鹿肉。"

"什么?鹿肉!皇上不是吩咐过,烧鹿肉时,养心殿一半、储秀宫一半,怎么她坤宁宫也传鹿肉?"

懿贵妃脸涨得通红,她有一种受辱的感觉,仿佛皇后夺了她的爱,她有些气急败坏了。

"小安子,你是听说的,还是亲眼所见,快说!"

"奴才虽是听说,但不是道听途说,是皇后娘娘亲口告诉奴才的。"

"有这等事情，岂有此理！"

懿贵妃恨得咬牙切齿。正在气头上，坤宁宫的小太监来报："娘娘有旨，今晚大阿哥不回宫了。"

安德海连忙出来，追问道："为何不让大阿哥回来？"

安德海的语气很不好听，坤宁宫的小太监生怕造成误会，连忙解释道："不是娘娘不让回来，而是大阿哥、大公主哭着、闹着不愿意回来。"

一听这话，懿贵妃沉不住气了，她不顾体统，冲了出来说："大阿哥从不会这样的，今天怎么回事儿？"

那小太监说："今晚万岁爷留宿那儿，大阿哥、大公主一听说，谁也不愿意回宫了。"

坤宁宫的小太监说完便回去了，他根本没注意到懿贵妃情绪上的变化。此时，懿贵妃脸色已变得十分难看，她万万没想到一向谦让、温和的皇后竟如此对待她叶赫那拉氏。

不仅巧取儿子对她的依恋，而且还夺去了皇上的爱，岂有此理！岂能容忍！

懿贵妃气得流下了眼泪。安德海见宫里无人，便大胆地握住懿贵妃的手，安慰她说："兰姐姐，切莫气伤了身子，毕竟她是皇后，姐姐斗不过她的。"

"小安子，我怎么能咽得下这口气，这也太逼人了。"

懿贵妃已泪如雨下，她伏在安德海的胸前，泣不成声，哭得小安子心好疼。

"姐姐，人在屋檐下，不得不低头，'忍'是心头一把刀，咱们力量太薄弱，不可拿鸡蛋去撞石头啊！"

第二天，坤宁宫里的皇上、皇后起得很早，皇后把两个孩子抱了回来，生怕他们醒来后吵闹。咸丰皇帝哑然失笑："皇后，看你平日里忠厚老实，原来也会这一手。"

皇后羞红了脸，她低声说："孩子太小，可别伤害了他们的心。"

咸丰皇帝握住皇后的手，喃喃地说：

"皇后，你太善良了，生怕伤害别人的心，可别人却往往来伤害你，你从无怨言。这么多年，朕从没听你指责过谁，却听别人在背后指责过你，你感到委屈吗？"

咸丰皇帝这番话是有感而发的,他记得很清楚,专宠兰贵人的时候,兰贵人就旁敲侧击攻击过皇后。当时,咸丰皇帝一笑置之,现在回想起来,他实在有些为皇后鸣不平。而皇后既不傻,也不呆,她对待任何人都是那么宽容,这不得不让咸丰皇帝更敬她。

　　"皇后,朕为有你而三生有幸,你的美德光照六宫,才使得朕不为后宫争风吃醋而烦恼,朕从心底感谢你。"

　　皇后微微一笑,她又轻轻叹了一口气。

第十六章　皇后宽厚真爱换童心　贵妃小性亲儿远生母

第十七章

童言无忌皇子忤亲娘　重温鸳梦帝王得欢心

懿贵妃骨碌一下爬了起来,她草草地洗漱打扮了一下,带着贴心宫女小杏儿,径直到了坤宁宫。凭她的经验,这会儿皇上已经上朝去了,所以,她更有些肆无忌惮。

"娘娘吉祥!"

当懿贵妃一脸阴沉地闯进坤宁宫时,坤宁宫的领班宫女连忙向她请安,并规规矩矩来了个单腿跪安。懿贵妃从鼻子里"哼"了一声,并敷衍了一句:"免礼!"

宫女一看,就知道她是来找碴的。懿贵妃不顾礼仪,直闯皇后的寝宫。宫女有些不高兴,平日里,别说一个妃子,就是皇上来了,也没这么直闯过。

"娘娘,请留步。"

宫女的口气颇有点儿生硬,懿贵妃不由得站在了那里。这时,卧房里的皇后听见了外面的声音,忙开口道:"是兰妹妹来了吗? 快请进!"

这语调十分柔和,简直让叶赫那拉氏不好再说什么。懿贵妃走进了皇后的卧房,她看得清清楚楚,皇后的软榻上并排躺着两个小儿,他们小脸蛋红扑扑的,煞是好看。

"皇上呢?"

懿贵妃直言不讳地问道,她最忍受不了的不是亲生儿子留宿坤宁宫,而是皇上与皇后昨夜的恩爱。此时,她并没有亲眼看见皇上躺在皇后的床上,心中多少有一些安慰。

"皇上日理万机,能贪图享受吗?"

皇后为人虽然温和、敦厚,但她也不是傻子,应该说,她比叶赫那拉氏更聪明,刚才那话便是一语双关。懿贵妃有些显得难为情,她搭讪着说:

"大阿哥和大公主也该起身了，小孩子早上应该活动一下。"

皇后没有说什么，懿贵妃走到软榻前，亲手拉起小皇子，说："阿哥，阿哥，该醒醒了。"

小皇子仍在甜美的睡梦中，被人这么一唤醒，他很不高兴，"哇"地一声哭了起来。皇后连忙上前哄劝他："乖阿哥，好阿哥，莫哭、莫哭。"

小皇子头一偏，倚在皇后的肩上，那情景好动人，丝毫也看不出他们不是亲生母子。可是，在懿贵妃看来却十分刺眼。本来，小皇子依恋的应该是她，可此时，她与皇后并排站在儿子的面前，儿子却表现出更亲近皇后。皇后帮小皇子擦了擦眼睛，轻声地说："阿哥，瞧，谁来了。"

小皇子望了望生母，喊了声："额娘吉祥！"

懿贵妃张开双臂来搂抱小皇子。毕竟是亲生母亲，小皇子也温顺地扑向她。

"阿哥，额娘来接你回去的。"

小皇子一听这话，"扑通"一声坐到了软榻上，把大公主给惊醒了。他小腿一蹬，又哭又闹："不回去、不回去！"

"为什么？"皇后忙问，她生怕懿贵妃不高兴，弄僵了关系以后不好相处。小皇子什么也不说，只是一个劲儿地哭闹。

懿贵妃按捺住心头之火，尽量平静地说："阿哥，你都是懂事的大孩子了，这又哭又闹的，成什么样子。"

果然，小皇子不再那么凶了，他还是泪水不断。懿贵妃说："今天先跟额娘回去，明日再来，好么？"

小皇子一个劲儿地摇头，说："不好、不好，一点儿都不好。"

懿贵妃有些沉不住气了，她脸色一沉，低声说："为什么？"

"我还要听额娘讲故事，她答应过的，今天给我讲'孙悟空三打白骨精'，对吧。"

"回去额娘给你讲。"

懿贵妃依然耐着性子，她知道小孩子任性很难对付，不可过于强迫他，小皇子也真够执拗的，他大叫道："额娘讲的不好听，没有皇额娘讲的好。"

他所指的"额娘"是亲额娘懿贵妃；所指的"皇额娘"是皇后。此时，皇后也觉得小皇子闹得太过分了，她的脸一沉，说："阿哥要听话，不然皇额娘就生气了,乖,回去吧。"

大阿哥极不情愿地点了点头。为什么小皇子不想去储秀宫呢?并不是懿贵妃不爱他,而是太爱他了。就这么一个儿子,懿贵妃对小皇子当然十分疼爱,但她爱的方式有些让小皇子接受不了。懿贵妃清醒地认识到,咸丰皇帝最钟爱载淳这个唯一的皇子,这就是说,载淳将来继承帝位的可能性极大。作为母亲,不仅是爱儿子,她更期望儿子成大器,于是,她对小儿要求得特别严,总希望他一下子就长大,饱读经书、知情达理,成为理想的帝储。

她的这种心愿未免脱离了实际,载淳才只有两、三岁,还是个不懂事情的娃娃,贪玩是小孩子的天性,而懿贵妃无意中扼杀了他的这种天性,难怪儿子疏远他。懿贵妃既心疼又心急,心疼的是自己千辛万苦生了皇子,而小皇子却亲近皇后,心急的是小皇子一天天地长大,却很不懂规矩,他只知道贪玩。

但懿贵妃也明白,不可操之过急,自己应耐着性子来亲近儿子,以让小皇子慢慢疏远皇后,明确她才是载淳的亲额娘。经过几个月的努力,果然也初见成效。自从小皇子落地,懿贵妃就算完成了任务,下面的琐碎事务,一切交给奶娘、嬷嬷、宫女、太监去做。

这样一来,虽然是生母,但她很少亲近小皇子,即使抱一会儿孩子,也只是做做样子罢了,并不需要她真的付出什么。作为母亲,她连孩子的尿布都没碰过,更没喂过奶,小皇子的饮食起居,她一点儿都不熟悉。

这天,小皇上正在午休,宫女们为了不打扰孩子休息,全退了下去,她们估计一时半会儿,小皇子不会醒来的。懿贵妃午休醒来,四处静悄悄的,她觉得应该到育儿室去看一看,也尽一些做母亲的义务。她轻手轻脚地走进小皇子的卧房,这里安静极了。小皇子正睡得香甜,口角间流出了口水,红扑扑的小脸歪在一旁,十分可爱。懿贵妃忍不住,拨弄了一下儿子的黑发。

谁知这小儿睡觉如此警觉,他突然睁开了眼,见是额娘,一声也不吭。

"阿哥,睡吧,乖,再睡一会儿。"

懿贵妃柔声细语地说,小皇子又闭上了眼睛。可是,他睡不着了,干脆坐了起来。

"额娘,嬷嬷呢?"

小皇子一醒来就要找嬷嬷。懿贵妃答道："你要什么，额娘替你拿。"
"我要尿尿。"

　　懿贵妃连忙抱起儿子，又拿来便桶，把小儿放在便桶上。可她不习惯这么做，自从入宫以来，特别是受宠以来，连自己的大、小便都是宫女侍候的。有好几年了，她没闻过尿便臭味，今天亲自给儿子把尿，她显然很不适应，小皇子还没尿一点儿，她就觉得一阵恶心，忍不住"哇"地一声干呕了起来。

　　"额娘，你怎么了？"

　　小皇子以为额娘病了，忙抬起小手来抚摸母亲的额头。这一举动很让懿贵妃感动，她把小皇子抱得更紧了。谁知，小皇子还没尿净，他尿了懿贵妃一身。懿贵妃一摸，自己的裙子湿了一片，她有些恼火，刚想怒吼，只听得小皇子说：下次还让额娘抱我尿尿，行吗？"

　　懿贵妃顿时不再恼怒，她惊喜地发现，毕竟是亲生的儿子，稍给他一点儿温暖，他便会亲近你。

　　"阿哥，额娘抱的与嬷嬷抱的有什么不一样吗？"

　　小皇子脱口而出："一样，可我更想让额娘抱。"

　　从此以后，小皇子和生母懿贵妃亲近多了，懿贵妃也尽量多陪一陪儿子，陪他上花园里捉蝴蝶、陪他摆七巧板、陪他吃点心，甚至陪他入睡，母子关系显得很融洽。小皇子再也不吵着去坤宁宫找皇额娘了。

　　可是，不久又有了新的变化，这使得懿贵妃不能容忍，转眼间，小皇子已经五岁了，他已开始领略人生，皇宫里一片热腾，因为今天是咸丰皇帝的三十而立的日子。王公大臣、皇族贵亲纷纷进宫为万岁爷庆祝寿诞，小皇子在谙达张文亮的引领下，跪在乾清宫的丹墀上，双手举酒，童音清脆："儿臣祝父皇万岁、万岁、万万岁。"

　　文武百官有的是第一次见到小皇子，他们纷纷称赞小皇子不仅眉目清秀、端庄凝重、仪表堂堂，而且聪明伶俐、礼仪娴熟，是个难得的好皇子。咸丰皇帝见众人赞不绝口，一个劲儿地夸奖他最钟爱的大阿哥，龙颜大悦，决定让小皇子随皇后入筵席，以示奖励。

　　小皇子长这么大，从来没见过这么浩大的场面，尽管美味佳肴摆满了一桌子，但他牢记张文亮的话："阿哥切记住，在众人面前不可贪食，不然，会惹来别人的嘲笑。"

坐在皇后身边的小皇子,今天格外文质彬彬,他很少自己去动筷子,只是皇后给他夹一些放在面前小碗里,他才尝一点儿。他的这种举动博得了人们的一致称赞,皇后的脸上荡漾着幸福微笑。坐在不远处的懿贵妃也觉得脸上很有光彩,她生的儿子如此懂礼仪,别人会认为她教导有方。她款款地走向小皇子,好让一些不认识她的王公大臣认清小皇子生母的风采。

"阿哥,来,过来,让你皇额娘歇一会儿。"这一、两年来,小皇子颇亲近懿贵妃,懿贵妃以为她这么一喊,儿子一定会听话的。谁知她的话刚落音,小皇子便叫了起来:"不嘛,我就爱坐在皇额娘身边。"

懿贵妃的脸"腾"地一下红了起来,她觉得在众目睽睽之下,很丢面子,为了挽回面子,她偷偷地瞪了小皇子一眼,示意儿子快过来。小皇子毕竟年龄小,还不懂得掩饰,开口道:"额娘,你瞪眼,我也不怕,我就是要和皇额娘坐在一块儿。"

懿贵妃气得脸色又变成煞白,但又不好发作,只有搭讪着说:"别累着你皇额娘。"

可是,懿贵妃的心里气愤到了极点,她气的不是小皇子,而是皇后,她觉得皇后夺了她的儿子。从此以后,一见到小皇子亲近皇后,她就有一种强烈的妒意,甚至儿子提到皇后,她也反感。她觉得皇后是一条隐伏得很巧妙的毒蛇,横在她与小皇子之间,很可怕。

一天,懿贵妃有些身体不适,感到浑身上下都酸痛,于是便靠在软榻边,懒洋洋地迷迷糊糊睡着。一阵零乱的脚步声从远处传来,这脚步声,她熟悉极了,不用问,一定是小皇子从外面跑来。她努力睁开眼,一看,果然是他。

"阿哥。"

懿贵妃有气无力地喊了一句,小皇子哪里听得见,只顾往自己的卧房里跑。懿贵妃不由得气急败坏,随手抓起一只瓷茶碗,猛地向门旁摔去。"啪"地一声,瓷茶碗碎了,听到声音,小皇子停住了脚步,向这边张望,他看见额娘一脸的怒气,这才小心翼翼地走了过来。这时,两个宫女听到声音也跑了过来:"娘娘息怒,奴婢该死!"

两个宫女看着地上的碎瓷片,又看看怒气十足的主子,以为自己闯了什么大祸,吓得大气不敢出。懿贵妃阴沉着脸,说:"没你们的事儿,下去吧。”

是非之地，不可久留，两个宫女在心中念一句："阿弥陀佛！"便溜之大吉了。小皇子见她们走了，自己也想走，刚抬脚，他的母亲开口了："阿哥，过来。"

小皇子深知母亲的脾气，稍不如意，她就会大发雷霆的，所以，他极不情愿地走近了母亲。

"额娘吉祥！"

"嗯！"

"阿哥，额娘身体不适，好难受。"

懿贵妃此时想得到儿子的关怀，所以说了这么一句。五岁的孩子哪儿懂得这么许多礼节，他站在那儿不动也不吭，懿贵妃心里很有些失望。

"阿哥，刚才从哪儿来呀？"

一听这话，小皇子兴奋了，他眉飞色舞地说："今天，我玩得可开心了，那边的皇额娘一个劲儿地夸我是个聪明、懂事的好孩子。"

又是那个"皇额娘"，可恶的皇后像精灵一样死死地"缠住"小皇子，懿贵妃气不打一处来，她厉声地说："以后不许你疯疯癫癫地在宫中乱窜一气，都这么大了，也该懂事儿了。"

小皇子委屈极了，他只是要去看看坤宁宫的皇额娘啊，并没有什么疯狂的举动，为何一提起那边的皇额娘，这边的额娘就动怒。他鼻子一酸，哭了。懿贵妃更气了，几乎是歇斯底里地大叫："哭什么，你娘还没死呢！"

宫女、太监们刚才一直偷偷地站在门外听着，谁也不敢搅和进来，直至懿贵妃拍着床大怒，谙达张文亮怕吓着小皇子，才冒险走了进来，扑通一声跪在了地上："娘娘息怒！奴才该死！奴才该死！"

说罢，他左右开弓，"赏"自己几个响亮的大耳光。为何说"奴才该死"，这是因为，小皇子出生后，咸丰皇帝亲自钦定张文亮为小皇子的谙达，专门引导、教育小皇子。如今，小皇子惹母亲生气，他张文亮有"引导无方"之罪过，他当然要惩罚自己了。

"算了，住手吧！"

懿贵妃手一摆，让张文亮把小皇子带下去，几个宫女也退了下去。刚才，躲在人后的安德海故意磨磨蹭蹭，懿贵妃知道：小安子有话要说。"小安子。"

"嗻。"

几个宫女全退下后，小安子立刻凑近懿贵妃，低语道："主子，这样下去可不好，主子将会白养大阿哥一场。"

"我也这么担心的，可这个儿子就是总和我过不去，一提到那边的皇额娘，他就高兴，也不知道是怎么一回事儿。"

懿贵妃叹了一口气，她很伤心的样子，让忠诚的奴才安德海看了很心疼。

"姐姐，这正是所谓的爱之深、责之严，阿哥是主子所生，主子当然从心底里爱他、疼他，希望他将来成大器、统大业。当然，督之难免严厉一些。"

懿贵妃频频地点头，她真佩服小安子，总是能准确无误地道出自己的心声，这等贴心人实在难得。

"安子，依你说，那边的何以取悦于大阿哥？"

懿贵妃总以为自己非常疼爱儿子，谁想到儿子却和别人亲近，她不明白皇后是如何获得小皇子的好感的。安德海脸一扬，说："还不是靠她的那几句软绵绵的话和几块点心，获得大阿哥对她的好感。"

的确如此，小安子说对了。在大清皇宫，有一个有悖于人情的宫廷制度，按祖制，皇子一出生，无论嫡庶，一旦落地，生母便完成了任务。孩子全是由乳娘喂养的，断奶后，由宫女、太监们照看小儿的饮食起居。有的人专门教小儿吃饭、有的人专教走路、有的专教说话，并且还有满族太监教满语、汉族太监教汉语、有的专教礼仪规矩，总之，生母对自己的孩子并不十分了解。

六岁以前，由于孩子年龄小，与生母同住一个寝宫，六岁以后便要分宫另住。这样一来，皇子与生母的感情并不十分笃厚。皇宫大内，他只有一个"阿玛"，而可以同时拥有十几个，甚至几个"额娘"，只要是父皇的嫔妃，就有资格让小皇子称她为"额娘"。

小皇子年龄小，还不懂得什么生母与养母之别，哪个额娘对他好，他就与哪个亲近。懿贵妃自以为儿子是她所生，骨肉亲情嘛，儿子当然最应该和她亲近。所以，她没有花过大的精力去笼络小皇子，她错了。她忽视了人情中的最重要的一点：以心换心。

而皇后虽然没有生育过,但她为人敦厚,心地善良,只要是咸丰皇帝的孩子,她都疼爱。丽贵妃所生的大公主和懿贵妃所生的大阿哥,都是她的心肝宝贝儿。每次见到两个孩子,她都要把孩子抱在怀里,亲了又亲、爱了又爱,长期以来,大阿哥与大公主都认为皇后是天下最好的额娘。

生母懿贵妃希望小皇子懂规矩一些,于是,对小儿要求得未免严厉些。小皇子用餐的时候,有时用手抓菜,懿贵妃很生气,她厉声道:"阿哥,把手放下去,用筷子夹菜。"

有时小皇子很听话,可有时他故意再抓一块放在嘴里。懿贵妃不免很生气,脸一沉,不再理睬小皇子。再者,懿贵妃性情有些暴躁,不像皇后那么柔声细语。她高兴时还可以,一碰到什么不顺心的事儿,马上变得严声厉语,有时发起威来,直让小皇子浑身发抖。

于是,小皇子不爱生母,却爱皇后。懿贵妃很为这事儿担心,她生怕自己失信于小皇子,不然,这许多年的挣扎与苦熬将付诸东流,所以,她尽量耐着性子对待儿子。平日里,她不断地对张文亮和几个宫女说:"大阿哥也不小了,他该收收性了,以后不要带他四处乱跑一气。"

张文亮是个聪明人,一听就明白主子的弦外之音,他虽然讨厌懿贵妃的为人、钦佩皇后的温文尔雅与宽宏大度,但他不愿得罪懿贵妃,所以,从此以后很少再带小皇子去坤宁宫。但是,那几个宫女并不知道其中的利害关系,每当小皇子闹得不可开交的时候,她们为了平息小皇子的折腾,总是哄劝道:"阿哥莫再闹了,不然不带你去找那边的皇额娘。"

这些话果然很灵验,一听说带他去坤宁宫,他马上就敛住了哭声,小嘴一咧,笑了:"快去,快去,皇额娘一定给我留好吃的东西了。"

宫女无奈,只好背着懿贵妃,把小皇子带到坤宁宫,趁懿贵妃没睡醒,又连忙回到储秀宫。时间一长,懿贵妃当然会有所察觉,她很不高兴,常常找碴儿惩罚宫女。这样一来,宫女也不敢再带小皇子去坤宁宫了。三天不见皇后,小皇子像丢了魂似的,什么都玩不进去,口中念念有词:"我不去那边,皇额娘留给我的好吃的东西全被皇姐姐吃了。真坏,真坏,你们统统是大坏蛋!"

他小手指着宫女,直骂几个宫女是大坏蛋。宫女们谁也不敢说是他的母亲阻挠的,只好哄劝小皇子:"阿哥乖,奴婢陪阿哥翻绳绳,好吗?"

自从在坤宁宫学会了翻绳,小皇子甭提多开心了,如今,他已能翻出许多花样来。什么"软床"、"麻花"、"辫子",他全会。宫女拿来一根红丝带;小皇子认真地翻着,看来,他很开心。

"不玩了,不玩了。"

他又想起了坤宁宫里的那么善良、慈祥的皇额娘,依然闹着要去找她。他觉得,每当那位皇额娘把他抱在怀里的时候,总有一种安全感。无论怎样,宫女也劝不好他,只好禀报贵妃娘娘。

"主子,大阿哥闹得更凶,非要找那边的主子不可。"

懿贵妃正在修指甲,慢吞吞地说:"你们哄一哄嘛,小孩子一会儿就全忘了,陪他玩一会儿。"

"不行,七巧板全扔了,本来翻绳子时,他还很开心,这会儿绳子也不翻了,给他拿点心吃,他也不接。"

那位宫女沮丧着脸。懿贵妃深知儿子的脾气,执拗这一点,倒很像她自己。你越不从他,他越有逆反心理,在这种情况下,最好的办法是转移他的兴趣点。

懿贵妃走到西暖阁一看,小皇子正坐在地上耍赖,身旁的宫女无论怎样哄劝,他也不听。他双手捂着脸,两腿直蹬,大叫大喊:"该死的奴才、该死的奴脾,小心你们的皮肉。"

就连咒骂太监、宫女的话都和他母亲十分相似。看着小儿这等模样,懿贵妃苦笑了一下:"阿哥,他们怎么惹你了?"

懿贵妃尽量做到温和、柔顺,以让小皇子亲近她。小皇子揉了揉眼,带着哭腔说:"他们全都是死人,不肯带我去找那边的皇额娘"。

懿贵妃心想:"此时儿子一心想念皇后,绝不可直言阻挠他,不然会引起他的反感的。"

于是,她说:"阿哥,你瞧,太阳正烈,外面热得很,出去会出汗的,这样行不行,现在让张文亮陪你骑大马,等会儿太阳落山了,再去找那边的皇额娘"。

小皇子一是有些惧怕他母亲,二来也觉得母亲的话有些道理,于是便点了点头。这时,宫女把张文亮喊来,懿贵妃压低了声音:"多玩一会儿,让他开开心心,马上就忘了去那边的事儿。"

"嘛"。

张文亮使出浑身招数,趴在地上当大马,小皇子骑在他的背上,一个宫女在前面牵着"马"头,一个宫女在后面挥着"马"鞭,几个人闹腾了一会儿。小皇子乐得开心大笑,银铃般的笑声回荡在储秀宫的上空。

"跑、跑,马儿快跑,跑到那边给你吃草。"

张文亮气喘吁吁地爬着,大滴、大滴的汗珠从他的额上滚下。小皇子仍是一个劲儿地拍打着他的屁股,一刻也不让他停下。张文亮只觉得眼冒金花,一阵眩晕,他趴了下去。

"马儿,你怎么了?"

小皇子见他的"马儿"趴在地上不动了,连忙问道。一个宫女大叫:"阿哥快下来,你的马儿累死了。"

五岁的小儿还不懂得什么是死,但他发现张文亮一动也不动,似乎觉得有些不对劲儿,便乖乖地从"马"背上跳了下来。宫女又是端来一盆冷水浇在张文亮的头上,又是捏住他的虎口,折腾了一会儿,张文亮才舒了一口气,张开了眼,他有气无力地说:"阿哥,奴才实在不行了。"

小皇子模仿着他的父皇,说了一句:"跪安吧!"

张文亮一走,小皇子又想闹着去坤宁宫。这时,懿贵妃刚躺下,才安静了片刻,宫女又来报:"娘娘,张文亮不行了,晕过去了。怎么办,阿哥又提起刚才那事儿。"

懿贵妃不由得眉头一皱,不耐烦地说:"叫小安子来。"

安德海不敢怠慢,连忙走进了主子的卧房:"主子,奴才在此!"

懿贵妃连看也没看他一眼,淡淡地说:"去,学狗叫,稳住大阿哥,只要不闹着去那边就行。"

这可苦了小安子。虽说学狗叫是安德海的"绝活",他三岁时就曾以假乱真过,叫得比他家的那条大黑狗还真。可是,今天他正在发烧,已经一、两天没吃东西了,懿贵妃不知道她心爱的这个奴才正在害病,便交给了他这个"光荣"的任务。

小安子平日里再受宠,但他毕竟是个奴才,奴才必须无条件地遵从主子的使唤,这一点,安德海永远能做到。

他摇摇晃晃到了西暖阁,趴在地上,说:"阿哥,小狗来了。"

小皇子正闹着,突然听见"小狗来了"这句话,他马上停止了折腾。

"小安子,快叫、快叫。"

"汪、汪、汪汪汪……"

一阵狗叫声传来,可小皇子总觉得不对劲儿,怎么今天的"小狗"变成了哑嗓子了,他不耐烦地说:"叫得一点儿也不好听,这小狗,今天晚上不能给他饭吃。"

安德海头一垂:"谢阿哥。"

小皇子扫兴极了,"马"儿累得趴下,"狗"儿变成哑嗓子,没一件事让他开心。

"我要找皇额娘!"

小皇子还没忘他的"皇额娘",无奈之下,宫女只好又去请示主子。懿贵妃烦了,手一摆,连声说:"去、去、去,马上就回来。"

小皇子在宫女的带领下,一蹦三跳地来到了坤宁宫。皇后一见小皇子到来,又是拿点心,又是端水果,生怕小皇子少吃一口。

"阿哥,怎么这几天不来额娘这儿了?"

皇后无意地问着,小皇子头一偏,认真地说:"还不是额娘不让来,她说天太热,又说小孩子该收收性子了。'

小皇子口中没遮掩,一五一十地全讲述了出来,皇后听罢,多少有一点儿不高兴,她自言自语地说:"谁又不和你抢儿子,多一个人疼孩子,孩子就多一份爱,这有什么不好。"

"皇额娘,你说谁呢?"

小皇子依然是很天真地问,皇后轻轻地叹了一口气:"阿哥,你还太小,不懂这些。皇额娘对你好吗?"

"好,皇额娘最疼我,那边的额娘也疼我,可就是有些厉害,我怕她。"

再说储秀宫里的懿贵妃,气得睡也睡不着,干脆,她坐了起来。她越想越生气,自己的亲生儿子不和自己亲,却依恋皇后,这太便宜皇后了。她没经历过怀胎十月的痛苦,也不知道分娩的滋味,却拥有一个儿子,一个完全依恋她的儿子。在懿贵妃看来,这太不公道!

"张文亮!"

"奴才在!"

懿贵妃的心情正不好,张文亮小心翼翼地候在门外,他生怕主子发怒,尽管到现在他还有点儿头晕。

"等大阿哥回来,禀报一声。"

"嗻。"

张文亮退了下去,他看得清清楚楚,懿贵妃正为此事而恼怒,他生怕惹恼了她,连忙退出这是非之地。懿贵妃一个人在卧房里生闷气,儿子不仅疏远自己,可以说,他的眼里根本就没有这个亲额娘。懿贵妃当然感到很有些吃亏,仿佛是替皇后生了个儿子,那钮祜禄氏白拣了个儿子,自己不用受罪。

　　天幕慢慢拉开,宫里已经掌上了灯,仍不见小皇子回来,懿贵妃又气又急,便打发一个小太监去坤宁宫看一看,谁知不一会儿,小太监一个人回来了。

　　"回娘娘,阿哥闹得凶,他不愿意回来,皇后娘娘说,用了晚膳再送他回来。"

　　一听这话,懿贵妃气得面色惨白,她咬牙切齿地说:"好呀,皇后呀,皇后,这么快,你跟我争儿子了!"

　　懿贵妃一气之下,御膳房送来的晚餐,她一口也没吃,她单等小皇子回来,好好教训他一顿。又过了两个时辰,宫女及两个太监带着载淳回来了,他一脸的喜气,一进宫便叫开了:"额娘,今天我玩得太高兴了,你不知道皇姐姐的胆子有多小,她被我吓唬哭了。"

　　小皇子表达着自己的"战功",他哪里懂得看母亲的脸色说话。懿贵妃一声也不吭,小皇子还以为母亲在倾听他的故事呢,更加得意洋洋:"皇姐姐不但怕小毛虫,她还怕抓痒,我刚用手去挠她的胳肢窝,她就咯咯笑个不停,眼泪都笑出来了。她只好躲在皇额娘的怀里,我也趴在皇额娘的怀里。皇姐姐说,皇额娘的身上有一种特殊的香味。我用力闻了半天,真的,她的身上真有一股好香、好香的气味,不是香水味,是香汗味。不信,额娘也去闻一闻。"

　　小皇子兴奋地叙述着,根本没在意,母亲的脸已变得煞白,她差不多可以称作"咬牙切齿"了。小皇子央求着:"额娘,明天我还去,行吗?"

　　懿贵妃大吼了一声:"讨厌!"

　　小皇子小声地说:"你真凶。"

　　时光飞逝,日月如梭,一晃到了咸丰十一年,那位顽皮、任性、聪明、天真的载淳已经到了入学受教育的年龄。可是小皇子好像对上学并没什么强烈要求。他一天到晚只知道贪玩,时常弄出些花样来捉弄太监、宫女们,有时气得懿贵妃暗自流泪。

这几年来，由于战争频繁、内忧外患，咸丰皇帝一直处于焦虑的状态之中。他的心情不好，便很少来储秀宫，懿贵妃难免有失落之感。在这种情况下，她把主要精力转移到了小皇子的身上。自从玖贵人所生皇子夭折后，后宫佳丽十几人竟无一人再怀过龙子。咸丰皇帝的身体很虚弱，看来很难再生龙子，于是，载淳有可能成为唯一的皇位继承人。作为生母，懿贵妃当然希望儿子博学多识，将来以承大业。可小皇子被宠得太不像样子了，他只懂得恶作剧，无心学习。一天，懿贵妃教他读李白的《静夜思》，起初还能坐得住，前两句学得尚快，约莫一刻钟的工夫，他的手脚就开始乱动起来了。

"阿哥，坐好，不许乱动。"

懿贵妃严厉地说。小皇子望着母亲严肃的神情，连忙停止了晃动，可不一会儿，他又开始了晃动。懿贵妃气得脸涨得通红。

"阿哥，你怎么这么爱动，一刻也闲不住，到底怎么回事？"

小皇子头一仰，嬉皮笑脸地说："像额娘呀，别的宫的额娘都不喜欢乱跑，可额娘一刻也坐不住，一会儿找皇额娘，一会儿找丽额娘。"

一席话差一点没把他母亲气死。小小的年龄竟一针见血地指出了母亲的缺点，并振振有词地说自己爱动像母亲。小皇子的话一点儿也不错，可从儿子口中说出，她似乎觉得有些不能接受。辛辛苦苦把他生出来，没得到儿子的一点儿回报，却被他奚落一通，懿贵妃当然很生气。若是将来他当上了皇帝，还不知怎么对待她呢。看来，小皇子该"上套"了。

紫禁城规矩极多，平日里，皇后可以到各宫走动，她完全可以不事先通知便去养心殿看望皇上，皇上与皇后是夫妻关系，皇后出入各宫自由随便。而其他嫔妃，哪怕是贵妃，也不可以随便出入养心殿。只有皇上召幸她们时，她们才可以由太监用大红毯子裹着，送至养心殿承欢皇上，事毕后又立刻被扛回自己的寝宫。前几年，懿贵妃专宠于咸丰皇帝，不是皇上留宿储秀宫，就是夜夜召幸她于养心殿。可近两年来，懿贵妃一连两个月都见不到皇上一面，欢娱事小，小皇子的事大。懿贵妃早想找个机会提出小皇子受教育一事，可总不见咸丰皇帝露面。

无可奈何之下，懿贵妃喊来了安德海："小安子，阿哥一天天长大，可他被皇后宠惯坏了，十分任性，可不能这样下去。"

"主子，奴才也寻思着这事儿，大阿哥的确有些娇惯，该收收性儿了。"

"皇上也不知是怎么想的，按祖制，六岁皇儿即入书房读书，皇上当年就是这样的。如今阿哥已到了年龄，皇上就是不提这事儿。"

"主子，你想要奴才做什么？"

毕竟是机灵的小安子，他知道主子跟他说这些话，一定有事相商，他们主奴配合多年，一直都这么默契。懿贵妃在小安子面前也无需遮掩什么，她直截了当地说："你去养心殿，禀告皇上，就说我有事与他相商。"

"嗻。"

懿贵妃知道，小安子会不折不扣地顺利完成任务。这个奴才的秉性，她最清楚，他一旦认定了一条道，便会披荆斩棘走下去。如今好不容易巴结上了自己，他肯定会为自己卖命的，因为小安子有野心。

养心殿里的咸丰皇帝正躺在龙榻上闭目养神，可是，他怎么也睡不着。这些年来，内忧外患搅得他心神不宁，南方的太平军多次挫败清军，多年苦心经营的江南大营与江北大营被太平军捣毁；北方，捻军起义的烽火正炽，他们攻城占地、十分凶猛。这两年来，龙体一直欠安，咸丰皇帝时常感到力不从心，虽然他只有三十岁，但身体状况还比不上一个五旬老人。在这种情况下，咸丰皇帝不得不考虑立储的问题。正在这时，御前太监来报："万岁爷，储秀宫的安公公求见。"

一听说小安子到此，咸丰皇帝睁开了眼。小安子早先跟咸丰皇帝，兰贵人受宠后才调到了储秀宫。虽然别人都很讨厌小安子这个狗奴才，但咸丰皇帝对他却有些另眼看待。

"传。"

安德海一进门，便双腿着地，给咸丰皇帝请安："奴才给万岁爷请安了。"

"起来吧。"

"嗻。"

"小安子，你到此一定有什么事儿，说吧。"

一个宫女送上人参汤，咸丰皇帝慢慢地呷了一口，他在听安德海讲话。小安子说："主子差奴才来禀告万岁爷，主子有话跟万岁爷说，不知万岁爷何时有空儿。"

"是兰儿有事儿，她能有什么事儿呢？"

这些年来,懿贵妃虽然有些欺负其他嫔妃,皇后也曾吐露过只言片语,说她仗着生了皇子,有些狂妄自大。但在咸丰皇帝看来,总体来说,懿贵妃还是很守宫规的。所以,他对懿贵妃并没有多大的恶感。

"那就现在来吧。"

在皇宫里,如此开"绿灯"的情况并不多见,嫔妃要求见皇上已是破格,而皇上马上答应见嫔妃更是空前的。安德海一听咸丰皇帝这话,他喜出望外,由此可见皇上对主子还是有一分浓情的。他连忙答了一声:"嘛.奴才这便回去禀告主子。"

懿贵妃心里并没有多少谱儿,如果是前几年的话,她可以肯定自己的请求一定能实现,可如今就不一定了。她正在志忑不安之际,小安子边跑边嚷:"主子、主子,万岁爷请妳即刻去养心殿呢。"

懿贵妃一听,心中不禁有些慌乱,虽然去养心殿是商量儿子大事的,但也不能不修边幅吧。平日里,她侍在储秀宫不外出时,虽也洗梳一番,但不是精心打扮,毕竟不是当年初进宫的年龄了,又生过孩子,少妇的风韵虽迷人,但多少有一些疲倦之态。懿贵妃忙喊:"杏儿,快给我梳头。"

小杏儿迅速而认真地为主子梳妆打扮,安德海站在一旁帮不上忙,懿贵妃喊道:"小安子去让她们把我的那件粉色衫找出来。"

"哪一件?"

懿贵妃眼一瞪,骂了他一句:"该死的奴才,不就是那件上面还绣着兰花的。"

"嘛。"

储秀宫里一片紧张,那场面有点儿像"赶嫁"。只消半个时辰,光华照人的懿贵妃便出宫了,她坐着软轿直往养心殿,安德海与小杏儿紧随其后。

"皇上吉祥!"

一声问安似娇啼,沁入咸丰皇帝的心田,他抬眼望去,眼前真一个俏佳人。只见她眉目传情、樱唇微开、肤似凝脂、态若仙子,咸丰皇帝上前一步,开口道:"爱妃,免礼平身!"

安德海、小杏儿和养心殿的太监、宫女们全退了下去,小安子还将宫门悄悄地反扣上了。

"爱妃,多日不见你愈加丰腴光彩了,让朕好欢喜。"

懿贵妃微含羞涩，柔声细语："奴婢让皇上见笑了，都快三十岁的人了，哪儿还称得上光彩。"

懿贵妃这是欲擒故纵，她最惯于这种手腕，以撩拨得咸丰皇帝心旌荡漾。果然不出她所料，他的激情又被点燃了。

"爱妃，朕近来很忙，无暇召你，生气了吗？"

咸丰皇帝托着懿贵妃的下巴，目不转睛地凝视着眼前这个大美人，只见懿贵妃嫣然一笑："皇上日理万机，以保重龙体为上，妾日日祈祷上苍，愿皇上龙体安康，国家太平。"

"好兰儿，你真明理。"

咸丰皇帝由衷地夸奖她，她半娇半痴，勾住咸丰皇帝的脖子说："皇上，妾此来有一事相商。"

咸丰皇帝连忙捂住了她的嘴，贴在她的耳边低语："兰儿，现在什么话都不要说，这一片天地是我们的。"

"皇上，兰儿真幸福。"

两个人颠鸾倒凤、甜甜蜜蜜，真是小别胜新婚，咸丰皇帝紧紧搂着娇丽美人，柔声细语地说："兰儿，你来有什么事儿？"

懿贵妃躺在咸丰皇帝的怀里，认真地说："阿哥都快六岁了，皇上怎么想的？"

咸丰皇帝心想："兰儿就是与其他嫔妃不一样，毕竟读过书，考虑问题要深一些。"

于是，咸丰皇帝说："爱妃所言之事，朕也正在考虑，阿哥的确不小了，该入上书房读书了。等朕和皇后商量一下，便送他入上书房。"

第十八章

上书房内小皇子读书　弘德宫中七王爷钟情

咸丰皇帝是实话实说，小皇子入上书房读书一事必须与总摄六宫的皇后商量，可在懿贵妃听来却有些刺耳，这等事情，堂堂一国之君还做不了主。由此可见，皇后在皇上的心里还是很有分量的。

懿贵妃的脸上掠过一丝冷笑，可她马上又遮掩过去了，好不容易有这么一次相聚，她要尽情地享受，不能让大好时光白白流逝。

咸丰皇帝与懿贵妃又亲热了一会儿，便起身了，他觉得小皇子教育一事的确刻不容缓。于是，他说："爱妃，你陪朕一起去坤宁宫，好吗?"

懿贵妃点了点头。本来，皇上去见皇后，她是有些醋意的，可此次她却很开心，她能与皇上双双共去坤宁宫，太监、宫女们无不看在眼里，最关键的还是皇后更看在眼里，这叫"此时无言胜有言"，皇上携懿贵妃入坤宁宫，足以证明她叶赫那拉氏在皇宫中的特殊地位。更何况是去商谈大阿哥入学一事，皇上、皇后、懿贵妃，三个坐在一起商谈小皇子之事，这说明她是小皇子的生母，这是改变不了的事实。

两个人乘着软轿到了坤宁宫，平日里，龙舆到此，只有御前太监一人，可今天龙舆后面还跟着个软轿，而且安德海随后。坤宁宫的宫女有些纳闷儿，她连忙报："娘娘，不知万岁爷的后面，跟的是什么人。"

皇后轻声说："你们只管去迎驾，切莫问同来者何人也。"

咸丰皇帝先下了轿，懿贵妃随其后，两人共入坤宁宫。皇后见皇上只消打个招呼，于是皇后说："恭迎皇上，皇上吉祥!"

咸丰皇帝挽住皇后，懿贵妃见皇后，则需施礼，她来了个单腿安："兰儿见过皇后。"

皇后挣脱开皇上的手，上前扶住她，笑眯眯地说："妹妹何必这么客气，都是一家人，快请坐。"

咸丰皇帝看了看他的妻妾，很满意地露出了笑容，他很感谢皇后的宽容大度，有母仪天下之风。

"大阿哥，你耍赖，我不和你玩了。"

"皇姐姐，下次我不再耍赖了，咱们再玩一会儿吧。"

从西暖阁里传来两个天真无邪的孩子的争吵声，皇后嫣然一笑，说："小孩子，一会儿好，一会儿吵，就这么可爱。"

她又转向宫女，说："把阿哥、大格格带出来，见过皇上和懿贵妃。"

不一会儿，鲜花一般娇艳的一对小儿女恭恭敬敬地跪在地上："阿玛吉祥！"

小皇子只向父皇请安，忘了向懿贵妃请安。而大公主则又长一、两岁，她清清脆脆地喊了一声："阿玛吉祥！懿额娘吉祥！"

小女孩有七、八岁的模样，穿着一件粉红小褂、米色罗裙、脚蹬红色绣鞋，扎着两只羊角辫，煞是娇艳，懿贵妃忍不住拉住了她的手："格格，你好乖巧。"

听到额娘夸皇姐姐乖巧，小皇子大叫了："我不乖吗？你们不让我欺负皇姐姐，我就不欺负她了，有时，我还保护她呢。"

稚子一番童语惹得大家哈哈大笑，咸丰皇帝亲昵地抚摸着儿子的黑发，说："听你皇额娘说，近来你乖多了，阿玛很高兴，再过两个月，开了春，阿玛带你去南苑，打只小兔子送给你，好吗？"

"太好了！太妙了！"

小皇子又拍手，又大叫，那高兴劲儿就甭提了。大公主小声地说："阿玛，我也想去。"

"这个……"

皇后沉吟了一下，她知道皇宫里有条规定，就是皇家女孩不能入南苑，这就是男尊女卑吧。

大公主是个聪明的孩子，她一看皇后沉吟了一下，心中便有数了，连忙说："我不去了，我在宫里陪皇额娘。"

小小的年龄，如此懂事，咸丰皇帝很高兴，他拉住爱女的手，说："阿玛也给你打只小兔子带回来，让你额娘把小兔养大，好吗？"

大公主依偎在父皇的怀里，像一只依人的小鸟儿。皇后柔声地对两个孩子说："乖，去玩吧。"

大阿哥与大公主牵着手,蹦蹦跳跳地走了。望着一对可爱的小儿女远去的背影,咸丰皇帝高兴地说:"他们小姐弟真懂事儿。"

皇上、皇后和懿贵妃商谈了一会儿,主要话题是小皇子的入上书房读书,咸丰皇帝主张大公主陪读,懿贵妃则有些担心:"大公主聪明伶俐、懂事乖巧,可她毕竟是女孩子,自古以来,公主不入上书房,这未免有违祖制。"

皇后也觉得懿贵妃此言有理,她也说:"皇上心疼大公主,我们姐妹也一样,大公主的确可人,但与大阿哥一同入上书房,只怕会耽误阿哥的学业。他们小姐弟俩,自幼玩得好,只怕到了上书房,会彼此影响,不能专心读书。"

咸丰皇帝听了,觉得皇后的话也很有道理,便说:"就依你们吧,不过,阿哥读书后应离开储秀宫,暂且住在弘德宫。"

接下来的问题是,该选谁来做太傅呢?

做皇子的老师,必须品学兼优,这一点,咸丰皇帝有过深刻的体会。当年,道光皇帝为他选择了杜受田做他的老师,杜师博不仅博学多识,而且为人谦和、胸襟宽阔。每每到了关键时刻,总能为奕䜣出谋划策、排忧解难。咸丰皇帝深知为小皇子选择一个好老师,将对小皇子帮助极大。于是,他决定在大殿之上口谕群臣推荐太傅。

经过军机处几位大臣的磋商,终于选定一个人做载淳的老师,他就是李鸿藻。此外,内务府加紧为小皇子分宫另住准备着一切,这是祖制,孩子入学,就不能与后妃们住在一起了。

因为载淳年龄尚幼,咸丰皇帝生怕儿子一下子改变生活而不适应,又精心选定了御前大臣景寿为书房照料,以督促小皇子学习。景寿是道光皇帝第六女恩固伦公主的驸马,人称"六额驸"。即载淳的六姑夫,载淳从小就喜欢这位姑夫。景寿为人老实,少言寡语,老成持重,但心很细,做事十分周全,在后宫里人缘极好。

咸丰皇帝为郑重起见,亲书一道朱谕,召见了几位军机大臣,由肃顺高声朗读:"大阿哥于四月初七入学读书。著李鸿藻充任大阿哥师傅。钦此!"咸丰十一年四月初六,养心殿里召来了一位大学士,他便是李鸿藻。过去,对于李鸿藻博深的学识,咸丰皇帝并没有亲自领教过,明天儿子就要拜师于他了,作为父亲有必要召见一次儿子的老师。

"皇上万岁、万岁、万万岁!"

李鸿藻如同在大殿上一样,向咸丰皇帝行三拜九叩之礼,咸丰皇帝上前一步,拉住李鸿藻的手,亲切地说:"爱卿免礼平身!"

"谢皇上!"

在后宫拜见皇上,李鸿藻仍觉得有些拘谨,以前,他还从来没有这么近的和皇上面对面坐过,所以他觉得手足无措。

"爱卿,大阿哥天性顽皮,但不顽劣,以后还需爱卿多费心。"

"皇上,臣当全力教授阿哥,只是臣不才,只恐有失皇上所望。"

"朕相信爱卿的能力,朝廷上下,论儒学,爱卿与曾国藩可称二雄,曾卿训练湘军以抚太平乱匪,眼下,唯有爱卿可担此任。"

咸丰皇帝在褒奖李鸿藻的同时,又话中有话,道出了李鸿藻肩上的重担必须挑好。当天,咸丰皇帝赏宁绸两匹、荷包一对、端砚一方、笔十枝予李鸿藻,以示对小皇子入学的高度重视。李鸿藻带着御赏,怀着一颗不安的心离开了皇宫,这肩上的担子不好挑啊!

当晚,咸丰皇帝口谕,皇后、懿贵妃、小皇子、丽贵妃、大公主一同到养心殿,共进晚膳,一时间养心殿里笑语不断。贤妻、宠妃、佳儿、娇女欢聚一堂,共享天伦之乐,咸丰皇帝开怀大笑,他好久没这么高兴过了。

第二天一大早,天还没亮,谙达张文亮便叫起大阿哥,给小皇子穿好袍褂靴帽,先领着他到养心殿和坤宁宫向皇上、皇后请了安,皇后还特别叮嘱了一句:"从今天起,阿哥是大孩子了,要听师傅的话,认真读书;听六额驸的话,不许任性,可以吗?"

小皇子瞪着那双明亮的大眼睛,认真地点了点头。其实,最高兴的应该是小皇子,这几日来,他成了众人议论的焦点人物。他觉得自己一下子长大了许多,马上要拜师傅读书了,不再是任性的小顽童,他有一种被人看重的自豪感。平日,小皇子从没起过这么早,今日他不用别人催促,天还没亮,他就兴奋得睡不着了。所以,张文亮刚站到床前,他就骨碌一下爬了起来:"张文亮,会迟到吗?"

小皇子急切地问,逗得张文亮直发笑:"阿哥,你瞧外面还黑着呢,恐怕李师傅还没进宫吧。我们先去给皇上、皇后请安,然后在这儿等六额驸。"

小皇子兴奋地从养心殿、坤宁宫回来,等待景寿一到,他们就去上书房。天渐渐地大亮了,一轮红日冉冉升起,张文亮高兴地说:"好兆头、好兆头,阿哥你瞧,今天的太阳多红多艳,这预示着阿哥走向光明。"

虽然小载淳不能完全听得懂他的话,但他还是甜甜地笑了。一会儿,景寿也到了,小皇子和他很熟悉,一下子勾住了他的脖子:"六额驸,快走吧。"

景寿拍了拍小皇子的肩膀,温和地说:"阿哥,入了上书房就是大孩子了,举止行动与小孩子是不一样的。"

小皇子松开了环绕在景寿脖子上的双手,说:"谢额驸教导!"

一语说笑了六额驸,他与张文亮一起带着载淳到了上书房。李师傅今天也起了个大早,他着意穿戴一番,朝珠补褂,翎领煌煌,很有精神。他早早就站在了上书房的门前,躬候特殊的学生小皇子的到来。载淳一到,李师傅便以宫廷见皇子的礼节,请安行礼。

小皇子坐西,李师傅坐东,这是书房的礼节,师傅为尊,弟子为下。六额驸景寿宣读圣旨,李鸿藻连忙跪下接旨。

"大阿哥今日初入书房,派定翰林院编修李鸿藻充任师傅。师道尊严,虽皇子不得例外,应行拜师之礼。著李鸿藻毋得固辞,钦此!"

李鸿藻接旨谢恩,并请免大阿哥行拜师之礼。但景寿执意君臣有礼,师徒也应有礼,便对小皇子说:"阿哥,一日为师,终生尊之,快向李师傅行叩头之礼!"

小皇子见李师傅慈眉善目,态度和蔼,便没有陌生之感,"扑通"一声跪了下来,李师傅连忙上前一步,也跪了下来,急促地说:"若行大礼,不敢奉诏!"

景寿见李师傅执意不受大礼,便只好折中了一下,让小皇子向李师傅行作揖礼。小皇子恭恭敬敬地作个揖,清清脆脆地叫了一声:"李师傅。"

载淳就这么正式入学了。第一天待在书房里,小皇子觉得特别有趣儿,刚开始那一个时辰,他规规矩矩地坐着,一字一句地读着。李师傅先教他认四个字:"天下太平"

不一会儿,大阿哥便认得了。李师傅又教他学《大学》中的一句话:"大学之道,在明明德,在亲民,在止于至善。"

十分拗口的语句,小皇子学着师傅的模样摇头晃脑,整整背了二十多遍。李师傅又陪着他背了三遍,开口道:"阿哥,自己背一遍。"

小皇子一下子心慌了，刚才背那么多遍，真正往心里记的没几遍，他求救似的看了看六额附，景寿一脸的严肃，一言不发。小皇子只好硬着头皮背下去："大学之道，在——在——在什么德？"

坏了，卡住了，小皇子憋得脸通红，李师傅沉住气，也一言不发，小皇子哭了："师傅，我不会。"

李师傅冷冷地说："再读二十遍。"

小皇子这次开始用心记了，才几分钟的工夫，他便说："我会了。'

接着，他十分流利地背出了那句话，李鸿藻手捻胡须，露出了满意的微笑："知之为知之，不知为不知。孺子可教也！"

他早就听说过小皇子十分聪明，而又顽皮天真，今天，他算初步领教了。小皇子读着读着，他有些坐不住了，开始手脚乱动，继而屁股一扭一扭的，李师傅不禁皱皱眉头，他刚想发话，只见载淳从椅子上跳了下来，大声疾呼："张文亮！"

"干什么？"

"我要尿尿，快，憋死我了！"

李师傅的脸一下子沉了下来："坐好，不许乱动。"

小皇子的脸都憋红了，他用双手捂住裆下，李师傅无奈，只好喊来太监张文亮。张文亮刚才听见大阿哥在喊他，便躲到了书房门外，他也估摸着载淳该尿尿了，所以李师傅刚叫他，他马上冲进了书房，抱起小皇子便往门外跑，边跑还边替小皇子扒裤子。刚扒开裤子，"哗"地一声，尿喷得到处都是。小皇子让张文亮为他拎好了裤子，大叫一声："我饿了。"

小皇子也真的饿了，今天早上起来太兴奋，御膳房送来的点心，他只吃了几小口，读了这么久的书，他怎能不饿。

"阿哥，奴才这便去取点心。"

张文亮转身要走，谁知李鸿藻大叫了一声："回来。"

张文亮吓得不敢动了，他看到六额驸也向他使眼色，示意他回来。只见李师傅一脸的严肃，开口道："做人要学守规矩，越是身份贵重的人，越要规规矩矩。"

小皇子突然想起了坤宁宫皇额娘的那句话，马上接着师傅的话，说："一定要听师傅的话，师傅教规矩，学生学规矩。"

李师傅一听小皇子这句话，不禁笑了笑，心想："小皇子反应果然灵敏,天真可爱,是个天性善良的好孩子。"

于是,他教导小皇子:"比如想尿尿,要先告诉我,我同意你去你才能去。"

"对,师傅不同意,我一定尿在裤子里。"

小皇子也是一脸的严肃、十分认真地说,李师傅不禁哑然失笑:"稚童可教也!"

下了学,张文亮和几个小太监簇拥着小皇子,一个劲儿地赞扬他,说他聪明、懂规矩,尊重先生,献宝似的把他送到了储秀宫。

"主子,大阿哥可机灵了,不一会儿,他就学会了'天下太平'四个字。"

张文亮眉飞色舞地叙述着,懿贵妃抚摸着儿子的黑发。此时,她又高兴,又有点儿伤心,高兴的是儿子头一天读书,收获不少;伤心的是,小皇子今天就要离开她了,移居弘德宫,毕竟是亲生骨肉,朝夕相处了六年,一朝离开,她当然舍不得。

"阿哥,离开额娘后,常常来看看额娘,行吗?"

小皇子点了点头,他说:"只要我去坤宁宫向皇额娘请安,我就到这里看望额娘,总可以了吧。"

在小皇子看来,到储秀宫看望他的母亲,是对母亲的一种应付与施舍,并非出于思念,小儿口中吐真言,听到儿子这么一说,懿贵妃不禁黯然神伤,她落了泪,叹了口气:"我千辛万苦倒替皇后生了个儿子。"

这时,御前太监到了储秀宫,他不卑不亢地说:"娘娘,传万岁爷口谕,着大阿哥入坤宁宫,与万岁爷、皇后娘娘共用晚膳。"

一听这话,小皇子拍手大叫:"阿玛真了解我的心。"

他一抽身,跑了。懿贵妃气得双眼迸火,牙齿咬得吱吱响。

"皇上呀,皇上,枉我叶赫那拉兰儿为你生儿子,你只传儿子用膳,却不宣儿子的母亲,你也能干得出这等事来。"

委屈的泪水顺着两腮流了下来,打到了漂亮的衣衫上,可无人为她抹去泪水。

坤宁宫里一片热腾,小皇子紧挨着皇后坐着,咸丰皇帝仔细打量着载淳,他好像觉得宝贝心肝一下子长大了许多。

"阿哥,今天学了什么,说给阿玛听听,好吗?"

小皇子站了起来，他先清了清嗓子，然后摇头晃脑地背开了："大学之道，在明明德，在亲民，在止于至善。"

乐得皇后一把搂住小皇子，一个劲儿地夸奖说："我儿太聪明了！"

咸丰皇帝笑着说："储秀宫的小顽童变成了弘德宫的小学童，嗯，朕的龙子就应该是这样。"

小皇子入了上书房，移居弘德宫，三、五天都不到储秀宫一次，懿贵妃更寂寞了。这几年来，咸丰皇帝被太平军搅得心烦意乱，加上外患不断，他常常一个人闷在养心殿，有时好几天都不召幸任何一个嫔妃。懿贵妃本性风骚，此时真正体会到了什么叫深宫寂寞。不甘寂寞的懿贵妃心中十分难过，有时竟莫名其妙地生气，拿周围太监或宫女发火。有一次竟然把个宫女小燕儿给活活折磨死了。天下没有不透风的墙，小燕儿之死很快传到了坤宁宫皇后的耳里，皇后很不高兴，她向来以宽厚、仁慈待人，不曾料到皇宫里竟出了这种事情，一气之下，皇后把懿贵妃传到了坤宁宫，

"妹妹，可曾有这种事情？"

皇后一脸的不高兴，过去，她很少这样和懿贵妃说话。懿贵妃也觉得事情有些做过分了，于是，低着头一言不发。

"你是主子，她是奴婢，有什么过错，只管教导她，以后不允许再出这种事情。"

懿贵妃退了下去，回到储秀宫，她大发脾气："小贱人，到底是谁说出去的？看我不撕了你们的皮。"

这次，她不过是发发狠，并不敢撕谁的皮，刚逼死一个小燕儿，这会儿再出什么差错，就有人撕她的皮了。她懿贵妃对皇后还是有几分惧怕的。这时，安德海走了上来，他轻声说："主子息怒，肝火太旺伤脾肺。"

懿贵妃眼噙泪水，叹了一口气。小安子见她已开始息怒，便上前一步，接着说："主子，奴才有话不知当讲不当讲？"

"说，别那么婆婆妈妈的。"

懿贵妃最讨厌他这副娘娘腔，有话时嘴里一半、肚子一半，让人看了干着急。小安子见宫女们早已吓得躲得远远的了便放开胆子说："奴才以为主子应该改变一下态度。"

"什么意思？"懿贵妃不明白小安子又想到什么高招了，不由得追问。小安子眼珠子一转，开始献策："主子，为何皇后在后宫颇得人心？那还不

是她有手腕，让大家服她。她那个人，表面看起来温和大度，其实骨子里比谁都聪明。"

一席话说得懿贵妃直点头。安德海见说到主子的心坎里去了，便接着说："主子生了大阿哥，功德无量，但这些年来，皇后绞尽心机拉拢人心，连大阿哥都和她亲近。奴才看在眼里，直为主子鸣不平。"

懿贵妃很感激地说："小安子，你的孝心，我全明白，你放心吧，我绝不会亏待你。"

"我一个奴才，什么都无所谓。可是，我为主子鸣不平，后宫嫔妃，谁能与主子相比，论相貌，主子堪称第一；论才干，主子无人能比；论功劳，大阿哥是你生的呀。别说当个贵妃，就是立为皇后也不过分。"

懿贵妃黯然神伤："可是，却有人踩我，你全都看在眼里的，那边的她总与我过不去。"

安德海明白，"那边的她"指的是皇后。他一向最知主子的心，所以往往投其所好："奴才以为主子若想不被人欺，必须扩大在皇宫的势力。"

"扩大在皇宫的势力？可是，我已经是贵妃了呀，后宫佳丽除了皇后，便是我了。"安德海诡秘地一笑："主子，你是个聪明人呀。"

"小安子，别卖关子，这里只有我们两个人，直说好了。"

安德海又凑近了一些，他几乎紧贴着懿贵妃了，开口道："主子可以把王爷拉过来呀。"

"王爷？老六一向和我亲近。"

"不，不对，是七王爷。他那个人，看起来有点儿迂，其实，那叫大智若愚。"

懿贵妃几乎把七王爷奕譞给忘了，因为七王爷比咸丰皇帝小九岁，他还是个无职无权的前朝阿哥，拉他有什么用。于是，懿贵妃不以为然地说："他还是个阿哥，拉他有什么用。"

安德海直摇头，开口道："今天虽是无用，但日后定派大用场。毕竟他是七爷，他将来可以帮助主子干大事。"

懿贵妃抬起她那玉指，在小安子的额头上轻轻地点了一下："就你鬼点子多。"

小安子趁机抓住她的手，放在自己的胸口："姐姐，你摸着了吗？小安子这里装的鬼点子，全是为姐姐服务的。"

懿贵妃生怕有人闯进来，连忙从安德海的怀里抽回了手。她真庆幸入宫以来，有安德海这么一个奴才最知暖知寒，往往在她孤独、寂寞、痛苦的时候出来安慰她。恐怕除了母亲之外，最心疼自己的人就是眼前的这个奴才了。想到这里，她禁不住落泪，叹口气说："我虽生了大阿哥，但他却不亲近我，这叫我怎能不伤心。皇后略施小技就得到了一个儿子，皇上近来也看重她，叫我怎能咽下这口气。"懿贵妃的眼泪像断线的珍珠，直往下落。她一半为儿子的不孝而哭，一半为自己遭冷落而哭。她哭的是这些年来好不容易争得的地位，眼看要动摇。到底是当局者迷，旁观者清，安德海虽算不上绝对的局外人，但他不存在与皇后及后宫各嫔妃之间争风吃醋的问题。他是个男人，看问题比女流之辈的懿贵妃清醒多了。

"依奴才之见，娘娘应该把心放宽一些，小不忍则乱大谋嘛。"

突然，安德海"卡壳"了，他要斟酌一番，因为他深知主子的脾气。她顺心时，天大的错误都可以原谅；她不顺心时，芝麻大的事情都能掀起冲天之浪。这时，懿贵妃正想听听小安子的高见，见他突然不说了，她有些不耐烦："快说.我最讨厌这样吞吞吐吐的。"

"嗻。依我之见，皇后是女流之辈，她有德无才，皇上敬她而不爱她。丽妃妖艳多情，皇上爱她而不敬她，她是浅薄之辈。娘娘，你德才兼备，俏丽貌美，才华横溢，先前，皇上多迷恋于你。近来，皇上之所以疏远你，我猜想可能是姐姐你有点儿、有点儿……"

安德海不敢直言，他原来是想说"有点儿心狠"的，可是，这话万万不能说，说出去会触怒眼前这个心狠手辣的女人的。

"有点儿什么？快说！"

安德海的开头几句说到贵妃娘娘的心坎里去了，懿贵妃正在沾沾自喜之时，小安子又"卡壳"了，她不免恼火。这一催问，安德海更不敢直言了，他在努力寻觅一个既准确又不使娘娘大怒的词儿，憋了半天，才憋出一句："娘娘再温柔一点儿就完美无缺了。"

懿贵妃被小安子这么一点拨，心里亮了。是呀，这些年来，似乎当年那个温柔多情的兰儿不见了，那时的兰儿嗲声嗲气地躺在皇上的怀里撒娇，生了儿子，连升三级。从贵人到嫔、妃、贵妃，尊贵的贵妃娘娘似乎对所有人，甚至包括对皇后都有点儿蛮横。不但太监、宫女们怕自己，就连皇上也曾流露过不满。自己的容貌并没有多少改变，皇上疏远自己一定是由自己越来越坏的脾气引起的。小安子是自己的心腹之人,他的话很有道理。

"小安子,还是你对我好,我叶赫那拉兰儿有本事从贵人到贵妃,我也有本事把皇上重新拉回我的身边。"

懿贵妃几乎是咬牙切齿地说:"我不但要拉回皇上,我还要扩充在宫中的势力。皇后,咱们走着瞧。"

从此以后,懿贵妃便一反常态,变得温顺起来,没事的时候常到坤宁宫向皇后请安,以重新获得皇后的好感。

"妹妹,皇上近来心烦,很少召幸嫔妃,这样下去,他会闷出病来的。"皇后是真的担心咸丰皇帝太沉郁了,以致影响身体健康。

懿贵妃漫不经心似的说:"宫中很长时间没热闹过了,皇上太沉郁,如果能热热闹闹几天,他会好一些的。"

皇后为难地说:"才刚入夏,过新年还早着呢,万寿节和阿哥的生日才过去,有什么可以热闹的。"

"办喜事呀。"懿贵妃见缝插针,提醒皇后。

皇后摇了摇头,说:"办什么喜事?"

"姐姐,老七也不小了,二十一岁了吧,该为他娶亲了。"

这一句真的提醒了皇后,她双手一拍:"妹妹,你真是个细心人,老七的确不小了,还未婚配,住在宫里也不太好。他该娶亲另住了。"

懿贵妃不失时机地说:"七爷长得一表人才,俊逸潇洒,也不知哪家的姑娘有福气做他的福晋。"

皇后是个老实人,她听不出懿贵妃的弦外之音,便说:"等皇上点了头,便从秀女中挑一个给他,咱们热热闹闹给老七办喜事儿。"

懿贵妃一听,愣住了。为什么?因为她早已想把胞妹容儿嫁给七王爷做福晋,可是,从皇后的口气看来,容儿嫁王爷没可能了,因为,皇宫规定,同一人家不可以姐妹进宫当秀女,容儿至今还是平民之女,她没有嫁王爷的资格。

回到储秀宫,懿贵妃闷闷不乐,细心的小安子看到主子有心事,便相机问道:"主子为何不开心?"

懿贵妃长舒了一口气,开口道:"小安子,也就数你最知我的心。七王爷已到了婚娶的年龄,依你看,谁有那个福气当福晋呢。"

安德海微微一笑,说道:"七王爷才貌双全,为人厚道、忠诚老实,能做他的福晋的人必须心地善良,貌美可爱,而又通情达理。"

说来说去,他还是没有直接言明,气得懿贵妃直瞪眼,小安子发觉了主子的不满,干脆挑明了,他开口道:"这个人不是别人,正是容儿姑娘。"

懿贵妃一听这话,不由得心花怒放,到底是自己的心腹,什么都让他说准了。

"可是,容儿不是秀女,皇后说了,从秀女中挑一个福晋。"

在小安子面前,懿贵妃无需遮掩,她说出了自己的担心。小安子一笑,说:"虽说王爷的婚配由皇上指定,但有时也可以由王爷自己提出,恭王爷的婚姻不就是这样的吗?"

"可是,我怎么向老七开口?"

"主子,这个嘛,奴才以为不用你开口,让它生米煮成熟饭,水到渠成最好。"

"生米煮成熟饭? 好,小安子,就你鬼点子多。"

懿贵妃是何等精明之人,不用小安子细说,她什么都明白。这"下米"之前呀,她还要精心筹划。一天,懿贵妃躺在软榻上愁眉不展,午膳端上以后又全都端了下去,这可急坏了小安子,他连忙请来御医,又跑到坤宁宫皇后那儿去禀报情况:"娘娘吉祥!"

"免礼! 小安子,你主子有什么事情吗?"

小安子很少到坤宁宫,今天他来,一定是懿贵妃有什么事情,细心的皇后看出了这一点。小安子低声说:"回娘娘的话,的确如此。我们主子已两天没下床了,午膳动也没动。"小安子居然落了几滴眼泪。

皇后欠了欠身子,焦虑地说:"御医怎么说?"

"回娘娘的话,御医说主子是抑郁而致。"

皇后不解了,问道:"为何抑郁?"

"娘娘您想,主子生了大阿哥,宫中多了多少乐趣,可如今母子生离,大阿哥移居弘德宫,主子多寂寞呀。"

"小安子,回去告诉你主子,把心放宽些,明天哀家便去和她聊天、解闷了。"

安德海心中暗笑:"都说皇后娘娘是忠厚老实之人,果真如此。"

第二天上午,皇后带了丽贵妃等人来到了储秀宫,懿贵妃连忙恭迎皇后,皇后挽着她的手,直到东暖阁。

"妹妹,身子好些了吗?"

皇后关切地问长问短,懿贵妃暗自垂泪,低头不语。

"到底怎么回事?"

皇后不忍心看到别人流泪,一个劲儿地追问,懿贵妃低语道:"姐姐,妹妹实在是控制不了自己,我太难过了。自从大阿哥离开这儿,我感到好像丢了魂似的,做什么事情都打不起精神来,吃也吃不下,睡也睡不着,这滋味儿真难受。"

"妹妹把心放宽一些,大阿哥离我们又不远,想他的时候,尽管去弘德官看他。"

"不,我不想影响他的学业,宁肯自己苦一点儿,也不去打搅他。"

皇后感激地拉着懿贵妃的手,很动情地说:"我和皇上都很感激你,生了这么一位阿哥。妹妹可不能出什么岔子,如果妹妹抑郁寡欢,让我心里怎么过意得去。"

"是啊,我也很想开朗起来,可是不能,思念亲人是难到排遣的。"

皇后似乎很能理解懿贵妃此时的心情,她说:"既然妹妹觉得宫中冷清,那就把容儿接进宫吧,那姑娘举止大方,又可人,我也很喜欢她。"

懿贵妃一听这话,喜上眉梢,但她口中却说:"她不是宫里的人,恐怕不合适吧。"

"少住些日子没什么。小安子。"

"奴才在。"

"传哀家的口谕,即刻接容儿姑娘入宫稍住两个月。"

"嗻。"

懿贵妃感激地拉住皇后的手,一个劲儿地说:"皇后,我的好姐姐。"

皇后嫣然一笑,表示不需要这么感激她。当天,安德海便把叶赫那拉容儿接进了宫。自从小皇子出生,这几年来,容儿没有见过姐姐兰儿,今日相见,当然是一阵哭哭啼啼。

"容儿,额娘好吗?弟弟好吗?"

"都好,全都好。姐姐,妳真漂亮,一点儿都没变。"

容儿说的是真心话,虽然一别五年,但姐姐依然光彩照人,还是那么明艳。懿贵妃拉着妹妹的手,说:"容儿,你长得越来越漂亮了,还没许配人家吧。”

容儿红着脸点了点头，说：“额娘不肯答应人家，我也不想离开额娘，女儿是娘家的公主，在家当公主比什么都好。”

“傻妹妹，女儿大了是人家的人，总要嫁人吧。告诉姐姐，有意中人吗？”

说得容儿的脸更红了，像块大红布，她直摇头，懿贵妃满意地望着妹妹，自言自语似的说：“妹妹，你是富贵命，比姐姐的运气好。”

“姐姐，你在说什么？”

懿贵妃轻轻地叹了一口气：“没说什么，你在宫中安心住两个月，这是皇后恩准的。”

容儿懂事地点了点头。再说七王爷奕譞，人长得十分标致，又温文尔雅，在宫中人们都夸奖这个王爷人俊心眼儿好。自从小皇子载淳出生后，七王爷十分喜欢这个皇侄，两天不见便想得很，所以，他时常出入储秀宫，逗小皇子开心，与皇嫂懿贵妃十分熟悉。自从小皇侄移居弘德宫，奕譞又成了弘德宫的常客，三天两头去那儿看望载淳。载淳也非常喜欢七皇叔。在他看来，阿玛慈祥，坤宁宫的皇额娘仁爱，储秀宫的皇额娘严厉，七皇叔又宠又十分疼爱自己，七皇叔像个朋友。

奕譞二十一岁了，正是多情的年龄，无奈宫中女性虽多，但无一可以寄托感情。不是父皇的遗孀，就是皇兄的嫔妃，还有低贱的宫女，生活在女人堆里的七王爷却从未感受过女性的温柔。这一天，奕譞又到了弘德宫去看望皇侄小载淳，已经是傍晚了，他估计载淳该回来了。

“大阿哥、大阿哥，你躲到什么地方去了？”

奕譞到了弘德宫并没有看到载淳，以往每当奕譞来这里时，小载淳总要像小鸟儿一样从房里“飞”出来，可是今天一点儿动静也没有，七王爷有点儿纳闷。奕譞坐在东暖阁的软榻上，闭目养神。

“七皇叔、七皇叔。”

清脆的童音从宫院里传来，奕譞一听就知道是皇侄回来了。奕譞刚走到院子里，小皇子便用小手勾住了他的脖子，与他耍闹。叔侄二人闹腾了一会儿，奕譞才问道：“阿哥刚才到哪儿去了，让皇叔等了这么久。”

“我带姑姑到御花园去了。”

小皇子边说边指着一个女孩。她就是叶赫那拉容儿，宫中没有“姨

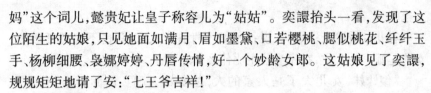

妈"这个词儿，懿贵妃让皇子称容儿为"姑姑"。奕譞抬头一看，发现了这位陌生的姑娘，只见她面如满月、眉如墨黛、口若樱桃、腮似桃花、纤纤玉手、杨柳细腰、袅娜婷婷、丹唇传情，好一个妙龄女郎。这姑娘见了奕譞，规规矩矩地请了安："七王爷吉祥！"

奕譞傻呆呆地凝视着容儿，竟忘了说"免礼平身"。小皇子望了望皇叔，又望了望姑姑，他天真地说："你们都在看什么呀？"

奕譞与容儿都羞红了脸，连忙把目光从对方脸上移开。奕譞心想："这姑娘不是宫女，阿哥称她'姑姑'，自己没这个皇妹，她是谁呢？"

容儿的心也直跳，心想："早就听姐姐说过七王爷一表人才，今日相见果真如此，他气宇轩昂、温文尔雅，好一个美男子。"

王爷正想得入神，只见储秀宫的安德海进来了。

"奴才给七王爷请安。"

安德海先左后右地一跪，给七王爷来了个单腿安，然后引逗小皇子："大阿哥吉祥，贵妃娘娘让奴才接阿哥过去吃点心。"

一听说吃点心，载淳觉得还真有点儿饿了，平日里，载淳并不喜欢这位安公公。有时小皇子一高兴，便让小安子趴在地上，自己骑到他的背上，安德海边学狗叫边满屋子里爬，爬了几圈之后，载淳一不高兴，便从"狗"身上跳下来，有时竟踢上几脚，开心地笑着跑开。今天，大阿哥不让小安子学狗叫，却让他驮着自己去储秀宫。小皇子到了储秀宫，一见又是自己不爱吃的点心，掉头就走。懿贵妃忙把儿子揽在怀里，不让儿子走脱。小皇子与生母好像天性不合，他总爱不起来这个额娘，在他的记忆中，额娘很少这样抱住他，今天觉得很别扭。

"额娘，七皇叔还等着我呢。"小载淳认真地说。

"阿哥就不肯陪额娘一会儿吗？额娘真的很想念阿哥。"

懿贵妃是不会让儿子回去的，她精心安排的一场戏可不能让不懂事的孩子给搅和了。

再说弘德宫里的一对青年男女，当小载淳走后，容儿羞红着脸低下了头。七王爷鼓足勇气，开口了："请问姑娘是哪个宫的？"

容儿低头细语："储秀宫的。"

"我记起来了，阿哥出生前你进过宫，你是皇嫂的小妹。"

奕譞脱口而出，容儿点了点头。奕譞又仔细地盯着她看，一朵红霞从姑娘的耳边飞出,十分俏丽迷人。俊男美女,又都是多情的年龄,两个人一见面便都感到对方很有吸引力,都不肯离去。宫女见小皇子不在宫里,也都离去了,弘德宫东暖阁只有这么两个年轻人。奕譞心想:"这姑娘既没有皇家格格的造作憨态,又没有市井女人的庸俗之气,好可爱。"

容儿也暗自打量着七王爷,果然如姐姐所言,这位七王爷面善心慈、俊逸潇洒,好漂亮。

"王爷,奴婢先告辞了。"

还是容儿打破了沉闷,起身告辞,七王爷点了点头,他望着容儿远逝的背影,心中想道:"将来的福晋就应该是这个样子。"

回到储秀宫。懿贵妃急切地问:"怎么样,够俊逸吧。"

容儿低头不语,做姐姐的心中明白,妹妹是羞于出口。奕譞回到自己的寝宫,几天来饭不思、茶不香,总赶不走那位姑娘的身影,干脆壮着胆子到了储秀宫。一见七王爷到此,容儿也不再掩饰自己的情感,大大方方出来见王爷。懿贵妃看在眼里,喜在心头。

人们往往认为封建社会的婚姻是父母之命,媒妁之言,就没有男女之间的自由恋爱,那就错了。中国五千年的历史,自由恋爱至少有两千年的历史。诗三百中就有不少咏唱男女自由恋爱的情歌,《关雎》中"关关雎鸠,在河之洲。窈窕淑女,君子好逑"就反映了早期的自由恋爱。后来又有梁山伯与祝英台的生生死死,张生与崔莺莺的暗恋。可以说,自由恋爱并不是什么创举。七王爷与容儿的一见钟情再合情合理不过了。

你有情,我有意,两个人相互思慕,当然很快地便水到渠成了。不过,他们只是无人处拉拉手,并没有像懿贵妃所希望的那样,"生米煮成熟饭"。他们只是感情上的交流与融洽。

"容儿,愿意嫁给我吗?"

七王爷急切地说,容儿低头不语。七王爷心中有数了,像只快乐的小鹿直奔养心殿。咸丰皇帝见七弟兴冲冲地闯了进来,就知道老七一定有什么事儿。

"四阿哥,我求你一件事,可千万要答应我。"

因为是在皇上的寝宫,所以兄弟之间没有那么多礼节,干脆,奕譞称咸丰皇帝为"四阿哥",这样显得亲切一些。

"你还没说什么事情,让朕怎么好答应呢。"

奕譞鼓足了勇气，脱口而出："我要娶叶赫那拉容儿为福晋。"

咸丰皇帝笑了，容儿进宫，他并不知道，这是后宫的琐事，只要皇后同意就行。但懿贵妃的小妹容儿，他是认识的。人长得的确不错，性情也很温和，只是他没想到七弟这么钟情于她。

"让朕想一想。"

奕譞着急了，恳求着咸丰皇帝："四阿哥，我喜欢那位姑娘，快答应我吧。"

咸丰皇帝拍拍七弟的肩膀，哈哈大笑道："老七，朕成全你！"

第十九章

外患又来三国逼修约　战事欲发疆臣瞒实情

咸丰皇帝登基之后,并没有过上多少安稳的日子,令他高兴的事儿并不多,除了懿贵妃生了一个大阿哥载淳,真的让他高兴一阵子之外,大多数的时间里,他是在焦灼与痛苦中度过的。

先是洪秀全领导的太平天国运动搅得他心神不宁,席卷大半个中国的农民起义让他感到震惊。内忧尚未平息,后来外患又来了。

咸丰四年,即一八五四年《南京条约》届满十二年,英国驻华公使包令,联合法国驻华公使布尔布隆、美国驻华公使麦莲,到了广州,向两广总督、外交事务钦差大臣叶名琛提出了"修约"的要求。那么,什么是"修约"呢?修约是指修正一八四二年的《中英南京条约》和一八四三年的《中英虎门条约》及其附件。英国提出修约的外交依据是一八四四年中美《望厦条约》第三十四款中写道:"和约一经议定,两国各宜遵守,不得轻有变更;至各口情形不一,所有贸易及海面各款恐不无稍有变通之处,应俟十二年后,两国派员公平酌办。"

英国人认为按十二年期限,《望厦条约》至一八五六年到期,按《虎门条约》至一八五五年到期,但《虎门条约》是《南京条约》的附加条约,这样一来,一八五四年,英国应依十二年期限提出修约。

这几年来,太平天国运动风起云涌、势不可当,咸丰皇帝为此大伤脑筋,至于外国人的小规模挑衅,他没有放在心上,他认为五口通商无外乎是通商而已,并没有军事侵略。所以,咸丰皇帝把外交事务全权交给了两广总督叶名琛。

叶名琛虽在道光十五年,就以优异的成绩得中进士,他精通传统的理学,但对洋务并不精通。当他知道洋人找上门时,十分惧怕,他生怕弄不好,重蹈琦善、耆英的覆辙,以遭众人的痛骂。

但毕竟叶名琛是十分聪明的,他经过深思熟虑之后,制定了对付洋人的办法,一是以没有时间为理由,拒绝会见英、美、法公使;二是用最温和的语言对洋人的修约要求予以拒绝。但是,洋人不肯善罢甘休,英国公使包令提出到广州城内与两广总督叶名琛进行会晤,这下子,叶名琛急了,他找来总督府师爷,连夜商量对策。

"包令是个中国通,很难对付。"

师爷早已对包令进行了查访,所以提醒总督不可轻视包令。叶名琛也不是个傻子,他的头脑很灵活,便说:"不错,此话有理,断不可让包令钻了咱们的漏洞,说什么也不能让那家伙进广州城会谈。"

"那么叶大人认为,在何处会谈为宜呢?"

师爷赞同总督的意见,他也觉得让洋人入城会谈很不合适。叶名琛左手托着下巴,右手摆弄着一枝笔,坚定地说:"广州城外仁信客栈会面。"

答复传到包令的耳中,这位中国通的英国公使面带愠色,蓝眼睛一瞪,操着一口流利的中国话,对翻译说:"回去告诉你们的叶总督,本公使必须进广州城进行会谈,在仁信客栈会谈,有失待客之道。你们中国不是礼仪之邦吗? 就这样礼遇本公使的?"

翻译回到了总督府,一五一十地全学给叶名琛听,叶名琛一听,怒不可遏:"去,告诉包令,这是在中国大清的地盘上,我叶总督想让他入广州,他就能入广州;不想让他来,别说他一个公使,就是英国的女皇来了,也休想入得广州。"

口气很强硬,又传到了包令的耳里,他当然很生气,干脆,他绕开了广州,另辟与清朝交涉的途径。叶名琛知道包令不会就此罢休的,当他知道包令北上后,便上奏了皇上,向咸丰皇帝陈述英国人要求修约的情况。

紫禁城里的咸丰皇帝,端坐在大殿里,阅读着叶名琛的奏折:"臣唯有相机开导,设法羁縻。"

读到了这句,咸丰皇帝舒了一口气,自言自语道:"叶爱卿果然是个干才,他临事不惧,深思熟虑。既然他能相机开导,设法羁縻,那就全权交给他办理对外事务好了。"

咸丰皇帝提起御笔,亲拟谕旨:"叶名琛在粤有年,熟悉情况,谅必驾驭得当,无俟谆谆告诫也。"

接到咸丰皇帝的亲笔谕旨，叶名琛感到十分欣慰，由此看来，皇上对自己是一百个放心，但是，就在叶名琛沉浸在幸福的海洋之中的时候，情况发生了重大的变化，叶名琛蒙在鼓里，咸丰皇帝也蒙在鼓里。

咸丰四年四月十二日，美国公使麦莲，接到美国国会令，要他马上与英国公使包令联系上，并坚决支持英国修约的要求。这时，麦莲听说包令在广州碰了一鼻子灰，便发出信件，邀请包令赴上海会面。英美两国公使包令与麦莲四天后在上海相见了。两个人经过秘密商谈，最后达成一致意见，他们认为包令已经在广州碰了壁，此时如果再让他出面，实在不妥，于是，麦莲自告奋勇，主动要求出场。

美国公使麦莲向两江总督怡良递交国书，要求在上海会晤怡良。与此同时，包令也要求会见怡良，但他并没有递交国书。怡良一合计，发现了其中的破绽，他也听说过包令在叶名琛那里的情况，此次北上，包令一定不怀好意，况且他又没递交国书，所以予以拒绝，不见包令。气得包令直瞪蓝眼睛："好个叶名琛与怡良，你们竟敢对大英公使如此不礼貌，看以后大英帝国怎么收拾你们。"

气归气，包令也无可奈何，此次北上，他的确没携带国书，这是他自己的失误，又不敢告知本国首相，他可不愿意吃不了兜着走。在上海城外一家客栈里，他住了下来，为的是打探美国公使麦莲与怡良会晤的最新消息。

麦莲递交了国书，要求会晤两江总督，怡良无法拒绝，他决定效仿叶名琛，只答应在上海城外会晤麦莲。麦莲也做了让步，于是一个月后，怡良在昆山会晤了麦莲。麦莲的气焰十分嚣张，会谈席上，居然猖狂地提出修改条约，要求长江全程通商。长江跨越十几个省，若答应了这一要求，就等于说半个中国可以让洋人来去自由。怡良认识到这万万不可答应，他也不敢答应，拱手卖国是千古的罪人。历史上的秦桧，人人唾骂，他怡良可不想被后人痛骂。于是，怡良予以拒绝。麦莲来个先软后硬，他操着一口生硬的中国话，说："如果贵国答应我们的要求，美利坚将把中国看成友邦，必将襄助中国。不但在经济上援助你们，在政治上也可以支持你们，比如现在贵国政府被太平军搅得十分尴尬，本人可以建议国会，对贵政府进行援助，提供你们一些先进的枪支弹药，以尽快平定乱匪。"

这么大的事情，怡良怎敢擅自做主，他缄口不语，双方都沉默了片刻，

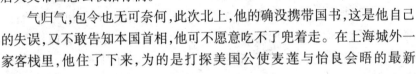

第十九章　外患又来三国逼修约　战事欲发疆臣瞒实情

最后,还是怡良打破了僵持的局面,他试探性地说:"如果我大清政府不答应你们的要求呢?"

麦莲见怡良额上都沁出了汗珠,知道怡良心里没有多少谱,便猖狂地说:"那以后就不要说美利坚不讲义气了,本人会立刻奏明国会,至于国会如何办理,本人就不得而知了。不过,万一出现不愉快的局面,也是你们太不识相造成的。"

在场的一位清政府官员再也忍受不了这种污辱,拍案而起:"岂有此理,你们在大清的土地上竟如此嚣张,给我滚,否则,莫怨老子不客气了。"

麦莲听得懂中国话,他毫不退让,也猛地一下站起,抢起拳头,大叫:"我是客人,在与总督会谈,你是何人竟敢如此对待公使!"

眼看着,两人就要拔出剑来,怡良生怕事态扩大,忙出来圆场:"公使息怒,有话坐下来好商量。"

气得那位官员猛击案几下,然后扬长而去。麦莲正得意扬扬之时,怡良开口了:"天朝制度,君尊臣卑,从无全权臣子,广东钦差大臣管理各国事务,即属钦派大臣,未便另行渎读。"

一句话封住了麦莲的嘴,麦莲不好再说什么,但他在心里骂着怡良:"狡猾的怡良,你以借口把我推回广东,你明明知道叶名琛不会理睬我的。好,我麦莲先回到广东,等我与英国公使包令商议好对策后再来找你的麻烦。"

麦莲讨了个没趣,南下了。怡良不敢自作主张,他连夜上奏朝廷,详细地汇报了昆山会晤麦莲的情况。咸丰皇帝仔细看了两遍奏折,对于怡良的做法,他十分欣慰,大殿之上,他对几位军机大臣说:"洋人欲往扬子江贸易,我朝万万不可接受,怡爱卿拒绝了洋人的要求十分得当。"

几位军机大臣也认为与洋人交涉应由叶名琛出面,怡良的这种推辞是上策。便纷纷上言,希望咸丰皇帝能进一步明确叶名琛的职责,咸丰皇帝谕旨:"唯各国通商事宜,向归两广总督专办。"

为了明确责任,一致对外,咸丰皇帝又谆谆告诫怡良和江苏巡抚吉尔杭阿,要求他们对外国公使要"正言拒绝,毋为谬论所惑"。

接到谕旨,怡良心里有数了,对抵抗洋人无理要求一事,咸丰皇帝的态度是坚决的。作为臣子,他手中有了对外的尺度。麦莲失败后,他又撺掇包令出场,企图达到修约的目的。包令再次照会怡良,要求会晤他,怡良复函拒绝会见他。但英、美公使并没就此罢手,他们在上海城外住了下来,等待着怡良会见他们。怡良怕了,连忙上奏皇上。咸丰皇帝认为怡良不是两国公使的对手,但有一个人可以对付他们,那便是叶名琛。所以,咸丰皇帝谕旨怡良尽快说服两国公使,促使他们南下,怡良也希望把难以对付的麦莲与包令交给叶名琛,便遵旨动员两国公使南下。

麦莲与包令见怡良不理睬他们,只好鼓帆南下。咸丰四年八月二十八日,三国公使麦莲、包令、布尔布隆又在香港会面了。他们的焦点话题仍是"修约"。他们联合向叶名琛写了一封信,要求修约,叶名琛采取的态度与上次没有什么不同,他迟迟不予复信。三国公使着了急,便派人亲往广州,要求见总督。

叶名琛是不会轻易见来者的,特别是当他听说三国公使派来的只是个翻译时,他嗤之以鼻,拂袖而去,只留下了一句话:"着知州张宗恪办理。"

翻译受命于三国公使,想见的是两广总督,而这回见到的却是个不足挂齿的知州小人物,当然有些气恼。

"张大人,请问总督大人为何不露面?"

"约翰先生,如果张某没弄错的话,你在贵国的职务只是个翻译,而张某却是朝廷的命官,朝廷命官会见一个翻译,委屈你了吗?"

张宗恪一句也不让,说得翻译约翰哑口无言,过了一会儿才说:"如果总督大人认为我的身份低,没有资格和他说话,我可以回去告诉三国公使,请他们亲自出面会晤叶总督。"

张宗恪连连摆手:"没那个必要。叶总督并未奉有谕旨办理交通事宜。"

一句话把三国公使拒之千里以外,既然叶名琛未奉谕旨办理交通事宜,那么就是三国公使来了也是白来,叶名琛不会见他们的。三国派来的翻译毫无收获地回到了香港,差一点没把三国公使气死,他们没想到清朝官员那么难以对付。麦莲先发表了意见:"包令先生、布尔布隆先生,你们是否认为这个叶名琛在回避我们。"

"麦莲先生说的有理,我也这么看的。"

布尔布隆赞同麦莲的观点,包令则进一步补充说:"叶名琛是洋务专家,他尚且回避我们,由此看来清政府又恨又怕我们,只要我们一致对清,我相信他们会屈服的。"

麦莲高兴了，他眉飞色舞地说："叶名琛态度强硬，不见得所有的清朝官员态度都那么强硬，我们可以再次北上嘛，我不相信他们没有缺口。"

三个人一合计，八月间相继又到了上海。江苏巡抚吉尔杭阿正疲于对付江浙一带的太平军，一见洋人又来了，不禁皱紧了眉头，他心里想："这些洋人不早不晚，这个时候来凑什么热闹。"

吉尔杭阿一面稳住三国公使，一面以八百里加急上奏了朝廷，请求皇上明谕该如何对付洋人。吉尔杭阿担心的是与叶名琛水火不相容的三国公使与镇江、南京一带的太平军暗中联络，互相借助力量，共同对付大清朝。于是，吉尔杭阿向咸丰皇帝提议："钦派重臣会同两广总督妥为查办，所求如果允准，不妨曲示色荒，许其所请，傥大为悖谬，亦不妨直言杜绝，免其觊觎。"

咸丰皇帝读了吉尔杭阿的加急上奏，龙颜十分不快，他从吉尔杭阿的字里行间读到了臣下对两广总督叶名琛的不满，这是他所不能容忍的。咸丰皇帝认为叶名琛对朝廷忠心耿耿，又有丰富的对外经验，他对朝廷的贡献不可诋毁。吉尔杭阿虽未明说，但已提示皇上应削弱叶名琛的实权。对叶名琛一百个放心的咸丰皇帝不禁对吉尔杭阿产生了怀疑，他暗自想："好一个吉尔杭阿，你身为江苏巡抚，剿灭太平军不力，一败再败，你自己不反省一下失败的原因，现在反而嫉妒起能人叶名琛来了。"

咸丰皇帝提起御笔，批示奏折："该抚身任封圻，安内攘外，责无旁贷。独不可折之以理，而必待钦派重臣，朕又安用汝等督抚为耶？"

圣旨传到了吉尔杭阿的手中，他跪在地上接旨时，双手一个劲儿地哆嗦，从皇上的语气看来，他吉尔杭阿朝不保夕，皇上对他很有意见。在这种非常时期，还是别往"枪口"上撞的好，当三国公使再次提出会晤吉尔杭阿时，吉尔杭阿病倒了。他"病"的可真不轻，居然三天三夜滴水未进，直说胡话。

麦莲、包令和布尔布隆一合计，看来在上海与吉尔杭阿交涉修约是不可能的了，他们决定不再傻等吉尔杭阿的"病"好，而是继续北上，直达白河口。这次北上，麦莲和包令很热心，法国公使布尔布隆不想去，因为他没接到本国的命令，不敢贸然北上，他派了使馆秘书哥士耆随英、美公使前往。他们乘三艘大船，带了三百多名水兵到了白河口。

这是咸丰皇帝所没料想到的。这几个月来,洋人一直纠缠修约,咸丰皇帝没有对此投入过多的精力,因为此时太平军正风起云涌,搅得年轻的天子心神不宁,他无法投入过多的精力在修约一事上。可是,八月二十二日早上一觉醒来,军机大臣慌慌张张到了养心殿。

刚刚睡醒的咸丰皇帝一看他们坐在养心殿的西暖阁里一言不发,就知道发生了什么突变。不然,军机大臣不会到养心殿惊驾的。身着便装的咸丰皇帝急问:"发生了什么事情?"

几个军机大臣连忙跪下请安,口呼万岁。咸丰皇帝眉头一皱,说:"众爱卿免礼,快讲发生了什么事情?"

大家你看看我,我看看你,谁也不愿意先开口,最后还是咸丰皇帝的六弟恭亲王打破了沉默:"皇上,洋人的船只到了白河口。"

"什么?多少人?"

咸丰皇帝坐不住了,他从龙榻上站了起来。

"只有三百多人,不过,英、美公使亲自来的。"

"哦。"

咸丰皇帝舒了一口气,他追问:"两国公使是不是又提修约之事。"

恭亲王回答:"正是。他们提出我朝派员天津或北京会晤他们,皇上,善者不来,来者不善。臣等以为此举应谨慎从之。"

"嗯。"

咸丰皇帝点了点头,他痛恨洋人来的不是时候,这会儿清兵正与太平军周旋,洋人这时来,不是趁火打劫吗? 咸丰皇帝沉思了一下,开口道:"绝不能答应在天津或北京会晤要员,要谈就在大沽口谈。"

咸丰皇帝认为为了打击英美气焰,直隶总督桂良万万不可出面,最多让天津总兵双锐、前长芦盐政崇纶、长芦盐政文谦出面,以示大清朝对英、美公使的蔑视。他明谕前往会谈之人应"不亢不卑,正言开导,杜其觊觎之心"。同时,他又密谕桂良加强天津海防,以防洋人撕破脸皮。

几位军机大臣暗自庆幸,皇上虽然年轻,但处事果断、态度坚决,这是抗击洋人的坚实基础。咸丰四年八月二十六日,天津大沽口,发生了一场激烈的舌战。舌战双方各持己见,天津镇总兵双锐、天津道钱忻与英国通事麦华陀、美国通事伯驾,针锋相对,辩论了四个时辰不见分晓。双方互不相让,会谈不欢而散。

第二天，麦华陀与伯驾要求会见清政府高一级官员，起初，无人理睬，他们在客栈里大叫大闹，声称清朝不讲国际信义，如果再僵持下去的话，他们将启航南下，其一切后果均由清政府承担。这时，文谦坐不住了，他大吼一声："见，洋人有什么可怕的。不也是两只眼睛，一张嘴巴吗？"

长芦盐政文谦不卑不亢，会见了麦华陀与伯驾。舌战比前一天还激烈，愤怒中的文谦差一点拔剑而起刺向两个洋人。麦华陀与伯驾坚持修约，其修约条件已达到清方难以接受的程度，文谦强抑心中的怒火，公开表明拒绝修约："麦先生、伯先生，今日请回吧，你们提出的条件实令我朝难以接受，我朝已开五口通商，万万不可再开通商口岸。"

麦华陀毫不退让，叫嚣道："文谦先生，双方如果达不成一致协议，开起战来，责任重大，你能承担得起吗？"

文谦嗤之以鼻，哼了一声："请两位先生不要忘了，你们是站在中国的土地上说话，不怕狂言闪了舌头。"

麦华陀、伯驾恨得直咬牙，两天的会谈都是不欢而散。消息传到紫禁城，咸丰皇帝龙颜大悦，称赞天津谈判官员"双锐、钱忻先往接见，特留文谦以为拒绝地步，所办尚是。"他谕旨文谦继续与英美代表谈判，并要求他保持不卑不亢的态度，对英美代表的无理要求应予以坚决拒绝，不留余地。

第三天，咸丰皇帝批阅了文谦的奏折，奏折中请求朝廷派直隶总督桂良出面，与狡诈的英美代表周旋。看来，文谦有些撑不住了，他上奏道："再三论辩，反复开导，乃该人一味狡猾，坚执求奏。"

咸丰皇帝淡淡一笑，自言自语道："文谦爱卿，朕相信你定能说服外国人取消修约要求，暂时不会让桂良出面的。朕这么安排是想打击外国人的嚣张气焰。"

咸丰皇帝决定仍让直隶总督桂良后方指挥，与英、美代表正面交锋再更换一次人马，这样会搅得麦华陀与伯驾昏头转向。这一次派的是前任长芦盐政崇纶。崇纶会同文谦继续与麦华陀、伯驾谈判，桂良迟迟不露面，不禁引起了英、美代表的愤怒。伯驾叫嚷："你们清朝不讲信义，为何直隶总督迟迟不出场。"

麦华陀也叫道："我们不与你们谈，明日若桂良总督不露面，我们将启航南下。"

文谦、崇纶不敢怠慢,连忙将这一新的动态报告给了桂良。桂良上奏皇上,请求亲驻津郡,会见英、美代表,但是,咸丰皇帝朱批:"览奏足见虚词恫吓,无甚伎俩……汝等不必慌张,崇纶到此,自能妥办。"

咸丰皇帝十分自信,他认为只带三百水兵的英、美代表是不可能掀起巨浪的。他没有过多的精力对付洋人,因为南京一带的太平军正招兵买马扩充兵力,眼看着安徽、江西、江苏、浙江、河南一带广大地域被太平军占领,大清的天子焉能不着急,他要把主要精力投到南方的平乱上。

一八五四年十月二十五日,天津大沽口,秋风瑟瑟,枯黄的树叶洒满大地,秋风中已带有明显的凉意。天阴沉沉的,凉风中似乎带了点儿雨丝,又像是细雨。崇纶站在炮台前,目光凝视着远方,再过两个时辰,英、美公使的小划船就要进大沽口了,双方约定今日谈判。

从前几次的会谈来看,双方都感到十分不愉快,英、美代表咄咄逼人,清朝官员寸步不让,双方不止一次地拍案争吵,看来,今天的会谈又可能不欢而散。前几次谈判,英、美不止一次地扬言若达不成一致意见,动武是在所难免的。虽然他们此次北上只带了三百水兵,但防患于未然是不可缺少的。

始终处于二级指挥的桂良命令崇纶不可掉以轻心,所以,崇纶布置大沽口炮台官兵严阵以待。清朝官员在炮台前支起了蓝布凉棚作为会晤的场所,周围足足站了五百多士兵,他们手持长枪、戟箭,十分威武。此外,还有文武官员二十人,分两翼站在凉棚旁,显得威仪而严肃。约定的时间快到了,仍不见英、美代表到此,一些官员纷纷议论:"洋人恐怕是变卦了吧,时间快到了,仍不见他们人影。"

也有人说:"我大清威震四海,几个蓝眼睛、黄头发的洋人算得了什么,今日这场面也让他们见识、见识。"

大家正议论纷纷之际,只听得远处传来鼓乐声,有人大喊:"他们来了。"

约莫半个时辰后,英国公使包令、美国公使麦莲带着随从一百七十多人,划着七只小船进入了大沽口。随从们手持长枪,身着制服,头都昂得高高的,径直列队进入会谈场地。崇纶不卑不亢,站在门口,面无表情似一尊雕塑。包令与麦莲昂首阔步入内,端坐在桌前。双方无须废话,直入主题。

英使提出修约具体条款,共十八条,其主要内容是:(一)公使驻京。(二)准英人入内地居住、传教、做买卖。(三)免内地税。(四)承认鸦片合法进口。

美国公使不等崇纶答话,也急忙提出十一条。其主要内容是:(一)开放长江。(二)准许美国人在内地开矿。(三)准许在中国沿海捕鱼。

崇纶缄口不语,他紧攥拳头,心想:"你们也太猖狂了,这是在中国的境内,企图想胡作非为,我大清也不是好惹的。"

当天夜里,大沽口会谈的详细情况就传到了紫禁城。咸丰皇帝怒不可遏,当年,父皇道光皇帝在无奈之下承认了《南京条约》,年幼的奕詝聆听师傅杜受田的教诲,对《南京条约》始末有所了解,他认为这是一个不平等的条约,使威严的大清朝蒙受了耻辱。奕詝登基后,虽然没有勇气废除这个条约,但在心底深处总觉得愧对父皇、愧对祖宗。今天,不但不平等条约不能废除,英、美两国反而变本加厉,又提出了修约,竟无耻到这种地步。尤其其中的若干款项,咸丰皇帝是万万不能接受的。

比如"公使驻京"、"承认鸦片合法进口",以及"准入内地"这几条,等于说英、美侵占中国合法化,他大清的皇帝还能坐稳江山吗?

咸丰皇帝沉思着,他在倾听几位军机大臣的意见。一个时辰之后,他开口道:"欺人太甚,我大清朝应予以拒绝,但朕以为本着怀柔之意,以不起冲突为宜。"

恭亲王奕䜣上前一步,道:"皇上英明,我大清正与太平乱贼开战,不宜再起外患,但也不能无条件地忍受。"

其他几个大臣也纷纷附和恭亲王的话,这样,咸丰皇帝与军机大臣们达成了一致意见,只允三条:(一)民夷相争,公平审断;(二)上海欠税,酌情减免;(三)停止广东欲加抽茶税。

事不宜迟,当夜谕旨发往天津,并迅速告知包令与麦莲。英、美公使大失所望,他们见清军在大沽口严阵以待,而自己三百水兵势单力薄,只好灰溜溜地南下。一八五四年的修约活动暂时告于一个段落。

修约风波仅平静了一年,一八五五年,美国任命"中国通"传教士伯驾为驻华公使。伯驾一年前曾参与修约活动,对那次失败的活动了如指掌,他的手腕比麦莲更强硬,看来,他是"不到黄河不死心"的。

伯驾是故伎重演,他先照会叶名琛,要求会晤这位对洋人嗤之以鼻的总督。叶总督对这位"丑角"不予理睬,立刻予以拒绝,碰了一鼻子灰的伯驾准备北上,他要会一会两江总督怡良。对于伯驾的绕道而行,叶名琛有着清醒的认识,他上奏朝廷,分析了局势,认为这次修约活动外国人必败。因为英国公使包令认为与清朝打交道不过是白费力气,而法国公使尚未得到政府训令,不敢贸然行事。因此,美国人伯驾是孤掌难鸣,他只不过是个跳梁小丑,蹦几下就蹬腿。叶名琛主动请命,希望咸丰皇帝能谕旨上海官员,让他们把伯驾挡回广东,他叶名琛自有收拾伯驾的办法。

咸丰五年十二月,伯驾到了上海,因为英、法公使没有一起来,他也觉得有些势单力薄,口气与态度并不是十分强硬。这时,江苏巡抚吉尔杭阿已接到圣旨,让他设法说服伯驾回广东,所以,吉尔杭阿尽量做到心平气和对付伯驾。可是,伯驾羁留上海,迟迟不肯离去。因为,他心里非常清楚,如果自己南下,将会与最痛恨外国人的叶名琛打交道。

伯驾在广州已生活了二十年,以前他以传教士的身份出入广州城,有时,为了笼络人心,他也免费为中国居民看看病,甚至一部分不明真相的广州居民还赞扬他心肠好。利用这一手段,伯驾不仅为自己留下一个美名,而且还大量了解了中国的风俗民情,掌握了中国人的心理特征。但是,叶名琛一针见血地指出这个别有用心的美国传教士是"狡黠之徒",当伯驾北上后,叶名琛便上奏咸丰皇帝,指出:"坚持定约,俾得随时驾驭,设法箝制,庶可消患于未萌也。"

咸丰皇帝接到这个奏折后,也认识到伯驾北上不是件好事,他立刻谕旨迫使伯驾南下,可是,大清皇帝的圣旨对美国公使伯驾不起任何作用,伯驾偏不南下。伯驾北上以后,英国公使包令向英国外相建议:对付中国清政府,兵船是必要的。

战争一触即发,现在只缺少一根导火线。此时已是咸丰六年,即一八五六年.

十月八日,秋风阵阵掠过海面,海面上海鸥低飞,人们知道,一场大暴风雨就要来了。海面茫茫,几只渔船在海上漂过。突然一艘可疑的渔船出现了,它叫"亚罗号"。据海上渔民报告,这只亚罗号海船是令人谈虎变色的海盗船,船上水手多是中国人,他们不务正业,以海上行霸为业,抢劫过往船只,杀人越货,令人十分痛恨。

"大人,海面上出现一艘可疑的渔船。"

一个清兵向广东水师广州江面巡逻船的长官报告。可疑的亚罗号越来越近,清兵长官看得清清楚楚:这是一艘中西合璧的完美船只,早就听别人说起过这艘船。它是由中国人苏亚成建造的,后来香港的中国人方亚明买下了这条船。去年八月,该船在香港殖民政府登记,取得了为期一年的执照。

"大人,还犹豫什么?渔船不捕鱼,连个渔网都不挂,这分明是海盗船。"

"大人,快发话吧,可别让它溜掉了。"

士兵们一个个催促着,但长官双眉紧锁,他说道:"你们看见了没有,船上站着一个人,好像不是中国人,我们还是弄清楚了再动手。"

一个爱尔兰长相的人手里拿着望远镜,也向这边望着,又是十几个人跑上甲板,这十几个人个个留着大辫子,不用问,一定是中国人。

"大人,我认识他,他叫陈二柱,是他。"

一个士兵惊叫了起来,他的儿时伙伴陈二柱也看到了他。清兵长官走近这个士兵,问:"你可以肯定是他吗?"

"当然可以肯定,你瞧,他在冲我笑呢。自从他当上海盗,乡邻们都不和他家里人往来了,听乡亲们说,每当他分了赃物,他就送一部分回家。"

清兵长官没等这个士兵说完,大喊一声:"海盗船,全给我拿下。"

一声令下,巡逻船迅速靠近亚罗号,亚罗号企图逃走,可是已经来不及了。清兵纷纷跳上亚罗号甲板,带走了十二名中国水手,那位爱尔兰船长目瞪口呆,直叫:"你们胆敢侵犯大英船民。"

一个清兵用长枪抵住他的下巴,说:"识相点儿,我们并没有动你一根毫毛,我们拿下的全是中国人。"

十二名中国水手被清军海上巡逻兵扣留了,他们之中,有三个是臭名昭著的大海盗。这十二个水手叫嚷开了:"快放了我们,我们是合法渔船,你们这样做是触犯大英帝国利益的。"

"哼,明明是留着大辫子的中国人,却口口声声抬出什么英国人,无耻。"

水师士兵也被激怒了,他们反唇相讥。被扣的其中一个海盗叫着:"我们亚罗号曾在香港大英政府登记过,属于英国船只,你们这样做,英国人会出面保护我们的。"

"那就让他们来吧,来了又能拿老子怎么样。"

求饶也好、恫吓也好,水师巡逻队就是不释放他们,其理由是亚罗号船上有海盗,而且水师在船上搜到了一些鸦片。人质刚被带上岸,总督府便派人来了。原来,人质被扣留后,亚罗号船长,那个爱尔兰人便急匆匆到了英驻广州领事巴夏礼那儿,汇报了被绯情况,巴夏礼认为中国水师这样做,有辱大英帝国的尊严,他二话没说,直接找到了英国公使包令,气急败坏地叫嚷道:"包令先生,居然会发生这种事情,太过分了!"

包令沉思着,他手中夹着雪茄烟,口里吐着云雾,想了一会儿,开口道:"我们先交涉,然后马上汇报给我国外相,既然清兵先挑衅于我们,看来,使用武力是难免的了。"

狡猾的包令笑了,他一直在找碴儿以发动战争,今天终于找到了。他带着巴夏礼到了两广总督府,见到了叶名琛。

"叶总督,这次你没话说了吧!"

包令讲述了亚罗号被扣留人质的经过后,咄咄逼人,企图封叶名琛的口。叶名琛刚听说这件事情时也很惊讶。不过,毕竟他老谋深算,泰然镇定。他清了清嗓子,开口道:"既然事情发生了,我们就应先调查、后发言,如果是我们的错,我将向公使及被扣人员赔礼道歉;如果不是我们的错,公使的震怒就是多余的了。"

叶名琛一时还弄不清究竟是怎么一回事儿,当然不敢把话说死。他打发走了英国人之后,连忙派人到岸上接巡逻队,以问清情况。水师士兵上了岸,七嘴八舌叫个不停,人多嘴杂,一时也不知听谁说的好,只好把他们统统带到了总督府。

"叶大人,他们其中有三个是海盗。他们带有鸦片。"

"你能肯定吗?"

"能,我们水师中有一个人认识其中的一个海盗。"

叶名琛沉思着,他知道事关重大,不可贸然断言,他说:"你们有什么证据?"

"昨天,澳门政府欲扣留亚罗号,但他们却逃脱了,三天前,亚罗号还抢劫了一艘过往的商船,船长向澳门政府报告了。今天我们发现它时,既然是渔船,为何船上连一张渔网也没搜到,却搜到了一些鸦片,分明是海盗船只私运鸦片。"

叶名琛仔细观察了十二名被扣的人质,他发现的确有三个人相貌粗莽,身上还纹了几条蟒蛇图案,这是海盗的标志。两天后,巴夏礼又来要人,叶名琛允准释放九名水手,至于那三个海盗,仍被扣留。他们大吵大闹,叶名琛吩咐手下对海盗不予理睬。

巴夏礼一看人数不够,他火了,大叫道:"你们水师扣留大英帝国的船只,又带走船上水手十二人,已属有辱大英帝国的尊严。现在已事过两天,还扣留着几个人,如果因这件事情引起两国的冲突,你们能负得起责任吗?"

叶名琛尽量做到心平气和,他解释道:"至于仍被扣留的那三个人,我们怀疑他们曾参与海上抢劫活动,容我们调查以后再做处理。"

"岂有此理! 大英帝国的船上怎么会有海盗,你们分明是血口喷人!"

巴夏礼咄咄逼人,叶名琛寸步不让,一时间中英双方僵持不下。又过了六天,包令再次出面,他照会叶名琛:"如不速为弥补,自饬本国水师,将和约缺陷补足。"

他所讲的"和约缺陷",就是中英长期交涉的入城、租地等修约问题。巴夏礼在一旁阴森森地说:"叶总督,我们要求二十四小时内放人,否则的话,后 果由你承担。"

叶名琛看到巴夏礼叫嚣不止,他大辫子一甩,眼一瞪,大吼道:"你们还强词夺理,回去问问亚罗号是一艘什么样的船。"

巴夏礼还口:"我们已经调查过了,亚罗号是你们中国人苏亚成制造,后来卖给方亚明的渔船,一年前,方亚明在香港大英政府登了记,这样一来,我们大英帝国就有责任保护这艘船。"

叶名琛也提高了嗓门,说:"姑且这艘船受你们保护,那你看看这艘船上装的是什么东西!"

叶名琛令广东水师千总梁国定拿出在亚罗号上搜出的鸦片,巴夏礼一看,不说话了。但他那狡猾的眼珠子一转,又开口道:"船员们偶尔有人吸食这些也是正常的,有什么值得大惊小怪的。"

"放屁!"

梁国定忍不住,开口大骂巴夏礼,叶名琛手一摆,制止住了梁国定。巴夏礼在铁的事实面前,似乎有些软了,他说:"叶总督,你们先放了人再说,如果他们之中有人曾参与海上抢劫活动,回去以后,我们将把他们送上法庭。"

叶名琛镇定地说:"他们是中国人,制裁的话,也应该受大清律的制裁。这三个可疑的人,我们是不能放的。"

巴夏礼一转身,扬长而去。望着他远离的身影,叶名琛对身边的一些官员说:"他们是拿亚罗号做文章,只怕这件事会引起两国的争端。"

叶名琛认识到"亚罗号事件"不是件小事情,经过慎重考虑,他决定令南海县丞亲自带着照会和被扣留的十二个人,交送到巴夏礼的手上。巴夏礼听说人质全部回来了,并没有喜形于色的反应,而是吹毛求疵,说什么谁扣留的人,谁送回,他阴沉着脸说:"为什么不让水师千总梁国定亲自来赔礼道歉? 他的手下冒犯了大英船只,应该让他来负荆请罪。"

十二个人又被带了回去,巴夏礼的理由是清政府没有认错的诚意。他宣称明天午时为最后期限,如果梁国定不亲自来赔礼,英舰立刻攻打广州城。叶名琛一听这话,他气极了:"好个巴夏礼,你是借机衅事,我等着你来攻城好了。"

叶名琛认为巴夏礼无非是恫吓而已,所以,他并没有把巴夏礼的话放在心上。第二天,即一八五六年十月二十三日,广州城外响起了炮声,中国历史上的第二次鸦片战争爆发了。

这天,天气晴朗、万里无云,叶名琛在随员的陪同下,正在观看乡试马箭。忽然,炮声轰隆、轰隆地传来,叶名琛令人前去弄清情况,不消一个时辰,兵丁来报:"总督大人,英国海军上将西马縻各厘率军舰三艘、划艇十余只、士兵二千余人,已闯过了虎门,开进内河了,现在正在炮轰东郊的猎德炮台。"

在场的文武官员一听这话,大惊失色,连忙说:"总督,来者不善,善者不来,快下令还击吧。"

"总督,我大清炮台装备并不差,只要一声令下,还击敌舰,定叫他夹着尾巴逃跑。"

叶名琛沉思了一下,说:"没有什么可大惊小怪的,他们武力远远不及我们,无非是恫吓而已,等天一黑,他们自会走的。"

叶名琛发现有几个官员表现出疑义的神情,便开导他们说:"不要把事态扩大,现在,令大清水师后撤,没有我的命令,不许还炮。"

炮声仍在轰轰隆隆响个不停,叶名琛四顾文武官员,他们一个个面如土色,他不禁哑然失笑:"瞧你们那个熊样,几声大炮就吓破了胆,以后能成什么大事!"

叶名琛泰然自若,他面不改色心不跳,仍聚精会神地观看比箭,直到傍晚才回衙门府。第二天上午,叶名琛又带着随员去校场观看武乡试,到了中午,炮声大震,把人的耳朵都震疼了,一个兵丁气喘吁吁地来报告:"叶大人,英军炮轰凤凰冈炮台,守军根据大人指示撤离了炮台,现在炮台已被毁坏,怎么办?"

几个文武官员急了,七嘴八舌嚷道:"大人,快下令吧,不能再等了。"

"大人,我们有力量还击,为什么不动声色呢?"

"放肆! 这儿是你们发号施令的地方吗?"

叶名琛大怒,他怒的不是英军炮轰海边炮台,而是他的下属当面顶撞了他。

"继续看乡试,任何人不得再提此事!"

轰隆、轰隆的炮声一阵阵传来,人们无心观看比箭,参加武乡试的试子们也无心射箭,一个随员走到叶名琛的跟前,低语道:"大人,风太大,请早收围。"

叶名琛不高兴地哼了一声:"衙门议事。"

下午,官员们聚集总督衙门府,大家神情慌张,分析这两天来英军炮轰清军炮台的情况,有人提议清军不应再后撤了,这会给英军一个错觉,认为清军无力还击。叶名琛听取了几种意见,最后说:"事态不可扩大,朝廷目前无力抵外,一支太平军把朝廷上下搅得不宁,万万不可再起外患,我们要忍让、再忍让。不过,也要给英国人点颜色看看,从明天起中断中英贸易,以经济来制裁。"

"大人,我大清兵力不是不强,我们有十座城郊炮台、二十二座内河炮台,每台防兵六十多人,此外还有七万四千人的军队,为什么不痛击英军呢?"

一个官员愤愤地说。叶名琛看了他一眼,开口道:"相比之下,英军的确不如我们实力强,但刚才我已经说过理由了。你们这些人呀,考虑事情就是这么目光短浅,这叫没有远虑,缺乏冷静的头脑。"

叶名琛面对这些"鼠目寸光"的下属们,一个劲儿地摇头,他们不明白总督的顾虑。万一打起仗来,朝廷是没有力量应付战争的,太平军早已把朝廷的银两给搅尽了。一八五六年十月二十六日,西马縻各厘第一次照会叶名琛,提出了入城的要求,叶名琛一向反对外国人入城,这会儿他当然不能答应。

到了下午,总督衙门府里,人心惶惶,有的官员谎称有病,逃离衙门府;有的官员唉声叹气,暗中抱怨总督下令不准还击;也有的人祈求上苍的保佑,把免遭灾难的希望寄托于神灵。叶名琛端坐在大堂之上,他不相信英军会打到广州城,因为清军已做了最大的让步,英国人不会体会不到的。

"轰"地一声巨响,一发炮弹落到了总督府大门旁。一时间,鬼哭狼嚎,官员们纷纷抱头逃窜,有的人吓得瘫倒在地,尿了一裤子。一个时辰后,衙门府的兵役逃匿一空,只剩下叶名琛和几个忠于朝廷的官员。突然间,他们看到靖海门方向火光冲天,叶名琛痛恨地说:"一定是英国人放火烧了民居,不然何以火光冲天。"

又过了两个时辰,只听见衙门府外的巷子里枪声激烈,一个官员战战兢兢地说:"大人,有三百左右英军入城,正与清兵巷战,我们是否躲避一下。"

叶名琛大叫:"朝廷命官临阵脱逃,该当何罪!"

吓得其他几个人也不敢再发话了。枪声渐渐稀落,叶名琛令一个下属出外打探消息,原来是英军感到势单力薄,自动撤退了。叶名琛舒了一口气说:"果然不出叶某所料,他们不敢与我大清久战,瞧,他们逃遁了。"

接着,他又发布告示:要求广州军民齐心协力、痛击英军。杀英军一名,赏银三十两,杀英军五名,可封官。布告一下,确也激动人心,一些民勇纷纷组织起来,一致对外抗击英军。

第二天黄昏时分,炮声再次响起。这次,英军集中火力,轰炸新城城墙,不大会儿,城墙就被轰开了一个缺口,英军气焰嚣张,一百多士兵冲入新城。总督衙门府危在旦夕,叶名琛仍面不改色心不跳,几个随员跪地劝他赶快出去避一下,他仍不动,一个随员急了,大叫道:"大人,你真的在这里等死吗?"

又一个人怨道:"我们可不想陪你等死,恕属下不忠,你再不走,我们可要走了。"

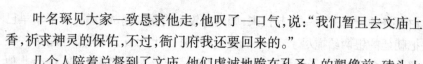

叶名琛见大家一致恳求他走，他叹了一口气，说："我们暂且去文庙上香，祈求神灵的保佑，不过，衙门府我还要回来的。"

几个人陪着总督到了文庙，他们虔诚地跪在孔圣人的塑像前，磕头上香，以求圣人的庇护。然后，叶名琛执意回总督府，但随员们说什么也不肯回去，他们七手八脚硬把总督拉到了巡抚衙署。

躲在巡抚衙署的叶名琛痛心疾首，咒骂英军，骂他们欺人太甚，攻进广州城，也骂他们丧尽天良，烧焚民居。就在这时，西马縻各厘再次照会叶名琛，要求英军大规模入城，叶名琛亲自出面向英方道歉。这当然是痴心妄想，叶名琛咬牙切齿地说："休想！英国人侵占我中华，反而要我们赔礼道歉，岂有此理！"

此后两天，英军炮火猛烈，广州城郊的几座炮台被破坏，到了十一月十七日，英国公使包令前往广州城，他如入无人之境，大摇大摆地闯入了总督府，却没看见叶名琛。后来听人说叶名琛已躲在巡抚衙署，他便照会叶名琛，要求会晤两广总督，叶名琛羞愤交加，严厉拒绝了这次会晤。

就在叶名琛愧对清军官兵、愧对广州百姓，躲在巡抚衙署不敢露头的时候，广州民众被英军的无耻行径激怒了，他们自发地拿起了长枪、磨亮了长矛，呐喊着冲向人数并不多的英军，仅仅三天，英军损伤惨重，被击毙人数达四百之多，西马縻各厘不敢久留广州城，因为英援军还没到，他只好下令撤出了广州城。

广州激战了两个多月，可紫禁城里的咸丰皇帝一无所知，他还以为英、美、法还在要求修约呢，他做梦也料想不到叶名琛不但一度失了广州城，而且向天子隐瞒了实情。一天上午，咸丰皇帝像往常一样，批阅着一份份堆积如山的奏折。奏折里多陈述江浙一带太平之乱，突然，他的目光被拉直了。

这份奏折是两江总督怡良以加急折送来的，他讲述了广东的战况。咸丰皇帝被弄懵了。

"怎么？广东发生了这种重大事情，叶名琛从没上奏呀！"

咸丰皇帝龙颜大怒，拍案而起："好个叶名琛，你隐瞒实情，欺君罔上，该当何罪？"

"皇上息怒，依臣之见，还是火速派员打探广州情况，再作定夺。"

一个军机大臣也觉得事态严重，建议皇上马上着手调查这件事情。

就在接到怡良奏折的第二天，广州叶名琛的奏折也到了京。咸丰皇帝急切地打开折子，一看，他舒了一口气。

"臣已调集水陆兵勇二万余名，足敷堵剿，已于十月二十日（十一月十七日）击毙英军四百余人，现英军退出广州城。"

叶名琛欺骗了咸丰皇帝，远在几千里以外的天子怎能知道自己蒙受了臣子的欺骗呢，他淡然一笑，说："叶名琛熟悉外务，必有驾驭之道。"

大清的天子又睡上了几夜安稳觉。他在叶名琛的奏折上朱批道："息兵为要，若大败英，必来报复，当此中原未靖，岂可沿海再起风波。"

虽然远隔千山万水，但咸丰皇帝与他的宠臣却想到一起去了。打败仗有伤国体，打胜仗英军必要报复，现在正值多事之秋，对付一支太平军，已经是国库空虚，如果沿海再起战事，何以应付。这样一来，咸丰皇帝与叶名琛不谋而合：息事宁人求太平。

谕旨发出第二天，他又指示叶名琛："英国人唯利是图，重在贸易，卿且密为防范，勿存轻视之心。"

叶名琛也是这样想的，他认为太平军遍及大半个中国，朝廷无暇顾及东南沿海地区，万一事态扩大了，打起了恶仗，还得他叶名琛自己挽救自己。所以，他接受了皇上的意见，尽力息兵。

英国方面也因兵力不足，不敢长期攻占广州，于是，他们先从广州城撤军，继而又撤出珠江，叶名琛误以为英方想求和，便上奏朝廷，提出了自己的看法"防剿英国人水陆获胜，现在外情穷蹙。"

咸丰皇帝批阅了这份奏折，他龙颜大悦，感慨道："叶爱卿不愧为外事能手，现在英国人只求和，全是他的功劳，朕日后必嘉奖于他。叶爱卿深知朕的难处，为朕排忧解难，东南沿海不起风浪，他立了一大功啊！"

聪明的咸丰皇帝上当受骗了，广州城危在旦夕，而他的"叶爱卿"却向皇上隐瞒了实情，为以后更大的惨重失败埋下了祸根。就在清廷轻敌、麻痹的时候，英国议会发生了一件与中国有关的重大事件。

第二十章

兵临天津清廷签条约　趁火打劫沙俄窥北界

　　"亚罗号"事件传到了伦敦,英国政府坚决支持包令、巴夏礼的军事行动,英国首相巴麦尊决定进一步扩大战争。但是议会中有一些人提出了反对意见,咸丰七年,即一八五七年二月,上院一议员提出了一个议案,谴责本国政府在华擅用武力,结果却以一百一十票对一百四十六票被否决。这时,下院一议员提出了类似议案,以二百六十三票对二百四十七票获得通过。巴麦尊下令解散下院,重新大选,战争狂巴麦尊在大选中获胜,他于三月二十日任命额尔金伯爵为高级专使准备对华正式用兵。这一切,紫禁城里的咸丰皇帝一无所知,他所知道的是叶名琛的屡次上奏中所述的"英国人求和"。

　　事情往往具有巧合性,就在"亚罗号"事件之前几个月,即咸丰六年二月,一名法国传教士马赖在广西被处死。马赖非法潜入广西省西林县,宣传基督教义,当地居民对他的胡说八道恨之入骨,便报告了当地的官员。西林县知县调查后认为马赖私入内地,有违和约,而且他的宣传迷惑百姓,于是下令将他处死。史称"马神甫事件"或"西林教案"。

　　事件发生后,法国驻华官员多次要求赔偿、道歉,身为两广总督的叶名琛置之不理,引起了法国方面的极端不满,就在这时,广州城响起了英军的炮声,法国马上与英国取得了联系,一向格格不入的英法两国,在对华问题上却携起手来,结成了同盟。法国路易·拿破仑三世宣称法国人应为"保卫圣教而战",他任命葛罗男爵为特命全权专使,统率法国军队一千多人,于一八五七年八月二十六日抵达香港。

　　英法联军五千多人聚集在香港,九月,美国公使列卫廉和俄国公使普提亚廷也先后抵香港。本来,英国与俄国、英国与法国、俄国与美国是有矛盾的,但在香港,他们却因共同的利益——侵华,而结成了同盟。英国调遣了军舰四十三艘、舰上官兵五千五百人、陆军四千人;法国的十艘军舰也开到了澳门、香港一带。强大的兵力布置完成以后,英法两国公使于一八五七年十二月十二日向叶名琛发出照会,提出了三个条件。

叶名琛接到英、法公使的照会,嗤之以鼻,他对属下说:"英国公使额尔金、法国公使葛罗做白日梦,照会提出入城、赔偿'亚罗号'损失和因马神甫事件而向法国道歉三项无理要求。并限定我大清政府在二十四小时内予以答复,否则将攻城。"

一个属员说:"叶大人,洋人此来不善,还是慎重处置为好。"

另一个下属也说:"据兵丁探报,英法军舰已布置在珠江口,我大清虽有十几座炮台,但终不是他们的对手,在下也认为还是不要硬和他们顶撞,否则,后果将不堪设想。"

"一群鼠辈,有辱我大清朝廷。"

叶名琛狠狠地瞪了他们一眼,他真遗憾,自己手下竟这般胆小怕事。他向咸丰皇帝上奏一折,详细报告了广州的形势,但字里行间流露出与英法联军决一死战的决心。咸丰皇帝批阅这份奏折时,感慨地说:"此乃忠臣也。"

并且,咸丰皇帝还谕令叶名琛要据理辩驳,婉言相劝,在经济贸易上可以对英法做一些让步,一来安抚英法,二来增加贸易也可缓解清朝的财政吃紧的状况。咸丰皇帝万万没想到,他的这份谕旨尚未到达广州时,他的爱臣叶名琛便成了英法联军的阶下囚。

叶名琛思想上是轻敌的,因此广州虽有十几座炮台,但形同虚设,偌大的广州城几乎是不设防的。英法联军已兵临城下,总督府乱作一团,有几个官员请战,叶名琛嘲笑他们是胆小如鼠。

十二月二十八日,英法联军二十多艘军舰开进内河,广州城内炮声连天,整整二十七个小时,硝烟不断,广州的几座城门全被轰开,一时间老百姓死伤惨重,哭声震天。许多民居被炮火摧毁,儿喊娘、娘叫儿,那景象惨不忍睹。

密集的炮弹落到总督衙门府,兵役们再次逃匿一空,只剩下叶名琛与几个官吏,他们已知道此劫难逃,这次炮轰比一年前的那一次猛烈多了,逃生的希望很小。他们个个阴沉着脸,专注着叶名琛。叶名琛一言不发,他亲自弯下腰,撕毁衙署的一些重要文件。又一声巨大的炮声在他们头上炸开,叶名琛只淡淡地说了一句:"不用害怕,过了这一阵子就没有事了。"

广州将军穆克德讷、广东巡抚柏贵互相递了一个眼色,还是柏贵先开了口:"叶大人,看来广州失陷了,何必这样硬撑下去,依我看还是先佯降吧。"

"无耻!胆敢做这等有辱民族气节的事情,我先杀了你。"

叶名琛举刀刚想逼近柏贵,穆克德讷上前阻拦:"大人,你也太死心眼了,留得青山在,不怕没柴烧,这样硬撑下去有什么好处。"

在场的几个官员也纷纷附和他们,叶名琛知道自己已失去了支持者,气得一跺脚,老泪横流:"败类,一个个民族的败类,等本官上奏皇上,看你们一个个有什么好下场。"

"冲进去啊,抓活的。"

"活捉叶名琛。"

喊声越来越近,看来,英军已进了总督衙门。叶名琛被一个官员拉着,一直拉到了后花园的八角亭旁边。

"大人,你暂且避一避。"

说完,这个官员"扑通"一声跪了下来,朝着叶名琛磕了一个头,然后猛地拔出佩剑,自刎自尽。

"张大人!张大人!"

叶名琛扑上前去,紧紧抱着气绝身亡的下属,泪如雨下。五、六个英军冲进后花园,不由分说,将叶名琛五花大绑,押上大堂,叶名琛四处张望寻找其他官员,当他的目光落到穆克德讷和柏贵身上的时候,他大吼了一声:"无耻!"

穆克德讷和柏贵正手举白旗以示投降。叶名琛想挣脱开绳索,撞墙身亡,但他被牢牢地捆着,动弹不得。两个时辰后,叶名琛被押上了英国军舰。三天三夜过去了,他被关押在舰舱里,每天只能吃上两个面包、喝上一碗水。他痛心疾首,用头撞着舱门,大叫:"我是天朝的钦差大臣,你们这样对待我是对大清的污辱。开门!我要与额尔金、葛罗谈判!"

又是三天过去了,仍没有人搭理他,叶名琛羞愤交加,一病不起,高烧中,他仍高喊:"我是天朝的钦差大臣,你们不能这样对待我。"

一个月后,满面尘垢的叶名琛被送到了印度的一个孤岛上,岛上只有两个印度士兵看押他。每天,叶名琛拖着沉重的脚镣一步、一步走向大海,面对茫茫海水,他悲痛欲绝,他在重复着一句话:"我是海上苏武。"

"我是海上苏武。"

一年后,自称为"海上苏武"的叶名琛客死他乡,又一年后,他的死讯才传到紫禁城。咸丰皇帝潸然泪下,派出去的是钦差大臣而迎回来的却是孤魂。大殿之上,咸丰皇帝掩面哭泣,一位军机大臣站在丹墀下劝慰道:"皇上,叶大人有今日,是他自己造成的,英国人相犯时,他不战不和不守、不死不降不走,这种相臣度量、疆臣抱负,古之所无,今亦罕见。"

咸丰皇帝点了点头,他哭的不单是失去一个爱臣,更多的是失去民族的尊严、失去半个中国。

广州沦陷后,咸丰皇帝大惊失色,他认识到一年多来,叶名琛所报的战绩多为谎言,但他对这位爱臣恨不起来,加上叶名琛被俘,他在痛恨之余更多的是哀怜,无奈之下,他将被俘的叶名琛革职。他认为英、法联军痛恨的是叶名琛,只要将他革职,便可平息战争。同时,咸丰皇帝又任命黄宗汉继任叶名琛,黄未到任之前,柏贵为署理。紫禁城里的天子无论如何也想不到柏贵早已挑起了投降的白旗,实际上,柏贵的广东巡抚衙门已变成了英法扶植下的傀儡政权。一八五七年十二月二十八日,中断了一年之久的广州对外贸易再次恢复。

广州城内,英、法士兵如入无人之境,他们横冲直撞、烧焚民居、奸淫妇女、戕害儿童、无恶不作。愤怒的广州人民自发地拿起长矛、大刀,小股骚扰英法士兵,吓得英法士兵不敢睡觉,生怕一觉醒来脑袋搬了家。英、法联军一合计,决定采用以华制华的方针,把傀儡巡抚柏贵推到了前台,利用清朝治民的方法以达到统治广州反民的目的。

由于为镇压太平军而设立的江南大营及江北大营的破灭,咸丰皇帝无暇南顾,在他看来,太平军对他构成的威胁更大,因为太平军有可能把他从皇帝的宝座上拉下来,为了稳坐江山,他日夜不宁,把主要精力投到了"剿匪"之上。至于广州的情况,他采取有折则批,无折则过的方针,反正广州远离京城,外国人闹得再凶,也不会几天内把他拉下皇帝的宝座。

这天,咸丰皇帝正有点儿倦怠时,他突然又被刺激了一下,折子是湖南巡抚骆秉章呈来的,他在折子里严厉地指责了柏贵等人卖国求荣的无耻行径,沉痛地叙说了广州人民水深火热的处境。咸丰皇帝气得直咬牙:

"好一个柏贵,你身为朝廷命官,置百姓于水火而不顾,居然作英法的傀儡。"

读完了折子,咸丰皇帝朱批令广东在籍侍郎罗惇衍"传谕各绅民,纠集团练数万人"将英法逐出广州。咸丰皇帝再次想起了骁勇善战的广东绅民,还是小的时候,父皇嘉许林则徐善用绅民,组织团练,共同抗英。此时,他在效仿道光皇帝,他认为绅民组织起来足有五、六万人,完全可以对付五、六千人的英法联军,这样可以变中与英法战争为民与英法战争。

谕旨传到了广州,黄宗汉不敢上奏广州的实情,他是当一天和尚撞一天钟,罗惇衍虽也出面组织团练,但因经费严重缺乏而告吹。整个广州城生灵涂炭,百姓哀怨,其惨状令人目不忍睹。

广州失陷后,消息不胫而走,很快传到了东南沿海重地——上海。此时,两江总督已由坚决抗外的怡良换成了亲外的何桂清。这天,两江总督府灯火通明,歌舞不断,显得十分热闹,令人吃惊的是:广州被英、法联军攻占,广州人民已与侵略者英法联军水火不容。而在一千多里外的上海,清政府的官员却与英、法领事握手言欢。

"何大人,你好雅兴!"

英国领事捻着大胡子,又像是在讽刺,又像是在称赞。他想不到,英国人攻占了广州,而上海的两江总督却能与他坐在一张酒桌上谈笑风生、如同密友。法国领事也打趣地说:"何大人,可不要今晚喝了这杯酒,明天你翻脸不认人,调转枪口打我们。"

何桂清满脸堆上笑容,他小眼睛一眯,开口道:"瞧你们二位先生说的多见外,我何某是那种人吗?"

"哼,那么广州怎么解释?"

英国领事并不那么友好,他是哪壶不开——提哪壶,说得何桂清直搓手:"来、来、来,吃,这只鸡腿好肥呀。"

"你莫扯开话题,何大人,这鸡腿里,你不会投毒吧!"

法国领事胡子一翘、一翘地,很有点儿像只公羊。何桂清急了,扯着一副破锣嗓子,高叫道:"你们怎么这样没有诚意!"

"诚意?我们本着诚意和你们清人做生意,可你们百般刁难我们,这叫诚意吗?"

英国领事强词夺理,反而恶人先告状。何桂清今晚宴请两国领事,本来是想拉关系的，不曾料想会出现这种局面，他可不愿意变上海为第二个广州，于是，他只好尽量按捺住自己，在心里反复告诫自己："小不忍则乱大谋，何桂清，你再忍一忍，常言道：'忍'字心上一把刀。忍，就是心里憋得难受，而又不能说。"

"好了，两位领事先生，莫谈广州之事，广州距上海一千多里路，那里就是塌了天，也与我上海无关。"

一位朝廷官员一听这话，觉得有点儿不对劲，脱口而出："何大人，此言差也。广州怎与上海无关，同是我大清的国土，所谓唇亡齿寒，你忘了？"

这位官员一针见血地谴责了他的顶头上司，何桂清马上露出了不悦之神情，英、法领事专注着愠怒的总督大人，半晌，何桂清才说："粤事归粤办。上海华夷并无嫌隙，应当照常贸易。"

他的话刚落音，便响起了几声掌声，英、法领事用赞赏的目光望着他，刚才那位发言的官员气得脸色煞白，拂袖而去。何桂清说出这句话并不是冲动之语，也绝非偶然。广州沦陷后，他暗中与闽浙总督王懿德书信往来，出于地方保护思想，他们两个人都不想变自己的地盘为第二个广州，他们更不想做第二个叶名琛。于是他们纷纷上奏朝廷，流露了这种思想。

咸丰皇帝初阅奏折，心中有些不高兴，他自言自语地说："难道说广州沦陷是广州人与英、法的矛盾，与你们上海人就没有关系吗？这样一来，你们的民族荣辱感不是丧失了吗？"

可是，皇上越往下看，越觉得何桂清他们所奏似乎也有些道理。上海是东南沿海海运的中心，每年对外贸易的关税可达数百万两。而且上海丰富的物产北贡京城，南援清军。如果上海一旦开战，不但物产全无，而且后果将不堪设想。

前怕狼、后怕虎的咸丰皇帝痛苦地思索着，出于民族自尊感，他痛恨何桂清的狭隘自私主义，出于保住皇帝宝座的考虑，他又不得不同意何桂清的意见。咸丰皇帝提起朱笔，批示道："上海为海运关税重地，非如广东可以用兵……上海华夷既无嫌隙，自应照旧通商。"

有了咸丰皇帝的这道谕旨，何桂清手中就像有了尚方宝剑，他没什么可顾虑的了。所以在广州人民处于英、法铁蹄之下的时候，公然以友人的身份宴请英、法领事，并许以诺言。

中外战争史上的奇观出现了:广州人民与英、法殖民主义者抗争,而上海的朝廷官员却与英、法领事握手言欢、称兄道弟,进行贸易,真是可耻而又荒唐!

咸丰八年,即一八五八年初,英、法、美三国驻上海领事向清政府递交照会,要求修约,并要求清政府派钦差大臣到上海谈判。但是,咸丰皇帝不想让几国公使在他的保护特区——上海久留。于是,谕令江苏巡抚通知各国公使南下广州,由新任两广总督黄宗汉与他们谈判。

这怎么可能? 三国公使根本没把黄宗汉放在眼里,三国公使一商议,干脆继续北上,初春的一天,他们抵达了天津海河口外。咸丰皇帝有点儿惧怕了,洋人就在眼皮子底下,万一谈判失败,在天津附近打起仗来,他一朝之君往哪儿躲呀。

此时,最不愿意与洋人开仗的是咸丰皇帝,自从他登基以来,不是内战,就是外患,没有一年平息过,没有一个月平息过。几年的战争早已使国库空虚、银根吃紧,为了应付战争,咸丰皇帝甚至动用了他的"私房钱"——内务府银库。他谕旨后宫嫔妃的月银一律减半,为此,几位嫔妃还哭闹过,有的为了暗中贴补并不富裕的娘家,甚至暗地里偷卖宫中的古玩字画。打仗不但消耗巨资,而且也十分劳神,一天到晚看不完的奏折,报喜的少、报忧的多,即使看到那些报喜的折子,他也不敢相信了,他被叶名琛骗怕了。当时,如果叶名琛不隐瞒实情,其后果也许要比现在好一些,广州不至于沦陷得那么快。

可是,事情既然发生了,就回避不了。咸丰皇帝必须尽快选择一个合适的人选与洋人周旋。选来选去,最后,他把目光落到了直隶总督谭廷襄的身上。谭总督从未与洋人打过交道,天子点将,硬着头皮,他也要去。可是一到大津,谭廷襄就发现他的对手不是三国公使,而是英、法、美、俄四国公使。

"唉,怎么又冒出个俄国!"

谭总督暗自叫苦,可是,他已没有退路了。咸丰皇帝看到谭廷襄的奏折后,谕旨他应采取不同的态度以对付各国公使。主要方针是分化与瓦解:对俄国表示友好;对美国设法羁縻;对法国进行劝导;对英国严词诘问。

这是咸丰皇帝在紫禁城里,坐在乾清宫大殿的龙椅上打的如意算盘。

实际上,事情并不能像他所期望的那样发展,四国公使不是好对付的。没有一点儿外交经验的谭廷襄处处奉旨行事,不敢有丝毫的擅权。

英、法公使不愿会晤谭廷襄,其理由是他不仅没有钦差大臣的头衔,而且照会的款式也不对,只有美、俄公使勉强出面会见他。在交涉的过程中,谭廷襄小心谨慎,因为咸丰皇帝谕令对各国公使的无理要求应坚决拒绝,唯一可以松动的是酌减关税。

咸丰皇帝认为,洋人都是小人,而小人重利,只要答应酌减关税,他们定会善罢甘休。所以如果洋人在小利上做文章,可以做适当的退让。但这一次,咸丰皇帝估计错误,各国公使图的不是蝇头小利,而是中国这块大肥肉。由于英、法公使拒绝会见谭廷襄,谭廷襄只好求美、俄公使从中说和。而美、俄与英、法沆瀣一气,他们"外托恭顺之名,内挟要求之术",实际上并不为清朝从中说合。谭廷襄看出了他们的阴谋诡计,便上奏皇上,提出了自己的对外之策。

他认为天津谈判不过是托词,四国公使的真正目的是在于一口吞掉中国。在这种严重的威胁下,必须奋起抗争。首先应关闭五口通商,以经济制裁各国;其次应尽快收复广州,使英、法有所震慑。但咸丰皇帝则认为这两条意见都不可取。关闭通商口岸,朝廷的财政税收马上就会滑坡,到哪儿去弄银子应付江南一带平剿乱匪的军饷;收复广州,谈何容易,叶名琛都没守住广州城,难道黄宗汉就能把广州城夺回来。

谭廷襄早在广州沦陷后,为了防备英法联军北上,早在大沽口布置了重兵。咸丰皇帝谕旨谭廷襄,万万不可以大沽口军备完整而不惜一战。

"切不可因兵勇足恃,先启兵端。"

如此说来,退敌之策别无良方,只有靠谭廷襄的那张能说会道的嘴了,但英、法公使坚持不见他,能说会道的嘴也无用武之地。天津谈判,未谈而散。四国公使磨刀霍霍,大清政府恐惧战事。

一八五八年四月六日,清军大沽口将军差一点儿没气炸肺,因为他接到一份通知,英法海军司令部以共同的名义发给他的,要求他两个小时之内交出大沽口。

大沽口位于海河出海口,是京城与天津的门户,战略地位十分重要。为了加强海防建设,此处设有炮台四座,清兵一万余人。其中守炮台约三千人,其余人都驻扎在炮台附近的村子里,以准备随时应急,应该说,大沽口是重兵防守的。

当谭廷襄出面与四国公使谈判而未有成效时,英、法公使拒绝了会晤并无"钦差大臣"头衔的谭总督,而在暗地里调兵遣将,布置兵力。他们共调来十二艘军舰,登陆部队一千二百多人。大沽口将军当然不能接受英、法海军司令部的要求,一场激烈的战斗打响了。清军士兵坚守炮台、严阵以待,英法军舰猖狂地发起了猛烈的进攻。一时间炮火连天、子弹如雨,双方的士气都很高。英国的一艘军舰舰长气焰嚣张,鼓着大胡子、挺着圆圆的肚皮,高叫道:"胜利是属于大英帝国的,哈哈哈——"

他的狞笑还没落音,清军的几发炮弹击中了舰身,顿时,军舰上火光熊熊、英军士兵乱作一团,有的炸断了一条腿、有的已血肉模糊、有的抱头痛哭、有的惨叫、也有的跳入海中,向其他军舰游去。海里炮弹落到海面上,激起一个个高高的水柱,水花向四周溅去,形成一朵朵白花。

大沽口炮台,清兵有的也负了伤,鲜血直流,但许多士兵并没有退下阵来,他们撕下一块衣襟,草草包扎了伤口,又奋力装上了一发炮弹。两个小时过去了,敌我双方局势渐渐发生了变化,由于武器装备上的悬殊,加上作战经验的不足,大沽口炮台处于明显的劣势。又一发敌舰上炮弹打中了最南面的一座炮台,炮台上全体将士牺牲,其他几座炮台也显示出明显的支持不住的样子,一些胆小的清兵哭爹喊娘,有退缩的趋势,将领看见了,手持令旗高呼:"临阵退缩,定杀无疑。"

士兵们退不敢退,打不愿打,气得将领直骂:"一群脓包! 混蛋!"

英、法军舰的炮弹如密雨直冲过来,大沽口炮台实在顶不住了,三个小时后,守军不支而溃。天已黄昏,英、法陆军开始登陆,从大沽口横冲直撞,一直冲进了天津。当夜,咸丰皇帝就得到了大沽口失陷的消息,他拍案而起,龙颜大怒:"一万士兵抵挡不了一千多人,可耻也。"

第二天,清廷便接到了英、法联军的通知,要求清廷派重臣前往天津进行谈判,否则将进攻北京。已是燃眉之急,咸丰皇帝急召军机大臣进殿议事,他已觉得皇位的基座微微颤动,好像马上就会有人把他从宝座上推下来似的。

"皇上,臣以为是议和为上策,英、法联军此来不善,不可硬拼。"

军机大臣、大学士桂良上前一步,直陈自己的观点。吏部尚书花沙纳也附和道:"英、法联军是做好了充分准备来进犯的,清军不是它的对手,臣以为应先以怀柔之策退其兵，方是良策。"

咸丰皇帝紧锁眉头，一言不发，他的目光落到辈分最高的一位大臣身上，那便是他的皇叔——惠亲王绵愉。绵愉是道光皇帝的亲弟弟，是咸丰年间的前朝亲王，他平日从不以自己是皇叔而居高，所以朝廷上下，他的官名很好。咸丰皇帝刚登基时，惠亲王与其他大臣一样，大殿之上向年轻的天子行君臣之礼。咸丰皇帝特谕："叔父大人，不必拘礼。"

惠亲王执意行礼，咸丰皇帝走到他的面前，亲手扶起他，从此以后，大殿之上，惠亲王不再行礼。形势紧迫，年迈的惠亲王以长辈、老臣的身份保荐了一个人，着实震撼了大殿。

"皇上，老臣欲保荐一个人，不知当荐不当荐。"

形势那么急迫，咸丰皇帝已是"病重乱投医"，他连忙说："请讲。"

"此人便是耆英。"

话刚落音，大殿上下为之哗然。人人都知道，道光年间，耆英与英国人交涉，私许了香港，道光皇帝无奈之下承认了他的私许，但他始终为之悔恨，至死也不能原谅自己的过错，立言："朕万年之后，断不可行郊配之礼，诬朕以不德不孝。若继体之君，顾命之臣，不尊朕谕，任意强行，则是甘为我大清不孝不忠之人矣。"

父皇抱恨终生，咸丰皇帝为了给国人一个交代，也为了告慰父皇的在天之灵，他一登基，便拿穆彰阿、耆英开了刀，惩治了穆、耆。这些人所共知。耆英已被惩处了八年之久，今日惠亲王突然提起他，怎能不引起人们的惊愕。咸丰皇帝也没想到惠亲王会突然提起耆英，固然也有些发愣。惠亲王开口道："耆英当年私许香港，罪不可赦，但臣以为他与英人向来交好，此时可用他与英人周旋，或许英人念在老交情的份上，做些让步。"

众人纷纷点头，无奈中的咸丰皇帝也觉得惠亲王的话有些道理，便说："此话有理，传耆英。"

寂寞了八年的耆英又回到了朝廷。于是，以桂良、花沙纳为主，以耆英为侍郎的谈判小组匆匆赶到了天津，与英、法公使进行谈判。二十一日，桂良、花沙纳会见了各国公使，他们发现英、法、美公使态度强硬，俄国公使的口气稍软一些。不过，他提出如果清政府答应他的要求，可以向英、法公使说和。第一天会晤毫无结果。

二十二日，桂良、花沙纳把三品侍郎耆英推到了幕前。耆英已年近七

旬,又受了八年的冷落,此时重入朝廷,他老泪纵横,以为自己的新生开始了。所以,他对桂良、花沙纳说:"两位大人请放心,凭着老朽与英国人的交情,老朽一定能说服英国公使,让他们退兵。"

说到激动处,耆英鼻涕一把泪一把,桂良、花沙纳也被他打动,忙劝慰道:"我们就等你的好消息了。"

耆英满怀信心地到了谈判会场,等了半天也不见两国公使露面,正有些着急时,只见英国翻译约翰进来了。

"约翰先生,几年不见,你越来越英俊了。"

耆英上前一步,拱手问好。可十年前就认识的这位约翰老朋友却满脸的冷峻,一言不发,耆英觉得有些纳闷儿:"难道自己衰老到约翰已不认识的地步了吗? 岁月不饶人啊!"

"你不认识我了吗? 我是——"

"啊,我认得,你不是耆英吗?"

约翰仍然一丝笑容也没有,耆英心里有些没有底了。他搭讪着说:"公使先生呢?"

"不用公使先生来,有什么事情请讲吧!"

耆英的心里很不高兴,他心想:"不管怎么说,我耆英也是朝廷命官,头上是有衔的,可你约翰算老几,不就是个翻译吗?"

想到这里,他嘲弄似的说:"有些事情,约翰先生能做主吗?"

"耆英,当年你做主办的事情,大清皇帝怎么对待你的!"

耆英气得脸色煞白,他想到此来责任重大,最好不要和他耍嘴皮子,便开口道:"个人恩怨无须计较,我耆英以江山社稷为重。"

约翰哈哈大笑,他甩出一摞文件,冷笑道:"如果我没弄错的话,这些文件都是当年你签署的吧。"

耆英连忙凑近一看,原来是存档在广州两广总督府的机密文稿,他呆了,这些东西怎么落入英国人之手。耆英忘了一个事实,广州早已沦陷,总督府早被英国人翻了个底朝上。约翰嘲笑似的说:"阳为柔顺、实为箝制。难道不是你耆英的计策吗? 哼!"

耆英见约翰揭了他的老底,羞忿交加,气得差一点儿没倒下去,他冷袖一甩,冲出谈判厅。两天后,他未经桂良的许可,便回到了北京,天津受辱,七十岁的他一病不起。咸丰皇帝听说此事,将多年来的忧愤迁怒于他，谕令耆英自尽。

一杯毒酒结果了罪臣耆英的生命，但结束不了清王朝的厄运。留在天津的桂良、花沙纳无计可施，面对英、法的嚣张气焰，他们忍气吞声，行"磨难"功夫，还寄希望于美、俄公使，希望他们能出面说和。美、俄公使趁火打劫，迫使桂良代表清廷签订了《中俄天津条约》与《中美天津条约》。

俄、美公使表面答应从中调和，劝英、法退兵，但暗中使绊子，他们希望英、法多索求一些，这样他们可以利益均沾或渔人得利。一八五八年五月十二日，英公使照会桂良，如果不答应他们的条件，第三天将进兵北京。桂良怎敢做主，他看到了耆英就是一面镜子，弄不好，自己会粉身碎骨。所以，当夜，奏折便到了军机处，几个军机大臣也知事态的严重，只好叫醒睡梦中的咸丰皇帝。

这些日子以来，咸丰皇帝吃不下、寝不安，全是因为洋人闹得太凶，当侍寝太监刚撩开门帘时，他便问："又有事儿吗？"

"嗯。"

"是不是看折子。"

"恭王爷说是八百里急折，天津来的。"

咸丰皇帝叹了一口气，起身下龙榻。他知道，不是紧急折子，老六是不会深夜惊驾的。不一会儿，几个军机大臣到了养心殿，他们发现皇上的脸色很不好看，还以为是深夜惊驾惹他不高兴了，奕䜣带头行跪安礼："深夜惊驾，臣实在是不得已而为之。"

"免礼。"

咸丰皇帝干咳了几声，奕䜣连忙问："皇上龙体欠安吗？快传御医。"

咸丰皇帝忙制止说："罢了，近来总是这样，没什么事儿。"

"皇上，龙体为重。"

"明日再传御医吧。老六，什么事情，如此紧急？"

恭亲王奕䜣看着皇兄蜡黄的脸，心里不禁一阵酸楚，毕竟是亲兄弟。自从皇兄登基以后，先是太平之乱，后来又来外患，他没过几天安稳的日子，大清入关已历七代君王，可皇兄这个皇帝是最难当的。

不知不觉间，奕䜣的泪水流了下来，为大清、为自己，也为皇兄。但是，他万万不能让别人觉察他的复杂心理，反正宫灯并不十分明亮，深夜

里没有人注意到他。他拿出刚刚收到的八百里加急折，说："桂良从天津发来的，英人声称修约五十六款'非特无可商量，即一字亦不容更易'。"

"砰"地一声，是摔碎瓷茶碗的声音，几个大臣大气也不敢出，他们明白一听这话，咸丰皇帝一定怒不可遏。半晌，咸丰皇帝才从牙缝里挤出几个字："岂有此理！"

奕䜣轻声说："的确欺人太甚。"

咸丰皇帝沉思了一下，开口道："开战，扬我大清威武！"

奕䜣上前一步，递上桂良的奏折，咸丰皇帝摊开一看，折子陈述了他们在天津的窘境。从折子上可以看出，桂良不赞同与英、法再战，他甚至说再战清必败。读完了奏折，咸丰皇帝后退了两步，无可奈何地说："众爱卿持何意见？"

几个人纷纷上言，他们一致认为英、法联军正值气焰嚣张之际，大炮口顶着大清的脑门子，这种谈判只能让步，别无选择。咸丰皇帝低声说："谕令桂良签约。"

五月十六日，桂良迫不得已与英国公使签订了《中英天津条约》，第二天与法国公使签订了《中法天津条约》，第三天两条约生效。但是，到了第五天，英、法联军仍没从大沽口退出，桂良急了，照会两国公使，孰料他们振振有词，声称大清皇帝没在条约上御笔亲批"依议"两个字，他们是不会退兵的。

桂良无奈之下，拿着不平等条约进京上了大殿。他自知有负朝廷所望，无颜面圣。可是，大沽口英、法的军舰纹丝未动，军舰的炮口时刻还对着京、津，火药味十分浓烈，稍有一点儿动静，十几艘军舰便枪炮齐放，那不堪收拾的局面，他可不愿意见到。

此时，大学士桂良骑虎难下，英、法联军与当朝天子，他都得罪不起。得罪了洋人，炮火轰来，京、津血肉横流，他将是千古的罪人；得罪了皇上，他比琦善、耆英的下场还惨，他这条老命非搭进去不可。

所以，桂良迈上大殿的时候，仿佛两腿灌了铅，他感到一场灾难就要降临到他的身上。

"皇上。"

他刚一开口，老泪便簌簌直往下落，哽咽得说不出话来。咸丰皇帝一看，心里也酸酸的，本来，他还在怨恨桂良无能。现在，老臣老泪纵横，无言对天子,咸丰皇帝还能说什么呢。

"爱卿,免礼平身!"

"谢皇上。皇上,老臣无能。"

"罢了,朕什么都明白。"

咸丰皇帝提起朱笔,艰难地在条约上写下了两个字"依议"。

随后,朱笔一丢,退下大殿。第二天,英法联军撤离天津,六月七日,退出了大沽口。

就在英、法联军挑起事端,与清政府水火不容的同时,沙俄也不甘寂寞,在中国的北疆蠢蠢欲动。所不同的是,英、美、法在于掠夺中国的财富,而沙俄盯住的是中国的土地。

早在十七世纪四十年代,俄国人就开始入侵中国的黑龙江流域,遭到中国当地居民和清朝军队的反击。康熙二十八年,即一六八九年,中俄签订了《尼布楚条约》,规定了中俄东段边界的走向:自额尔古纳河,经格尔毕齐河,沿外兴安岭至海,并留下一块待议地区,即乌第河地区。

根据这一条约,黑龙江是中国的内河。《尼布楚条约》暂时遏制了沙俄向中国东北地区的扩张。但是,沙俄侵占中国领土的野心一天也没有消失。签订条约后的一百五十年来,俄国虽然没有大规模的扩边战争,但小的争夺一直没有停止。康乾年间,中国的国力强盛,沙俄面对嘴边的这块肥肉,只能馋涎欲滴。但道光末年以来,中国国力渐弱,沙俄再也憋不住了,他们总设方对这块肥肉咬上一口。

咸丰七年七月十三日,即一八五七年九月一日,直隶总督谭廷襄呈一奏折,咸丰皇帝阅后,愤愤地说:"又冒出个俄国,英、法交涉尚未结束,俄国又来趁火打劫,可恶。"

几个军机大臣一看,原来是俄国公使普提亚廷照会直隶总督,声称:"俄中内有接壤地方,尚有未定界址,欲会商定议一节。"

谭廷襄觉得此事重大,连忙上奏朝廷。大学士桂良说:"皇上,中俄边界早已议定,自康熙年间,以格尔毕齐河、兴安岭为界,成约全在这里,没有什么可以疑义的。"

咸丰皇帝沉思着说:"既然俄国公使照会我大清,回避也不是上策,朕认为此事交给黑龙江将军奕山与其会晤便可。"

在咸丰皇帝看来,俄国公使要求会晤直隶总督谭廷襄没必要,英法公

使已缠得谭廷襄很烦心，至于俄国公使完全可以交给奕山去应付。道光年间，即第一次鸦片战争期间，奕山丧师辱国，对英国人又怕又恨又媚，曾引起朝廷上下群臣的极大不满。咸丰皇帝登基后，将皇族宗室的奕山遣往黑龙江做大将军，令他不得私自回京。这就是说，咸丰皇帝对奕山是有成见的，他谕令理藩院复文与俄国公使："普提亚廷称要事，除乌特河（即乌第河）处地方尚可会查分界，此外各事，均无可商议。"

并令奕山等候普提亚廷会勘边界。由于清政府态度强硬，这次会晤并没进行，普提亚廷以为在这种情况下，会晤奕山取胜的可能性不大，于是他建议沙俄另派人选、另制方针。四个月后，即一八五八年一月五日，沙俄令东西伯利亚总督穆拉维约夫全权负责与中国政府谈判一事。嚣张一时的穆拉维约夫启程南下，抵达黑龙江瑷珲城，他这次南下带来了军队，从那猖狂的姿态来看，不像是谈判，倒像是武力相要挟。

奕山在道光年间出师不利，误国害民，虽然受到的惩处并不重，但他自己心里十分明白，朝廷上下对他议论纷纷，不满他者大有人在。自从来到黑龙江做大将军，他总想干出一番事业来，让世人刮目相看，让人知道他奕山并不是十分的脓包。所以，谈判之前他就暗自下了决心，决心与俄国周旋态度应强硬一些。

四月二十一日，双方会谈于瑷珲城。瑷珲城池并不大，但它却是中国东北地区重要的门户，所以，这里驻有清军重兵。四月份的天气，在黄河以南地区早已是繁花似锦、彩蝶飞舞。但在北国依然是春寒料峭、凉气袭人。奕山身着官服、戴着官帽，端坐在大厅里，等待着穆拉维约夫的到来。

俄国人的名字很难记，奕山和他的属下干脆称穆拉维约夫为"老穆"。老穆还没到，奕山在心里就嘀咕了："这个老穆，人称'刁鬼'，可见他狡猾刁钻，看来，我必须处处提防，小心谨慎，措词得当，千万不能让他钻了漏子。"

正想着，穆拉维约夫和他的随员进到了院子里，国际交往应讲究一定的礼仪，奕山是不需要出厅迎接的，院子里自有级别相当的清廷官员迎候。奕山起身站在大厅的正中，以示在这里谈判，在中国的土地上，奕山是主人。穆拉维约夫刚一跨进门，他那双蓝色的小眼睛一眯，大胡子一抖，开口笑了："啊！尊敬的大将军，百闻不如一见，大将军果然威风凛凛、气宇轩昂。"

边说,老穆还边张开双臂做出拥抱奕山的姿势。奕山向后退了两步,冷冷地说:"请坐!"

　　奕山抱拳拱手,算是有礼了。穆拉维约夫哈哈一笑,说:"我忘了,你们中国人是没有拥抱礼的,即使拥抱,那也是异性之间在没有其他人在场的时候,偷偷地拥抱。"

　　翻译迅速地翻译着,奕山一听这话,不禁皱了皱眉头,心想:"这老穆不仅狡猾,而且还是个中国通,如此看来,我更要小心提防才是。"

　　双方落座,穆拉维约夫嬉皮笑脸,奕山一脸的严肃神情,那场面颇有点儿戏剧性。还是穆拉维约夫先开口了:"大将军,我们也不需要绕圈子,还是开诚布公地谈一下吧。"

　　奕山开口道:"皇上明谕,自康熙年间,以格尔毕齐河、兴安岭为界,对此,两国早已没有什么争议。"

　　"不、不、不,将军不知可想过更多的。"

　　穆拉维约夫又是摇头、又是摇手,好像自己很有见地似的。他抢着说:"中英正在交战,明显地,你们大清国不是大英帝国的对手,英国的目的不单单在于商业贸易,争取更优惠的待遇,有可能他们还会占据黑龙江口及其以南沿海地区。到那时,以你们的国力是对付不了英吉利的,只有根据条约所订上述地区归俄国所有时,他们才会对我们俄国有所忌讳,以阻拦英吉利侵占上述地区。"

　　穆拉维约夫洋洋得意,他没有注意到奕山情绪上的变化,继续说:"俄国为从海上保卫自己的领土,应当占有滨海地区,而为了建立滨海地区同西伯利亚的联系,就应当在黑龙江建立居民点。为了双方的利益,中俄必须沿黑龙江、乌苏里江划界,这是两国之间最合适的天然疆界。"

　　穆拉维约夫打着如意算盘,他的口气可真不小,奕山拳头一攥,面色铁青,冷峻地说:"穆拉维约夫不是做白日梦吧,两国分界早有议定,这是不可能更改的。如你所说的,本将军断难迁就允准。"

　　"奕山将军还是再考虑考虑吧!"

　　穆拉维约夫仍嬉皮笑脸,让人看了很恶心,奕山从鼻子里哼了一声:"毋庸再议。"

　　说着,他站了起来,袖子一甩转身离去。穆拉维约夫也脸色一变,说:"大将军没有诚意,谈判只好到此结束!"

双方不欢而散。第二天,继续会谈,穆拉维约夫不再像昨天那样嬉皮笑脸了,他似乎很不满意奕山冷峻的面孔,所以,说起话来语调十分生硬。他拿出了一份自拟的条约草案,递交给奕山,翻译迅速翻译过来,大致内容是中俄两国应以黑龙江、乌苏里江为界,在两国的界河上,只准两国船舶航行,不准他国船只往来;在通商口岸,俄国与各国享有同等权利;两国界河沿岸,准予自由贸易;黑龙江左岸的中国居民在三年之内移居右岸。

这项草约明显违背了康熙年间的两国分界划分,如此说来,黑龙江、乌苏里江以北大部分地区被沙俄侵占了,奕山怎敢擅自答应。他站了起来,说:"还是请穆拉维约夫先生拿回去再作商议,修改一下吧,这种草约,我们不能接受。"

穆拉维约夫见目的没有达到,奕山的态度又十分冷淡,便也十分不快,冷冷地说:"以河为界字样,断不能删改,其余之事明日再议。"

说罢,他扬长而去。

第二十一章

奸臣卖国大清失领土　内忧外患皇帝添新病

一八五八年五月二十六日，严重对立的双方，穆拉维约夫与奕山又坐到一张桌子前了，他们举行第三次谈判，奕山看到穆拉维约夫的手里拿着一叠草约似的纸张，心想："如果俄国想达成一致，必须删改草约，否则，免谈。"

他在心里正嘀咕着，只见穆拉维约夫将手中的文稿递给了翻译。奕山急切地问翻译："删改了吗？"

中方翻译说："一字未动。"

奕山猛地敛起那一丝不易为人觉察的笑容，说："既然穆拉维约夫先生没有诚意，我看，今天的谈判也是多余的。这种草案，我们不能接受。"

穆拉维约夫也嚯地一下站了起来，大叫大嚷道："不知究竟是谁没有诚意，连草案看都不看一下，就这么无礼拒收，岂有此理！"

边说，他边抢过草案，转身离去，刚走到门口，他又回过头来，冲着奕山大叫了一声："一切后果由你们负责！"

穆拉维约夫不辞而别，奕山一个人闷闷不乐，在将军府的正厅里踱来踱去。夜幕降临，将军府里鸦雀无声，谁也不敢出大气，还是奕山的妻子心疼丈夫，过来小声劝慰道："快吃饭吧，愁也没用。"

奕山仰天叹了一口气："唉，难做人啊。几年前我栽过一跤，差一点儿连身家性命都丢了，好不容易远离了京城，戍边倒也不错，可怎么又冒出个俄国来，三番五次威逼于我。答应了他们吧，皇上不答应；拒绝了他们吧，俄国不肯善罢甘休。"

这时，突然从远方传来几声轰轰隆隆的炮声，他的眉头紧皱了一下，大声说："兵丁，快去打探一下，出了什么事情？"

约摸一个时辰后，兵丁来了，他们报告说："将军，据守城弟兄报，炮声来自江北,那边火光通明,恐怕要出事。"

"再探。"

"嗻。"

这一夜,炮声不断,搅得奕山一夜没合眼,他心里明白,这是俄国人在示威.,"轰"地一声巨响,一下子把奕山吓呆了,炮弹轰到了他的将军府附近。他的两个小妾鬼哭狼嚎,跑到了他的面前,拉住他的袖子,哀求道:"老爷,我要回京城。"

"老爷,你何必这么强硬,你是斗不过他们的。"

两个女人,你一言,我一语叫个不停,气得奕山直跺脚:"叫什么! 都给我滚出去!"

两个女人吓得连忙退了下去,奕山侧着耳朵去听外面的动静,炮声仍然不断,一阵紧似一阵。炮弹好像就在房顶上炸开似的,震得屋子直摇晃。奕山暗自想:"不能这样强硬下去,从穆拉维约夫的态度看来,他是什么事情都能干出的。起初,他态度温和,甚至有些友好的表示,可这两次谈判,脸色一次比一次阴沉。看来,再强撑下去,惹起他的火来,没我的好下场。"

黎明时分,炮声似乎稀落了一些,奕山衣服都没敢脱掉,躺在床边迷糊了一小会儿。天刚大亮,炮声又起,奕山换了官服,连忙上了大厅,让一个兵丁找来他的最得力手下爱绅泰,匆匆地说:"俄国人已经发怒了,我们不能这样硬撑下去,你快带些字画去他们的船上问个好,争取他们心平气和地坐下来谈判。"

"嗻。"

爱坤泰一刻也不敢耽搁,他连忙从将军府取来两幅前朝崇祯年间的宫廷仕女图,草草包扎了一下,便到了俄国人的船上,会见了穆拉维约天。穆拉维约夫阴沉着脸,冷冷地说:"你们大将军是敬酒不吃吃罚酒,和颜悦色的会谈他不喜欢,看来,今天夜里他还要再惊吓一夜。"

"不、不、不,穆拉维约夫先生,千万不要动怒,有话可商议、有话好商议。"

爱坤泰一再哀求,穆拉维约夫好像平息了一点儿,他说:"回去告诉奕山将军,如果你们大清国能接受我们的意见,立即签字画押,以此为凭,以后俄中友好相处,如果不能接受的话,我也绝不勉强你们,只是——"

穆拉维约夫没有说下去,爱坤泰已明白他的意思,连忙说:"回去我一定如实禀报大将军。"

爱坤泰回到了将军府,将上述情况一一讲明,奕山沉思了一下,开口道:"依照他们的条件办吧。"

一八五八年五月二十八日,黑龙江大将军奕山在沙俄草拟的《瑷珲条约》上画了押。当天,他自知罪孽深重,便把自己关进了书房,不吃不喝不睡。《瑷珲条约》使沙俄割占了中国黑龙江以北、大兴安岭以南六十多万平方公里的领土,把乌苏里江以东的中国领土划为中俄"共管"区域。

紫禁城中,咸丰皇帝一刻也没安宁过,太平之乱尚未平息,英法公使又来频频骚扰,他整日埋在看不完的奏折里,有时真想把所有奏折都拿走,让几个军机大臣看去,无奈,很多事情他们都不敢做主,折子刚拿走,他还没清静一会儿,他们马上又来了。

御前太监上前一步,轻声说:"万岁爷,恭王爷吩咐奴才,说有一份黑龙江大将军奕山大人的折子,一定要请万岁爷批阅。"

咸丰皇帝自言自语地说:"这个奕山,当年他丢了师误了国,朕念在他是前朝老臣和皇宗近亲的分上,没严罚于他。让他去黑龙江当大将军,北疆不像南疆那么不太平,可他偏偏处理不好政务。唉,今日不知又有什么事情。"

咸丰皇帝从十几份折子中捡出了奕山的奏折,读了起来,还没看完,便龙颜大怒,气恼地说:"可恶的奕山,割了大片祖宗疆土还如此振振有词,这一回不能轻饶他。"

"传军机大臣。"

"嘁。"

御前大臣马上传来了奕䜣等军机大臣,人们一看皇上的脸色变了,就知道一定是奕山的擅自割让领土一事引起的。咸丰皇帝问:"奕山的奏折,你们都看了吗?"

"看了。"

几个大臣低声回答,咸丰皇帝又问:"你们怎么认为呢?"

恭亲王奕䜣上前一步,说:"奕山擅作主张割让领土,实在令人难以容忍,更何况他还声称什么'若不从权酌办,换给文字,必致衅端,势难安抚,实于边疆有大关碍'。这分明是逃避责任之词,臣以为皇上应查处

第二十一章 奸臣卖国大清失领土 内忧外患皇帝添新病

267

此事。"

咸丰皇帝点了点头，开口道："著吉林将军景淳与黑龙江将军奕山查明地界，倘该处本有居人，一旦为俄国人占据，于我国屯丁耕作均有妨碍，景淳应咨明奕山，仍应据理剖辩，不可一概允许，又滋后患。"

恭亲王奕訢提醒咸丰皇帝："皇上，奕山签订《瑷珲条约》应视为私立条约，因为该地区应属吉林将军景淳管辖，而奕山是一种越权行为。"

咸丰皇帝答道："恭亲王所言极是，等一旦查明此事，必惩处奕山。"

三天后，咸丰皇帝又收到一份奏折，他一看是大理寺少卿殷北镛参劾奕山的，折子里写道："奕山以黑龙江地五千余里藉称空旷，不候谕旨，拱手授人。"

字里行间流露出对奕山卖国行径的指责，阅罢，咸丰皇帝轻声感叹道："奕山办事糊涂，几年前误师、今日卖国，千古罪人啊！"

四个月后，仍为黑龙江大将军的奕山却上奏一本，参劾瑷珲副都统吉拉明阿。咸丰皇帝读了奏本，十分恼火，他暗自想："奕山办事糊涂，怎么吉拉明阿比他还糊涂，居然答应俄国人开春以后勘分边界。岂有此理，这简直是信口开河，对大清江山不负责任。真是一群混蛋！"

咸丰皇帝提起朱笔，谕旨："唯绥芬河、乌苏里河既不与俄国接壤，当时即应拒绝，何以含糊推缓，至令借口？吉拉明阿办理外事，任意妄为，著先行撤职，并著奕山据实参奏。"

圣谕几天后送到了黑龙江将军府，奕山总算深深地舒了一口气，他跪下接旨，口呼万岁，可跪在他身后的吉拉明阿却满脸的丧气，不但被撤职，而且还要继续被审问，同是与俄国人打交道，奕山签订了《瑷珲条约》，他吉拉明阿无非是执行条约，会同俄国人勘分地界，却引起了皇上的大怒，拿他吉拉明阿当了替罪羊。

不管大清的天子如何大怒，也不管奕山、吉拉明阿受到了怎样的谴责，沙俄公使是不可能轻易吐出黑龙江以北、兴安岭以南这块肥肉的，勘界要按期进行。咸丰九年三月二十一日，即一八五九年四月二十三日，布多戈斯基等六人到了乌苏里江口，咄咄逼人，弄得清政府十分被动。

咸丰皇帝立刻知道了这件事情，他痛心疾首，愧对列祖列宗，他的父皇被迫打开了国门，开五口通商，而他不但没有把外国人从五口赶出去，反而又在北疆割了五千余里地域，作为天子，他感到无颜面对群臣、无法向子孙后代交代。当军机处大臣跪拜天子的时候,他将亲笔所拟的谕旨交给了他的爱卿们,几位大臣一看,心中暗暗为皇上难过,动荡的年代注定天子怨天尤人。谕旨中写道:"绥芬、乌苏里河,地属吉林,并不与俄国接壤,亦并非黑龙江将军所辖地方。上年该将军奕山,轻信副都统吉拉明阿之言,并不与俄国使臣剖辩明白,实属办理不善,咎无可辞。黑龙江将军奕山,著即革职留任,仍责令将从前办理含混之处,辩明定议。革职留任副都统吉拉明阿,著即革任,并著特普钦派员拿赴乌苏里地方,枷号示众,以示惩儆。"

一道谕旨,革除了两个命官,实属罕见,一时间,朝廷上下议论纷纷,有替奕山、吉拉明阿开罪的,也有指责他们卖国行径的。咸丰皇帝开口道:"谕旨即刻发往黑龙江,毋庸再议。"

奕山、古拉明阿虽然都被革职了,但由于朝廷一时派不出更合适的人选继任,他们只好留任黑龙江。奕山整天提心吊胆地过日子,他生怕俄国人再来找他的麻烦。可是,他还是没有躲过,一个月后,俄国船只沿黑龙江南下,奕山阻拦不了,咸丰皇帝一怒之下,革去他的御前大臣一职,他只好两手空空到了京城,当一个小差吏。

大清天子动了火,将奕山革职,俄国人并没有丝毫让步,而是更猖狂了。他们派公使到了京城,与清政府交涉,以达到自己的目的。仅两个月内,他们先后更换了三位公使,先是普提亚廷,后又来了彼罗夫斯基,最后又换成伊格纳切夫。

这次,咸丰皇帝经过深思熟虑,决定派两位重臣与俄国公使周旋,这便是肃顺与瑞常。肃顺早年为宗室闲散人员,后来被朝廷重用,他一路是开着"绿灯"闯过来的。到了咸丰八年九月,他已任礼部尚书,管理理藩院事务,主要责任是掌握蒙、回、藏等少数民族事务与外交事务。肃顺为人有些鲁莽,但他还称得上足智多谋、忠实可信、办事干练,但有时处理事务言词过于激烈,往往引起一些纷争。

出于这种顾虑,咸丰皇帝决定给肃顺配一个副手瑞常。瑞常此时是理藩院尚书,他性情温和、老成持重、左右逢源,与肃顺正可以互相取长补短。咸丰九年三月二十日,即一八五九年四月二十二日,肃顺与瑞常收到了俄国公使彼罗夫斯基的一份《补续和约》,肃顺站在理藩院正厅,大叫大嚷:"他妈的什么东西,签订了《中俄天津条约》还不知足,今天还送来什么补续，真是得寸进尺，老子理都不理他们。"

瑞常走上来接过那份《补续和约》一看，原来是在《天津条约》之上又提出了八条，主要内容是向清政府讹诈东部、西部边界的中国领土。瑞常说："肃大人，俄国这等要求我们万万不能接受，明日我陪大人去见俄国公使，直言告诉他们不要再痴心妄想了。"

第二天，肃顺与瑞常和俄国公使会晤，并以清廷军机处的名义复照，驳斥了俄国的无理要求。俄国公使彼罗夫斯基一见肃顺的态度很强硬，便尽力使自己镇静下来，用他认为最温和的语调说："肃大人，这件事情可否再商量、商量。"

"废话，有什么可商量的，自古以来，黑龙江流域就是中国的领土，回去告诉你们沙皇，这种便宜事情最好不要再想，我大清朝廷是不会答应的。"

肃顺面部表情冷峻，彼罗夫斯基还想搭讪着再说些什么，肃顺袖子一甩转身离去。十天后，一无所获的彼罗夫斯基奉命回到了俄国，一个月后，接替他职务的伊格纳切夫到了北京。一到北京，他立刻照会清政府，要求清政府派官员与他会晤。这次，咸丰皇帝依然让肃顺与瑞常登场，因为不久前，他们两个人严厉拒绝俄国公使的无理要求。对此，咸丰皇帝十分满意。这天，皇宫乾清宫里，咸丰皇帝耐心地询问着肃顺与瑞常。

"肃爱卿，新任俄国公使叫什么名字。"

"回皇上，他叫伊格纳切夫。"

"哦，此人来历如何？"

肃顺向瑞常使了个眼色，瑞常说："这个伊格纳切夫为人狡诈，人称'外交能手'，他年轻时当过陆军军官，五年前进入外交界，很快就被他们的皇帝亚历山大二世提升为侍从少将，他很有些诡计。"

咸丰皇帝沉吟了一下，开口道："如此说来，与他打交道，两位爱卿须再谨慎一些，以防他钻空子。"

"嗻。"

肃顺与瑞常齐声应到。再说新任公使伊格纳切夫，其实此时他是个冒牌公使，因为他来北京时尚没被沙俄皇帝正式任命，但是这一细节，清廷上下无人知晓。此次来北京，伊格纳切夫的使命是迫使清廷同意割让乌苏里江以东的领土，所以，他的气焰十分嚣张，一到北京就急于谈判。

一八五九年七月十日,北京城里异常炎热,强烈的阳光直射大地,已经二十多天没下雨了,空气里一丝湿润的感觉也没有,蝉在树上一个劲儿地鸣叫,使人感到很憋闷。肃顺与瑞常端坐在会谈席前,他们的官服全被汗水打湿了,俄国公使伊格纳切夫及其他的随员们不住地抹着额上的汗珠,双方正在进行激烈的争论。肃顺冷峻地说:"我大清皇帝听说俄国派新任公使到京,感到很奇怪。"

伊格纳切夫耸耸双肩,说:"这很正常嘛,有什么可奇怪的。"

肃顺接着说:"皇上奇怪的是《中俄天津条约》业已载明《瑷珲条约》无效,所有中俄问题早已解决,公使先生这次来的很没必要。"

伊格纳切夫抢着说:"肃大人此言差矣。"

"一点都不差,既然两国不存在需要解决的问题,我以为公使先生明天就应该回俄国去。"

肃顺毫不退让,他打断了俄国公使的话,那样子颇有点儿盛气凌人。伊格纳切夫脸一沉,针锋相对,也不退避:"肃大人,不知你可知道俄中两国边界绵亘七千俄里,如果两国出现不愉快的话,俄国比其他强国更易给中国以痛击。"

"你是来谈判的,还是来威胁我肃顺的?"

肃顺不甘示弱,猛地一下子站了起来,敲打着谈判桌,眼看着一场激烈的舌战要爆发,瑞常站了出来:"公使先生、肃大人,既然是谈判就应该心平气和,像你们这样咄咄逼人,恐怕难以谈出结果来。"

肃顺坐了下来,伊格纳切夫又抹了抹额上的汗珠,说:"今天到此为止吧,这可恶的天气,热死人了。"

第一天会晤不欢而散。第二天上午,会谈继续进行,伊格纳叨夫提出《补续和约》六条,要求重新划定东界和西界,要求开放库伦、张家口、北京、喀什噶尔、齐齐哈尔等五处通商。肃顺立刻反驳:"中俄东界应以康熙年间《尼布楚条约》为准,一百多年来一直是这么执行的。当年《尼布楚条约》签订后,两国鸣炮誓天,以(外)兴安岭为界,山南一带,黑龙江流域是中国的领土;山北溪河,才属于俄国,早已勘定清楚。"

伊格纳切夫威胁说:"如此辽阔疆域,你们清政府能管理得过来吗?一旦别国占据,你们怎么办?"

肃顺马上接着说:"倘若别国占据,我大清自有办法,公使先生不必操心。"

一计未成,伊格纳切夫又生一计:"两国自古以来有商埠贸易,所以,我们提出开上述五口通商。"

肃顺冷笑了一下,说:"没那个必要吧!乌苏里江以东地区,为吉林所属之处,并不与俄国连接,不必立界通商。"

伊格纳切夫心里暗自想:"普提亚廷说中国人好对付,看来,不是那么一回事。"

七月二十二日,中俄双方再次会谈,肃顺先发制人,说:"奕山是黑龙江将军,他却私下里把吉林将军管辖的地区借给了俄国人居住,我大清皇帝为此非常生气,已将奕山和瑷珲副都统吉拉明阿革职。这些情况,公使大人不会不知道吧。"

"这个,有所耳闻。"

在铁一样的事实面前,能说会道的伊格纳切夫也显得有些理屈词穷了,但他马上又反应了过来:"俄国人移居黑龙江一带,并没与当地中国居民发生冲突,相反,由于两国长期贸易,他们之中不乏姻亲关系,两国居民相处和睦,肃大人也不是不知道的吧。"

肃顺马上反驳:"两国居民有可能和睦相处,甚至联姻,但那不等于说黑龙江流域就归属了俄国。领土是中国的,我们可以取缔俄国人的居住权。"

伊格纳切夫又搬出了他的"看家本领",对清廷进行恫吓,肃顺毫不退让,厉声说:"如果谈判不成,中俄贸易有可能中断。"

结果,谈判又是不欢而散。过了两天,充满火药味的谈判又接着进行了。双方各持己见、相互不让,其焦点是两国的分界问题。根据咸丰皇帝的谕令,肃顺、瑞常不敢作丝毫的退让,伊格纳切夫努力保持"君子风度",强调中俄边界应以乌苏里江为界。肃顺见面对面的谈判不会有什么结果,便复照于俄国公使:"俄国又欲在乌苏里江、绥芬河处游行立界,此地面乃系我国吉林之地,与俄国并不相邻,你们所云什么弄僵了难免扰乱侵占,我以为这种话很没有道理,你们这样做,是不合情理的。"

复照发出后,肃顺唯恐伊格纳切夫不理睬,干脆他来个先发制人,第二天又警告俄国公使,说如果伊格纳切夫一意孤行,中国政府将闭关停市。肃顺对瑞常说:"伊格纳切夫的要求绝不能答应,绥芬、乌苏里江等地区,是万万不能借给俄国人居住的,更不能答应什么重新勘界立界之事。"

瑞常点了点头,表示赞同,他说:"俄国人移居黑龙江流域,其用心非常明显,他们建立起了军屯,其实是对我们的军事入侵,断不可答应。"

八月三十一日,中俄双方举行了第三次会晤。这一天,已不像一个多月前那么炎热,虽然阳光依旧很强烈,但空气中总算有点儿凉气,人们已明显感觉到初秋来临了。尽管天气气温有所下降,但会谈的"温度"仍在升高。俄国公使伊格纳切夫拿出了清政府并不承认的《瑷珲条约》狂妄叫嚣:"这是《瑷珲条约》,上面写明了对中俄边界重新勘界,可你们一再推诿,究竟居心何在?"

肃顺"啪"地一下猛击谈判桌,回敬道:"公使先生恐怕不会忘记吧,《瑷珲条约》并未经我大清政府批准,那是奕山私立的条约,只不过是一纸空文!毫无意义。"

伊格纳切夫失去了"君子风度",豁地一下站了起来,指着肃顺的鼻子大叫大嚷:"你蔑视国际文件,要受到制裁的!"

肃顺甩手而去,望着肃顺远离的背影,俄国公使气急败坏地对瑞常说:"禀告你们皇上,我强烈要求中国另派知礼的全权大臣,这等无礼之徒,我不见。"

瑞常一动也没动,一言不发,气得伊格纳切夫拿起手边的茶杯就摔,茶杯摔得粉碎,瓷片溅得到处都是。瑞常并不动怒,他似乎心平气和地说:"如果我大清朝派知礼全权大臣,请公使先生回去禀告俄沙皇,也派一个知礼公使来。"

一句话说得伊格纳切夫哑巴了,他气得直翻眼珠子,怏怏离去。第二天,俄国公使照会清朝军机处,指责肃顺在谈判桌上态度缺乏温和、语气令人难以接受,要求更换谈判代表。他声称肃顺办事,不是本着修好之道,对两国都没有什么好处。四天以后,军机处复照伊格纳切夫,拒绝他的无理要求。

九月二十二日,谈判再次进行,当伊格纳切夫一看见又是肃顺与瑞常为中方代表时,不由得满脸怒气,表现出暴躁的神情。而肃顺却一脸的温和,开口道:"公使先生,请。"

伊格纳切夫咽了一口唾沫,耸了耸肩,表示不得已而为之,他坐了下来。双方暂时都保持沉默,谁也不愿先开口。远处传来阵阵大雁声,瑞常

自言自语似的说："天凉了，大雁南飞，回家去矣！"

伊格纳切夫听到这句话，知道瑞常是讽刺他的。候鸟尚知返乡，而他伊格纳切夫出来已经半年多了，却滞留在中国一无所获，何时动身回俄国，他心里连一点儿数也没有。更何况在中国遇到了一个强硬的对手，不是那么容易对付的。

"肃大人，我们不需要兜圈子，话讲在明处好了。"

肃顺也不像上次会谈那么态度生硬，他似乎很温和，说："我大清朝一向是很有诚意的，皇上知道会谈的情况，他认为中俄边界早在康熙年间就已经勘定了，此次提出勘界问题是多余的。"

肃顺一直保持着平缓的语气，这使得伊格纳切夫虽然很恼火，但他又不好发作。会谈再次中断。伊格纳切夫，被公认的"外交能手"，在肃顺面前束手无策了，他对肃顺又恨又怕，所以，再一次向清政府提出更换谈判代表，他希望清廷能派一个大学士，商议两国大事。军机处再次拒绝了他的要求。

新年来临了，此时已是一八六○年元月，京城依然十分寒冷，伊格纳切夫身着裘皮大衣，双手插在衣袋里，不住地跺脚。他已经出来大半年了，很有些想家，可是沙皇交给他的任务并没有完成，他怎敢回去。吃过早饭，他决定照会清廷军机处，强调中俄边界应以乌苏里江为界。他希望这一次能成功，好让他回国与家人团聚。可是，三天后他又失望了，军机处复照的口气很强硬："俄国若执定前说，将乌苏里河至海口强为分界，恐该处人情不服，必启争端，反伤两国和好之道。众怒难犯，大皇帝也不能强为抑制，实于俄国不利。"

伊格纳切夫读后咬牙切齿，他再次提起鹅毛笔，恬不知耻地写道："乌苏里河至海口之间之地，在中国不过弹丸不毛之所，毫无伤损，若与我国便宜，永远为好。"

肃顺与瑞常一听这话，肺都气炸了，他们俩差一点没把照会撕掉，受咸丰皇帝的谕令，他们再次与无耻的俄国公使会晤。虽然这次会晤，肃顺努力克制着自己，但他的脸上难以掩饰一股怒气，他冷冷地说："《瑷珲条约》未经咸丰皇帝的批准，是奕山私立的无效条约，大清朝不予承认。"

伊格纳切夫咆哮了起来，他拍桌子、打板凳，非常失态："不管中国的皇帝承认不承认，我国所借之地，永远不会还给你们的。"

"无耻！不要脸！"

肃顺忍不住，开口骂了起来，会谈立刻升温，马上进入"白热化"程度，瑞常一看这情景，连忙出面"唱白脸"，伊格纳切夫与肃顺总算没在谈判席上打起来。会谈只好暂时中断，伊格纳切夫在京城待了五个月，似乎没有什么动静。这几个月来，他在考虑应如何对付强硬的肃顺，肃顺也在想如何应付俄国公使的无理要求。一八六〇年五月二十八日，伊格纳切夫向清廷军机处发出了最后的通牒，要求军机处三天之内做答复，其核心问题仍是中俄分界问题。

咸丰皇帝端坐在大殿之上，他在征询群臣的意见。他把目光落到了肃顺的身上："肃爱卿，俄人声称若不答应他们的要求，停泊在北塘的一艘俄舰将采取行动，你以为如何？"

肃顺上前一步，开口道："皇上圣明，我大清万万不可退让，即使两国撕破了脸皮，也不必要惧怕俄国。"

瑞常也说："北塘的确停泊一艘俄舰，但以我大清的海防实力是抵得过他们的。"

另外几个大臣也纷纷发表了自己的意见，一致认为对俄国不可退让，咸丰皇帝点头称是。伊格纳切夫知道自己的目的不可能达到了，他灰溜溜地离开了长住一年之久的北京，前往北塘，启动德日基特号军舰，驶向上海，去会见他的同盟者——英、法、美公使。

听说伊格纳切夫前往北塘，咸丰皇帝立刻谕令军机处："专派妥员护送前往，并令将食宿之处妥为办理矣。"

并且规定了俄国公使的行进路线，只准他从北塘走，不准他从天津及大沽口走，以防他刺探大沽口一带的军事部署，向英法联军告密。伊格纳切夫动身后，咸丰皇帝立刻接到了大沽口守军统帅僧格林沁的奏折，他打开奏折一看，不由得皱起了眉头。折子中，僧格林沁说："此次俄国公使至北塘，行踪诡秘，骄傲异常，难保非给英、法窥探虚实，暗怀奸计。"

僧格林沁的这种担心和怀疑最后变成了事实。咸丰皇帝暗自后悔，他只注意到了不能让伊格纳切夫窥探大沽口的虚实，而忽略了兵防不足的北塘。可是，后悔已经来不及了，只能设法弥补过错，咸丰皇帝朱批僧格林沁的折子，让僧格林沁马上调兵至北塘，以防英法联军钻空子。

伊格纳切夫一到上海便急于会见英法联军首领，他张开双臂，紧紧拥抱了英国公使，说："啊！我亲爱的朋友，能在中国的大上海见到公使先生，真是万幸，为了共同的利益，俄罗斯帝国愿与大英帝国携起手来。"

英国公使巴夏礼也笑眯眯地说："不知伊格纳切夫先生怎样与我携手？"

他的意思是"你有本钱吗？"伊格纳切夫一看巴夏礼并不十分相信他，便献媚似的说："本人离开北京时，途经北塘，发现了清政府的一个疏漏。原来北塘并无防兵，简直是无人之境。"

"真的吗？"

英国公使表示不相信，伊格纳切夫双手一摊，非常肯定地点了点头，英国公使喜出望外，拥抱了伊格纳切夫："朋友，你真能干！"

伊格纳切夫眉开眼笑，说："为了我们共同的利益，我会把北京及北塘一带的地形及军事部署草图全部奉献出来的，只是——"

他沉吟着，等待对方开口，英国公使爽快地说："利益均沾，到时候少不了你的。"

"哈哈哈……"

一阵狰狞的笑声过后，英、法、俄、美四国公使的手握在一一起了。

英、法、俄、美一天天逼近，太平之乱又没平定，咸丰皇帝日夜不宁。可以说，他处在一种惊恐的状态之中，人在这种心境下生活，焉能不生病。

秋初的一天，二十九岁的咸丰皇帝忽感心口处一阵阵绞痛，早上醒来，在宫女的侍候下洗漱一番，他觉得这几天胃口不太好，什么东西都不想吃，便口谕今天不用早膳了。上午八时左右，咸丰皇帝突然想起今天上午必须上朝，便换上龙袍，坐着龙舆出了养心殿。一路上，咸丰皇帝都在猜度肃顺昨天的谈判情况。这一阵子，肃顺与瑞常代表大清政府与难缠的沙俄公使伊格纳切夫交涉，始终没有结果。伊格纳切夫只有一个目的，那便是强逼清政府承认奕山私立的《瑷珲条约》，肃顺采取了强硬的态度，但俄国公使伊格纳切夫也不示弱，他照会军机处，要求清朝另派全权大臣谈判。而肃顺昨天上午，大殿之上，忿忿地说："皇上圣明，臣肃顺并无失职之处，俄国公使要求另派全权大臣谈判，无非是害怕肃顺而已。"

咸丰皇帝安慰他说："肃爱卿，这一切，朕心中非常明白，爱卿不必疑虑，朕自有主张。"

肃顺又说："俄国公使气焰嚣张，他们恫吓说如果不答直他们的要求，

276

其军舰将驶往河口。"

咸丰皇帝欠了欠身子,进行询问:"爱卿以为这只是恫吓吗? 俄国会不会真那么做?"

肃顺想了一下,回答说:"今日下午继续进行会谈,至于他们的动静,明日上殿臣再禀告。"

就这样,肃顺退出了大殿,今日他一定会来禀报昨天下午的会谈情况的。坐在龙舆里,一阵秋风透过轿帘吹了进来,咸丰皇帝不禁打了个寒噤。不知是没用早膳,腹内空空造成的,还是近来龙体欠安造成的,咸丰皇帝只感到一阵眩晕,眼前一黑,他昏了过去。

龙舆停在乾清宫大殿门口,御前太监轻轻撩开门帘,低头说:"万岁爷,到了。"

轿子里一点儿动静也没有,小太监又唤了一声:"万岁爷,奴才候着呢。"

依然是没有一点儿响动,小太监觉得有些不对劲,连忙抬头一看,他吓呆了。只见咸丰皇帝双目紧闭,斜靠在轿栏边,一动也不动,小太监大呼:"御医、御医。"

几个提前一刻到大殿的大臣听见御前太监失声大叫,连忙跑了出来,上前一看,也都吓呆了。还是恭亲王奕䜣镇定一些,他大呼:"小心抬回养心殿,传御医。"

咸丰皇帝昏昏沉沉地醒了过来,他觉得龙舆前行的速度很快,便撩开轿帘往外看,只见奕䜣等大臣随行左右,大家一脸的严肃神情。他刚想开口问怎么回事,又觉得一阵恶心,他回想起了刚才的眩晕,便一言不发,静静地闭目养神。回到了养心殿,大家小心翼翼地搀扶着咸丰皇帝下了轿,奕䜣亲自扶着皇兄咸丰皇帝,让他躺在龙榻上。

"老六,怎么回事?"

咸丰皇帝紧拉着六皇弟的手,问道。奕䜣轻声说:"皇上,龙体重要,御医马上就来,皇上应多休息。"

说着,两个御医风风火火地进来了。

"恭请圣安!"

御医"扑通"一声跪下,向咸丰皇帝请安。他们明明知道让他们来养心殿,一定是龙体欠安,嘴里却要说"恭请圣安",这是面君的礼节吧。奕诉代皇上发了话："都起来吧！"

"嗻。"

两位太医怎敢怠慢，他们一先一后仔细地为皇上切脉，然后，都说："皇上并无大碍，只是操劳过度，多加休息、调养，龙体即可康复。"

咸丰皇帝和在场的几个大臣都长长地舒了一口气。恭亲王奕䜣令御医退下，他恭恭敬敬地说："皇上龙体欠安，臣以为近几日还是不要上朝了。"

咸丰皇帝焦急地说："朕又何尝不想调养一阵子呢，但国事繁忙，朕怎能安心休息。昨天肃顺与俄国人谈判，也不知情况如何？"

奕䜣心疼皇兄，安慰他说："皇上尽管放心调养，从今日起，臣派人将奏折送到这里，皇上可减少途中劳累。"

咸丰皇帝点了点头，从心底深处，他很感激这位皇弟弟。"减少途中劳累"无非是借口，皇上坐在龙舆上上殿，是劳累不到他的。可是端坐在乾清宫大殿之上看奏折却很累人，群臣都站在丹墀下，堂堂的天子不可表现出丝毫的倦态，必须坐如钟、立如松。几个时辰的听朝，的确很累人，而躺在养心殿批阅折子，却很惬意。累了可以躺在龙榻上看，饿了还可以吃点心，即使是坐着看，也没必要讲究姿势。

"还是手足兄弟疼我。"

咸丰皇帝在心里这么想，他答应了奕䜣的请求，干脆把奏折送到养心殿来批阅。

咸丰皇帝晕倒在龙舆里的消息不胫而走，一下子传遍了紫禁城。后宫顿时骚乱了起来，皇后钮祜禄氏初闻此事，泪如雨下，她跌跌撞撞来到了养心殿，走进咸丰皇帝的卧房。一见憔悴的天子，她再也控制不住自己的感情，扑倒在龙榻边，泪水簌簌直往下流。咸丰皇帝伸过手来，抚摸着皇后的秀发，说："皇后，别哭了，我这不是好好的吗？"

皇后紧紧拉着皇上的手，生怕有谁夺走她的夫君似的，哽咽着说："皇上，龙体为重，你怎么这般不爱惜自己的身体。"

这话里包含着深深的爱意，也有轻轻的埋怨，与寻常百姓家夫妻之间的体贴完全一个样。咸丰皇帝微微一笑，说："这不是好好的吗？好了，别哭了。擦干眼泪，今天就在这儿用晚膳吧。"

听那口气，咸丰皇帝只把皇后当成了妻子，皇后很听话，止住了泪水'

轻声问:"何以至此?"

咸丰皇帝叹了一口气:"难啊! 内忧外患,何时能安宁!"

皇后又爱又怜,她凝视着皇上,欲言又涌出泪水。咸丰皇帝为她抹去了泪水,心疼地说:"皇后,你太善良了,万一我有什么不测,谁来保护你。"

皇后连忙捂住了他的嘴,埋怨似的说:"皇上莫言什么不测,皇上是天子,是万岁爷,能活万岁的。"

"别傻了,你见过哪个天子活到万岁,那都是美好的愿望罢了。"

晚膳后,咸丰皇帝突然想起什么似的,对皇后说:"大阿哥近日学业如何? 我都十几天没见他了,也不知他又长高了吗?"

皇上爱子心切,才十几天,就是长高了一点儿,也看不出来呀。"

咸丰皇帝笑了,说:"明日把大阿哥带来,我很想念他。"

咸丰皇帝龙体欠安,后宫担心、焦虑的并不只是皇后一个人,懿贵妃、丽贵妃、鑫常在等人无不关心着他。可是,她们不可以随便出入养心殿,只有躲在自己的寝宫里暗自垂泪。丽贵妃哭成个泪人儿,懿贵妃的眼睛也是红红的,她们乞求上苍保佑皇上龙体早日康复。听说皇后已去养心殿探视,第二天,后妃们便聚集在坤宁宫问长问短。

"姐姐,皇上龙体欠安,形容很憔悴吗?"

娇小的丽贵妃怀里揽着大公主,含着泪问道。皇后拉过大公主,抚摸着小女孩黑色的柔发说:

"妹妹们尽管放心,皇上的气色很好,休息几天便没事儿了。"

懿贵妃也急切地说:"皇上的胃口怎么样?"

"他吃的不算太多,但据太监说,消化的还不错,有时夜里加一餐补食。"

"这就好了,皇上安康,是百姓的福气、国家的福气,也是我们的福气。"

聪明的懿贵妃很会说话,她一开口,众嫔妃就自叹不如。皇后说:"妹妹,皇上有点儿想念大阿哥了,明日我派人去接大阿哥,送他到养心殿,你也一同去吧!"

"谢姐姐!"

懿贵妃脱口而出,她着实从心底深处感激皇后。第二天上午,大阿哥

载淳早学归来,在亲额娘懿贵妃的搀拉下到了养心殿。

"阿玛吉祥!"

年仅五岁半的小儿清清脆脆向皇父请安,咸丰皇帝一看儿子那苹果似的小脸蛋,心里非常高兴,连忙说:"阿哥,快起来,过来让阿玛亲一亲。"

小儿乖乖地依偎在父皇的怀里。懿贵妃来了个跪安,她的双眼还是红红的。咸丰皇帝一看两个多月没见面的懿贵妃,心中也一颤,不管怎么说,他们当年有过一段令人销魂的回忆。

"爱妃,免礼平身!"

"谢皇上!"

"额娘,来,这边坐。"

小皇子今天对他的亲额娘格外孝顺,懿贵妃心头一热,眼泪流了下来,这泪水包含了委屈与感激。她紧挨着皇上、皇子坐了下来,咸丰皇帝此时感觉到了一家人团聚的天伦之乐,高兴地说:"今天午膳,你们母子都在这儿用。"

"好,太好了,我要吃鹿肉。"

小皇子又想起了香喷喷的鹿肉,他还太小,不懂得宫中的规矩,宫中规定不管哪个宫,御膳房送什么,就吃什么,不可以点菜。咸丰皇帝虽为天子,平日也不去破坏这个规定。但是今天他破了例,转身对御前太监说:"传御膳房,午膳传鹿肉。"

"嗻。"

懿贵妃拉过小皇子的手,说:"阿哥,该去上书房了。"

"额娘,我要陪阿玛一会儿。"

懿贵妃看了看咸丰皇帝,意思是让他表态,咸丰皇帝拉过儿子的手,说:"阿哥是个乖巧的好孩子,学业不能耽误,现在让张文亮送你去上书房,午时回来,香喷喷的鹿肉就送来了。"

小皇子清脆地一叫:"儿遵父命!"

"哈哈哈……"咸丰皇帝高兴地笑了。

第二十二章

厌烦朝政贵妃批奏章　逃离内宫国君又选秀

　　小皇子被张文亮送到上书房，养心殿东暖阁只剩下了咸丰皇帝和懿贵妃。太监、宫女们都知趣地退下，懿贵妃双眼带泪，温柔地说："皇上，妾听说皇上龙体欠安，心里非常难过。"

　　说着，她的泪水顺着香腮流到了唇边，咸丰皇帝为她轻轻抹去。

　　"爱妃，不必担心，朕已康复，明日即可上朝。"一听这话，懿贵妃急了，说："妾以为不可，一旦上朝，皇上又要劳累不堪，于龙体不利。"

　　咸丰皇帝叹了一口气，说："已经六天没上朝了，尽在这里看折子，听不到臣子们的当面禀奏，别误了国事。"

　　"皇上不必担心，有什么大事情，他们会呈折子的。"

　　"爱妃所言也是。"

　　正说着，军机处派人送来了一大堆折子，咸丰皇帝一看，不禁皱了皱眉头，轻声说："又是一大堆折子。"这句话，懿贵妃记在了心里，她暗自高兴："看来皇上有些倦于政务，天生我材必有用，我叶赫那拉氏何不抓住这天赐的良机。"

　　于是，她说："皇上龙体欠安，可以选择一些重要折子批阅，至于那些次要一点的，可否让别人代阅。"咸丰皇帝说："谁能代朕批阅呢？"

　　"是啊，这等人才好难找。"

　　懿贵妃差一点儿脱口而出"我行"。可是，话到嘴边，她又咽了回去，她改成了上面这一句。咸丰皇帝顺手拿起了手边的奏折，看了起来，懿贵妃问："妾需要回避吗？""不，你静静地坐在旁边好了。"

　　咸丰皇帝今天对她异常温和，懿贵妃欣喜若狂，也许，这是好兆头。批了几份奏折，咸丰皇帝按了按太阳穴，说："又是一大堆令人心烦的折子，英法俄公使暗中串通一气，对付我大清，可恶也。"

懿贵妃不知该不该发表意见,她那美丽的大眼睛凝视着咸丰皇帝,仿佛在说:"妾可以说几句吗?"

咸丰皇帝也似乎看透了她的心思,说:"爱妃,你说为何外国人这般猖狂、无礼、欺人太甚?"

懿贵妃想了一下,说:"我大清关了几百年的国门,外国的情况,了解甚少,也许,他们欺我大清国力不如他们吧。"

咸丰皇帝眼前一亮,紧紧抓住懿贵妃的双手,激动地说:"真看不出来,爱妃身居深宫,见地居然这么深刻,难得!难得!"

懿贵妃羞涩地笑了一下:"皇上取笑妾了。"

"不,不,你的这种见解,老六早就说过,从英、法联军炮轰大沽口看来,他们的军舰的确威力巨大。"

懿贵妃见咸丰皇帝很欣赏她,便放开了胆子,继续说:"我大清国民非愚钝,不过,训练欠缺了些;外国人非聪慧,不过,强于训化,枪炮稍先进一些,所以他们暂时猖狂。只要大清重振海防,妾以为泱泱大国必胜。"

"爱妃,朕好高兴,你这等聪明。"

咸丰皇帝激动地拉过懿贵妃的纤纤玉手,在自己的手心中搓着,好像今天才真正认识这位妃子似的。真看不出来,一个后宫的妃子还有这等深刻见地。咸丰皇帝将一份奏折打开,对懿贵妃说:"兰儿,你学着看折子,朕便可减轻一些负担。"

咸丰皇帝这么说,并非出于一时冲动。其实,他早有这种念头,这两年来,他的身体一直不好,深受内忧外患困扰的天子,不能不想到万一自己早归天,这大清的江山由谁来撑起。年近而立之年的咸丰皇帝膝下仅有一个皇子,他便是小皇子载淳。皇子尚是儿童,他登上宝座,必须有人辅佐,谁能尽心尽力辅佐载淳呢?想来想去,也没想出个合适的人选来。前一阵子,他突然想起了小皇子的生母懿贵妃,这个女人虽是女流之辈,但却有男人的魄力和男人的胆识,可是,她是后妃呀。

今天,懿贵妃出言惊人,让咸丰皇帝心头为之一震,把小皇子交给她辅佐,还是有好处的。所以,咸丰皇帝表现出高兴的样子,轻易许下了诺言。咸丰皇帝在让懿贵妃学习看折子的时候,无论如何他也想不到,身边的这个女人竟从此干预了朝政,而且当他殡天后,这个女人把持朝政长达四十八年之久。

开始学看奏折,懿贵妃是非常认真的,咸丰皇帝把一些反映次要问题的奏折交给懿贵妃,诸如科场舞弊、赈济灾民、平定小股乱匪之类的呈折,他让懿贵妃学着批阅,以慢慢锻炼她的能力。渐渐地,懿贵妃有了长进,咸丰皇帝很高兴,自从她帮忙批阅折子以来,他感到肩上的担子轻多了,比起"政盲"皇后来,懿贵妃可谓是"巾帼英雄"。

干脆,咸丰皇帝不上朝了,他每天让人把折子全送到养心殿,自己先粗阅一遍,拣出他认为次要问题的奏折,让懿贵妃批阅。这天,依然是上述情况,四川巡抚又奏川江一带发生了水灾,灾民流离失所,地方财政吃紧,无力赈灾。咸丰皇帝眉头一皱。正在这时,皇后来了,咸丰皇帝有意考一考他的这位贤妻,便说:"皇后,四川又闹水灾,灾民无衣无食、流离失所,可国库空虚、地方财政吃紧,何以赈灾?"

温和、敦厚、善良的皇后考虑了一下,开口道:"百姓无衣无食,令人焦虑,从明日起,各宫各殿膳食减少几样菜,挪出银两以赈灾区。"

咸丰皇帝苦笑了一下,心想:"尊贵的皇后呀,你哪里知道灾区之广、灾民之多,十几万人吃不上饭,后宫能省多少饭菜,还不够一个村庄的人填牙缝的呢。别说治本,就是治标也不够呀。"

咸丰皇帝刚登基的时候,也只是从书本上知道什么叫:"朱门酒肉臭,路有冻死骨。"可这些年来,一些大臣纷纷进言,描述了灾民的惨状。当他听说河南某县盛行父母吃自己的死孩子时,他震惊了,原来百姓如此艰难。他曾下令动用国库以赈灾民,也曾下令地方官吏减免皇税。但是,战争频繁,江苏、安徽一带太平军兴,朝廷动用大量银两对付他们;外国人进犯,还要抵抗,国库早已空虚,何以赈灾。

咸丰皇帝把这些苦楚说给尊贵的皇后听,他自己也明白一定会白说,皇后怎知世道的艰难。他又把脸转向聪明能干的懿贵妃,开口道:"兰儿,你说呢?"

叶赫那拉氏进宫前只是个平民,辛酸的生活,她体验很深。尤其是当年父亲惠征去世时,她与母亲、弟弟、妹妹扶柩回京时,一路艰辛,小弟弟兆祥饿得直哭,她永远也忘不了。

咸丰皇帝目示懿贵妃,就是希望她能从百姓的立场出发,向皇上献上一个良策。懿贵妃沉吟了一会儿,开口道:"依兰儿之见,赈灾不一定动用国库,皇上有所不知,百姓曾传'三年清知府,十万雪花银'。官吏很少有不贪的。他们拿着朝廷的俸禄,却向百姓掏腰包,每年都可以从百姓那里捞到大量的钱财。他们的财产聚起来是国库的好几倍。"皇后听呆了,瞪大了眼睛,不由得问:"兰儿所云是真的吗?"懿贵妃点了点头,接着说:"这一点儿也不夸张,进宫前,我听说的可多了。"

皇后说:"既然如此,应该剿尽贪官才是。"

懿贵妃叹了一口气,说:"官官都贪,剿得尽吗?不过,可以设法让他们乖乖地拿出所贪钱财,以赈灾民。"

"此话怎讲?"

咸丰皇帝也沉不住气了,催促着叶赫那拉氏讲下去,懿贵妃不失时机地表现自己说:"皇上可以发一道朱谕,谕令全国大小官吏登记财产,然后进行核实,若与俸禄出入太大,则定为贪污。他们是万万不敢自我暴露的,多余部分会马上处理掉,私自转移,罪不可赦;赈济灾民,不予追究。这样一来,赈灾的银两自会源源而来。"

咸丰皇帝禁不住大笑:"爱妃,此法甚妙也!"

谕旨发出半个月,果然如懿贵妃所言,就连恭亲王奕䜣、醇亲王奕譞也都拿出了不少银两,上行下效,一时间,以赈灾为名,大小官吏们纷纷上缴所贪钱财,大大缓解了财政危机。不但四川灾民渡过了难关,而且还在一定程度上起到了肃清贪官污吏的作用。对此,咸丰皇帝嘉奖了懿贵妃。特谕懿贵妃出宫省亲三天,后妃们看在眼里,无不嫉妒,但又自愧不如精明能干的懿贵妃。

从此以后,咸丰皇帝让懿贵妃参与更多的奏折批阅。起初,只是让她出出主意,听取她的高见,后来干脆让她代笔。大臣们发现不知从何时起,皇上那苍劲有力的字体变得又纤细、又工整,起初,他们认为是皇后代笔。清朝自开国以来,从皇太极天聪,到崇德、顺治、康熙、雍正、乾隆、嘉庆、道光,还从未有过后宫参与朝政的先例。如今,突然冒出个女人参政,大臣们议论纷纷,表示不满。他们哪知代笔的不是皇后,竟是懿贵妃。后来,一个偶然的机会,他们才弄清事实的真相,可是,咸丰皇帝已经习惯让懿贵妃代笔了,他听不进去别人的意见。

这天天气特别寒冷。外面飘飘扬扬下着大雪。这雪已经下了三天三夜了,积雪足足有一尺多高。咸丰皇帝裘皮龙衾里揣个大铜手壶,他半倚在龙榻上闭目养神。懿贵妃早早就来到了养心殿,还有几十份奏折等着她去批阅。

　　她一丝不苟地看着，认为有必要让皇上亲自批阅，她便轻轻地走到龙榻边，将折子递给皇上，请他过目。这时，门外传来御前太监的声音："肃大人吉祥"！

　　接着又传来肃顺的声音："皇上在吗？"

　　"在，正批奏章呢。"

　　"禀报皇上，说我有要紧的事儿向他禀报。"

　　"嗻。"

　　御前太监站在帘子外，低声说："万岁爷，肃大人想拜见万岁爷"。

　　咸丰皇帝依然闭目养神，回答："让他进来吧。"

　　肃顺撩开门帘进来，毕恭毕敬地给皇上请了安，咸丰皇帝欠了欠身子，开口道："肃爱卿，你与俄国公使会谈，进展如何啊？"

　　"皇上，臣正为这事儿而来。"

　　接着，他详细讲述了与俄国公使伊格纳切夫关于中俄边界之争的每一个细节，咸丰皇帝认真地听着，末了，他开口道："爱妃，你全听见了，你认为如何对付呢？"

　　肃顺进来后，只顾向皇上请安，而忽略了屋内的其他人，一眼看过去，有几个女人，花花绿绿的，他还以为全是宫女。不曾想这几个女人中还有一个懿贵妃。听到皇上这一句，他才注意到他身后还站着一个人，回过头来一看，他不禁眉头皱了皱，因为他看得清清楚楚，懿贵妃手里拿着一份奏折。肃顺恍然大悟，原来，代替皇上苍劲字体的纤细小楷出自眼前这个女人之手。肃顺在心里想："皇上也太胡闹了，居然让一个妃子批阅奏折，这简直是儿戏。"

　　聪明的懿贵妃好像发觉了肃顺的不满情绪，但她并不在乎，因为有皇上替她撑腰呢。她略思考了一下，说："俄国人无非是恫吓而已，凭他一、二艘军舰怎敌我大清水师数万，大清应坚持否认奕山私立的《瑷珲条约》，在两国分界问题上，不可让步。"

　　咸丰皇帝点了点头："爱妃所言有理。肃爱卿，明日与俄国公使会谈，就按懿贵妃所言办吧。"

　　"嗻。"

　　肃顺退了下去，他的眼里已盈满了泪水，心里直发狠："皇上啊，皇上，你居然让一个小女子给左右了,可叹、可悲啊!"

回到大殿,肃顺向军机处大臣们讲述了刚才在养心殿看到的情景,众人无不震惊,他们万万没想到懿贵妃已神不知、鬼不觉地登上了大清朝的政坛。

大清朝面临英、法、美、俄的威胁,恶劣的外部环境一点也没缓解,咸丰皇帝的心情越来越低沉。有时,他低着头一言不发,懿贵妃将重要的折子送到他的面前,让他过目。他看也不看,将折子推开,懒洋洋地说:"爱妃斟酌着办吧,朕想清静一会儿。"

皇上不看折子,正中懿贵妃下怀,她暗地里也冷静想过以后的事情:"皇上身体一天不如一天,而且他极端倦政,正是自己学习处理朝政的好机会。如果皇上有个什么闪失,继承大统的一定是大阿哥,载淳为自己所生,作为母亲,有责任辅佐儿子坐稳龙椅。那么,现在是天赐良机,机不可失,时不再来。抓住时机,抓住时机,巩固并发展在宫中的特殊地位。"

懿贵妃反复告诫自己,利用皇上倦政的良机,好好表现自己,将来一定会有用武之地。皇上倦政,不久就被皇后发现了,这位善良的皇后虽然性情温和、宽厚仁慈,但她并不愚钝,她是个很聪明的女子。她在心里担心着:"皇上倦政,把折子全交给懿贵妃批阅,这可不是件好事,懿贵妃不是个凡女子,她早就存有野心,现在是天赐良机让她登上政坛,万一时间长了,她熟悉了朝政,把持朝廷可怎么办?"

于是,皇后想方设法让咸丰皇帝重新振作起来,以勤于朝政。眼看着就到咸丰十年了,也就是说皇上已届而立之年,能不能在这个时刻让皇上振作起来呢。皇后很了解自己的丈夫,必须有一个忽然敲清皇上的事件,才可能让他振奋。于是,皇后精心构画着这个事件,一天,她来到了储秀宫。

"皇后驾到!"

小安子高喊着,并向皇后请安。卧房里的懿贵妃慢慢地起身,已不是几年前的秀女兰儿,如今的她完全没必要慌慌张张恭迎皇后。

"姐姐吉祥!"

"妹妹,你好吗?"

从问候语中,小安子已听出如今的兰主子与皇后差不多平起平坐了。皇后拉着懿贵妃的手,关切地问:"皇上还是每日躺在养心殿,不愿听

政吗?,,

懿贵妃点了点头,说:"我也曾劝过皇上,可他推说身子不爽,每天连折子也不愿看。"

皇后满脸的愁云,她说:"这样下去,他会憋闷出病的。应该想个法子让他开心起来。"

"我也这么认为,不知姐姐可有什么好主意?"

皇后轻轻地叹了一口气,说:"我也只是初步打算而已,还不知皇上可肯听从。"

"姐姐,说来听听。"

皇后说:"皇上出生在圆明园,那里风光怡人、歌台暖响,以往每年皇上都要到园子里住上一段时间。可近年来,内忧外患搅得他心神不宁,他也没心思进园子了。眼看着皇上的三旬万寿节就到了,我想让他到园子里好好乐一乐,总比憋闷在这皇宫里好一些。"

一听这话,懿贵妃喜上眉梢,她心想:"皇上一向贪恋女色,圆明园依然还养着四春,保管他一进园子,立刻投入四春的酥怀,什么奏折、什么炮声,全都会忘到九霄云外。这样一来,自己岂不是有更多的机会参与朝政。

想到这里,懿贵妃说:"姐姐,还是你想得周到,劝皇上进园子,他一定会乐意的。"

春天已经来临,和煦的春风吹拂北国大地,紫禁城御花园里彩蝶飞舞、百花争妍。脱去厚厚棉袍的咸丰皇帝在皇后、懿贵妃、丽贵妃等嫔妃的陪伴下,来到了御花园。塘中小鱼儿欢快地游来游去,花丛中蜜蜂嗡嗡飞来,好一幅春光美景图。

咸丰皇帝感慨万千,对皇后说:"又一个春天来临了,人生过得好快呀!"

皇后温柔地说:"是啊,转眼间,皇上已入而立之年,万寿节应该好好庆贺一番。"咸丰皇帝叹了一口气:"内忧外患,灾民遍地,有什么好庆贺的。"皇后劝慰道:"这些事情历朝都有,皇上不必放在心上。""也是,可是万寿节怎么庆贺呢?"皇后一见皇上有此心愿,便说:"妾劝皇上到圆明园住几个月,万寿节就在园子里过,怎么样?"

圆明园是咸丰皇帝的出生地,在那儿为他举行三旬万寿节,的确是个

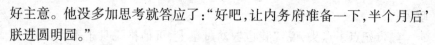
好主意。他没多加思考就答应了："好吧,让内务府准备一下,半个月后'朕进圆明园。"

内务府开始忙乎了起来,他们知道皇上爱听戏,进了园子以后,完全可以把朝政搁在一边,专心娱乐、听戏。于是,他们派人在园子里修缮了十几个戏台子,又将皇上的御榻之处重新装饰了一番,请来京城几个有名的戏班子,如"三庆班"、"小和春"、"全福班"、"小金奎"等,让伶人们日夜忙碌,加紧排戏。从京城通向圆明园的路上,车水马龙、热闹非凡。

咸丰皇帝近来心情也好多了,毕竟是到了人生的而立之年,他回顾往事,有欢乐、幸福,也有悲伤、痛苦。想想十年前,他登基之初,朝廷上下人浮于事、财政吃紧,可如今虽然内忧外患不减当年,但经过他早年的一些努力'总算艰难地撑了下来。二十岁生日,先帝驾崩不久,年轻的咸丰皇帝守制'没有好好地庆贺一番。如今三十岁了,也该热闹热闹。在王公大臣及后宫嫔妃的簇拥下,他坐在龙舆上,到了出生地圆明园。

由于世道不太平,咸丰皇帝谕令各省总督、巡抚、各州知府等地方官员不必进京朝贺,只需进贡以贺万寿即可。这样一来,围绕在咸丰皇帝身边的无非是在京大臣、王公及后宫嫔妃而已。恭亲王奕䜣留守紫禁城皇宫,作为军机大臣处理日常事务,懿贵妃当然与皇后、丽贵妃等人随皇上而行。不过,她并没有像其他嫔妃那样,沉湎于吃喝玩乐之中,而是静静地独处一室,批阅每天军机处送来的奏折。

当肃顺发现懿贵妃批阅奏折、参与朝政后,他的第一反应是极端不满,便向其他军机大臣含蓄地透露了这一新的动态。几个大臣意见也不完全一致,有的人持与肃顺相同的观点,认为皇上破坏了祖制,但也有人的觉得这没什么,懿贵妃又不会篡夺皇位,皇上仍稳稳地坐在龙椅上,她只不过是为皇上分担一些罢了。这两年来,咸丰皇帝厌于朝政、情绪低落,早有几个敏锐的臣子看出来了。如果,能干的懿贵妃能为皇上排遣苦恼,让皇上在圆明园好好调整一下情绪,也不失为一件好事。

军机大臣中有一个人,其想法与所有人都不同,他便是恭亲王奕䜣。作为皇族中一人之下、众人之上的铁帽子王爷,他对咸丰皇帝自然是忠心耿耿。但有时也难免有非分之想。毕竟,他有着特殊的地位与经历。

当年,道光皇帝在世的时候,最钟爱的两个皇子,一个是奕詝,即咸丰皇帝,另一个就是他奕䜣。道光皇帝为立太子之事,始终犹豫不决,这就是说恭亲王差一点儿当上了皇帝。可是,天不遂人愿,最终还是奕詝当了皇帝,恭亲王奕䜣心底深处对此始终不能忘怀。

但聪明的奕䜣知道自己这一辈子没有当皇帝的命,他也不再去想了。近两年来,咸丰皇帝的身体一天不如一天,作为亲人,他为皇兄担心;作为铁帽子王爷,他心里又有些暗自高兴。万一皇上出现不测,继承王位的一定是小皇子载淳。但载淳尚在幼年,必须要有人背后支持他、辅佐他。

载淳的生母懿贵妃,为人十分精明,这个女人如果将来能以母后的身份辅佐儿子,那将对恭亲王大大有利。对于奕䜣来说,对付一个女人总比对付一个男人要容易得多。所以,当咸丰皇帝驾临圆明园,整日听戏、游乐,几乎忘了朝政的时候,恭亲王奕䜣默默地注视着能干的懿贵妃,心中暗自高兴。

这一天,夏日的微风徐徐吹来,懿贵妃聚精会神地看着一份奏折,她的眉头皱着,好像很不开心。皇上又携带皇后、丽贵妃等嫔妃听戏去了,今日是三庆班献艺,报上的戏名是"贵妃醉酒"一出戏,咸丰皇帝很爱听这一段,名伶那苗条、婀娜的身段,清婉的嗓音令人着迷。

所以,懿贵妃觉得很清静,正可以好好考虑一下该如何答复江苏巡抚的折子,折子说俄国公使伊格纳切夫已抵上海,与英、法公使来往甚密,正在这时,太监安德海操着一副又尖又细的娘娘腔报:"六王爷驾到,奴才给王爷请安了。"

这声音特别洪响,奕䜣觉得平日并不顺眼的安德海,此时更令人讨厌了。小小的弘德宫,小声说话都能听得见,小安子操这么大的声音干什么。再说,小安子不是皇上身边的人,他在这儿干什么!

恭亲王连一个"免礼"都不愿说,他径直走进弘德宫大厅。大厅里静悄悄的,不见其他太监及宫女,好像皇上不在这里。小安子哈着腰跟在后面。

"小安子,皇上呢?"

"回王爷的话,皇上携皇后、丽娘娘和大公主等人听戏去了。"

"你在这儿干什么?"

"随时候主子的吩咐。"

小安子的话还没落音,只见懿贵妃娉娉婷婷地走了出来。她似笑非笑地说:"是六王爷来了,请坐!"

恭亲王一看，心中暗暗吃惊："这娘儿们，才两个月不见，又变样了。几年前初进宫时，只能称为漂亮，可如今不仅更艳丽了，而且又添了几分妩媚和华贵。"

虽然懿贵妃是皇嫂，恭亲王是小叔子，但论在皇家的地位，恭亲王要比懿贵妃高一些，所以在弘德宫里，恭亲王坐上座。懿贵妃起身说："皇上、皇后都听戏去了，不消两个时辰便会回来，王爷慢慢坐着，我还有点事儿，把那几份奏折看完再陪王爷闲聊。"

恭亲王没说什么，懿贵妃转身走了。望着她转身的那一瞬间，恭亲王感慨万千："唉，我堂堂一王爷，还不如一个妃子，妃子可以随便出入养心殿，可以批阅奏折，可我来这里探望皇上必须先禀报一声，我一个首席军机大臣，只能看折子，还从来没批过折子。"

"这女人不简单。"

恭亲王见懿贵妃已拐过花墙，不见身影了，他才敢自言自语地嘀咕了那么一句。懿贵妃自从在宫帏之内，学习批阅奏折以来，咸丰皇帝感到轻松多了，从堆积如山的报忧不报喜的奏折中挣扎出来后，咸丰皇帝把大部分精力用于游乐，倒也十分惬意，他对皇后说："兰儿的确精明能干，为朕轻减了许多负担，朕觉得这些日子以来，睡也睡得安稳、吃也吃得香甜。如果早一些让兰儿学看奏折，朕还不知道有多快活了。"

皇后钮祜禄氏听罢，默不作声。本来，她希望皇上在圆明园稍住几日，调养一下龙体，然后便回宫。可是，皇上却来个乐不思蜀，整日游乐，把朝廷大事全推给了懿贵妃，岂不让人着急。

风流天子不再愿意见到她们，他的身边暂时没有佳人陪伴。皇后雍容华贵，但缺少激情；懿贵妃风韵犹在，但她忙于批阅奏折，仿佛对男女欢爱之事已失去了兴趣；丽贵妃俏丽无比，但大公主整日缠着她的生母，七、八岁的女儿在面前，咸丰皇帝怎好轻佻。

这样一来，离不开女色的风流天子真的寂寞了。一天听戏归来，他对皇后说："按祖制，今年该选秀女了吧？"

皇后点了点头，说："皇上有此意？"

皇后没想到而立之年的皇上对十几岁的小姑娘们还那么感兴趣。这些年来，日子过得不太平，好几年没选秀女了。住进圆明园，咸丰皇帝又想起了这件事情，真是富贵思淫欲呀。

"皇后是怎么考虑的。"

一不做、二不休,干脆,咸丰皇帝问下去,皇后当然不赞同再选什么秀女,后宫佳丽十几人,不算少了。起码,比先帝道光皇帝的嫔妃多,但按祖制,咸丰皇帝是可以再召幸新人的。

"既然皇上有此意,妾著内务府办理此事好了。"

咸丰皇帝一见皇后有点儿不乐意的样子,便故意漫不经心似的说:"国家不太平,不选秀女也罢,"

皇后心想:"也好,我就来个顺水推舟。"

怎么"顺水推舟",皇后早有打算。虽然皇后不像懿贵妃那么精明能干,但她也是聪明之人,她要亲自挑选秀女,以达到劝谏皇上的目的。这一天,阳光格外灿烂,直射大地,圆明园各官被浓浓的树荫遮掩着,所以并不显得十分热。皇后身着翠绿色纱衫,端坐在那儿,凝视着每一位候选者。

这次,内务府一共送来八个候选人,皇后先过目,从中挑出四个模样好一点的,再由皇上挑,最后只能留下两个秀女。其余的送至恭王府或醇王府,八位旗女,个个模样端正,年轻漂亮,皇后一言不发,观察着每一个人。她并不是看谁长的最漂亮,而在看她们的表情与反应。

这八个候选人中有一个正中皇后的心意,那个姑娘虽然长得很美,但给人以冷美的感觉,一脸的反抗神情。

"好,她正是我要找的人。"

皇后在心里默默地对自己说。一个时辰之后,皇后留下了四位秀女,那位冷美人当然也在内。三天以后,她们被带到了弘德官,由咸丰皇帝最后定夺。

皇上与皇后并排坐在弘德宫正厅里,不一会儿,四个仙子被带来了,咸丰皇帝往下面一看,喜上眉梢,脱口而出:"皇后,你的眼力果然不错,她们个个都那么美!"

皇后干咳了一声,咸丰皇帝自知失言,连忙闭口不开了。他心里依然很高兴,想道:"这些年来,太平军搅得朕心烦意乱,洋人也片刻不得安生,光顾朝廷大事了,几年都没选秀女,枉此一生矣。"

御前太监凑近一点,小声问:"开始吗?"

"开始吧。"

皇后心里有些惴惴不安,她不敢肯定自己的判断与推测一定正确。所以,还是放心不下,御前太监答了一句:"嗻。"

他转身面向四个秀女,说:"请报身份、年龄和姓名。"

四个秀女一并排站着,从左到右进行。第一位姑娘胆儿很小,不敢上前,太监急了,生怕惹皇上不高兴,便催促道:"姑娘何旗、何年出生、何名?,,

那姑娘依然低着头,半晌,她才小声说:"颜扎氏、正蓝旗、十四岁。"

头低得更低了,咸丰皇帝只能看见她一头的黑发,不由得眉头一皱,说:"罢了。"天子的一句话,就注定了姑娘的终身,她只能进王府当王爷的小妾。下一位姑娘接受前者的教训,声音清脆一些:"佟佳氏、镶黄旗人、十六岁。"

说完,抬起了头。咸丰皇帝一看,心中好欢喜。这姑娘白皙的面庞上镶着一对明亮的大眼睛,那光彩照人的双眸左顾右盼。好美。咸丰皇帝情不自禁地说:"不错。"

第二位姑娘笑了,她一笑,一对酒窝更迷人。第三位姑娘干脆来个东施效颦,大胆地说:"郭佳氏、正红旗人、十五岁。"

她也大大方方地仰起脸来,咸丰皇帝一看,心中不悦:"罢了。"

因为这位姑娘笑的时候,露出了一对虎牙,咸丰皇帝最讨厌女人长虎牙,他认为那种女人一定凶悍。四个秀女,二个"罢了",第四位定入选无疑,所以,她是不必要有什么顾虑的。只需报一下身份、姓名即可。

咸丰皇帝当然希望她长得很美,皇后却另有打算。只见第四位姑娘不卑不亢,上前一步,抬头说:"皇上没必要知道我是谁,因为我打算半个时辰以后就上黄泉路。"

在场的人都惊愕了,只有皇后露出了一丝不易被人觉察的微笑。咸丰皇帝龙颜不悦,他的脸一沉。在这喜庆的气氛中,这位姑娘净说些丧气话,怎叫他高兴。

"皇上、皇后面前不得无礼!"

御前太监似提醒,又似责备。谁知那姑娘抢着说:"死都不怕的人,还怕什么!"

咸丰皇帝龙颜大怒,一拍案几,吼道:"此话怎讲?"

那姑娘愤愤地说:"皇上,您贵为天子,饱读史书,一定比小女子懂得的道理深。"

咸丰皇帝面带愠色，说："讲下去。"

"如今大清朝风雨飘摇，眼见着洋人骑在中国人的头上了，大清还能撑多久？皇上不是求贤才、选良将、保江山、振国威。而是沉湎于女色，岂不让人痛心！我不愿做皇妃，只求当一位以死谏君的烈女子！"

真是一语惊四座！皇上呆了，皇后舒了一口气，太监、宫女们傻了。

那姑娘突然站起，冲向大殿石柱，欲登黄泉路。咸丰皇帝大叫："拉住她！"

太监、宫女们奋力上前，紧紧拉住那位姑娘不放。姑娘怕处以极刑，连忙哭求："保我一具全尸！"

皇后开口道："都下去吧。"

一时间太监、宫女、秀女全退了下去，纷乱的大殿立刻安静了下来。咸丰皇帝脸色煞白，仿佛还沉浸在刚才的震惊之中没有缓过来。皇后担忧的瞧着自己的丈夫，好一会儿两人都没有说话。过了片刻，咸丰皇帝才回过神，说了一句："奇女子也。"

"这姑娘有些胆识。"皇后轻声细语的回答道。

"一个小小的秀女竟然真的不怕死？"

"皇上，此女竟然敢以死相谏，足以说明她早把生死置之度外了。"

皇后仍以平缓的语调回答着，好像害怕多说一句话会惹怒的皇上。

咸丰皇帝点了点头："免她一死。"

"那选秀女之事呢？"皇后心中虽然高兴，但语气仍显得很平静。

咸丰皇帝摆了摆手："也罢了。"

皇后不禁喜上眉梢，激动地站了起来，紧紧抓住咸丰皇帝的手，说："皇上真是仁慈、宽厚，善解人意，有此夫君，是妾之幸。"

咸丰皇帝听了皇后的话，反而有些不好意思，他笑了笑："有皇后这样识大体的妻子，实是朕之幸也，多谢皇后提醒，不然朕又差点做错了事。"

不久懿贵妃就听说了这件事，不禁对皇后又是敬佩，又是嫉妒。敬佩皇后的精明、圆滑，嫉妒皇上对她的敬爱。

第二十三章

狼狈为奸英法美犯境　畏惧淫威咸丰帝出逃

　　一八五八年四月二十六日，即咸丰九年三月二十八日。英法两国再次公然发起大规模的侵华战争。他们来势汹汹，企图通过发动战争，震慑清廷，使得在华利益最大化。半个月后，英舰十五艘、法舰二艘、美舰三艘到达了天津大沽口，三国公使狼狈为奸，任命英国海军司令贺布为总指挥，寻衅开战。

　　外国却公使依然打着会谈的幌子，要求从天津大沽口入港，登陆后进北京谈判。新任直隶总督恒福连忙上奏朝廷，咸丰皇帝谕令大沽口守军将领僧格林沁："严守大沽海口，勿遽开枪炮，以顾大局。"又谕令恒福，尽量与外国公使谈成，以免开战。恒福生怕外国人翻脸不认人，亲自登上英国军舰，向英国公使讲明："两国谈判，不得随带多人，也不得执持军械，严防惊扰民人，方合和好之意。"

　　并且，恒福还规定了公使登陆地点应是北塘，而不能从大沽口登陆。英法公使猖狂至极，哈哈大笑："恒福大人，你身为清朝的臣子，当然听命于清朝。可我们是外国人，恐怕你们的皇帝谕令对我们不起作用吧。"

　　两国公使十分蔑视清政府的命官，坚持不从北塘登陆，而经大沽口至天津再到北京谈判。恒福气得袖子一甩，说："岂有此理！你们要弄清楚，这是在中国的土地上。"

　　"哈哈哈……中国的土地也挡不住我们威力无比的枪炮！"

　　英国公使狰狞的笑声像一根刺直刺恒福的心窝，他气得脸色苍白，扬长而去。六月二十五日凌晨，天还没太亮，人们尚在睡梦中，就听见几声巨响，就像是在耳边炸开的。

　　大沽口的僧格林沁正打着鼾，突然被炮声惊醒，他骨碌一下翻身坐了起来，连忙问侍卫："怎么回事？"

侍卫一撩门帘，站在床前，哆哆嗦嗦地说："现在还弄不清是怎么回事。"

"快打探一下。"

僧格林沁好像预感到了什么，他警惕地坐在床边。侍卫转身离去，他心想："该发生的事情，最终总要发生的。看来仗是要打起来的，躲也躲不掉。"

不一会儿，大沽口炮台传来了消息，英法军舰十几艘同时炮轰大沽口。

"将军，怎么办？"

"还击！这还用问吗？"

"嗻。"

"慢着。"

僧格林沁已穿戴好了官服，端坐在大沽口炮台前沿的一个较为安全的隐蔽所里，沉思着。他左手托着下巴，右手捻着烟袋里尚未点燃的烟丝，片刻以后，他开口了："还击炮弹要尽量准确而节省，只消给他们一点儿颜色看看就行了，不可引起更大的纷争。"

"嗻。"

从黎明时分到上午八时许，炮声不断，由于大沽口炮台备战已久，又熟悉地形，英法联军气焰嚣张，有轻敌思想，几个小时的炮战清兵获胜、联军大败。

僧格林沁站在炮台至高处，手捻胡须，对他的师爷说："快拟奏折，上奏朝廷，我大清被迫还击，仅伤兵卒三十几人，可敌舰被击沉四艘，击毁六艘。"

"嗻。"

八百里加急，当天中午奏折便到了军机处，恭亲王奕䜣等人深知此事重大，不敢怠慢，连忙到了养心殿，将奏折送到了咸丰皇帝的手里，当奕䜣讲解到英法联军竖起白旗逃窜时，咸丰皇帝微微一笑，马上又紧张地说："大沽口海防不可松弛，应严督将士，妥为防备，以防外国人猖狂报复。"

咸丰皇帝的担心并不是没有道理的，这些年来，英法早就企图一口吞下中国这块肥肉，但总没有机会下手，今日终于撕开脸皮，面对面地开枪炮了，他们极有可能以此为导火线发动更大规模的战争。

英法联军军舰惨败的消息很快就传到了英国,英国政府召开了紧急会议,决定为自己挽回面子,再次发动侵华战争。英法政府继续任命额尔金、葛罗为全权代表,以陆军中将格兰特、陆军中将孟托班为远征军总司令,组成新的联军。英军一万八千人、法军七千人,军舰二百多艘向中国海岸开来。

咸丰皇帝提心吊胆地过了一个冬天,可是,这个冬天很太平,英法公使没来、英法联军也没来。这个冬天,懿贵妃由原来的坐在皇上身边学看奏折,转为一人独挡、批阅奏折。这一天,即一八六〇年三月八日,懿贵妃拆开了何桂清的折子,她读了一遍,深知事关重大,不敢擅自批阅,便呈给了咸丰皇帝看。

这时,咸丰皇帝正闭目养神、哼着小调,好像是"秦寡妇哭坟"里的一段。懿贵妃端坐在龙榻上,不敢打断皇上的惬意小憩,只好耐心地等待。

咸丰皇帝虽没睁开眼,但他能感觉到懿贵妃的喘息声。

"爱妃,你斟酌着办理吧,朕相信你的能力。"

懿贵妃小声说:"皇上,这份奏折事关重大。"

"什么事啊?"

咸丰皇帝懒洋洋地打了个哈欠,像一条冬眠的蛇,不想动弹。懿贵妃将折子呈了上来,说:"是何桂清呈的折子,他奏昨日收到英法公使的照会。"

咸丰皇帝猛地坐了起来,吃惊似的说:"什么? 洋人又来骚扰了?"

一听到"英法"两个字,咸丰皇帝就紧张,自从他登基以来,洋人就没间断过骚扰,实在令他头疼。好不容易安宁了一个冬天,今天又呈上了这种折子,看来又不得安宁了。他欠了欠身子问:"折子上怎么说?"

"何桂清奏英国公使普鲁士、法国公使布尔布隆要求照会我大清官员,并要求我大清向他们认错、赔偿兵费、送还炮械船只,公使驻京履行《天津条约》,并限十日内做出答复。"

咸丰皇帝大怒:"岂有此理! 去年他们先开炮轰炸大沽口,僧格林沁被迫还击,还声言我大清向他们赔礼道歉,岂不笑话!"

懿贵妃沉吟着,她说:"皇上,洋人不是好惹的。"

咸丰皇帝不以为然地说:"也不要把他们看得那么可怕,去年夏天,他们不是挑起白旗逃窜了吗? 爱妃,你代朕批折,谕令何桂清,英法所请,均不准行。"

懿贵妃连忙拟定谕旨.当天便将谕旨发往天津。英法联军原以为照会清政府,清政府会让步的,没想到大清皇帝如此强硬,他们恼羞成怒,于四月二十一日占领了舟山,五月二十七日,又进犯大连港,六月八日至烟台,封锁了渤海湾,七月十一日,四国公使,英国的额尔金、法国的葛罗、美国的华若翰、俄国的伊格纳切夫在烟台汇合了。他们为了侵华的共同目标,而由合作变成了朋友,暂时结成了联军。

英国公使额尔金与法国公使葛罗原来就是一对狐朋狗友,这会儿关系就更密切了。本来华若翰与伊格纳切夫是互不相识的,烟台聚会开始了他们的"友谊"。华若翰张开双臂,紧紧拥抱比他迟到一天的伊格纳切夫。

"我亲爱的朋友,你的迟到使得宴会推迟了二十四个小时。"

伊格纳切夫也同样拥抱着这位美国人,并拍拍他的后背说:"华若翰先生,宴会推迟,并不影响我们明日北上。"

"哈哈哈……"

大厅里回荡着华若翰放肆的笑声。英国公使和法国公使走了过来,对伊格纳切夫说:"亲爱的朋友,让我们举酒痛饮,预祝北上一举成功。"

"干!"

"干!"

狼狈为奸的四国公使举起酒杯,笑着、说着。半个时辰后,伊格纳切夫满斟一杯,高声说:"朋友们,虽然敌人迟到一日,但我带来了大家最需要的东西。"

"什么?"

"快说说。"

其他三国公使不由得瞪大了眼睛,希望俄国公使少卖关子。伊格纳切夫沾沾自喜地说:"我带来了清军部署的重要资料。"

一语既出,众人哗然,大家兴奋极了,纷纷催促伊格纳切夫讲下去。俄国公使呷了一小口酒,也兴奋地说:"大沽口虽有戒备,但清兵力量不足,至于北塘,我从那里经过时,如入无人之境。"

"朋友,你真能干!"

额尔金重重地拍了一下伊格纳切夫的肩膀,对他表示钦佩。葛罗亲自斟上一杯酒,送至俄国公使的面前,说:"来,为我们能干的朋友——伊格纳切夫干杯!"

一八六〇年七月二十九日,英国军舰一百七十三艘、士兵一万多人,法国军舰三十三艘、士兵六千多人,由俄国公使伊格纳切夫引路从北塘登陆。由于北塘几乎没有任何防御措施,当英法联军大摇大摆地闯近大沽口时,僧格林沁有些张皇失措了。他连忙派蒙古骑兵三千骑迎敌,这些勇敢的蒙古骑兵冲锋陷阵,打得十分勇猛。可是,皮肉之躯无论如何也抵挡不住枪炮的轰击,仅一天的工夫,三千骑兵全部阵亡。僧格林沁听到这个消息,泪如雨下,仰天长叹:"勇士啊,魂魄归来兮,我僧格林沁誓为兄弟们报仇雪恨!"

僧格林沁披甲迎战,被几个下属死死拉住,他们苦苦相劝,僧格林沁以泪洗面,举杯洒酒祭亡灵。可是,时局十分紧张,容不得他多耽搁时间,兵丁不断传来大沽口前沿告急的消息,僧格林沁匆匆忙忙赶到了总督府,见到了直隶总督恒福。恒福也深知事情危急,不敢擅自作主张,连忙上奏朝廷。

"现在南北两岸,唯有竭力支持,能否扼守,实无把握。"

咸丰皇帝从懿贵妃手中接过八百里加急奏折,一言不发,紧锁眉头。他知道一向骁勇的僧格林沁从不把英法联军看在眼里,特别是一年前大沽口打了胜仗,他更自信了。如今,加急奏折连夜呈来,而且在"能否扼守,实无把握"八个大字下面加上了几个点儿,足以说明天津大沽口情况紧急,甚至是相当严重。

咸丰皇帝沉思着,他把目光转向懿贵妃,懿贵妃也一脸的冷峻,似乎在告诉皇上"外国军舰装备精良,咱们惹不起"。

咸丰皇帝也有同感,虽然一年前大沽口一战,英法联军竖起白旗逃跑了,但毕竟那时他们的兵力不足。而这次,他们是气势汹汹而来,军舰两百多艘、士兵一万多人,他们不是来旅游的,其目的很明显。无论如何,咸丰皇帝是怕和洋人交战的,一来多年来的内乱已耗尽了国力,无力再和洋人争高低;二来洋人把军舰开到了大清皇帝的家门口,打起仗来,枪炮子弹不认人,没准落到他爱新觉罗·奕詝的头上。

经过三思,咸丰皇帝朱谕:"谕僧格林沁,握手言别,倏逾半载,现在大沽两岸,正在危急,谅汝在军中,忧心如焚,倍切朕怀。唯天下根本,不在海口,实在京师……以国家倚赖之身,与之拼命,太不值也。离营后,南北两岸炮台,须择可靠之大员代为防守,方为妥善……谆谆特谕,汝其懔遵。"

大沽口炮台边的僧格林沁反复阅读了皇上的这份特谕,他的副将站在他的身后,见僧格林沁有些犹豫不决的样子,便发表了自己的意见:"大人,皇上特谕讲得太明白不过了,天下根本不在海口,实在京师。"

"这个——"

僧格林沁沉吟着,副将着急了,说:"大人,平日你不是这种优柔寡断之人呀,怎么今天前怕狼、后怕虎了。"

僧格林沁沉思了一会儿,说:"虽然皇上认为京师最重,万不得已时可以放弃海口。但毕竟唇亡齿寒,丢了大沽口,还讲什么守住京师!"

副将急了,嚷嚷道:"大人,皇上是何等圣明之君,既然有此特谕,大人只管照办,还有什么不妥吗?"

僧格林沁点头说:"洋人来势汹汹、猖狂无忌,我等也只好放弃炮台了,后撤守京师吧!"

咸丰皇帝真的不能安寝了,八月十九日,他如同热锅上的蚂蚁,连发五道圣旨。一会儿要僧格林沁严守海口,一会儿又强调勿以大沽口为重,置京师于不顾。在京的大臣们,一个个面如土色,他们真担心英法联军的枪炮子弹不长眼,落到他们的头上。咸丰皇帝望着大殿上的大臣们,努力做出镇定的样子,说:"众爱卿,不必慌张,我大清水师已做好了充分的准备,谅他几个洋人放几声炮,他们是不敢悍然炮轰京师的。"

不说还好,皇上这么一说反而成了"此地无银三百两",大臣们更害怕了。有两个年纪大一点的臣子,干脆来个称病退朝。一时间,朝廷上下人心浮动。八月二十一日,英法联军向大沽口北岸炮台开火,清军还击。军舰上的枪炮齐发,子弹、炮弹像密雨一般直泻岸边,有的炮台支持不住,清兵尸体横飞、血肉模糊,那惨景令人不忍目睹。

敌军集中火力炮轰大沽口的几个炮台,五个小时后,这几个炮台便化为灰烬,守军有的惨死,有的临阵脱逃,炮台附近几乎没有一个活着的人。联军登陆部队开始登陆,洋人猖狂地叫嚣着,张牙舞爪冲向岸来。他们见守军已溃不成军,便得意洋洋。有的打开香槟酒,酒柱冲得老高,有的干脆扭几下屁股,也有的肆意大叫、狂呼乱喊,那场景简直是群魔乱舞,正在这时，只听得一声声呐喊从远处传来："杀啊！杀洋人！"

"弟兄们，誓死保守大沽口！"

声音越来越近，侵略军有些慌神了，连连退向海岸，一眨眼的工夫，清军援军冲来.，只见兵勇们手持鸟枪、抬枪、长矛、弓箭等武器，有枪的开枪、有矛的用矛、有箭的发箭，联军约三百多人被打得落花流水、抱头逃窜。

"弟兄们，抓紧时间休息，敌军还会来报复的。"

援军将领一甩大辫子，解开官服纽扣，呼呼地喘着粗气，命令兵勇们原地休息一下，以待更残酷的战斗。果然不出将领所料，两个时辰后，联军开始再一次登陆，这一次规模比刚才大多了，只见黑压压的人群向炮台方向压来，约一千五百多英法联军叫嚣着、狂舞着冲上岸。

清兵依然奋勇还击，无奈长矛、弓箭、鸟枪抵挡不住联军手中的洋枪，子弹"嗖、嗖"地从清军兵勇耳边擦过，才半个多时辰，清军就倒下了一半人，有的人脑浆迸飞，有的人手腿断掉，有的人满脸是血，眼见着清军溃退下来。至晚上十点半，北岸炮台已没有一个活着的清兵，联军死伤五百多人，清军死伤二千多人。

直隶总督恒福像热锅上的蚂蚁，一个劲地搓着手，他干脆脱下官服，呼呼地喘着粗气，焦急地询问前线战况，探兵报告北岸已失守，现在英法联军暂做休整，恐怕明天早上就要攻占南岸。

僧格林沁双眉紧锁，一言不发，他痛心疾首，自己苦心经营的大沽口炮台竟毁于一旦。无论如何他也不能相信，一年前大败英法联军的清军今日何至如此惨败！今天这个局面，如何面对皇上，如何上朝面对同僚。僧格林沁真的好伤心，这个强悍的蒙古汉子居然流下了眼泪。

"大人，联军又有攻击之势，怎么办？"

前方兵勇来报，说明了目前危急的局势，恒福平日就胆小如鼠，一听到枪炮声就打哆嗦，今日激动，他早已吓得魂飞魄散，不知如何是好。他颤动的声音令僧格林沁十分反感，可此时又能说什么呢？僧格林沁镇定地说："战！传我命令，坚决打退英法联军！"

战斗又打响了，北岸炮台已失陷，现在必须保住南岸炮台。英法联军猖狂肆虐，清兵奋力反击，可是才打一个时辰左右，枪声便渐止了，僧格林沁大声问："怎么回事？"

一个兵丁跑过来，上气不接下气地说："大人，总督令人竖起白旗投降了！"

僧格林沁一听，一跺脚，大骂："什么东西，脓包一个，他竖起白旗不是逼着我撤兵吗？"

僧格林沁的副将也急了，催促道："大人，怎么办？"

僧格林沁牙一咬，从牙缝里挤出几个字："快，撤兵，退至通州。"

僧格林沁退兵至通州的消息当天就传到了皇宫，咸丰皇帝为之震惊。在他的心目中，僧格林沁是个骁将，善战之人尚抵挡不住洋人，恐怕这场战争于清朝不利。英法联军占领大沽口，京师皇宫已受到严重的威胁，咸丰皇帝可不愿被洋鬼子拉下龙椅，保住大清的江山，保住自己的皇位乃是他唯一的宗旨。

情急之下，咸丰皇帝谕令军机处迅速调集军队驰往通州，五天内，通州的各路驻军已达一万八千多人，其中蒙古马队七千多人，步队一万一千人，由僧格林沁和大学士瑞麟统领，声势十分浩大。

丢了大沽口，僧格林沁自知无脸见皇上，但又不能永远不见皇上，经过再三考虑，僧格林沁决定负荆请罪，他跪在丹墀下，低垂着头，一语不发，泪如雨下。咸丰皇帝望着往日的骁将——爱臣僧格林沁，心潮起伏："往日，僧格林沁平剿太平军骁勇无比，一年前击退英法联军也威风凛凛，可如今一败涂地，跪在地上低眉垂首，哪儿还能找到那一往无前的气魄。"

想到这里，咸丰皇帝的心一软，开口道："起来说话吧！"

僧格林沁一听，心中万分激动，丢了大沽口，他原以为皇上饶不过他，一定会惩罚于他，可没想到圣明的皇上竟如此善待于败臣。僧格林沁心头一热，哽咽得说不出话来，半响，他才断断续续地说："谢皇上圣恩！"

又过了一会儿，他低语道："臣罪该万死，无能无德，丢了大沽口，特来请罪，以谢天下。"

咸丰皇帝叹了一口气，说："不惩处于你，不服天下，朕已谕内阁，拔去你的三眼花翎，革去正黄旗侍卫内大臣，镶蓝旗满洲都统之职，以示惩戒。"

僧格林沁一字一句都记在心里，听罢，他泪如雨下，又"扑通"一声跪在了地上，高呼："谢皇上。"

他一连磕了几个响头，头"啪啪"地撞在坚硬的砖地上，撞得他两眼直冒金花。他真的很感恩戴德，丢了大沽口居然还能活下来，这是僧格林沁所没料到的。这时，另一个大臣文俊上前一步启奏。

"皇上，臣为一事忧心忡忡，由于大沽口失陷，天津骚动不安，至三日前，商铺歇业、官役潜逃、百姓惶惶，这样下去势必影响京师的安稳。今日早晨，臣上朝时便发现有少数商人携家远行。"

咸丰皇帝追问道："京城已有慌乱之相吗？"

文俊答道："迹象已有，只不过尚未有大的动荡罢了。不过，如果不马上稳定局势，势必造成人心躁动、市井混乱。"

恭亲王奕䜣也附和道："臣也预料到了这一点，皇上，臣以为应迅速派重臣前往天津与外国人谈判以稳定局势、固结人心。"

"众爱卿所言极是，朕谕令桂良、恒福为钦差大臣，明日即赴天津，办理此事。"

几个大臣一听，不约而同地口呼："皇上圣明。"

不过，丹墀下有一个人心中有苦说不出，他便是桂良。桂良是前朝老臣、恭亲王奕䜣的岳父，他为人比较圆滑，一听说皇上授他为钦差大臣，他心中暗暗叫苦："人都说乱世出英雄、盛世出能臣，这内忧外患的年代，与外国人周旋责任重大，万一谈不成，国人唾骂、皇上责诘，臭了我老臣之名，岂不苦哉！"

可是钦差大臣、大学士桂良还是跪在地上，口呼："皇上圣明，臣一定不负重托，明日赴天津与洋人谈判。"

一八六〇年八月二十七日，桂良硬着头皮离开了京城，在赶往天津的路上，他反复沉思着两个问题：一是外国公使驻京问题；一是关于一年前战争赔款问题。这两个问题都很棘手。一年前，英法公使提出驻京一事，当时皇上一口拒绝，可是这件事情外国人是不会善罢甘休的。至于赔款一事，更是让人头疼，外国人的枪炮打到了大清的土地上，清军被迫还击，击沉了联军军舰，本应是联军向大清朝赔礼，可是，英法公使却提出了无礼的要求，全朝上下，文武官员无不义愤填膺，声称不可答应此事。

桂良心里明白这次谈判的中心话题可能就是以上两件事，躲也躲不过去。八月的天气已有些凉意，马车在路上飞驰，由于路面不平坦，颠得马车摇摇晃晃。桂良仰靠在座背上，心里纷乱极了。不知不觉间，他迷迷糊糊睡了一会儿，一觉醒来，已来到了天津直隶总督府。直隶总督恒福迎了出来,桂良一眼就发现恒福的脸上带有愧色。

"大学士,请!"

"总督,不客气!"

两个人并排走进了总督议事厅,恒福让师爷拿出两个时辰前才接到的圣旨,桂良一看,原来是他上路后,朝廷以八百里加急送来的谕令:"倘若外国人坚意驻京,著桂良等极力挽转,但能消弭此事,方为妥善。如万难阻止,亦可允其驻京,但不得多带从人,致令居民惊扰。赔款一事著桂良随机应变,斟酌妥办。"

看罢,桂良感动不已,他从心底感激咸丰皇帝为他开了一个"通行证"。他哪里能料到,这个"通行证"乃是他的乘龙快婿恭亲王奕䜣为他争取来的。当桂良等大臣们退朝后,奕䜣作为铁帽子王爷,他可以在宫中随便出入。他二话没说,径直奔向养心殿,为他的岳父大人争取点优势。

咸丰皇帝又累又烦,刚回到养心殿便躺在龙榻上闭目养神。他心中很有些凄凉,当了十年的皇帝,兵荒马乱就有九年。先是太平之乱,后又来了外患,本来雄心勃勃的天子,现在只剩下无可奈何的感叹了。他甚至有些怨恨父皇给他留下这么一个烂摊子,也后悔十几年前那场皇位之争,伤了兄弟和气,争来的这个龙椅,摇摇晃晃总不稳。

正在皇上心烦意乱之时,御前太监报:"恭亲王到!"

只听得恭亲王奕䜣急促的脚步声渐近,咸丰皇帝睁开了眼,奕䜣已至卧房门外。

"臣奕䜣恭请圣安!"

门外传来恭亲王的声音,咸丰皇帝干咳了一声,说:"老六快进来吧!"

侍寝太监一撩玉珠门帘,恭亲王走了进来,因为是在寝宫,不需要向皇上行三拜九叩之礼,只要跪安即可。恭亲王到养心殿必有话儿要说,咸丰皇帝直截了当地问:"老六,有什么事儿?"

恭亲王很高兴,这位皇兄历来爽快,奕䜣也没必要兜圈了,便开口道:"皇上派桂良赴天津与洋人谈判,不交个底儿,他怎么谈法。"

咸丰皇帝心想:"你这个做女婿的,果真关心他。"

便说:"桂良乃前朝老臣,他老成持重,还用朕多说什么吗?"

"皇上,虽说他办事认真、圆满,但毕竟此次谈判事关重大,恐怕有些事情他难以做主"。

咸丰皇帝明白恭亲王指的是什么事情,其实对于那些英法公使可能会提出的问题,他也很头疼,又能给桂良以什么明示呢?奕䜣见皇上不语,便说:"臣以为英法代表必定提出两件事情,皇上以为如何呢?"

"老六,不用你说,朕也明白是哪两件事情,公使驻京与赔款之事,他们是不会善罢甘休的。只是,朕心烦极了,一时尚未有对策。"

恭亲王奕䜣一见皇上也是个明白人,便说:"这两件事情避也避不了,还是应该正视它。洋人志在必得,不如答应了此事,但是必须做出严格的限定,不能让洋人觉得大清朝太好欺了。"

咸丰皇帝点了点头,又经过一番深思熟虑,一道谕旨便发出了。而这一切,已经赶往天津的大学士桂良却一无所知,到了天津,接到这道谕旨,他从心底高兴,因为明日与英法公使谈判,他心里有了谱儿了。

夜已深,皎洁的月光洒满大地,夏末秋初之夜,风是柔和的、夜是静谧的。桂良披上一件夹衣走到总督府院子里,柔柔的微风时时送来桂花的沁香。桂良仰望那半圆的月亮,自言自语道:"中秋节快到了,若不是洋人闹得凶,往年的现在正在家里与家人团聚,共商如何过节之事呢。唉,今年不同往年,还不知中秋节之前能不能回京城,只怕与洋人谈判,他们不是那么好对付的。"

毕竟是上了些年纪,桂良一想到明月之夜孤身一人离京在外,总免不了有些伤感,同时,他还有些担心明日初会外国公使会有些麻烦。想到这里,他心烦意乱,又在外面站了片刻便回屋休息了。

九月一日,谈判开始了。英法代表态度十分强硬,显示出很大的敌意,桂良一看,便想缓和一下紧张的气氛,他双手抱拳,说:"二位先生,坐下来,有话慢慢说。"

法国代表威妥玛态度稍稍好一些,他坐了下来,喊道:"桂良大人,让你的下属送些威士忌来!"

桂良忙使了个眼色,一名随员出去了,不一会儿便送来了几杯威士忌,是正宗的法国口味。威妥玛举起酒杯,向英国公使巴夏礼说:"先生,先干了这一杯,中国居然也有正宗的法国酒。"

巴夏礼的脸依然是阴森森的,一丝笑容也没有。他并没有接酒杯,冷冷地说:"你们清政府的军队击沉我大英帝国军舰杀伤我士兵,女皇陛下为此震怒不已,特派我来华索赔,不仅要向大英帝国道歉,还要做出实际赔偿行动,否则,后果我将难以预料。"

桂良一听巴夏礼这话,心里就很不高兴,这哪儿是谈判,分明是恫吓。他也沉下了脸,冷峻地说:"巴夏礼先生此言不当吧。"

巴夏礼蓝眼珠子一瞪,咆哮道:"我不觉得有什么不当,大沽口之战,你们伤我军舰,必须认错。此外,公使驻京早有商议,此时不过是谈谈细则罢了。"

桂良早料到外国公使会来这一套,便问:"没有再商量的余地了吗?"

巴夏礼双肩一耸,冷笑道:"这已经够忍让了,女皇陛下仁慈大度,不然,别说赔偿八百万两银子,就是八千万两也不多。哼!"

威妥玛干了最后一口威士忌,说:"桂良大人,巴夏礼先生也许没有说清楚,他所指的八百万两赔款是包括我们法兰西帝国的。"

桂良舒了一口气,心中暗想:"我清军击沉他们军舰,确也杀伤了不少洋人,赔偿八百万两白银也不算多,更何况皇上有过谕令,可以随机应变,斟酌妥办。"

于是,桂良答应了两国代表的条件,第一次谈判暂告一个阶段。桂良不敢隐瞒,连忙将会谈情况如实上奏朝廷,咸丰皇帝一看奏折,心中不禁有些恼火,他认为桂良在第一次谈判中态度不够强硬,轻易就答应了外国人的苛刻条件,未免有些太怯懦无能了,他当天便谕令桂良不可在谈判书上盖印画押,并且让桂良马上回京。谕旨发出后,咸丰皇帝冷静地思索了一会儿,他认为外国人达不到目的,一定会有所军事行动的,于是,又一道谕令发往天津,第二道是给僧格林沁的。咸丰皇帝谕令僧格林沁严加防范,随时准备应战。

九月七日,咸丰皇帝亲书谕旨给惠亲王绵愉、怡亲王载垣、郑亲王端华、户部尚书肃顺和另外几位军机大臣,指出:

一、天津通商,桂良既然答应,只好如此,决裂以后再因时处置。

二、赔偿军费,桂良擅自应许,将立置典刑。

三、带兵换约,不得不防。

四、巴夏礼先行进京一事,断不应许。

五、英法军应退出天津、大沽。

六、决战宜早不宜迟,趁秋冬之令,用我所长、制彼所短。

读完谕旨，大臣们深感皇上应战的决心，绵愉说："皇上所言秋冬之令，用我所长、制彼所短，英明至极。英法联军远离国家，出来时没有准备过冬的棉衣，一旦寒风侵袭，他们必抵挡不住，若士兵病倒，正可发挥我清军的威力。"

杜受田之子杜翰也说："皇上圣明，与英法决战乃扬我大清国威，此举可行。"

但是也有几个人有些顾虑，端华与载垣一唱一和道："大沽口之战，清军惨败，由此看来洋兵不是好惹的。"

"若要再战，劳民伤财，后果恐怕会更严重。"

大殿之上，主战与主和的都有。咸丰皇帝不愿子孙后代骂他是"脓包天子"，便坚定地说："战定了，毋庸再议！"

接着，他又谕令绵愉、载垣、端华、穆荫、杜翰等人迅速赴京城各据点，加强防范、厚集兵力以御敌。载垣、穆荫与其他人刚刚转身离去，御前太监便唤回了他们："两位大人请留步！"

载垣、穆荫不知何事，只好折回来，咸丰皇帝令太监奉上御书谕旨，载垣、穆荫一看，原来是皇上封他们为钦差大臣，明日赴天津与外国公使谈判。谕旨写得清楚："除面奉旨允许酌办几条外，如再有要求，可许则许，亦不必请旨。如万难允许之条，一面发报，一面让僧格林沁督兵开仗。载垣等即赶紧撤回护驾。"

两位新任钦差大臣你看看我、我望望你，心中有苦说不出，如此重担压在他们的肩上，他们只有硬着头皮顶下去。从谕旨看来，咸丰皇帝是极不情愿决战的，但万不得已时，也有开仗的可能性。

九月十四日，载垣、穆荫复照外国公使，允许巴夏礼、威妥玛带从人二十一人到通州谈判。对于这次谈判，咸丰皇帝早有两手准备，狡猾的洋人卑鄙伎俩，他早已看透。其实，谈判成功的可能性并不大。于是，他开始布置兵力以备开仗。三天后，僧格林沁接到加急谕旨，要他加强防范，如果发现外国人的军队入通州立即予以迎头痛击。同时，胜保也接到加急谕旨，要他带领精兵驻扎通州西郊。

咸丰皇帝又从山东、山西、陕西等地调集了两万多清兵，他认为通州附近兵力已足，任他洋人多么先进的枪炮也摧毁不了重兵把守的通州。万一谈判决裂，便将巴夏礼、威妥玛扣留作为人质，逼英法联军退兵。

通州谈判,双方各持己见,时而勉强进行,时而拍案而起。英国公使巴夏礼提出到北京向大清皇帝亲呈国书,并且要求撤除北京周围的所有防御,载垣猛地站了起来,厉声说道:"这件事情关系到大清的国体,我大清万万不能应许!"

巴夏礼冷嘲热讽似的说:"大清的皇帝难道真是天之子,不可拜访于他。"

穆荫反唇相讥:"请问公使先生,你们英国的女皇可以随便接见客人吗?"

"女皇陛下至高无上,怎可屈尊。"

"那大清皇帝更高贵,如果你真的坚持亲送国书,也可以,但必须按照我们大清国的礼节,拜跪如仪。"

巴夏礼仰天大笑:"哈哈哈,岂有此理,我这高贵的双膝能向别人下跪吗?你们中国人长着一副软骨头,见人磕头下跪,可我们英吉利民族没长那副软骨头。"

巴夏礼话还没落音,只见载垣一使眼色,一个兵丁冲了上去,抓住巴夏礼的衣领不放,吓得巴夏礼大叫:"不得无礼,不——"

第二句话还没出口,兵丁一个扫堂腿,巴夏礼膝盖处一软,"扑通"一声跪到了地上。穆荫冷笑一声:"骨头软得很!"

巴夏礼、威妥玛惊呆了,他们惊魂未定,战战兢兢夺门而去。当他们狼狈逃窜的身影消失后,载垣下令:"即刻通知僧格林沁,不能让他们两人跑掉。"

"嗻。"

一个时辰后,兵丁来报:"钦差大人,巴夏礼已被擒,现在正押往通州。"

载垣有些兴奋,他对穆荫说:"上奏皇上,说巴夏礼已被擒,敌人兵心必乱,乘机出兵一定取胜。"

穆荫却有些担心,他生怕这样做反激联军炮轰通州,便说:"依我看,还是快快放了巴夏礼,并向他赔礼道歉,就说是一场误会。"

载垣一跺脚,急了,他好不容易才擒了巴夏礼,怎肯轻易放走他。若是皇上听到这个消息,一定龙颜大悦,说不定还会赏他一眼花翎呢。奏折到了京城,咸丰皇帝心中有说不出的滋味,这一下,他是"逼上梁山"了,他只有传谕内阁,关闭各海口。断绝所有贸易,战争近在眼前。

一八六〇年九月十八日,炮声再次响起,英法联军集中火力炮轰张家湾,清兵纷纷败退,两个时辰后,英法联军轰开了通州的城门。他们继续向西涌,一直涌到八里桥。八里桥距京城二十多里,是进入京师的必经之路,所以地理位置十分重要。半个月前,八里桥便云集了各省精兵三万多人,而骁勇善战的蒙古马队就有一万多人。联军一冲近八里桥,战斗就更激烈而残酷了。

三万多清兵由三位大员率领,他们是僧格林沁、胜保和大学士瑞麟。起初,他们信心百倍,决心杀敌,尤其是胜保,他一马当先,纵身跃上马背,举刀冲向联军,士兵一看统帅如此威风凛凛,便全都振奋了精神,辫子一甩、袖子一捋,呐喊着冲向联军。一时间,八里桥变成了杀声震天的血肉战场,联军枪炮虽威力巨大,但面对面的肉搏战,还是清兵长矛、弓箭更见效。一刀下去,洋人的头颅滚到了一边,再一刀,洋人的胳臂断了下来。有的洋人吓得抱头逃窜,有的求饶,有的眼一闭,把头送了上来。这时,清兵伤亡并不惨重,胜保于纷乱的人群中寻找僧格林沁与瑞麟的身影,希望与他们会合,商议下一步的对策。

可是,找了半天也不见他们的身影,胜保急了,抓过一个兵丁问:"你们的大人呢?"

那个兵丁哆哆嗦嗦不敢说话,胜保急了,举刀吓他,兵丁哭着说:"僧格林沁骑骡离去,瑞麟大人也早已不见踪影。"

胜保气得脸色煞白,大骂一声:"都是些什么东西!"

"轰"地一声巨响,炮弹在离胜保不远处炸开。他忙大呼,令清兵后撤,原来,正当清兵与一部分联军酣战之际,另一部分联军躲进了战壕掩体。无奈,炮火太密集,清兵渐渐支持不住,纷纷败退。到了晚上,清兵实在支撑不住,八里桥失陷,京城已暴露在联军的枪口之下。

就在八里桥激战的时候,咸丰皇帝带着六宫又回到了圆明园。这次到圆明园,与几个月前有所不同。几个月前,是为了娱乐,这次是为了逃难。为什么这样说呢?因为大清的江山早已风雨飘摇,眼见洋人就要打进京城来,作为一国之君的咸丰皇帝不能坐以待毙,他心中自有打算。

大沽口失陷后,一向骁勇的僧格林沁一下子泄了气,他深知洋人洋枪、洋炮的厉害,便上奏一密折,请求皇上"巡幸木兰"。什么是"巡幸木兰"呢?

"称木兰者,国语哨鹿之谓。围场为哨鹿所,故云尔。久则视若地名,且有称上兰者。"

就是说皇上到承德避暑山庄去打猎。乱世危机之际,咸丰皇帝哪儿还有心思打猎,所谓"巡幸木兰",干脆说是逃跑。这一密折,咸丰皇帝压了下来,不到万不得已时,他是不考虑"巡幸木兰"的,但他在心底深处感激僧格林沁,不管怎么说,这个臣子是为皇上安全着想的。

咸丰皇帝再次住进圆明园,立刻引起了朝廷上下文武百官的猜疑与不安,恭亲王奕䜣等军机大臣上奏皇上,请求他立刻回宫以稳定人心。可是,咸丰皇帝不打算回宫,他干脆说出了心里话:"秋令已至,朕打算几天后启程,巡幸木兰。"

"什么?皇上有此意?"

恭亲王万万没想到在这关键时刻,皇上会打算出逃。咸丰皇帝默不作声,过了一会儿,开口道:"时局紧张,朕本想率师亲征以振人心,可是僧格林沁及肃顺、端华、载垣等爱卿竭力劝朕巡幸木兰。老六,你回宫后将'率师亲征'与'巡幸木兰'都拿出来,让群臣发表主张。""嗻。"

恭亲王奕䜣有气无力地应了一声,他很有些失望,他一向觉得皇兄奕詝还算明君,没料到关键时刻,奕詝怯懦的本性完全暴露了出来。回到皇宫,奕䜣将两个方案全摊了出来,朝廷上下议论纷纷。但经过群臣议论,最后基本思想定了下来,即大多数人既不赞成皇上率师亲征,更不赞成巡幸木兰。

率师亲征的危险性太大,为了江山社稷,咸丰皇帝必须安然无恙,为了稳定人心,他又必须留在京城。最后,由大学士贾祯领衔上奏:"亲征不可轻试,木兰之说,尤多窒碍。"

咸丰皇帝看到奏折后,龙颜大怒,朱谕:"何人定稿?何人秉笔?明白登复。"

众人反复议定,由内务府总管大臣宝望复奏,咸丰皇帝将折子甩给懿贵妃,愤愤地说:"朕已决定了,巡幸木兰没有什么不好,不过何时出京尚未决定。惠亲王乃皇叔,他处处以国家为重,著他与恭亲王、惇亲王、端华等人商议,再奏。"

仔细看了两遍奏折,懿贵妃欲言又止。说心里话,她也不赞同咸丰皇帝此时"巡幸木兰"，皇上逃离京城不仅会使军心动摇，京城大事有谁来主持也是问题。可是，皇上似乎已经下定决心，如果自己出言相劝，怕也无济于事。现在，皇上干脆把这件事情交给几个亲王们去商议，连大臣的意见都不在听取，自己一个按祖制不能干政的后妃的话能有多大作用呢。

咸丰皇帝的三个皇弟恭亲王奕䜣、惇亲王奕誴、醇亲王奕譞，他们出于对皇上安危的考虑，不主张巡幸木兰，恭亲王说："京城戒备森严，足以抵挡洋人进犯。而热河地处平川大野，毫无掩蔽，守卫薄弱，万一洋人攻进热河，皇上连个躲身之处都没有。"

肃顺的哥哥端华却持反对意见，他反唇相讥恭亲王："京城已在夷炮之下，谁能保证皇上万无一失？"

一句话说得大家都哑口无言。因为谁也不能保证皇上留上京城就是安全的。虽然三兄弟仍然坚决反对皇上出逃，但谁也不敢出来拍拍胸膛说："留在京城没事儿。"

第二十四章

巡幸木兰懦天子避祸　留守京城恭亲王主局

　　纸里包不住火,咸丰皇帝要离京的消息不胫而走。仅两天的工夫就传遍了整个京城。京城里顿时一片混乱,听说洋人快要打进京城,连皇帝都准备出逃,京城看来真是守不住了。一时谣言四起,民心惶惶。有钱的人家纷纷收拾些金银细软准备随皇上逃离京城。也有的人收拾值钱一点的东西,携老带幼连夜外逃。最可怜的是那些一贫如洗的平民。跑吧,离开京城无以为生,不跑,洋人打进来了性命堪忧。京城的街道上,不见了往昔的热闹,人人脸上挂着慌乱的神情,特别是亲朋好友见了面,相对无语,黯然泪下,仿佛生离死别就在明天。

　　朝中官员有的躲在家中不上朝,与家人商议出逃之事,有的却敢死相谏,劝皇上留下来以安人心。在京的福建道御史许其光上奏朝廷,分析了当前的局势,他认为京城城墙坚固,防卫森严,而且囤粮丰厚,可战可守,即使皇上留在京城里,洋人兵临城下,他们一时也攻不下城池。另一位在京地方官员江南道御史寻銮伟也认为北京为皇都,危难之际皇上离京,于安定民心极端不利。

　　劝阻咸丰皇帝"巡幸木兰"的官员为数实在不少,他们一致认为皇上应该泰然自若,这样才能安定人心,同心同德抗击洋兵。就连皇宫内廷南书房、上书房的大臣们都动了起来,小皇子载淳的师傅李鸿藻听说皇上欲出逃的消息,又惊又气,他没想到一向圣明的君王临危之际竟如此胆怯,置国家、社稷、百姓而不顾,只知道保全自己的龙体。李师傅无心教授六岁小儿载淳,他呆呆地望着窗外的秋叶,感叹万千,载淳天真地问:"师傅,你也喜欢那些落到地上枯黄的树叶吗?"

　　李师傅抚摸着小皇子的黑发,默默地叹了口气。过了一会儿,他轻声说:"阿哥,春天里这些树枝繁叶茂,充满了生机,可如今它凋零了,失去了往日的光华,多可惜、可叹!"

小皇子瞪着那双明亮的大眼睛,摇了摇头,又点了点头。这时,从外面传来一串急促的脚步声,声音渐近,只听见一个人在说话:"李大人,南书房的先生们只等着你呢,不是商议好了吗?今日大家一起上朝规劝皇上,请皇上留京以安民心。"

李鸿藻温和地对小皇子说:"阿哥,你留在这儿安心读书,我马上就回来。"

小皇子似乎知道宫中发生了一件大事,因为今天早上他去坤宁宫请安时,发现皇额娘钮祜禄氏与亲皇额娘叶赫那拉氏都愁眉苦脸的。他进去的时候,只听得亲额娘说:"皇上执意要走,兰儿已规劝多次,可是没用的,姐姐不用再费口舌了。"

皇额娘叹了一口气,轻声说:"皇上是个聪明人,怎么现在这样糊涂,唉,看来他的决心已定。"

小皇子一联想以上这一幕,似乎明白了,将要发生什么事情,便对李鸿藻说:"师傅,我也上去。"

"不可,不可,上大殿可不是闹着玩的。"

李师傅坚决阻止大阿哥上殿,六岁小儿若出面干预皇上的行动,弄不好龙颜大怒,他这位太傅的性命就没有了,所以,李鸿藻连忙阻止大阿哥。

李鸿藻转身离去,小皇子心想:"大殿不让我去,父皇的寝宫可以去吧。"

到了下午,小皇子闹着张文亮把他送到圆明园去看望父皇,张文亮起初不答应,无奈小皇子又哭又叫,张文亮只好答应了他。临行前,张文亮千交代万叮嘱,生怕小皇子到了圆明园惹皇上不高兴。小皇子为了达到目的,一口答应了太监的要求。

圆明园弘德宫里秋风阵阵、烛火荧荧,咸丰皇帝披着一件夹衣,凝思着。这时门外传来一个清脆的童音,咸丰皇帝一听为之一振。

"阿玛、阿玛。"

"快,是阿哥来了。"

咸丰皇帝刚站起来,小皇子便扑进了他的怀里。才十几天不见,好像小皇子又长高了,抚摸着儿子的秀发,咸丰皇帝的眼睛有些湿润。

"阿哥,这么晚了,怎么还来?"

"儿臣思念阿玛,闹着非来不可。"

"乖阿哥,用过晚膳没有?"

小皇子说:"吃了点萨其马,晚膳不用也罢。"

"那可不行,小孩子需要长身体,一顿不吃也不行。"

咸丰皇帝令太监立刻告诉御膳房,送些阿哥最爱吃的乳鸽和鹿肉来。一个时辰后,热腾腾的乳鸽端了上来,小皇子一看,眉开眼笑,大口大口地吃开了。咸丰皇帝坐在一旁,欣赏着儿子的吃相。小皇子一嘴油乎乎的,他天真地说:"阿玛,离开京城还有这么香的乳鸽吗?"

咸丰皇帝眉头一皱,追问:"阿哥怎么这么说?"

小皇子认真地说:"李师傅和其他先生们都议论什么离京之事,阿玛,这不是真的吧?"咸丰皇帝望着小皇子充满稚气的脸,轻声说:"阿哥不想去热河吗? 那儿可好玩了,有高大的树木、清清的河水,还有许多猎场,到了热河,阿玛教你骑射,怎么样?"

"不,儿臣不想去,儿臣最爱这皇城。"

咸丰皇帝听着小皇子天真的话语,不知不觉地眼角边有些湿润。今日接到的奏折,十之八九是乞留京城,作为一国之君的天子,他又何尝不想躺在皇宫里睡大觉,可是,天不遂人愿。"巡幸木兰"即在眼前。

第二天,前来圆明园相谏的大臣们更多了,有的老臣竟伏地痛哭,希望皇上能改变主意。咸丰皇帝真的有些被感动了,他亲自扶起痛哭不已的老臣,感慨万千,说:"爱卿之言使朕感动,朕即发谕旨,准备率兵亲征,在京北坐镇。"

真是一句惊四座,几个大臣"扑通"一声跪了下来,口呼:"皇上圣明,万岁、万岁、万万岁。"

"众爱卿请起,亲征之事还要进一步商议。"

匡源、文祥、杜翰相视而笑,因为他们今天上午还在商议联名上奏之事,希望皇上不要"巡幸木兰",现在皇上已改变了主意,看来,奏折也不用写了。醇亲王奕譞上前一步,说:"皇上,臣请随皇上征战。"

咸丰皇帝望一眼血气方刚的七弟,心里想:"老七呀,你还太年轻,懂得什么。如今与英法联军决战非同寻常。历史上确有帝王亲征的先例,但那时是长矛、大刀相对,可现在面对的是英法联军的洋枪、洋炮。那枪炮子弹不长眼,见了皇上、王爷一样炸,亲征能是儿戏吗?"

一八六○年九月十五日,咸丰皇帝朱谕:"备用马车,传谕发还,以息浮议。"

群臣面前,咸丰皇帝声称决战已定,毋庸再议。一些前来相谏的大臣们见皇上如此圣明,都感动得泪如雨下,有的人竟然长跪不起以谢圣恩。但是,他们高兴得太早了,几天后传来八里桥清军战败的消息,全朝上下无不震惊。九月二十一日,这一天,咸丰皇帝总觉得有些坐卧不宁,他的右眼皮一个劲儿地跳,他在心里祈祷上苍:"上天有眼,我大清江山可保万年不动摇,让爱新觉罗的子孙后代稳坐江山。"

晚膳后,他的右眼皮跳得更厉害了,他有些烦躁不安,对皇后说:"昨天夜里我做了一个奇怪的梦,梦中见一仙女对我哭泣。我问她为何而哭,她说王母娘娘派她下界看护人间胜境圆明园,时间已过二百多年,过几天她就要被召回天上了,她放心不下这满园的珍宝。"

皇后一听这话,不禁皱了皱眉头,因为几天前她也做了个怪梦,梦见许多妖魔鬼怪在圆明园里狂呼乱叫,那情景十分可怕。今天皇上一说这怪梦,皇后心中不禁有些惧怕,便说:"皇上,我总有些担心,担心会出什么事。"

咸丰皇帝拉住皇后的手说:"皇后,无论发生什么样的事情,朕都会永远保护你,别怕。"

皇上是男人,男人天性是保护弱小的女人,可当他内心惧怕时,谁又来安慰他呢。夜深了,一缕清光透过木窗,照在龙榻旁,秋风习习,咸丰皇帝用锦被裹住了身子,他将皇后紧紧地揽在怀里,好让她感觉到男人的臂膀是坚定有力的。

一阵零乱的脚步声越来越近,咸丰皇帝的心头猛缩了一下,他预感到要发生什么事情。一个侍寝太监在门外低声问:"三更半夜的,有什么急事,还要惊扰皇上。"

"狗奴才,少废话!"

是恭亲王奕䜣的声音,咸丰皇帝一听是老六来了,就知道一定发生了大事,他喊了一句:"朕这便起身。"

"臣惊扰皇上,实不得已。"

门外的恭亲王声音都有些变调了。咸丰皇帝只披了一件夹衣便出了卧房。奕䜣的脸色很难看,急促地说:"皇上,八里桥失陷,英法联军距京城只有二十里路了。"

"真的吗？这么快！"

咸丰皇帝有气无力地瘫坐在龙椅上，此时，他还能说些什么呢。半晌，他才缓过气来，低声说："召内廷大臣即刻定计。"

深夜里，一辆辆马车驰往圆明园，车里的人个个敛声屏气，他们明白深夜面圣一定有重大事情发生，所以，人人都在考虑下一步"棋"该怎么走。黎明时分，重臣们纷纷赶到了圆明园。弘德宫正厅成了临时大殿，咸丰皇帝看了看跪在下面的群臣，黯然神伤地说："朕本决意出征，无奈昨晚八里桥失陷，外国人已临京城，僧格林沁与瑞麟不知下落，胜保战败退阵，为了江山社稷，朕今日即赴承德。"

"皇上。"

恭亲王奕䜣大叫了一声，打断了咸丰皇帝的话，他已哽咽得说不出话来，

但是人人都明白，奕䜣不希望皇上出逃，而希望他以江山社稷为重，率师亲征，

留一世英名。醇亲王奕譞上前几步，跪倒在咸丰皇帝的脚前，泣不成声，大声疾呼："皇上，可否留京几日，臣愿率部杀敌，战死沙场，死而无憾。"

惇亲王奕誴，一向不得志，但他小时与咸丰皇帝兄弟感情甚深，今天，他冒死相谏："四阿哥，江山为重，国体事大，你不可此时逃离京师，这样会助长洋人的威风的。"

"放肆！"

咸丰皇帝大怒，奕誴上前抱住皇上的双脚，大哭，说："如果皇上不听劝谏的话，我便与皇上墓陵永诀。"

咸丰皇帝一把拉住五弟的手，也哭了，说："五阿哥，你我兄弟感情笃厚，何出此言，快别说糊涂话了，朕已下了决心，天大亮后便上路。"

一言不发的肃顺和端华站了出来，他们是旁支皇亲，所以语气恭敬些。肃顺说："既然皇上已谕令天亮上路，那么臣等这便去准备一下了。"

端华也附和道："好几天才能到承德，路上应多带些御用之物。"

恭亲王见肃顺与端华兄弟二人一唱一和，极力怂恿皇上出逃，便怒不可遏，厉声道："肃老六，你居心何在？"

"肃顺只求保护皇上的安全,并没什么其他意图。"

"呸!我早看出你用心不良。"

"你血口喷人!"

恭亲王与肃顺公然在天子面前大叫大吵,闹得不可开交。气得咸丰皇帝猛地拍了一下龙案,大吼:"都闭上嘴!朕意已决,无可更改。老六,你留守京城,朕明谕你为钦差大臣,与外国人周旋,一旦京师平静,朕即回京。"

"嗻。"

这一声答应,有气无力,更多的是无可奈何和失望。其他大臣们,有的也不赞成皇上出逃,但又能说什么呢,连皇上的三个亲弟弟哭劝都不起作用,恐怕没有人能阻止皇上的行动了。天已大亮,后妃们惊惶失措,皇后泣不成声,丽贵妃浑身直打哆嗦,懿贵妃既不哭,也不害怕,她下定决心,再做最后的努力。她来到了弘德官,说:"妾有一言不知当讲不当讲。"

咸丰皇帝认为懿贵妃又聪明又能干,此时,听听她的意见也不错,便说:"讲。"

"皇上,妾以为皇上赴承德一事应再作商议。"

"此话怎讲?"

"皇上在京,可以震慑一切、鼓舞人心。如果皇上远行,则宗室无主,外国人便会肆无忌惮地践踏京师,过去周文王东逃,不仅自己蒙受耻辱,而且还丢了江山。皇上,兰儿再请皇上三思!"

咸丰皇帝叹了口气,低声说:"荣辱进退,朕早已想过了,此时不走,万一洋人翻脸不认人,后悔晚也。"

咸丰皇帝走定了,大臣们只好从命,上午八时许,惠亲王绵愉、恭亲王奕䜣、惇亲王奕誴、醇亲王奕譞、怡亲王载垣、郑亲王端华,六位亲王和几个军机大臣聚集圆明园,送皇上远行。奕䜣、奕誴、奕譞三兄弟泪流不止,可是也打动不了皇上的心,绵愉、载垣、端华随行,心里忐忑不安,不知一路可平安。大家各有各的心事,都默不作声,只听见皇后在低声抽泣。

上午十点左右,咸丰皇帝及其眷属随从从圆明园后门出发,逃往热河。当龙舆出了圆明园后门时,咸丰皇帝撩开轿帘再看一眼他的出生地、皇家别墅圆明园。他禁不住潜然泪下,泪水打到了他怀中的小皇子的脸上,载淳仰起小脸天真地问:"阿玛,你为什么要哭?"

咸丰皇帝抚摸着小皇子乌黑的柔发,哽咽得说不出话来。驰往承德,这不是第一次,但此次离京与以往历次心情截然不同。过去是盛夏来临时,赴热河避暑;而这时是秋天将至,逃往热河避难。他的心里焉能不难过!

"阿玛,我们什么时候能回来,我想永远住在皇宫里。"

"好阿哥,避过这一阵子,冬天一过就回来,阿玛也和你一样永远住在皇宫里。"

咸丰皇帝安慰着小皇子,其实他心里也没谱儿,到底何时回京,这很难以预料。不过,此时咸丰皇帝没料到他永远回不来了,一年后回来的是他的灵柩,可他的魂魄永远留在了承德避暑山庄。

咸丰皇帝在路上颠簸了两天,他感到腿疼腰酸、四肢乏力,只想在密云县歇一歇,所以口谕龙舆前行速度再快一些。这一行人除了七百个皇族贵戚、王公大臣外,还包括二千多扈从。

因为是出逃,准备得不够充分,临行前所带粮物十分有限,为了保障皇上的膳食,内务府大臣只好下令减少侍从的口粮,从第三天起,每人每天只吃两餐,上午九时吃早餐,每个兵丁一个馒头,没有稀饭,下午四时吃晚餐,每人一碗薄粥、一个馒头、一根咸菜。这些壮汉子们平日里饭量很大,有的人一顿四个馒头也填不饱肚子,如今只供应这么少的食物,他们哪里走得动路,所以行进速度十分缓慢。

人群中怨声鼎沸,肃顺与绵愉、端华、载垣等人见此情景,心中十分焦虑,他们不能不想到唐明皇及其"马嵬之变",虽然这次出逃不是红颜引起的祸患,但若是兵丁逆反不前行,任他几个王公大臣也奈何不了他们。行路时最忌出岔子,他们几个人一商量,决定派一小队人马迅速回京,去购买果食蔬肉,保障兵丁的供应.,惠亲王绵愉说:"此时已大乱,恐怕回京也不好,依我看还是就近购买吧。"

载垣赞成惠亲王的主张,其他大臣也没什么异议,于是内务府大臣亲自带领二十多个人,去密云县城买食物,两个时辰后,他们又带着银子回来了,只买了二百多个鸡蛋和几十斤大萝卜。

肃顺一见这情景,心中明白了一大半,一定是地方官吏逃匿已尽,不然何以至此!

“保障皇上、皇后、阿哥及后妃们的膳食，其他人一律不得擅自饮食。”

艰苦的条件下，肃顺只能这么做。可是，兵丁们饿得实在厉害，他们竟不顾性命，合伙冲进临时的御膳房，抓起尚未煮熟的鸡蛋就吃，内务府大臣一见这情景，急了，又叫又喊，可是制止不住。干脆，他也下手抓鸡蛋，他抓起了最后两个鸡蛋，揣在怀里径直到了咸丰皇帝面前，面带愧色地说：“皇上，这两个鸡蛋趁热吃吧。”

咸丰皇帝也真的很饿了，他顾不得龙体尊严，一大口吞下了一个煮鸡蛋。当他拿起第二个时，突然说：“快，把大阿哥抱来。”

小载淳来了，咸丰皇帝亲手削去蛋壳，递给了小皇子。小皇子津津有味地吃着，六岁的小儿只三、四口便吃完了鸡蛋。

“阿玛，我还要吃鸡蛋。”

皇后连忙说：“阿哥是乖孩子，明天再吃好吗？”

小皇子懂事地点了点头，咸丰皇帝看到小儿这模样，心里难过极了。他怎么能对六岁的小儿讲清这是出逃，保住性命就不错了。到了晚上，咸丰皇帝及其宫眷们住在密云县县衙大院，凉风侵袭，被褥不够，只好蜷缩一团。知县早已逃跑，只留下几个年纪稍大的兵丁。一个满头白发的老兵见皇上如此狼狈，心中有些过意不去，他敲开府院附近的一扇小门，用十两银子换来了一床棉被，又一拐一拐地走到了皇上的“行宫”门前，对侍寝太监说：“小的无能，只弄来一床被子，请公公送给皇上，皇上圣体怎耐这秋夜寒风。”

老兵抹着眼泪走了，房内的咸丰皇帝听得清清楚楚，他鼻子一酸，一行热泪落了下来。此时，他有春秋时晋公子重耳当年逃亡的感觉了，不忍离去，又不能不离去。发自内心深处的痛楚折磨得他好苦。虽然离开了京城，暂时没有被外国人洋枪洋炮炸开脑袋的危险，但他的心无时不在挂念着京城。也不知道那里的情况如何。三天前临上路时，咸丰皇帝亲手交给恭亲王一道朱谕。

“现在抚局难成，人所共知，派汝出名与洋人照会，不过暂缓一步。将来往返面商，自有恒祺、蓝蔚雯等。汝不值与洋人见面。若抚局不成，即在军营后路督剿；若实在不支，即全身而退，速赴行在。”

究竟京师情况如何，他一点儿消息都没有，奕䜣“抚局”能成功吗？

万一失败，他也会很快逃往热河的。咸丰皇帝不敢推测京城的情景，他生怕发生令他痛心的事情，事实上，灾难的确来临了。

咸丰皇帝逃走后，留守京师的恭亲王奕䜣、惇亲王奕誴、豫亲王义道、大学士桂良、协办大学士户部尚书周祖培等人，以奕䜣为钦差大臣，全面负责与外国公使议和的事务。失意了几年的奕䜣终于又熬出天日了，他要努力办好这件事，让皇上重新看重这位恭亲王。

奕䜣向英国公使额尔金和法国公使葛罗发了照会，称："本亲王奉命授为钦差便宜行事全权大臣，即派恒祺、蓝蔚雯等，前往面议和局。贵大臣暂息干戈，以敦和好。为此照会。"

额尔金与葛罗一看清朝政府口气很温和，便心里有数了，特别是大清皇帝的出逃更足以说明清朝国力衰弱，无力抵抗外国的军舰及洋枪、洋炮。他们便强硬了起来，谈判时目空一切，令恭亲王十分气愤。在大清的国土上，外国人趾高气扬，叫嚣不已："亲王大人，如果你们清国有和好的诚意，就应该立刻放了巴夏礼，不然的话免谈和好。"

听那语气，不像是在谈判，却像是威胁，一向骄傲自大的恭亲王怎能接受别人的这种语气，他冷冷地说："谈判应本着平等的原则，英法联军驻我通州，荷枪实弹，我大清怎能放了巴夏礼等人。"

一提到巴夏礼，奕䜣就感觉到很头疼，这位"中国通"狡猾奸诈，当他通州被擒后，扣押在京城刑部北监。清政府让他写一封信给英国首相，让他下令退兵，巴夏礼口头应允，但提出了一个让清政府难堪的条件，就是"退兵书"只能用英文写，而不用汉文写。大清朝廷文武官员数百人，却没有一个懂英文的，这不是明摆着要手腕吗？一气之下，一些官员纷纷提出对巴夏礼处以极刑，以绝后患。

当时，咸丰皇帝也动过这个念头，只是迟迟没做出最后的决定，他以为巴夏礼是英法联军侵华的罪魁祸首，此人不杀不解心头之恨，但是此时还要留着他，做人质以制约敌人。现在，皇上逃离了京城，奕䜣与英法公使周旋的第一个焦点便是巴夏礼。

英法两国公使照会奕䜣，要求释放巴夏礼及其同时被擒的三十名随员，声称："未回之先，断不能咨会两军，暂息干戈，实不便遽议和局。"

接到外国公使的照会，奕䜣与留京的几位大臣桂良、文祥、宝望等人细商量，大家一致认为谈判尚未进行，结果究竟如何很难预测，此时万万不能放了巴夏礼。一旦放虎归山，这只"虎"一定会反扑过来，"咬"伤擒他的人，暂时只能继续扣押在京城，巴夏礼是清政府与外国公使谈判的一张王牌。大家认为应该把这一情况上奏皇上，于是，一份加急奏折到了咸丰皇帝的手中。

却说咸丰皇帝历经艰辛，终于到了承德避暑山庄，他总算舒了一口气。自从逃离京城，半个多月以来，他没有一刻安宁过，一路上的颠簸不说，单是那难以下咽的米粥就让他心有余悸。沿途地方官员有的早已逃走，有的虽忠于朝廷，以皇上宿他州府而感到万分的荣幸，可是天不遂人意，几个忠于朝廷的知府是穷地方知府，拿不出什么山珍海味来招待皇上。好不容易总算到了热河，咸丰皇帝只感到精疲力尽，心灰意冷。也不知道京师情况如何，他如何能安寝、安食！

这天，咸丰皇帝独坐在热河行宫烟波致爽殿西暖阁里，皇后来问安，她很担心皇上龙体不适，因为这一阵子皇上每餐只吃几口饭菜，如此下去怎么得了。

"皇上，想什么呢？"

皇后柔声细气地问，她发现咸丰皇帝又陷入沉思之中，她想帮助丈夫排遣苦闷。咸丰皇帝轻声回答："离开京师有二十天了吧，也不知老六与外国人谈判的结果，怎让朕不着急。"

皇后叹了一口气说："是呀，老六虽精明能干，但外国人也很狡诈，留给他那副重担，也真难为他了。不过皇上请放心，老六会把事情尽力办好的。"

咸丰皇帝点了点头，正在这时，恭亲王奕䜣的奏折到了。咸丰皇帝一看，果然是呈奏与外国公使谈判的情况，没出他所料，奕䜣讲述了关于是否释放巴夏礼的一些利弊，咸丰皇帝看完奏折，几位留京大臣的意见基本是一致的，都认为释放巴夏礼有如放虎归山，咸丰皇帝也这么认为。于是，他朱批："甚是，总是设法办理。以后情形，实难逆料，亦不便遥为指示，祗有相机而行。"

咸丰皇帝把全权交给了他的六弟，这样，留京的恭亲王可以充分发挥自己的能力，尽量做得好一些，好让皇上对他刮目相看。恭亲王奕䜣给英国公使额尔金、法国公使葛罗发了照会，告诉他们："现在该员弁等在京，我国并未加害，唯和议尚未定局，断难即行放回。"

额尔金与葛罗端着酒杯,沉思着,过了一会儿,还是额尔金先开了口:"葛罗先生,你认为巴夏礼等人在清国人的手里,会不会马上毙命?"

　　葛罗耸了耸肩,呷了一口葡萄酒:"嗯,还是这瓶酒味道好,这是我离开法兰西时,老朋友威尔玛送的。他说东方人酿不出如此美酒,果然不错。"

　　他根本没有回答额尔金的问话,额尔金显然有些不高兴,头向后一仰,说:"我忘了巴夏礼是我的同胞,他在中国的狱中是否能喝上这种美酒,葛罗先生一定不会关心的。"

　　"No、No、No,巴夏礼不属于你们英国,而应属于英法联军。清国扣留巴夏礼,实际上是对联军的强硬。不过,他们是纸老虎,一戳就破,八里桥一战,清军溃退如山倒,不就是明证吗? 由此看来,他们绝不是我们联军的对手。他们怎敢拿巴夏礼开刀,无非是扣留他做人质罢了,一旦他们杀了巴夏礼,一定会引起联军的愤怒,他们敢吗?"

　　额尔金也深感到了这一点,但同时也还有些不放心,毕竟巴夏礼是他的手下。他说:"八里桥一战虽然清军损失惨重,但联军也军火几尽,目前无力再作战,我们必须加紧时间休整,补充给养,一旦充实了军队就向北京开炮,争取早一点逼清国放了巴夏礼。"

　　葛罗非常赞同额尔金的话,又一场战争在酝酿。对立的双方都在密切注视着局势的发展,他们心里明白战争的爆发是必然的,只不过迟早而已。热河行宫避难的咸丰皇帝为了自己更安全,谕令黑龙江马队即刻赶赴热河护驾。同时,他也会想到箭已在弦的京城,对付狡诈的英法联军应有几手准备,一方面谕令恭亲王、桂良、文祥等人与外国公使周旋,尽量做到息事宁人;另一方面,咸丰皇帝又不能不做最坏的打算,那便是与英法联军开仗。他亲拟朱谕,令京城防守要更加严密,尽快休整军队,补充给养,以防英法联军的突然袭击。

　　可是,清军在八里桥惨败后兵力减弱,一时到哪儿去招募这么多的兵丁,咸丰皇帝苦恼之中又想起了令他失望的恒福。恒福身为直隶总督,可在几个月前的大沽口激烈中却贪生怕死,自己先逃了,结果动摇了军心。当时,咸丰皇帝真想惩处于他,但被几个军机大臣劝阻了,他们认为时局不太平,朝中能臣太少,惩处了恒福,再换一个新的也难保他不走恒福的老路,就这样,贪生怕死的恒福至今仍是直隶总督。

"团练!"

咸丰皇帝的脑海里突然冒出了这个念头:"举办团练,引导他们与朝廷同仇敌忾对付外国人。"

团练的确是一支不可低估的力量,几年前,曾国藩在湖南举办团练,后来发展为湘军,平剿太平军,令咸丰皇帝对曾国藩另眼相看。如今洋人打到中国来,同样也可以利用老百姓仇恨洋人的心理,在天津、北京一带充分发挥团练的威力,以截堵英法联军。咸丰皇帝谕令恒福迅速调集民丁,举办团练,配合清军以防联军。

作为钦差大臣的奕䜣,他当然希望自己在这关键时刻充分发挥自己的才能,但是,他也十分明白单靠自己的智慧与力量是不足以对付狡诈的英法公使的。他坐镇圆明园,又请来了又一位军机大臣,他的岳父大人——桂良。桂良自从天津谈判失败后,被咸丰皇帝召回京城,他很有些闷闷不乐,他并不承认自己无能,而是怨恨自己生在一个乱世,无处施展才能。好在乘龙快婿恭亲王奕䜣理解他,暗中支持他,才使他没有一蹶不振。

桂良与另一位军机大臣文祥都到了圆明园,他们与奕䜣共同商议军机大事。奕䜣是钦差大臣,又是铁帽子王爷,虽然他是晚辈,但桂良还要敬他三分,桂良开口道:"英法联军绝不会善罢甘休,恐怕他们以和谈为名,拖延时间,休整军队,寻机再战。"

奕䜣非常赞同他岳父的意见,便接着说:"大人所言极是,英法联军怎肯轻易撤兵,我大清应做好防守,调集兵力以御敌寇。另一方面还要与洋人进一步周旋,争取和谈成功。"

恭亲王奕䜣对谈判仍抱有一线希望,他与外国公使的交锋中感到洋人很贪财,谈判的焦点虽然是清俘巴夏礼,但两国公使也一再提出战争赔款问题。他想,如果在赔款问题上,对洋人做一些让步,也许这场战争能避免。所以,此时的恭亲王对和谈是抱有幻想的。

文祥则不那么认为,他认为英法联军志在必得,和谈只不过是虚晃一枪最终仗还是会打起来的。他担心的是万一近日内开仗,清军已无力抵御,八里桥失陷后,京津一带的兵力大大减弱,僧格林沁及瑞麟所带之兵,逃的逃、死的死,留下的战斗力极差。一支溃败的军队如何抵挡英法联军。文祥说出了自己的担心,奕䜣与桂良都默默地点头,这种担心,他们心中早有,只不过不愿说出罢了。

谈判还在进行,却没有结果,奕䜣坚持继续扣留巴夏礼,以强迫联军退兵。可是,他把巴夏礼看得太高了,英法公使只不过是拿巴夏礼做文章,死一个巴夏礼算什么,他们的真正目的是侵占中华。

一八六〇年九月二十七日,京城守将朝阳门总兵告急:英法联军的先头部队已到朝阳门外,情况十分紧急。恭亲王奕䜣与桂良、文祥、宝鋆等人一听这消息,都有些慌了神,他们没想到联军行动会这么快,桂良的声音都有些颤抖了,他急忙问:"联军开枪了没有?"

总兵回答:"只是布阵,尚未开枪。不过,他们运来了大量的枪炮、云梯,恐怕不久就会开仗的。"

恭亲王奕䜣故作镇定地说:"加紧防守,调集兵力,同仇敌忾,打击联军。"

总兵先退下了,几位军机大臣一致认为此等军机大事应立即上奏皇上,于是一道加急奏折飞到了热河。承德热河避暑山庄里的咸丰皇帝,名义上是"巡幸木兰",实际上他哪儿有心思逍遥自在,京城是什么情况,皇宫还在吗?他一点儿也不知道。又是三天没来奏折了,真急死人。

"皇上,八百里折子来了。"

御前太监这一句,把咸丰皇帝从迷迷糊糊中唤醒了,他猛地一叫:"快读!""喳!"

御前太监把恭亲王的奏折读了一遍,咸丰皇帝深知事态严重,沉思了一会儿,便提起朱笔,写道"总期抚局速成。"他身边的太监虽然一言不发,但他心里明白:皇上不希望开仗,哪怕是多赔偿一些银子都没关系,只要炮声不响起来。至于如何"抚局",那就要看他的六皇弟奕䜣的能耐了,咸丰皇帝认为此时不应该再扣留巴夏礼,应尽快放了巴夏礼,以平息事态。远在热河的天子怎知如今就是放了巴夏礼,英法联军也不会退兵的,巴夏礼只不过是他们做的一篇"文章"罢了。

谕旨发出后,咸丰皇帝仍坐卧不宁,尽管他极不愿意打仗,但仗还是要打起来的,咸丰皇帝此时心里清楚得很。第二天,经过深思熟虑,他决定从南方及西北、东北地区调兵遣将,火速赶往京城。他从湖北调荆州将军都兴阿统带马队四百名、湖广总督官文统带练勇二千多人、绥远将军成凯统带精兵五百人、山东巡抚文煜统带精兵八百人、河南巡抚庆廉统带精兵六百人、山西巡抚英桂统带精兵四百人,各路人马急赴京师,以增强京师的兵力。

谕令发出后,咸丰皇帝舒了一口气,往龙榻上一靠,自言自语说:"多方兵力增援京师,英法联军的洋枪洋炮能有多大的威力,朕要看看他们惨败的景象。"

可是,大清的天子高兴得太早了,他的这份调兵遣将的谕旨还没发出时,英法联军已经兵临城下,各路兵马对于京城来说也只是远水解不了近渴。京师炮声已响,光禄寺卿胜保站在城楼上观看敌阵,他发现城下敌人如密云、枪炮如林立,那势头有一口吞下京城之状,他十分担忧地对副将说:"英法联军有备而来,京师恐难逃此一劫。"

他的话还没落音,几发炮弹"嗖、嗖"飞来,副将大呼:"大人,快卧倒!""轰、隆、隆。"

炮弹炸开了城墙的一角,胜保躲闪不及,身子一颤,他倒了下去。

"大人! 大人!"

几个侍卫急呼胜保,胜保动弹了一下,他觉得左臂疼痛难忍,想伸一伸胳臂,可是无力举起。

"大人,你的胳臂在流血。"

"快,扶我下去。"

两个侍卫扶着胜保走向安全一些的地方,血还在流,胜保急了,大呼:"你们两个笨蛋,快帮我扎上伤口。"

一个侍卫沮丧着脸说:"大人,这儿无医无药,怎么包扎?"

"饭桶! 扯下一块衣角不就是绷带吗?"

胜保强忍着疼痛,让侍卫笨拙地为他包扎伤口,一阵眩晕,他咬了咬牙,挺了过去。炮声又起,胜保命令守城将士死守城池,与英法联军决一雌雄。胜保的事迹传到了热河,咸丰皇帝十分感慨地说:"我大清若能多几个这种智勇之人,大清之幸也、朕之幸也、百姓之幸也。胜保报国心殷,实堪嘉赏!"

咸丰皇帝赐胜保二品花翎顶戴,以示嘉奖。又谕令他统带西安各队札营京城东北,与僧格林沁、瑞麟大营互相联络。希望胜保能继续勇敢杀敌、守住京城。可是,战争一触即发,京城外的"火药味"越来越浓,英法联军已层层包围了京城,咸丰十年八月二十日,即一八六〇年十月一日,英法公使照会奕䜣,要求立刻释放巴夏礼,否则就要对准皇宫开炮了。

奕䜣的回答很明确:必须联军先退兵,然后议和画押,画了押再释放巴夏礼。可是法国公使葛罗却叫嚣说,联军前军已是炮弹在膛。留京的大臣、官员们有的主战、有的主和。主和派以僧格林沁为代表,主战派以胜保为代表,双方各持己见、互不相让,胜保认为洋军远程来京,地理环境不熟悉,加上马上入冬,如果清军能同仇敌忾,各路兵马相携手,加上地方团练的力量,一定会以我之长、制敌之短,利用敌兵不胜水土,难以御寒等天赐良机,打退联军。但是,僧格林沁却持反对意见,本来,在咸丰皇帝的心目中,僧格林沁是个骁勇之人。可是,自从大沽口失陷后,僧格林沁吓破了胆,他成了惊弓之鸟,对于奕䜣扣押巴夏礼不放,耿耿于怀,但又不敢顶撞铁帽子王爷。

当英法公使声称向皇宫开炮时,闻风丧胆的僧格林沁竟别出心裁,一手导演了一幕丑剧,后来落得让人耻笑。心神不宁的他听说三天后,奕䜣若仍扣留巴夏礼,联军将进军京师,三天很快过去了,奕䜣未有任何行动,僧格林沁沉不住气了,令随员找来京师的几个大商人。这几位商人,有的是绸布庄老板,有的是钱庄老板,有的是药铺老板,有的是粮行老板。平日里,他们只知道做生意挣钱,至于国计民生问题是很少过问的。今天,僧格林沁把他们找来,他们不知他的葫芦里究竟卖的什么药。

"各位老板,僧某把各位请来,是有一事相托。"

僧格林沁抱拳拱手,对富商们很有礼貌,虽然他是官,他们是民。但他们不是普通的民,他们的手指缝里漏几个"小钱"也够僧格林沁吃两辈子的,所以,他这个"官"对他们这些"民"敬三分。

"大人,不必客气,草民受用不起!"

钱庄的张老板也拱手还礼,代表几个商人开了口。粮行的李老板也附和道:"有话只管说,大人如此客气,我等心里不安。"

僧格林沁有些为难似的说:"本来嘛,僧某也觉得此事不妥,可又不得不试一试。诸位都是大老板、读书人,一定知道'秦晋崤之战'的故事,弦高犒师意在诱敌。如今英法联军嚣张狂妄,眼看大炮就要对准皇宫开炮,僧某能不着急吗?"

几个商人面面相觑,僧格林沁接着说:"僧某想请几位如古人弦高犒敌师,以探联军虚实。""这个——"张老板显然一脸的不高兴,他首先想到的不是什么民族气节问题,而是银子的问题。李老板也表现出极不乐意的样子,摊开手说:"花费了银子,就能解决问题吗?"

"我们也不懂什么军事布阵呀,怎探联军虚实?"

你一言,我一语,大家没有一个乐意去的。僧格林沁明白其中的原因,便说:"至于犒师所需物品,僧某早已准备好,昨日已备千头羊、八百头牛,只需各位劳驾一趟就行了。"

几个商人一听用不着他们掏腰包,也不好再说什么了,只好硬着头皮去联军献媚。他们一行人,牵着牛羊出了城,三个时辰后回来了,一个个哭丧着脸,直埋怨:"老东西僧格林沁,让我们几个人去受辱,人家不但不收牛羊,还哇哇直叫,也不知骂的什么。"

"什么,洋话咱们听不懂,但一定不是什么中听的话。"

这件事情后来传到了恭亲王奕䜣的耳朵里,王爷气得直翻眼珠子,他恨僧格林沁太没有民族气节,简直是条哈巴狗。虽在此时恭亲王也由原来的坚决主战转为议和,但他认为这个"和"不是无条件的和,而应该是"以战求和"。勉强求和,但求一夕安危,势必导致大清的覆灭。

十月五日,天气阴沉沉的,到了中午下起了小雨,冷风嗖嗖,守城的官兵缩进城楼里避雨,他们都认为如此阴雨天气,不会出什么事情,有的人竟呼呼大睡。

"轰"地一声巨响,有的人从睡梦中惊醒,大叫:"这么大的雷声。"

"兄弟们,快起来,联军开炮了。"

守城的官兵顿时乱了起来,有的人吓得直哆嗦,有的冲了出去,没有一个人想着要坚持职守。原来,英法联军已逼近德胜门与安定门,截住了僧格林沁部下的后路。消息传来,清兵纷纷败退,溃不成军。英法联军如入无人之境,轻而易举地就直抵定海,清军一路后退,一直退到了圆明园,联军叫嚣着、狂奔着,又一直追到了圆明园。

从定海到圆明园,联军一路追杀。他们丧尽天良、奸淫虏虐无恶不作,所做之事令人发指。联军所经之处,一大片、一大片的民宅,着了火,男女老幼哭爹喊儿,十分悲惨。

又一群洋人赶了过来,大叫:"快,去圆明园,那儿有数不尽的宝物!"一群洋人直奔圆明园,百年国耻上演了。

第二十五章

强盗进京火烧圆明园　不问政事采花热河宫

　　圆明园位于北京西郊。康熙年间,康熙皇帝偶然间发现了这座明代留下的一个废园,他认为这里地理环境幽雅,只不过园子里长期不住人,有些显得荒草丛生、凌乱不堪。只要稍加修缮,一旦有人住进去,它将会成为一座人间天堂。于是,康熙皇帝把它赐给了四皇子胤禛,即后来的雍正皇帝,并赐名圆明园。

　　四皇子胤禛住进了这园子,开始大兴土木,建成了圆明三园,即圆明园、长春园、万春园。此外,还有一些属园,如畅春园、清漪园、静明圆、静宜园以及近春园、熙春园等,形成了绵延十几里的人间大花园。此后,又历经了乾隆、嘉庆、道光、咸丰五位皇帝,他们每一朝都不断完善这里,到了咸丰年代,圆明园已成为皇帝避暑听政的人间胜境。

　　圆明园被人们誉为"万园之园",它不仅是一处荟萃中外建筑艺术精华的富丽堂皇的园林,而且还是一个珍藏历代珍宝、典籍、文物的博物馆。是西方人心目中的东方明珠,它熠熠生辉、璀璨夺目,实为罕世之处。圆明园的建筑融汇了东方与西方建筑艺术的精华。它的各大殿宇建筑规模宏大、气度非凡,"正大光明殿"朴素典雅;"弘德宫"、"秀山房"等寝宫珠光宝气、奢华无比。室内装饰豪华气派,乍一走进各宫,仿佛置身于天宫。也有的地方宁静、淡泊,如小家碧玉;有的地方风韵雅致,如多情的少妇。"湛翠轩"、"听雨亭"、"万安殿"各具特色、各领风骚,曲折多变、富有情趣。

　　室内间隔,也大多采用门罩、屏风、碧纱橱等挡断,曲折蜿蜒,富于变化。墙壁上有的挂着中国山水画,草木虫鱼、飞禽鸟兽、古代仕女、威风猛虎;也有的挂的是西洋画,汲取的土耳其及威尼斯风情,这里是中西合璧的经典之作。

有的楼阁是典型的东方建筑,四环曲折、飞檐廊角;有的楼阁则是西式建筑,呈几何对称形,在西洋楼阁之间,巧妙地设计塑立了几只山羊和十几只大白鹅。羊嘴与鹅头处都有喷水口,日夜细水长流,水池边依次排列着子、丑、寅、卯、辰、巳、午、未、申、酉、戌、亥十二星兽的人体兽头青铜像,每隔一个时辰,该一星兽就喷水,水柱达三、四尺高。每到正午,十二星兽同时喷水,水柱晶光耀眼,十分绚丽。

圆明园另一特色是园中有林,林中有园,圆与林高度和谐地统一在一起。从楼阁凭栏远望,举目所见皆是明山秀水;而山野佳景又以楼阁点缀。园中四十景,多仿江南名景,如"平湖秋月"、"苏堤春晓"、"三潭印月"、"雷峰夕照""曲院风荷"。园中书房,有"杏花春"、"武陵春"、"牡丹春"、"安澜春",院落之间溪水宛转、复谷环抱,水面上落英缤纷、水边杨柳依依。鸟儿啼叫,繁花似锦,林木葱郁,似一座仙山琼阁。

此外,圆明园还是罕世的文物馆。那儿有远古时期的甲骨、汉代的彩陶、唐代的字画、宋代的织绣、明代的刻本。此外还有来自西欧的大自鸣钟、天体运行仪。文渊阁藏书三万多册,乾隆年代修纂的《四库全书》就藏于此,许多古代文献也集于文渊阁。

圆明园堪称人间第一宝库。然而,英法联军闯进了这里,抢的抢、夺的夺,纵情肆意、纷纭万状。

首先冲进来的一批官兵,到处乱窜,他们的兴趣暂时不在财宝上,而是希望活捉大清的咸丰皇帝。可是,他们扑了个空,几个吓破了胆的太监哆哆嗦嗦地告诉他们,皇上早已"巡幸木兰",躲到承德了,但皇上的弟弟恭亲王还在这里。洋人"哇哇"大叫,想活捉亲王回去领赏,但是全园搜遍了,不见恭亲王。

原来,十月五日夜里,恭亲王奕䜣以及桂良、文祥等人已从圆明园后门逃走了,他们本想逃到承德,但联军到处都有,他们不敢继续赶路,只好退至卢沟桥附近的长辛店一带。如惊弓之鸟的奕䜣决定立刻释放巴夏礼以及随行三十人,以保全自己的性命。

没找到大清皇帝,也没搜到亲王,侵略者们失望极了,他们叫嚣着,狂舞着,开始肆意抢夺财宝。一时间,不分官兵,捋起袖子,双手抓起珠宝,一个劲地往衣袋里装。衣袋装不下,干脆脱下外裤,把两个裤腿一扎,当成口袋还要装。一个士兵眼前一亮,他发现了稀世珍宝,一串晶莹剔透的蓝宝石项链,他像饿狼一样扑了上去。当他伸手取宝时,只觉得双肩被别人死死箝制,从他的背后传来他平日最惧怕的也是最熟悉的声音:"大卫,这项链应该属于我。"

"上校,是我先看到的,应该属于我。"

"啪,啪",二记耳光打在了名叫大卫的士兵的脸上,然后是歇斯底里的大叫:"士兵服从长官,还要我来教你吗?"

那个大卫已经急红了眼,急于得到宝石项链,他哪里还顾得服从长官,一个扫堂腿,绊倒了上校,然后抓起项链便跑。倒在地上的上校急了,掏出手枪瞄准大卫,大卫应声倒下,一群强盗闻声赶来,上校从大卫手中夺过项链,狰狞地笑着:"哈哈哈,回去送给我最亲爱的玛丽亚,她一定会很开心的。"

谐奇趣宫里,两个士兵正在争夺晋代王羲之的真品,也许他们也是个"中国通",懂得这幅字画价值连城,他们在讨价还价。

"安德列,我给你五百英镑,你放开手。"

"不行,一千英镑,少一分也不行。"

"太不够朋友了吧,本来这字画是我先发现的,为何你要和我抢夺。"

"不错,的确是你先发现的,可它不属于你,快答应一千英镑,回去以后,它可能值一万英镑。"

"别梦想了,一分钱也不给你。"

两个人各不相让,只听得"嚓"地一声,字画被撕成了两半,接着又被撕得粉碎,一个士兵狂叫:"这下公平了,谁也别想得到它。"

"哈哈哈,这就是大清皇上。"

又一阵狂笑传来,洋人纷纷循声望去,只见一个士兵身着咸丰皇帝的龙袍,怀中抱着几串朝珠,疯疯癫癫向人群中跑来,一个士兵高举着景泰蓝官瓶,大叫:"给我试一试龙袍,我就把这宝瓶送给你。"

"这是一副嵌宝石的金戒指,归你了,他试过以后,让我也试一试。"

"不行,不行,谁拿钻石来,我就脱下来,给谁穿。"

几个士兵像疯子一样追赶着"皇上"。又一处珍宝馆被打开了,人们向潮水一样向那边涌去。抢的抢,夺的夺,一个个饿狼一般的眼睛都抢红了眼。令人更可气的是,一些士兵手里拿着木棒,遇到可以携带的珍宝就装进衣袋里;遇到拿不动的,就狠命敲碎它。一天的掠夺,圆明园碎玉满地,瓷片多于瓦片。第二天、第三天,更疯狂的掠夺开始了,晚一些进园子的军队见前者已满载而归,给他们留下的是那些抬不动、拿不走的青铜鼎、大金缸等物,干脆,他们动手合力敲打金缸,无奈打不下一块大金子来,有人建议用匕首攫金子,果然有效,金块一块块被攫了下来。

"哈哈哈……纯金、纯金,我发财了。"

侵略者狰狞狂笑,圆明园几乎被抢劫一空。一八六〇年十月十日,承德避暑山庄里的咸丰皇帝听到这些情景后,泪流满面,悲愤交加,连发谕旨,发誓要惩治洋人,夺回圆明园。他谕令乐斌、成凯、文煜、英桂各路统帅带精兵驰赴京师,星夜兼程,不得有误。第二天,他又调遣西安马队一千多人,由乌兰带领,驻扎古北口,堵截有可能北上的联军。第三天,他听说守军僧格林沁毫不抵抗,龙颜大怒,谕旨革去他的爵职,并将瑞麟一同革职。

十月十五日,咸丰皇帝谕令胜保为钦差大臣,总领各省援兵,可惜太晚了,联军已占据大半个京城,胜保无力回天。英法公使照会恭亲王,要求清政府赔款。英国索赔白银三十万两,法国索赔白银二十万两;奕䜣深知答应了他们的这一无理要求,无法向朝廷交代,也无法向子孙后代交代。但又无可奈何,只要联军能撤出北京。奕䜣将这一情况上奏皇上,咸丰皇帝朱批:"盖印画押,原定在城外,进城不过换约之一事。此时冒险进城,虽为顾惜大全,倘洋人不允复出,尚复成何事体?"

咸丰皇帝顾及国体,惹怒了疯狂掠夺的额尔金,他为了威逼清政府,也为了销赃灭迹,在英国首相巴麦斯顿的支持下,坚决对圆明园进行焚烧。十月十八日,圆明园遭到了联军的第二次抢劫,随后,冲天的大火烧毁了宫殿建筑。

联军纷纷撤退到离圆明园约一英里的地方,观看浓烟与烈火。烟雾逐渐加大,并且越来越浓密,仿佛是一片黑云,罩住了京城。殷红的火焰映在联军士兵的脸上,他们狰狞地说着、笑着,像恶魔一样。北京城里,老百姓惶惶不安,只看到西郊一片乌黑,他们以为是日蚀。有几个胆子大一些的小伙子抄近路悄悄地挨近"乌云"处,他们回来告诉人们,圆明园附近一片火海,不见天日。

狂妄的额尔金大叫:"大清的皇帝.我烧了你的宫殿! 我烧了你的宫殿!"

一群强盗应声附和:"太棒了!太棒了!我们大英帝国胜利了!"

三天三夜,大火不熄。中国人,上至皇帝,下至百姓,悲愤交加、热泪不止。千年国耻啊!中国人,难以咽下这口气,但又不得不咽这口气。

恭亲王奕䜣整整三天,滴水未进,他一言不发,任凭泪水横流。

"王爷,吃口饭吧,等一会儿还要与洋人签押,不吃饭怎么能撑得下去。"

他的一个侍卫几乎是哀求他了,三天以来,哀求他吃一点东西的人不止他一个。桂良来劝过、文祥来求过,身边的侍卫哭叫过,恭亲王自知愧对朝廷,怎能咽下一口饭。可是,今天非吃一点儿不可,几天不吃东西了,怎么与外国代表谈判。

恭亲王像嚼蜡一样,勉强咽下一小块萨其马,又喝了一碗豆浆,穿上官服,坐上马车,前往京城与外国人谈判。大炮口下的谈判,其结果只能是弱者屈服。恭亲王奕䜣与额尔金、葛罗分别签订了《中英北京条约》和《中法北京条约》。在承认《天津条约》的基础上,又加上了以下几条:(一)开放天津为商埠;(二)准许外国人在中国拐卖华民出洋做苦工;(三)将九龙司地方并归英属香港界内;(四)交还没收的天主教堂财产,允许在各省传教、租地、建堂;(五)赔偿英、法军费各增到八百万两白银。

恭亲王奕䜣强忍悲痛,在条约上签了押,他将毛笔一甩,拂袖离去。背后传来额尔金的狂笑:"葛罗先生,让我们举起酒杯,为英格兰和法兰西的辉煌胜利干杯!"

"干!额尔金先生,这可是地道的法国葡萄酒。"

一句句像针一样,直刺奕䜣的心,他在心中骂道:"一群强盗!"

咸丰皇帝仓皇出逃,一路颠簸,饮食又极差,他那龙体怎承受得住,到了承德以后,经过半个多月的调养,身体虽然恢复了一些,但他时常感到浑身乏力。一有时间,就想睡觉,整日昏昏沉沉,萎靡不振。

皇后钮祜禄氏看在眼里,急在心头,暗地里不知流过多少眼泪。在她看来,皇上是她头顶上的一块天,这块天可万万不能塌下。一日,皇后带着小皇子来看望皇上,只见咸丰皇帝正斜倚在软榻上,半醒半睡,一副无精打采的样子,小皇子自从入了上书房读书,显得懂事多了,每次见到父皇,总是规规矩矩地问安。

在咸丰皇帝的心目中,小皇子也是他最大的安慰。这十年来,他没过上几天安宁的日子,没真正快活过几天,整个皇宫宁静极了,有时可以说是死水一潭。也只有小皇子的清脆的童音能给皇宫注入一些活力,也只有小皇子能使咸丰皇帝发出由衷的微笑。

"阿玛吉祥!"

小皇子清脆的声音传来,咸丰皇帝睁开了眼,他的身子向上耸了耸,伸过一只手,微笑着说:"阿哥好乖,过来,让阿玛拉拉手。"

小皇子乖巧地走了过去,坐在父皇的身边像只小绵羊,温驯地笑着。咸丰皇帝拉住小皇子的手.关切地问:"今日可曾读书?"

"读过,今日师傅教的是汉乐府诗歌。"

咸丰皇帝当年受诲于恩师杜受田,杜受田为清代一著名儒生,他的特殊的学生奕詝当然也深受他的影响,从小打下了坚实的文学基础,所以,在清朝十位帝王中,咸丰皇帝堪称"文豪"。他当然也希望自己的儿子像自己一样,博学多识,于是问道:"《汉乐府》中的哪一篇?"

"《孔雀东南飞》。"

"阿哥,能背上一段吗?"

"能。孔雀东南飞,五里一徘徊。十三能织素,十四学裁衣,十五弹箜篌,十六诵诗书,十七为君妇,心中常苦悲……"

小皇子认真地朗读着著名诗歌《孔雀东南飞》,咸丰皇帝渐渐地眼睛有些湿润了。他暗自感叹:"是啊,孔雀东南飞,五里一徘徊。生灵皆知故土难离,朕今日不正如当年的刘兰芝,虽然她是被休不忍离去,而朕是逃难至热河,情况有些不同。可是,离别故土时的悲痛心情是一样的。京城啊,朕何时能回去!"

细心的皇后发现了咸丰皇帝情绪上的变化,连忙打岔儿,把皇上的思绪拉回来。

"阿哥,你不是一路上闹着要吃鹿肉吗?快问你阿玛,今天有没有鹿肉吃?"

"额娘,你说好孩子是不可以单想着吃什么、喝什么的:"

咸丰皇帝和皇后对视了一下,都笑了。皇上抚摸着小皇子的秀发,欣慰地说:"皇儿的确是个又乖巧、又懂事的好孩子,不仅学业有所进步,就是礼仪也学会了不少.'

小皇子得意洋洋,仰着小脸,撒娇地说:"阿玛,你不但要夸我,还要奖赏我。"

"奖赏?""嗯,是要奖赏的,不然阿哥以后就不愿努力了。"说:"想要什么?"

"想吃鹿肉,想要个活蹦乱跳的小兔子,想让小安子学狗叫,想让阿玛放我一天假。"

小皇子一口气说出了自己的种种心愿,惹得皇上、皇后直发笑。咸丰皇帝一一点头,他高兴地说:"除了以上几点,阿玛还特许你明日不用读书,陪阿玛、额娘听戏,怎么样?"

小皇子高兴地直拍小手:"还能听戏。太好了!太好了!"

这个小载淳,虽然与他的生母懿贵妃有些疏远,喜欢接近皇后,但毕竟他与生母有割不断的血缘亲情。他有着和母亲相同的癖好,就是看戏。别看他小小的年纪,一入戏场,他不动也不闹,竖着耳朵听戏。有时入了迷,一段戏唱完了,他还没回到现实中来,闹着还要听一段。今天,父皇破例准许他明日听戏,他怎能不高兴。

热河行宫,规模虽然没有京城的紫禁城宏大,但也是"麻雀虽小,五脏俱全"。它建于康熙年间,建筑也十分精美。宫殿大大小小有几十座,包括皇家猎场,一共占地二百余里。这儿山清水秀、气候温和、四季如春、景色怡人。过去,康熙皇帝每年四月到此,十月离去,足足在避暑山庄过上一夏,他每次到热河,都要到猎场去大饱"猎福",满载而归后,让御膳房的厨子们为他烧制最新鲜的美味佳肴。后来,乾隆皇帝和嘉庆皇帝也经常到这里,不过,他们也都是夏初来,秋末走。自从嘉庆皇帝病死于热河,道光皇帝就不再来了,也许他怕睹物思人吧。

四五十年了,热河行宫一直关闭着。如今,咸丰皇帝逃难也到了这里,他的心情与祖辈们当然大不相同。到了热河,他总排遣不了那种离乡背井的忧伤和愧对祖宗的心情。由于出逃仓促,事前没来得及通知热阿行宫的看守人员,当咸丰皇帝到达行官时,行宫竟是满目狼藉,一片尘埃。

咸丰皇帝住进了烟波致爽殿,这儿离热河中的一个泉眼很近,泉眼一年四季往外冒泉水。此时正是初冬,别的地方已经是冰雪隆冬,可这泉眼附近水温很高,一点儿冬天的迹象也没有。看到这奇特的景象,咸丰皇帝忽然明白了为什么这儿叫"热河"。

咸丰皇帝只带了两个宫女、两个御前太监,徒步来到了泉眼附近,只

见泉水"突突突"地直往外冒,泉水上笼罩了一层热气,仿佛给静谧的隆冬以生的活力。沉郁了多日的咸丰皇帝顿时感到一丝欣喜,他有一种"山重水复疑无路、柳暗花明又一村"的感觉。面对热气腾腾的泉水,咸丰皇帝心里想:"自从登基以来,朕面对的是看不完的奏折,多么烦心,如今这热河,天地间多么宽阔,山林多么宁静,整整十年了,朕只感到身倦、心累。如今这一片天地才是朕所追求和向往的,何不潇潇洒洒过上一段轻松愉快的生活。"

"皇上吉祥!"

一声请安打断了咸丰皇帝的遐思,咸丰皇帝抬头一看,是肃顺到此。

"爱卿免礼!"

对于肃顺,咸丰皇帝总是高看他一眼,前几年的"科场舞弊案",肃顺表现了非凡的才能和魄力,后来他又弹劾耆英,也令满朝文武竖大拇指。肃顺身为皇宗旁支,他处理政务时,不徇私,奕山与伊格纳切夫私立《瑷珲条约》,肃顺又带头发难,最后奕山被革职,肃顺拍手称快。所以,咸丰皇帝总认为肃顺忠于朝廷,是个有才能的人。

"皇上,这外面有些清冷,臣恭请皇上回宫。"

"肃爱卿,朕感到这儿比皇城怡人多了,只是有些太冷清。"

肃顺眼珠子一转,计上心来,上前一步,笑眯眯地说:"臣有一言,不知当讲不当讲?"

"但讲无妨。"

"臣以为皇上在皇宫之时,为国操劳,未免有些太劳累了。既然今日到此胜境,不如忘却所有烦恼,来它个'人生得意须尽欢',皇上也该开开心心过几天好日子了。"

"哈哈哈,肃老六,有你的!"

咸丰皇帝当然明白肃顺的话中之话,什么"尽欢",无非是酒色之娱,咸丰皇帝不是没想过这些,只是初来乍到,不知承德可有美女,也不知承德可有好酒罢了。

"肃老六,就看你的了。"

"嗻。"

肃顺心中暗自高兴,他早有打算,既然皇上来到了热河,干脆让他来个"乐不思蜀",在热河逗留得越久,肃顺接近皇上的机会越多,反正是哄着皇上开心，只要龙颜大悦，他肃顺还有什么得不到的东西。但是，聪明的肃顺也明白，让皇上沉湎于酒色之中，这件事不可做得太张狂，不管怎么说，皇上的身体一天不如一天，万一乐出个问题，他肃顺可要吃不了——兜着走。

三天后，两个汉女子进了热河行宫，肃顺不敢明里送给皇上，生怕皇后责难于他。于是，他令人将两位姑娘化了装，装扮成宫女，偷偷地送到了烟波致爽殿。后宫佳丽十几人，咸丰皇帝最敬的是皇后，最宠的是丽贵妃。可是，她们如今也都是三十上下的人了，人虽未老，色却有些衰。咸丰皇帝宁愿一人独衾，也不想召幸她们。到了热河，龙体一直欠安，更不愿她们侍寝。

咸丰皇帝正躺在龙榻上闭目养神，只听得肃顺沉重的脚步声渐近，不用问，一定是他来了。

"皇上吉祥！"

"爱卿平身！"

咸丰皇帝连眼也不愿睁开。这时，黄鹂一般娇脆的声音传来："奴婢给皇上请安！"

这声音好陌生，咸丰皇帝睁眼一看，他暗暗吃了一惊："这承德竟出如此大美人。"

只见这两位女子，一个香腮微红、杏眼流盼、柳眉弯弯、樱唇含羞；一个丰腴脂凝、云鬓扰扰、双乳微颤、明眸含情。她们似一对天仙降临人间。咸丰皇帝看呆了，肃顺上前一步，俯在皇上的耳边低语，咸丰皇帝也悄悄地说："都留下。"

"嗻。"

肃顺转身离去，咸丰皇帝忙喊住了他。

"肃爱卿，暂时不要让皇后知道。"

肃顺回头向他挤了挤眼，表示放心吧。这一夜，两位姑娘，一个左、一个右，娇滴滴地卧在咸丰皇帝的身边。咸丰皇帝真不知该搂住哪一个好，两位姑娘似娇莺婉转，又似万顷大海，把咸丰皇帝推到了浪尖。一夜风流，令皇上乐不可支。他真后悔热河来的太迟，这人间的乐趣享受的太少。

天底下没有不透风的墙，肃顺从市井弄来两个汉女，不消三天，皇后就知道了这件事情。她既恨肃顺以女色迷惑皇上，又怨皇上太不爱惜自己的身体。龙体早已虚亏，如今再日夜宠幸小妖精，怎么得了。皇后暗自垂泪，她前思后虑，决定责备于肃顺。

对于皇后，肃顺是又敬又怕。敬她的品格，怕她的威严。所以，皇后令太监找来肃顺的时候，一路上肃顺就想好了对口词。

"肃顺，皇上龙体欠安，难道你不知道吗？"

皇后板起脸来，一丝笑容也没有，很让人感到敬畏。肃顺不由得后退了一步，怯怯地说："回娘娘的话，肃顺知错。可是，皇上自从离开京城，总是闷闷不乐的，为臣看在眼里，急在心上，总想让皇上开心起来。"

"开心起来？难道说沉湎于女色，他就真的开心了？"

"这个——"

肃顺有句话不好说出口，他想说："皇上风流成性，皇后难道不知道这一点？"

可是，这句话是万万不能说的。尊贵的皇后可得罪不起。肃顺显示出俯首帖耳的样子，皇后也不好再说什么，便令肃顺先退下去。却说两个汉女正逗得皇上开开心心，皇后怎好硬把她们赶走，只好听之任之，防止第三个汉女再到行宫就行了。

咸丰皇帝暂时忘记了烦心的朝政，他又感到人生很有意义了，他这个不甘寂寞的人一旦有了精神，就会想到女色与美酒。如今，身边多了两位貌若天仙的姑娘，足足让他乐了好长时间，他突然觉得过去的十年，岁月太艰难了，令人头疼的朝政好像永远处理不完，即使繁忙中寻点儿欢娱，那种欢娱也远远比不上如今行宫的欢娱。

以往，不管在皇宫，还是在圆明园，每当宠幸嫔妃时，总是太监用大红毯子裹着赤裸裸的女人进来。她们胆怯地从皇上的脚头处爬进皇上的怀里，然后像小绵羊一样，一动也不动，躺在他的怀里，任他摆弄。即使是万种风情的懿贵妃，当年的兰儿，她也和她们是大同小异，虽然她比较起来，风骚一些，但她总的来说还是被动的。

后来，圆明园里来了四个汉女，人称"四春"。江南姑娘天性羞涩，总脱不了腼腆，有时放纵一些，但马上又收敛起来，总让咸丰皇帝感到不尽兴。如今不同了，肃老六从承德弄来的这两位姑娘，又泼又辣，有时竟缠得咸丰皇帝招架不住，一个劲儿地喊："好姑娘，算了，算了，放过朕吧。"

两位姑娘吃吃地笑着,岂肯白白度过好时光,这下子,咸丰皇帝真的领教了泼辣女人的风骚,可是,他又不舍得放她们走。对于两位姑娘,咸丰皇帝只感到:"吃到嘴里辣得难受,丢到一边又不舍得。"两位"辣子"继续留在行宫里。皇后委婉地劝说皇上应以龙体为重,毕竟是而立之年的人了,凡事应节制一些。咸丰皇帝也觉得皇后之言有些道理,他虽然日日仍留汉女陪伴,但总比前些日子收敛了一些。春天来临了,百花争妍、春风拂面,鱼儿在水中自由自在地游来游去,鸟儿在空中翱翔,蝴蝶翩翩飞来,蜜蜂嗡嗡忙碌,好一派春光。一个冬天,咸丰皇帝都没有出行宫,如今这大好的春光,他再也按捺不住外界的撩拨,便坐上更舆,后妃们前拥后簇出了烟波致爽殿,一路欢声笑语,在方圆一百多里的热可行宫里赏春。太监们肩挑手提,带上了一切所需的生活用品,有为皇上特制的便桶,有皇上、皇后爱吃的龙眼、哈密瓜和香蕉,还有便于折叠携带的楠木御座。一行近百人,浩浩荡荡,十分热闹。

咸丰皇帝一脸的喜气,他身着米黄色的小褂,外套暗红色的绣龙长衫,头戴天鹅纱帽,帽前一颗闪闪发亮的巨珠,在阳光的照射下,显得格外神采奕奕。咸丰皇帝首先登上水心榭观鱼,这儿池水清清,红鲤鱼活蹦乱跳,煞是喜人。几个太监连忙支好楠木御座,又放上几张楠木桌子,摆上点心、水果,请皇上、皇后、贵妃娘娘入座。

咸丰皇帝喜孜孜地说:"朕好有福气,这儿宁谧、偏僻,却水果成堆,并不比紫禁城差,明年若回皇宫的话,过几年朕还来这儿赏春。"

皇后笑眯眯地说:"只要皇上喜欢这里,以后每年都来住些日子。"

懿贵妃也附和道:"皇上、皇后,这儿山清水秀,实在是怡人的好地方,如果不是兵荒马乱的,早该来此一游了。"

听到"兵荒马乱"四个字,咸丰皇帝敛住了笑容,他的脸上掠过一丝不·陕的神情。他这细微的变化逃不过肃顺的眼睛。为了讨好皇上,他连忙说:"皇上,今日所置水果、点心,全是新鲜的,臣恭请皇上尝一尝这来自海南岛的香蕉。"

咸丰皇帝惊奇地问:"海南岛距承德遥遥几千里,为何香蕉到此不变质?"

肃顺很内行似的回答:"在海南岛摘下时,香蕉并未成熟,还是青涩的呢。一路送过来,大约六、七天,到了热河,再用催熟法,一夜之间,香蕉就全变黄了。"

"哦,这是谁的主意?"

"是都统春佑操办的。"

咸丰皇帝谕令春佑见驾。不一会儿,春佑恭恭敬敬向皇上请安,咸丰皇帝一高兴,赏赐春佑三十两白银。春佑乐不可支,开口道:"皇上,今日午膳虽不在宫中用,但佳肴不减于宫中。"

说话间,御膳传了上来,咸丰皇帝一看,龙颜大悦。今日熏烤的鹿、狍、雉、兔等野味摆满了一大桌子,香气扑鼻,令人馋涎欲滴。咸丰皇帝再也忍不住了,传谕用膳。小皇子干脆来个双手抓,吃了鹿肉吃兔肉,吐了雉骨吐鱼刺。看着小皇子狼吞虎咽的样子,皇后和懿贵妃喜上眉梢。咸丰皇帝也忘记了在宫中用膳时的尊严,大口大口地嚼着狍子肉,一边吃,一边说:"今日朕胃口大开,还是野味香。"

站在他身后的宫女、太监们强忍住笑声,生怕惹皇上不高兴。他们笑的是这位天子爱"打野食",口中念念有词"野味香"。皇后、懿贵妃当然明白太监、宫女们在笑什么,但又不便制止他们。咸丰皇帝正在兴头上,谁也不愿意让他扫兴,于是,她们只好低头啃野兔。她们不时地给小皇子递来一口最嫩的兔腿,劝小皇子多吃一些。

"阿哥,这兔腿可香了。"

"阿哥,鱼肚肉最嫩。"

两位皇额娘,生怕饿着小皇子似的,一个劲儿地往他嘴里塞,塞得他难受极了,只好狼吞虎咽下去,抓紧时间说句话:"额娘,快噎着我了!"

两位额娘都笑了,咸丰皇帝连忙说:"阿哥,这块鹿肉更香。"

父皇又递过一大块鹿肉,小皇子谢过阿玛,将鹿肉又送到了大公主的碗里:"皇姐姐,你尝尝。"

这一家人,其乐融融。膳后,太监、宫女又送来了瓜子、茶水,咸丰皇帝边品茶,边极目远眺,他望着碧波荡漾的湖水,感到赏心悦目、心旷神怡。

"远处景色秀美,是何地?"

肃顺连忙答道:"那是罗汉峰、僧帽山、金山亭,这儿是积雪亭、万壑松,堪称庄中十六景,是山庄中的山庄。"

咸丰皇帝来了精神了,他感慨地说:"圆明园有园中园,这避暑山庄有庄中庄,美如画也。"

"皇上,画美不及景美。"

肃顺这一句道出了皇上的心声,他望着肃顺,开口道:"肃爱卿,你知朕也。"

在山庄里游览了一整天,咸丰皇帝在高兴之余,也感到非常疲倦,到了晚上,他躺在软榻上,宫女在一旁为他轻轻地捶肩、捏腿。天色已晚,他一个劲地打哈欠。

"皇上,该歇息了。"

侍寝太监轻声劝皇上。咸丰皇帝也很想入眠,可是怎么肃顺还不来。今天下午游玩回来时,肃顺凑近他的身旁,说今晚他来烟波致爽殿,向皇上献一新计。

"肃老六,就他的鬼点子多,他又有什么新花招逗朕开心呢?"

咸丰皇帝猜度着,希望肃顺能给他带来些新玩意儿,这远离京师,奏折他也懒得看,这些报忧不报喜的折子,一想到它就头疼,更甭提看了。

"肃王爷到!"

"皇上吉祥!"

"爱卿免礼,爱卿,以后不在大殿之上,不必如此拘礼。"

"谢皇上。"

咸丰皇帝实在太乏了,他禁不住打了个哈欠,肃顺一看,连忙说:"臣来迟,心里实在不安。"咸丰皇帝揉了揉眼睛,没精打采地说:"爱卿,有话直言,不必拘礼。"皇上,如今在这山庄里,不比皇宫,臣为皇上着急,可是恭亲王迟迟不能把洋人赶出京师,回銮之事一拖再拖,臣觉得皇上在这儿实在太憋闷了。"

一语点出了咸丰皇帝的心病,他是一个耐不住寂寞的人,在京城皇宫或圆明园时,国事再忙,咸丰皇帝也要挤出时间去听戏,可到了承德后,成了"终岁不闻丝竹声"。今日肃老六既然点破了这一点,干脆皇上也不必隐晦什么了,咸丰皇帝开口道:"肃爱卿,也就是你最知朕的心,自从到了这山庄里,四处静悄悄的,真让人感到寂寞。"

"皇上,今日臣出了山庄转一圈,臣终于找到了一个戏班子。"

"真的吗?这承德小地方也有戏班子。"

咸丰皇帝为之一振,好像他的乏意全没了,他欠了欠身子,伸个懒腰,急切地问:快请戏班子进山庄,朕要听听他们的唱腔。"

肃顺笑了。他一笑皇上太性急,一听说附近有戏班子就坐不住了;二笑自己又赢得了皇上的欢心,这对今后巩固自己在皇上心目中的地位大有好处。为了这一笑,他肃顺没少跑路。两天前他就托人打听承德这一带可有戏班子,结果人家告诉他,有一个班子,但现在不知唱到了哪里。肃顺给了人家三十两银子,托他继续打听,皇天不负苦心人,今天真的打听到了,戏班子正在离山庄八十多里的李家庄一带唱戏。所以,傍晚肃顺骑上一匹快马,带了三个侍卫,飞奔李家庄。

戏班子正唱得热火朝天,一见朝中大臣到此,锣鼓家伙全收了。班主跪在地上,聆听肃大人的教导:"从明日起,你们一班人进山庄为皇上唱戏,银子少不了你们的。"

一听这话,全班人既兴奋又担心,兴奋的是他们这些不入流的小戏子竟也能为皇上唱戏,他们马上就会仰视真龙天子的风采了;担心的是万一演不好,不合天子之意,脑袋可就要搬家了。

"大人,我们这不登大雅之堂的小戏班,恐怕难以让皇上满意。"

班主既想挣大钱,又怕招来杀身之祸,他试探性地问着肃顺。肃顺瞄了几眼班子里的人,心想:"当然了,比起京城的几个名戏班,你们简直是小巫见大巫,可是,如今也只有凑合凑合了。算你们有福气,若是在京城,排完全京城的几十个戏班子,也没你们的份。"

"大人,皇上爱听哪一段戏?"

班主还是有些惴惴不安的,他生怕进了山庄,戏还没唱完,皇上拂袖而去,他班主的人头就要落地。肃顺看了班主一眼,没说什么,依然是心里暗自想:"唱什么都行,只要锣鼓家伙一响,皇上不再寂寞,我肃顺算有甜头了。"

"明日带着全班人进山庄,告诉你,让你的人学着点儿,要守宫中的规矩,不准乱问、乱窜、乱看。皇上坐在那儿看戏,开演前要先跪安,公公手一挥,你们才可以开场。"

"是。"

"不,应该说'嗻'。"

肃顺眉头一皱,气的是这些下里巴人连个"嗻"都不会说,还要他来教,如此看来,明日进山庄唱戏,还不知闹什么笑话。于是,肃顺只好教他们几种礼节,这便耽搁了时间,弄到这么晚才来见皇上。

咸丰皇帝听完肃顺的讲述,笑着说:"肃爱卿,你真有心计,朕正憋闷得慌,明日戏班子进山庄,朕要亲自点唱,来一段《贵妃醉酒》怎么样。"

"皇上,臣也忘了问班主,他们可会这一段。"

"不会也没关系,明日先唱别的段子,这几日让他们抓紧排戏,朕还可以给他们指点指点。"

说到了高兴处,咸丰皇帝竟忘了龙体尊严,居然会想到亲自为下里巴的戏班子指点指点。第二天,咸丰皇帝让太监请来皇后、懿贵妃、丽贵妃一起听戏。他们兴致勃勃,宫女们在临时搭起的戏台子前摆上了几张楠木桌子和一个软榻、几张椅子,又在桌子上摆放了许多瓜子、杏仁、核桃、西瓜、葡萄等物。人们川流不息,忙碌着。

咸丰皇帝及后妃们端坐了下来,班主带领全班人员走到戏台上,跪在台上向皇上、皇后请安。昨天才学来的宫中规矩,今天就用上了,毕竟是唱戏的出身,学什么像什么,那跪安的姿势又地道、又好看。咸丰皇帝笑了:"免礼平身!"

戏子们纷纷磕头谢恩,口呼:"万岁、万岁、万万岁。"

咸丰皇帝听得真真切切,众人口呼"万岁"声中,有一个又尖又脆的女人的声音,如黄鹂枝头宛转,清亮而动人。皇上有些诧异了,以往在皇宫或圆明园听戏,戏子们大多是男人,即使贵妃、貂蝉、昭君等贵妇人,也是由男戏子扮演的,个别饰演小丫环的是小姑娘,一个戏班子,女人不足三、五个。可今天这个戏班子,足足有一半是女戏子,真是"十里不同俗、五里改规矩"呀。

咸丰皇帝凝视了一会儿那位声音又尖又脆的姑娘,他心中暗自欢欣,只见这姑娘珠喉婉转、娇脆异常、一搦柳腰、斜着香肩。两片乌黑的蝉鬓,垂在玉肩后,衬着白玉般的脖子,显得格外美丽。

"这承德小城还出此等美女,朕早该听这出戏,晚也。"

咸丰皇帝的春心又被牵动了,他甚至有点恨肃顺为何今日才请来戏班子。不然的话,戏台上的妙女子早就温香入怀了。戏是开演了,果然唱的是《贵妃醉酒》,杨玉环便是由那位姑娘扮演的。她唱腔细腻,身姿婀娜,一出戏下来,直把咸丰皇帝的心给撩拨得像只小猫抓一样痒。

"这等美人儿,今晚就不能放她走。"

咸丰皇帝轻声自言自语，却被坐在他身旁的皇后听见了，皇后皱了一下眉头，心想："皇上呀！天下的美人儿多得很，你能全拥有吗？你如今龙体欠安，后宫佳丽十几人，又弄来两个汉女，难道还不满足吗？还想占这个戏子。"

"皇后，这姑娘模样不错吧！"

咸丰皇帝实在憋不住了，脱口而出，希望皇后能理解他。皇后淡淡地一笑："这姑娘模样还可以，只是戏子出身，性情不比淑女。"

"朕只是说说而已，又不会纳她为妃。"

皇后心想："大清朝，宫规是汉女不选妃，谅你也不敢。"

"皇上，龙体为重，妾听太医说，前几日皇上又喝了鹿血，这肾亏气虚之症，要的就是静养。"

咸丰皇帝一听这话，有些不高兴了，他对美女的兴趣永远是很高的，不曾想一向宽厚的皇后今天竟顶撞他，岂不扫兴。咸丰皇帝一扭头，不再正视皇后。这一细微的动作全被精明的肃顺看在了眼里。他决心趁此良机，逢迎皇上。

戏散了，咸丰皇帝闷闷不乐地回到了烟波致爽殿。可是，他的心里还是放不下那位妙女子，她的一颦一笑、一举一动像刻在了他的脑海里一样，抹不去、赶不走。晚膳时，咸丰皇帝面对一大桌美味佳肴，他一点儿胃口也没有。平时最爱吃的炖仔鸡，吃在嘴里就像嚼木渣，索然寡味。咸丰皇帝被女伶勾去了魂儿，那两个汉女子也被冷落到了一边，甚至她们的笑声传来，咸丰皇帝感到很刺耳。

"传口谕，谕令肃顺进见。"

"嗻。"

半个时辰后，肃顺到了咸丰皇帝的寝宫，聪明的肃顺一看皇上那焦灼不安的神情，心里就明白了一大半：皇上正在为情所困！

"皇上，深夜召臣，一定有事。"

咸丰皇帝叹了一口气，说："既无京中消息，也没加急奏折。今晚朕只感时光难打发，特召爱卿来聊一聊。"

肃顺心想："我是个大男人，你和我聊上一夜，也不能解你渴呀。干脆，我肃顺明说了吧。"

自从离开京城，到了热河，几乎每一天，皇上都召见肃顺，几个月下来,肃顺与皇上的关系更融洽了。不在大殿之上,肃顺也显得不那么拘谨了,他大胆地说:"皇上,这春夜漫漫,何不找位姑娘来伴驾?"

"朕对她们没兴趣。"

肃顺明白,皇上所指的"她们"是那两位汉女。好色的咸丰皇帝才几个月就厌倦了那两位"仙女",看来,他一定是看上了今天扮杨玉环的那位女伶。还好,肃顺白天里就看出了这一点,戏散后,他安排戏班子在山庄里住了下来,以备皇上"雅兴"来了,找不到人可怎么办。

"皇上,今天戏台上的那位姑娘怎么样?"

咸丰皇帝与肃顺真可谓"心有灵犀一点通",他们都认为那位女伶很迷人,咸丰皇帝说:"那位女伶赛天仙,不过,她的底细如何,可要打听打听。"

"嗻。"

肃顺转身走了,他的任务是尽快把女伶带到皇上的身边,好让他们缠缠绵绵、恩恩爱爱。肃顺到了戏班子,找到了班主,讲明来意。他原以为班主一听这等美事,一定喜得合不上嘴,皇上看中他的一个女伶,从常理上讲,是他祖上积了阴德,千年修来的福分。可是,班主一听这话,那脸色顿时变了,他结结巴巴地说:"小琴已名花有主,换一个更漂亮的不行吗?"

肃顺直摇头:"不行、不行,皇上垂怜的人儿,怎可随意更换,还是请小琴姑娘伴驾吧。这是班主你的福分,也是你的造化,一旦小琴受宠,你们戏班子可就威风了。班主你说不定还能封个六品、七品命官呢。"

"大人,不瞒你说,小琴姑娘就是我的女人,明里我们定了亲,小琴尚未过门,暗里她早已是我的人了。她已不是黄花闺女,皇上能喜欢吗?求大人向皇上求个情,放过我们,求求大人了!"

说着,班主就下跪,连磕了三个响头,弄得肃顺不知如何是好。不带走小琴吧,皇上正等着呢?带走她吧,硬硬地拆散人家美满的一对儿,也不好。再说,皇上也算个情场老手,一定会发现小琴已不是大姑娘,万一他龙颜大怒,他肃顺可就要吃不了——兜着走了。

"怎么办?"

这下子,可真难住了肃顺。

"大人,小琴有个孪生妹妹,叫小翠,她们姐妹俩长得一模一样,只不过嗓子没有小琴清脆，只好在戏班里跑跑龙套。小人觉得把她送给皇上倒挺合适，一来她是个黄花大姑娘，二来皇上也不会知道换了人。"

"真的吗？长得真的一模一样？"

"小的还敢欺瞒大人不成？小的还没长这么多脑袋。我还想留条命和小琴恩恩爱爱做夫妻呢。"

肃顺也觉得偷梁换柱，只要做得天衣无缝，皇上也怪罪不了什么，于是着急地说："皇上还等着呢，快叫她们姐妹俩来，让我看看，偷梁换柱成不成。"

只消片刻钟，两姐妹就来了。都说孪生姐妹长得相像，肃顺算没见过小琴、小翠这对孪生姐妹长得这么一模一样。肃顺呆呆地看了半天，也没办认出来哪一个是小琴、哪一个是小翠。

"阿弥陀佛，简直是一个模子刻出来的，连美人痣都长在一处，左眉梢都有点儿向上挑。"

肃顺问两姐妹："你们究竟哪一个是小琴、哪一个是小翠呀？"

只见一位姑娘答道："我是姐姐小琴。"

声音婉转、清脆如娇莺。另一位姑娘一开口，把肃顺吓了一大跳，好端端的一个姑娘怎么像个男人的嗓音，这么粗。

"我是妹妹小翠。"

肃顺与班主对视了一下，不约而同地笑了，班主解释道："本来小翠的嗓音也很好，三年前，她发了一场高烧，烧坏了嗓子，真可怜。"

肃顺望着眼前这位仙女般的姑娘，他的心中突然涌起一阵同情来，便说："小翠姑娘，等一会儿你去伴驾，千万不要开口，开口可就露馅了。"

"万一皇上问话怎么办？"

姐姐小琴真的为妹妹捏一把汗，若不是她早已归属了俊俏的班主，她宁愿去伴驾，虽然汉不选妃，但能伴皇上度过一个风流之夜，也是她一生的荣幸。只可惜自己已不是黄花女，没那个福气了，她只有哀叹自己的命薄。不过，妹妹是个有福之人，万一真的被皇上宠上了，也是妹妹的造化。作为孪生姐姐，她打心底为妹妹高兴。肃顺听到小琴的问话，眼珠子转了几下，答道："小翠姑娘只管来个不开口，皇上还以为是美人害羞呢。"

"那以后呢？"

班主也非常关心他的这位貌美如天仙的小姨子，忍不住问了这么一句。肃顺心想:"你这位非正式的姐夫问这么多干什么?你就是再关心小姨子,也不能亲授经验吧。"

"以后皇上总会发现的。"

小翠也很担心这件事会败露,肃顺只好说:"如果你有福气,拢住了皇上的心,皇上也不会因此而冷落你;如果你没福气,几天过后,皇上对你失去了兴趣,就是你像娇莺那般婉转鸣叫,皇上也不会喜欢你。"

肃顺心想:"瞧你们,想那么远干什么?还不知道皇上这一次能坚持多久呢。当初圆明园四春之首杏花春,把皇上弄得神魂颠倒,到后来还不是冷落守空园。还有眼前的这两位汉女,几个月前简直被皇上捧到了天上,今天也是独自抹冷泪。你小翠除非施妖术,不然的话,也只是十天半个月的好日子。"

肃顺催促着:"小翠姑娘,别让皇上等得不耐烦了,快走吧。"

烟波致爽殿的咸丰帝真有些不耐烦了,肃顺去了这么久,不见他带回美人,真急人。咸丰皇帝心想:"一个女伶,还摆什么谱,又不是来做皇妃,难道还要轿子抬来不成。"

正在这时,肃顺到了,他的身后果然跟着那位俏佳人儿。美人儿一言不发,胆怯怯站在那儿,有些手足无措的慌张神情,咸丰皇帝一看,心中暗自高兴。刚才,他还担心女伶不是个黄花闺女,这会儿,他放心了,瞧美人儿满脸通红,一定没沾过男人。

"爱卿,她叫什么?"

"皇上,姑娘叫小琴,今年十七岁。臣先告退,明日再来。"

咸丰皇帝急忙说:"跪安吧。"

他早已急着让肃老六跪安了,肃顺知趣地退了下去。他向小翠摆了摆手:"姑娘,坐到这边来。"

咸丰皇帝指了指龙榻,小翠挨近了几步,但她哪里敢坐龙榻,,皇上急了,上前一步拉过她的手,她的手皮肤又细又白,像玉雕的一般。咸丰皇帝一激动,拉过玉指便吻,接着又用胡子茬乱扎在姑娘的脸上。小翠紧张极了,她扭动着,半推半就,不过仍是一言不发。咸丰皇帝俯在她的耳边,急切地说着:"哼支小曲给朕听,好吗?"

小翠浑身发抖,还是不吭声。咸丰皇帝以为她太害羞了,便不再强迫她开口,两个人很快登上了欢乐的顶巅。咸丰皇帝乏极了,呼呼大睡。小翠难以入眠，她既高兴又害怕。高兴的是自己虽然不是皇妃，是一个再普通、再下贱不过的戏班子里的小配角，但此时此刻，真龙天子的的确确赤身裸体地睡在她的身边，神非神、龙非龙，他是个有血有肉、有情有欲的男人，而这个男人又非同一般，他是皇上。小翠害怕的是万一事情败露，发现她不是皇上钟情的"杨玉环"那可怎么办？

想来想去，小翠不知如何是好。天渐亮，小翠穿戴整齐，趁皇上还没睡醒，她溜之大吉了。回到了戏班子．她扑倒在床上就哭。无论姐姐小琴怎么劝说，小翠一句也听不进去，她不奢望皇上再宠她，更怕皇上再宠她。

"姐姐，今晚如果再召，我宁死也不去，皇上钟情的是你，你自己去吧！"

"妹妹，那怎么成？"

"有什么不行，昨夜你担心皇上看破，今夜不用担心了吧，反正他也没发现伴驾的是谁。"

小翠真够倔的，死活闹着不再伴驾。到了晚上，果然不出所料，皇上又召女伶伴驾。还是肃顺亲自来的。他也辨不出谁是小琴、谁是小翠。小琴一声不吭地跟着肃顺走了，班主恨得直咬牙，在心里发狠："皇上，你占我的女人，我也饶不了你，也占你的女人，小翠昨夜是你的，今晚归我了。"

肃顺把小琴带到了烟波致爽殿，刚想转身离去，只听得咸丰皇帝说："肃爱卿，朕想听姑娘唱一曲，快去找个琴师来。"一听这话，肃顺吓得脸色变了样，偷梁换柱是欺君之罪，他的人脑袋要搬家了。他差一点没瘫倒在地。只见女伶上前一步，开口道："皇上，小琴只好献丑了。"

"今天来的真是小琴。"

肃顺深深地出了一口气，他有些纳闷了，这俩姐妹，葫芦里卖的是什么药！肃顺心中祷告着："阿弥陀佛，管他处女不处女，只要皇上不发现就行，皇上不在乎，我肃顺算老几。"

这一晚．咸丰皇帝乐不可支，美人伴驾，声乐不断，在他看来，昨晚的初夜似一层纱、似雾中花，令人遐思；今晚的欢快似一股洪流、似一团火，令人兴奋。就这样，承德城中的女伶成了热河行宫里的一朵野玫瑰，令咸丰皇帝爱不释手，但又觉得有些扎手，好像第一夜温柔备至后，女伶越来越放荡。后来，她干脆成了咸丰皇帝的师傅，亲授房事经验，弄得咸丰皇帝神魂颠倒,欲罢不能。

　　远离京城的咸丰皇帝虽然纵情声色,但他并不是个糊涂虫,也不是个蠢蛋,相反,他的头脑清醒的很。头脑越清醒,他越痛苦。因为他已觉察到自己身边有两股强大的势力,两股势力已发展到水火不容的程度,有可能一触即发。这就是以肃顺为首的"热河派"和以奕䜣为首的"北京派",其两派争论的焦点是回銮问题,

　　热河派之首肃顺大有"挟天子以令诸侯"之势,在热河行宫把咸丰皇帝侍候得舒舒服服,以致皇上乐不思蜀,逃难到了热河,京师已经平静,回銮问题一拖再拖,眼看快一年了,咸丰皇帝迟迟不定归期。这不能不引起以奕䜣为首的北京派的种种猜疑与不满。

　　却说恭亲王奕䜣,也算个仕途不平坦的失意王爷。早年,他深受父皇道光皇帝的宠爱,与四阿哥奕詝争夺皇位,虽然他聪慧过人、文武双全,但是,最终还是败在奕詝的手下,奕詝登上皇位,成为咸丰皇帝。新帝登基的当天,依先帝遗诏,奕䜣被封为恭亲王。

　　他这个爵位是先帝亲授的,这在大清的历史上从未有过,这表明他的地位十分特殊,即一人之下,万人之上。册封大典时,他热泪盈眶、百感交集。既感到失意,又感到先帝那一份爱心。从此以后,奕䜣小心翼翼地做人。

　　可是,登基不久的咸丰皇帝无论如何也不能忽视他身边的恭亲王奕䜣,由儿时亲密无间的兄弟,后来发展为兄弟对垒,直至如今的君臣关系,六皇弟不是等闲之人,咸丰初年,奕䜣的生母,也就是咸丰皇帝的养母静皇后病逝,兄弟间终于爆发了一场疾风暴雨,令奕䜣至今心有余悸。当母亲病危时,作为养子的咸丰皇帝当然会病榻前尽孝。

　　可是,昏昏沉沉的静皇后竟把皇上当成亲儿子奕䜣,说了些要儿子奕䜣提防奕詝的话。咸丰皇帝这才明白,他与皇六弟之间永远存在隔膜。借丧事办理多有疏忽为理由,年轻的王爷被赶出了军机处。

　　这无疑是给奕䜣当头一棒,他被"砸"懵了,被免去了一切职务,回上书房读书,像一个寄生虫一样,闲置无事,白吃粮食。但是,毕竟是亲兄弟,又有儿时的一段友谊,内忧外患之际,咸丰皇帝自然能想到朝廷上下最亲近的人——恭亲王奕䜣。咸丰七年,奕䜣任都统职务,咸丰九年授内大臣,咸丰十年,当外国公使强求照会清臣时,朝中已无能够委以重任的

第二十五章　强盗进京火烧圆明园　不问政事采花热河宫

人,桂良无能,载垣、穆荫失职。这时,咸丰皇帝只好派精明能干的六皇弟出面与洋人周旋。

奕䜣与大学士桂良是婿翁关系,作为岳父桂良,他当然坚决支持女婿奕䜣借此良机,发展起来。此外,另外一位军机大臣文祥也坚决站在恭亲王一边,大学士周祖培、大学士贾桢、署兵部尚书赵光、兵部尚书沈兆霖、总管内务府大臣宝望全站在恭亲王这边。

奕䜣在北京初步稳定了局势之后,开始着手瓦解肃顺集团,其中一个重要人物曹毓英就是由"肃党"转向北京派的。

当咸丰皇帝仓促之间决定"巡幸木兰"时,奕䜣竭力阻止皇上北行,而肃顺一再怂恿此举,大殿之上,奕䜣与肃顺竟大声争吵,一时间两个人都面红耳赤,各不相让。但还是肃顺的目的达到了,洋人的大炮抵住紫禁城,咸丰皇帝顾不上许多,他把北京留给了奕䜣,并朱谕:"现在抚局难成,人所共知,派汝出名与洋人照会,不过暂缓一步。将来往返面商,自有恒祺、蓝蔚雯等,汝不值与洋人见面。若抚局不成,即在军营后路督剿;若实在不支,即全身而退,速赴行在。"

咸丰皇帝临行前,十分凄惨,他对大清的未来不抱什么太大的希望,让奕䜣留京不过是暂时稳定一下局势,不至于洋人跟着皇帝打过去。京师还留一个王臣,表明大清朝依然存在。

皇上逃离了京城,恭亲王留了下来,对各个方面来说都十分称心。肃顺首先暗自高兴,他的死对头奕䜣,虽然一直没受到皇上的重用,但毕竟他与皇上是亲兄弟。关键时刻见真情,难保哪一天奕䜣不被赏识,这下子可好了,把京师留给了奕䜣和他的岳父桂良,这翁婿二人干得好,他们平分秋色;干不好,一同受罚,谁也跑不掉。

而且,肃顺总认为奕䜣他们是斗不过洋人的。这么多聪明、能干的大臣在洋人面前都束手无策,料他奕䜣也没什么好招术,还不是一样败在洋人的手里。

奕䜣留京也合了外国公使的心意。在与奕䜣打交道的过程中,外国公使总觉得奕䜣与他的皇兄咸丰皇帝有些矛盾与隔阂。英、法、俄三国公使暗中商谈,当他们用大炮轰开京师城门后,便物色一个有名威的高级官员,把他推上中国皇帝的宝座,奕䜣便是一个合适的人选。

作为奕䜣,他尚无登基的野心,国难当头,他不愿当洋人扶植的傀儡皇帝。他与外国公使周旋,终于签订了《北京条约》,哄着外国军队撤出了北京。可是,天下之大,人多嘴杂,京城里说什么的都有。有的人说奕䜣有能耐,三言两语就退了敌人;有的人说奕䜣狡诈,还不知他的葫芦里卖的是什么药;也有的人说奕䜣另有企图,借退敌之功,日后挟持皇上;更有一些人,暗中猜度奕䜣与洋人有阴谋,这便是借洋人的势力趁乱登上紫禁城大殿的龙椅。

　　这种说法,有的人信,有的人不信。信也好,不信也好,传播的人越来越多,不出几天就传到了惇亲王奕誴那儿。奕誴仅比皇兄咸丰皇帝小六天,可是,同是道光皇帝的儿子,命运却大相径庭。

　　从一开始,道光皇帝就不喜欢这个相貌粗壮的儿子,一心偏着奕詝,虽然小兄弟俩感情甚好,但毕竟不同的命运会造成人们心理上的变化。奕誴在心底深处妒忌得宠的四阿哥奕詝和六阿哥奕䜣。后来,奕詝当上了皇帝,奕誴也只有认命,谁叫自己头上没有紫气呢?

　　可是,他又开始不服气了,他与六阿哥奕䜣都是皇上的弟弟,但奕䜣为父皇亲授的王爷,而自己却是过继到惇王府,按世袭制度,承得王爵。相比之下,自己这个"王爷"名分比老六的差远了。这口气,他奕誴如何咽得下!

　　如今,皇帝"巡幸木兰",京城里是奕䜣一手蔽天,这几天传闻越来越多,奕誴让人打听了一下,无非是外国人欲扶恭亲王登基之说。奕誴又怕又气。怕的是,若真的有这回事,大清朝可就名存实亡了;气的是,当初父皇偏心,立四皇子为太子,如今外国人也偏心,拥戴的是老六,而不是他奕誴。

　　一气之下,奕誴从北京跑到了承德,求见咸丰皇帝。

第二十六章

兄弟谗言咸丰惊噩梦　权臣不敬懿妃生恨意

"万岁爷,惇王爷求见。"

一个太监站在帘子外,报了个信儿,咸丰皇帝放下手中的书,答道:"快让他进来吧。"

"嗻。"

不到一刻钟,惇亲王奕誴便跪在了咸丰皇帝的面前:"四阿哥吉祥!"

"老五,快起来,在这儿不必这么拘礼。"

这位王爷世袭了爵位,但他本人才德都欠缺一些,所以不是朝臣。他今天是以皇上弟弟的身份出现在咸丰皇帝面前的,所以不必行三拜九叩大礼。咸丰皇帝虽从没重用过五弟,但他对五弟还是很宽厚的,良田、金银没少赐予老五,所以,兄弟感情一直不错。惇亲王奕誴仔细看了看皇上,他总觉得皇上的面色有些难看,往日白皙的皮肤,今日有些泛土色,好像面庞上笼了一层灰暗。奕誴的心中一阵酸楚,话到嘴边,他又咽了下去。

"老五,你从京城来,有什么急事儿吗?"

兄弟之间,说话不需要兜圈子,奕誴直答:"没什么大事儿,只是想来看看皇兄、皇侄,当时,你们走得那么急,我连送一程的机会都没有,心中老是由念着,特来问候。"

咸丰皇帝很感激地望着奕誴,说:"朕自来承德之后,也十分惦念京师,不知洋人进京后,可曾对你们失礼?"

"皇上放心,洋人虽然烧了圆明园,但六弟出面和他们谈判,他们对王公大臣未曾有失礼之处。"

咸丰皇帝正想问一问奕䜣在京的活动,正巧奕誴提及他,咸丰皇帝便问:"老六近来好吗?与外国公使打交道可真难为他了。"

奕琮于是说:"四阿哥也知道,老六他聪明过人,文武双全,外国公使也佩服他这一点。这一次谈判,他没少费心,但是还好,总算把洋人劝出了北京,不过——"

"不过什么? 这儿只有你我兄弟二人,有什么话,尽管直说。"

"不过有人传言,说老六有野心。"

"哦,果真有此事?"

咸丰皇帝有些紧张起来。肃顺说恭亲王图谋不轨,咸丰皇帝还有些似信非信,因为他知道恭亲王与肃顺一向不和,或许其中有歹意。今天,这话从奕琮的口里说出,咸丰皇帝不能再不信了,因为奕琮与奕䜣,还有皇上,他们是亲兄弟呀! 难道说老五也有害老六之心? 不,这不可能,老五奕琮不是那种小人,他为人虽粗莽一些,但他耿直,从不去害人。

"你怎么看出他有野心?"

"四阿哥,从表面上看,老六是十分忠于朝廷的,但别人都退不了洋人,为什么他一出面,洋人就撤兵了呢? 你不觉得有些奇怪吗?"

"老六答应赔偿,所以洋人撤了兵。"

"四阿哥,你太仁慈宽厚了,只怕别人抢了你的皇位,你还为他辩解呢。"

"老五,莫胡说,老六不是那样的人。"

咸丰皇帝嘴上虽这么说,但他心里却打了个难以解开的结,那便是"老六奕䜣靠不住"。皇上当然忘不了前一阵子的回銮之争,今天奕琮又吞吞吐吐讲了京师里的一些情况,这不得不让他起疑心。

奕琮一离开,咸丰皇帝就一下子瘫坐在龙椅上,他万万想不到恭亲王这几个月竟在京城里闹谋反。这些年来,咸丰皇帝总感到有些对不住这个弟弟,毕竟他们是一父所生,又是一母所抚养,除了君臣关系,他们之间更多的是割不断的亲情,谁料这个老六竟会干出这等事来,等明日向老五问个明白,如果真的如奕琮所说的那样,即使是同胞兄弟,咸丰皇帝也不会心慈手软的,否则将后患无穷。

这一夜,咸丰皇帝一个劲儿地做噩梦,一会儿梦见圆明园被焚后的情景,一会儿又梦见恭亲王奕䜣端坐在皇宫的大殿之上,好像看见奕䜣头顶上直冒紫气,那团团烟雾在太和殿绕缠不散。咸丰皇帝一步一步走向龙椅,奕䜣猛地一下站了起来,大声呵斥:"大胆臣子竟敢犯上,为什么见了朕也不下跪?"

"老六,我才是皇帝,先帝的遗诏难道你忘了吗? 你只是个王爷!"

"呸! 父皇偏心才让你当了十年的皇帝,做皇帝的滋味你也体尝过了,这皇位本应该是我奕䜣的,当年我文武双全、聪明过人,可你哪儿都比不上我。你问一问,满朝文武,谁不承认我奕䜣是个帝才!"

"老六,快下来,朕免你一死!"

"哈哈哈……"

奕䜣仰天大笑,笑声震得太和殿的四周直发颤,咸丰皇帝不由得打了个寒噤,但他还是强撑着大叫:"老六,你一时糊涂,朕不降罪于你,但是不要再继续胡闹下去了,列祖列宗在上,他们会看得见你的所做所为的,他们会震怒的!"

"四阿哥,不是我奕䜣想抢你的皇位,实在是天意难违。如今外国人进了北京,他们见我大清的龙椅空着,企图一口吞了我大清。你说,我奕䜣能熟视无睹吗? 我登上了皇位,不过是震慑洋人罢了,让他们明白大清威仪依然在。"

"既然如此,朕已回京,你赶快下来吧,让朕继续做皇帝!"

咸丰皇帝差不多是哀求了,可龙椅上的恭亲王却一脸的蔑视,不屑一顾地说:"四阿哥,你生性懦弱,坐不稳江山,还是我来当皇帝吧。我奕䜣德才兼备,有天子之命,你何苦当个苦命天子呢?"

咸丰皇帝再也按捺不住心头的怒火了,大吼一声:"老六,你不想要命了,快下来,朕免你一死。"

"四阿哥,你不要苦苦相逼,免得我奕䜣翻脸不认人。"说罢,一阵狂风从天而降,满殿文武皆大惊失色,那旋风的中心直冲咸丰皇帝而来,眼看着就要把他卷起。

"救驾呀,快来救驾!"

咸丰皇帝连声大叫,惊起了两个侍寝太监,王公公连忙跑进来,挺身而出救皇上,可是,寝宫里一片静悄悄,连一只老鼠也不曾有。再一看,咸丰皇帝蜷缩在软榻上,他一头的冷汗,正喘着粗气。

"皇上,醒一醒,皇上。"

王公公又是抚胸口,又是拉扯手,以使万岁爷从噩梦的震慑中清醒过来。咸丰皇帝好像清醒了过来,气喘吁吁地问:"王公公,刚才朕大叫大嚷了吗?"

王公公点了点头,轻声说:"皇上,奴才一听到喊声就跑了进来,连一只老鼠也没看见,这儿戒备森严,不会有刺客,皇上尽管放心地睡吧。"

"哦,是什么事儿也没有。"

咸丰皇帝轻声地自言自语,他心里当然也希望什么事儿也没有,刚才,只是做了一场噩梦而已。

"跪安吧。"

"奴才就在门旁候着,有什么事儿,奴才以死护驾。"

"也好。"

这一下,咸丰皇帝心里踏实多了。虽然他已是而立之年的人了,但还像小时候一样,夜里怕见黑影,如果有个人陪他,他心里会踏实一些。今天这下半夜,看来他是难以入眠了。他盼着天快快亮起来,一旦用过早膳,立刻传奕䜣来问个明白,究竟老六在京城里干了些什么!

好不容易熬到了天亮,咸丰皇帝感到头昏昏沉沉的,上半夜做噩梦,下半夜失眠,这一夜,他一下子憔悴了许多。

咸丰皇帝决定马上回銮。

提到皇上回銮,还有一段故事:当初,奕䜣、奕譞等人极力反对皇上"巡幸木兰",但肃顺等人力劝皇上快走,否则后果不堪设想。从那时起,奕䜣与肃顺之间就种下了仇恨的种子,这仇恨随着时间的推移越来越深。

皇上走了,留给恭亲王一个难题。不过,恭亲王总算咬着牙挺了过来,与外国人签订了北京条约,赔了款,外国人才肯从京师撤出,北京又恢复了往日的景象。聪明的奕䜣听说肃顺等人在承德,大有"挟天子以令诸侯"之势,他忧心忡忡地对桂良、文祥二位老臣说:"两位大人可曾想到皇上久留承德的原因?"

桂良是奕䜣的岳父,他又是前朝老臣,所以在恭亲王奕䜣面前不必有什么掩遮。

"肃顺是个什么东西,皇上北行是他竭力怂恿的,如今京师早已平静,他还要阻拦皇上回銮。其险恶用心路人皆知。"

"桂大人所言一点儿也不错,我也认为还是联名上奏皇上近日回銮为上乘。"

奕䜣也这么认为,咸丰皇帝迟迟不回銮,肃顺可以操纵于他,对奕䜣

等人实在不利,所以他说:"明日我等联名上奏皇上,预定回銮日期。"

"好,就这么说定了。"

第二天,留京的几位大臣,以奕䜣、桂良、文祥、胜保等人聚集军机处,商议了一会儿,决定联名上奏,请求皇上回銮。内称:"伏思皇上驻跸木兰,原为招集援师之举,暂时权宜,而非为久安计也。臣等远隔天颜,迄今五旬,五中依恋,梦寐难忘。且查京师自八月以后,富室大僚,下逮商贾,率多迁避,近闻和议已成,迎銮有日,俱已纷纷搬还。臣等再四思维,尤冀及早迎銮,若乘舆早日还京,不但京内人心一定,即天下人心亦为之一定。"

热河山庄里的咸丰皇帝看到这份奏折后,龙颜大悦,他自言自语道:"老六啊,人都说你有谋反之心,朕也一度怀疑过你,今天看来冤枉你了。如果你真的有野心,今日定不会迎銮回京。"

咸丰皇帝从这份奏折中看到了恭亲王的忠心耿耿,他决定即日回銮。可是,过了一夜,他又改变了主意,因为肃顺为咸丰皇帝安排的行宫生活实在太惬意了,他还想多留几天,再享受享受。

眼看冬天就要来临,如果再不回銮,一旦铺下雪雨来,回銮更困难了,奕䜣等人再一次上奏皇上,请皇上速速回京。咸丰皇帝当然也有些想念皇城了,他生在圆明园,长在紫禁城,三十年来还没离开皇宫这么长时间,毕竟是皇宫的吸引力更大。一日用过晚膳,咸丰皇帝对身旁的肃顺说:"肃爱卿,朕又接到留京爱卿们的折奏,他们请求回銮,你以为如何?"

一听这话,肃顺的心里"咯噔"了一下,他万万不能赞同皇上回銮,因为在这承德,皇上倦政,一切事务全由他肃顺处理,一旦回了京城,奕䜣、桂良、文祥等人,个个瞪大了眼睛盯着看,还有他肃顺的好日子吗? 听皇上这话的口气,好像他有些动心了,也许皇上很思念皇宫。

"皇上,回銮固然极好,可外国公使仍坚持亲递国书,皇上能容忍吗?"

"这个——"

咸丰皇帝没说下去,但肃顺心里明白,皇上容忍不了这件事。外国公使要求"亲递国书",这件事情本身没什么不妥,不过让咸丰皇帝难以接受的是大殿之上,外国公使见到中国的皇帝只行鞠躬礼,而不下跪。

岂有此理! 咸丰皇帝一向瞧不起洋人,而这些洋人们却不愿向大清的天子下跪。这一点，咸丰皇帝万万不能接受。

"皇上，再说外国人肯善罢甘休吗？这么多的能臣都未能退敌，臣不相信恭王爷有这么大的能耐，凭他几句话就把外国人给说服了？万一皇上回銮之后，外国人再打过来，如何是好！"

咸丰皇帝频频点头，他觉得肃顺分析的每一件事都合情合理，他不再犹豫了，提起朱笔，亲批："再，本年回銮之举，该王大臣等不准再行渎请。"

咸丰皇帝已向留京大臣们下了死命令，任何人不准再提回銮之事，起码今天冬天不准再上奏。京师里的恭亲王接到这份朱谕后，无可奈何地说："四阿哥，皇上，你太糊涂了。"

既然咸丰皇帝朱谕在此，其他大臣们也只好作罢，可是几天后，奕䜣又冒险上了一奏折，恳请皇上三思，近日回銮是上策。字里行间都流露了奕䜣的急切心情，咸丰皇帝读后，着实也受了一些感动。奕䜣说："若以前日情形而论，大局何堪设想，现在洋人已退，人心尚未涣散，非始愿所能料及。为今日之计，唯有仰恳圣驾回銮，俾臣得早抒依銮之忧。将来如果示以诚信，洋人即明春来京，亦决不至别启争端。"

可是，既然上次已明谕不准再奏，天子金口玉言怎好更改，再说咸丰皇帝也不想马上结束快乐的行宫生活，他在奕䜣的奏折上批道："本年天气渐届严寒，朕拟暂缓回銮。俟明春再降谕旨。"

咸丰皇帝总算给了个答复，奕䜣也不好再说什么，回銮之争暂时平息了。咸丰皇帝在热河依然过着他的"幸福"生活，这可急坏了留京的一些大臣们，他们都认为皇上迟迟不回銮，是肃老六捣的鬼，尤其是沉不住气的胜保再也憋不住了，他大叫道："皇上留在热河，一切政务全由肃顺、端华、载垣几个人包揽了，皇上早已被挟制了。"

"大人，小心隔墙有耳！"

文祥急忙制止急性子的胜保，胜保无所谓似的说："有耳我也不怕，肃顺的用心路人皆知，他不就是利用路途遥远，做些手脚吗？看他能猖狂到何时！"

大家正你一言，我一语地议论着，忽报圣旨到，人们顿时鸦雀无声，只听得宣旨太监高声道："谕旨二月十三日启銮，十九日还宫。三月初二由京启銮，初六日抵东陵。礼成后十四日驻跸避暑山庄。钦此！"

圣旨是宣读完了，无一人口呼"万岁"，大家都愕然了。胜保憋不住心里话，叫道："怎么，皇上回銮只是小住几日，他还要走？与其这样劳民伤财，还不如不回銮。"

恭亲王奕䜣沉思了一会儿，他看透了大家的心思，大家都失望极了，可是他却说："只要皇上肯回銮，回来以后再说。我等马上拟奏，告皇上我等赴密云恭迎圣驾。"

"事到如今，也只好如此了。"

桂良叹了一口气，他希望皇上这次不要再改变主意。可是，他的担心很快变成了现实，咸丰皇帝病了，真的病了。回銮日期只好再拖一拖。一些留京的大臣们不明真相，以为这一次还是肃顺在捣鬼，一气之下，纷纷要求亲赴热河，当面诘问肃顺用心何在。若不是恭亲王奕䜣一再劝阻，"倒肃"情绪会愈演愈烈，还好，在奕䜣的劝导下，回銮之争平息了下来。

就在以恭亲王奕䜣为首的"北京派"掀起"倒肃"热浪的时候，承德避暑山庄里也不平静，这便是后妃与权臣的激烈斗争。

在热河这片小天地里，出现了肃顺为首的"热河派"独揽大权的局面。肃顺、端华、载垣看得明明白白，只要咸丰皇帝整日纵情声色，他们的日子就好过。而这位多情的天子恰恰又逃脱不了酒色的羁绊，这正中肃顺的下怀。咸丰皇帝不但好色，他还爱酒。特别是到了热河之后，酒色更成了他生活中的主旋律，养汉女、宠女伶，他开心极了。可也疲惫至极，以至于体力不支，整日迷迷糊糊，不知今宵是何日！

皇上如此荒唐怎能不引起皇后的不满，皇后一向宽厚仁慈，但她看到皇上这些行为后，也不免有些生气。她认为咸丰皇帝不是在享受生活，简直是在糟踏自己，这样下去，不久皇上的身体就会垮下去。小皇子载淳尚在幼年，万一皇上有个好歹，大清的江山谁撑呀！

皇后忧心忡忡，被聪明的懿贵妃看了出来。对于皇上的荒淫无度，懿贵妃也是看在眼里，气在心里。她一方面也和皇后一样担心大清的天子身体吃不消；另一方面，女人的嫉妒心无时无刻不在折磨着她。正值二十六、七岁的少妇，需要情、需要爱。可是这些年来，她一直独守空房，尽管忠实的奴才小安子时常偷偷摸摸来陪陪她，可是毕竟小安子是个太监。

原来在京城时，咸丰皇帝也曾胡闹过，但圆明园养的四个汉女只是偷偷摸摸的勾当，回到紫禁城后，皇上只好循规蹈矩，偶尔召幸于懿贵妃。

可如今到了避暑山庄,皇上沉湎于女色,一会儿养汉女,一会儿宠女伶,无暇顾及少妇那拉氏,她焉能不生气!

一天下午,皇后来到了懿贵妃宫里,两人相见,话题自然离不开皇上。皇后幽幽怨怨地说:"妹妹,皇上御体近来欠安,我们姐妹总该规劝、规劝才是。"

"姐姐,这事儿的确让人心烦,皇上欢娱无度,听说——"

懿贵妃顿了一下,不再往下说,皇后也是个细心之人,她知道懿贵妃一定听说了什么新鲜事儿,只不过不便说出口罢了,皇后着急地追问:"你听说了什么,快说给我听听。"

"姐姐,这又不是什么好事儿,再说我也是听说而已。"

皇后心里急死了,她平日里温文尔雅,很少发火,可今天她憋不住了,不耐烦地说:"瞧妳吞吞吐吐的,到底妳听说了什么?"

懿贵妃并不是不想说,她只不过是想激起皇后的愤怒而已,好让皇后出面干涉皇上。她看到皇后已急不可待,才开口说:"听说皇上曾逛过窑子。

"什么?皇上宠过妓女?"

皇后瞪大了眼睛,她真不敢相信一国之君竟荒唐到这种地步!若不是今天懿贵妃告诉她,她还不知道这件事呢。唉,皇上呀,皇上,你怎么会发展到这一地步,后宫佳丽十几人,哪一个不赛天仙,你还去找那些女人。想到这里,皇后一阵心里难受,落下泪来。

懿贵妃坐到皇后的身边,拉住她的手,轻声说:"姐姐,我还听说是肃顺把皇上带出的,他偷偷摸摸地带着皇上逛街市、嫖妓女,全是他一人干的。"

皇后咬牙切齿,愤愤地说:"好个肃六,你自己游手好闲、胡作非为还不够,如今又引诱皇上偷出山庄逛街市、逛窑子,真可恶!"

"姐姐,你不觉得肃顺越来越猖獗了吗?在这儿,他一手遮天,咱们该想个法子才是。"

懿贵妃想的更多的不是咸丰皇帝的龙体是否安康问题,而是朝廷前程命运的大事。这一点,她比温和的皇后要站得高、看得远,这些是由她那敏锐的政治头脑所决定的。皇后恨的是肃顺引导皇上走歧路,这样下去,皇上会堕落的。

"总该想个法子才是,妹妹,你以为如何呢?"

皇后每遇大事,总想听一听懿贵妃的意见,因为她总觉得懿贵妃头脑灵活、聪明能干。懿贵妃也当仁不让,她也总爱在皇后面前表现一番,以显示自己的才干。

"我觉得若要规劝皇上勤政,必须先倒肃。"

"倒肃?"

"对,打击肃顺的嚣张气焰,使皇上猛醒!"

懿贵妃的态度很坚定,她毫不含糊。因为她恨透了肃顺,她与肃顺已到了水火不容的地步。早先在京城里,目睹了肃顺的专横跋扈,懿贵妃心中就充满了愤怒;后来又耳闻朝中大臣有的人与肃顺势不两立,而更多的人却趋炎附势,她更气;几个月前,皇上一行人仓皇逃出京城,一路上肃顺百般刁难于她,现在回想起来,她还心有余悸。种种理由足以使懿贵妃恨不得一口"吃"下肃顺。可是肃顺是只恶狼,弄不好,懿贵妃会粉身碎骨,她想来想去最后决定借助皇后的威望来除掉恶魔肃顺。

为什么懿贵妃如此恨肃顺呢?这其中除了肃顺太猖狂,一手遮天之外,还有另一层原因,那便是肃顺对尊贵的皇妃叶赫那拉氏太冒犯了。按理讲,外臣与后妃是不可能发生冲突的,因为大清的制度规定后妃住在后宫,而外臣们是不允许出入后宫的,可是,到了咸丰末年,这种严格的礼节被打乱了。"巡幸木兰"的路上,无所谓"后宫",更无所谓"臣妃不得相见"。

咸丰皇帝一行人仓皇离开京城时,由于恭亲王奕䜣、醇亲王奕譞以及文祥、桂良、宝鋆等大臣坚决反对,所以这些人动也不动。肃顺费了好大的劲才找来一辆能坐的宫车,姑且当作龙舆。可是,随行者还有皇子、皇后、皇妃等人,算一算还需要二、三十辆车子,到哪儿去弄车子,皇城纷乱,皇宫离圆明园还有一段路程。实在无计可施,肃顺只好让载垣去雇一些民用马车来拉后妃们。这民用的车子一般都很简陋,别说坐垫、靠背不齐全了,就是连车板木都很差,有的马车只简单地钉上几块木板,拉起车来,木板吱吱直响,人坐在上面有些轧屁股。也真巧,懿贵妃坐的这辆马车特别差,刚出圆明园不久,她就被颠簸得腰酸腿疼,骨头架子像散了似的。

离京城越远,道路越崎岖.又下了一点儿小雨,马车在泥泞中行进很慢。车内的懿贵妃怀里抱着小皇子载淳,心里很不是滋味。尽管她少时也曾贫寒过,不是什么名门闺秀,尽管她也曾扶先父之灵柩回京,一路辛苦过,可是自从十七岁进宫,至今也有十年了。这十年来,锦衣玉食地养着她,尊贵的皇贵妃已过不惯艰苦的日子了。

小皇子载淳从来没受过这样的罪,他一出生就享受着人间最富贵的生活,他未曾体验过艰苦,更不懂得什么叫艰苦。

"额娘,好难受,我还要坐阿玛的龙舆。"

"阿哥,乖孩子要听话,阿玛抱了你好大一会儿,他该歇歇了。"

懿贵妃知道咸丰皇帝的心情不好,所以不想让小皇子去缠他,可是小孩子哪儿懂这么多,他只知道阿玛坐的龙舆要比亲额娘坐的马车舒服一些。

"不,我就要回阿玛那儿去!"

小皇子也很倔,懿贵妃的话,他只当耳边风,这下子可惹恼了懿贵妃,她将怀中的孩子一推,大声吼道:"走、走、走,不听话的孩子,以后有什么好吃的,你休想让额娘留给你。"

"哇"地一声,小皇子哭了,别看他人小,但哭声却不小,一直传到了前面的龙舆里,咸丰皇帝听到小皇子的哭声,眉头一皱,开口道:"王公公,快去问一问阿哥怎么回事。"

"嗻。"

片刻,太监王公公回来了,他在车帘外低语:"回万岁爷的话,阿哥不愿坐贵妃娘娘的车,他嫌车颠得厉害。"

咸丰皇帝也享福惯了,他也不愿抱个孩子在怀里,于是口谕:"把大阿哥送至皇后处。"

于是,小皇子下了懿贵妃的马车,又坐到了皇后的车里。懿贵妃心里很不是滋味,她觉得皇上口谕小皇子坐皇后的马车,简直是对自己的侮辱。自己是小皇子的生母,儿子却坐在皇后的怀里,实在是太气人了。懿贵妃越想越气,不知不觉间两行泪水,顺着眼角流到了腮边。就在这时,车子又上下颠簸了几下,差一点儿把懿贵妃甩到了车外,她连忙抓住车板横木,努力镇定下来。

"什么破车子,简直是活受罪!"

懿贵妃不禁在心里骂了一句。车子在泥泞的小路上缓慢地前进,不过,颠簸得不像刚才这么厉害了,懿贵妃又乏又困,她闭上眼睛小睡一下。

"嗒、嗒、嗒……"

一阵急促的马蹄声传来,懿贵妃从朦胧中醒来,也不知行至何处了,她撩开车帘往外一看,四处是荒野,满眼是泥泞。只见肃顺骑着一匹宝马,从后面赶至前方。懿贵妃连忙大叫:"等一等。"

肃顺勒住马头,急切地问:"娘娘,何事?"

在圆明园的时候,肃顺时常出入园子,与各嫔妃都认识。懿贵妃总觉得肃顺有些粗鲁,所以一向瞧不起他。两天前,肃顺竭力撺掇皇上"巡幸木兰",而懿贵妃站在恭亲王奕䜣的一边,坚决反对出逃,她与肃顺有些小摩擦,所以她对肃顺更反感了。如今肃顺护驾北行,一切事务都是他安排的,也只好向他开口。

"能不能换一辆马车,这辆车太破旧,颠簸得厉害。"

肃顺一听这话,眉头紧皱,不耐烦地说:"娘娘,这都什么时候了,能和皇宫相比吗?"

这话是事实,但在懿贵妃听来,刺耳极了,好像是肃顺在故意挖苦她。尊贵的贵妃娘娘哪儿能受这样的气,她愠怒了,厉声说:"不比在皇宫,总也不至于活受罪吧。"

肃顺也不想得罪这位能干的娘娘,他的语调改变了一些:"娘娘,这荒郊野岭的,我到哪儿去弄辆好车子呀。这样吧,等到了集镇,我设法弄几辆好马车,你和皇后都换一换吧。"

这句话还算中听,懿贵妃不再说什么,她在心里盘算着,估计天黑时才能到密云县。好不容易盼来了天黑,懿贵妃撩开车帘往外看,只见灯火渐渐地连成了一片,她心里暗自高兴,到了密云城,可以下车住店歇一歇,吃点东西,然后再让肃顺去找几辆好一点的车子,明日上路会舒服一些。不到半个时辰,真的进了密云城,皇上、皇后、皇子、皇妃们都舒了一口气,肃顺进了县衙门大院,连叫了三声,才看见一个看门的老头子一拐一拐地走了出来。

"大人从何而来?"

老头子一见肃顺身着官服、头戴官帽,就知道来者有派头。肃顺不耐烦地说:"皇上驾到,还不快让你们县太爷跪迎圣驾!"

一听大清的皇上来了,老头子"扑通"一声跪到了地下,磕了几个响头,差一点儿没把头磕破。他哆哆嗦嗦地说:"求老爷开恩!求老爷开恩！"

肃顺踢了老头子一脚,吼道:"臭老头子,你啰嗦什么?"

老头子依然跪在地上,不肯起来,他吓得说不出话来,肃顺气得一巴掌打到了他的脸上,这才打出几句话来:"小的告诉老爷,老爷可不能拿小人开刀,不然,我死也不会说。"

"好、好、好,有屁快放!"

肃顺本来就很粗鲁,这会儿他的脏话脱口而出。老头子怯怯地说:"听说洋人打进了京城,县衙门的老爷们全逃走了。知县老爷临走时,给了我三十两银子,让我看护这衙门院。"

"都是些什么东西!"

肃顺更气了,他一脚踢在老头子的背上,疼得他直流眼泪。肃顺还想再踢一脚,转而一想,不行,还得让老头子给安排临时行宫呢,于是,肃顺吼道:快去安排一下,皇上、皇后还有小皇子都要用膳。"

老头儿赶紧爬了起来,离开这是非之地,不过,今天他在惊吓之余,还有一丝高兴,这便是他活了一大把年纪,今天总算可以仰望天子的龙颜了,这也是他的造化。肃顺让太监、宫女们扶着疲惫不堪的咸丰皇帝下了龙舆,走进低矮的衙门大厅里休息。

咸丰皇帝揉捏着肿胀的双腿,有气无力地说:"知县为何不来见驾?"

肃顺答道:"全都跑光了,只留下一个护院的老头子,看来皇上要委屈一个晚上了。"

咸丰皇帝轻轻地叹了口气,他又能说什么呢?一路上颠簸辛苦,他都有些麻木了,只要今晚能吃上一顿热乎饭,就是老天爷赐福。

"肃顺,安排晚膳,朕真有些饿了。"

"皇上,臣已安排好了,只是一路上有些事情,臣欲上奏皇上。"

咸丰皇帝哭丧着脸,说:"如今不必拘礼,爱卿有话即讲。"

"嗻。"

肃顺刚想开口,只听得一个太监的声音:"肃大人,懿贵妃让奴才来讲一声。"

肃顺一看,是懿贵妃身边的狗奴才安德海,他的气不打一处来。这个小安子媚颜十足,专讨主子懿贵妃的欢心,他仗着主子的势力,从不把肃顺放在眼里,肃顺也早有耳闻,听说小安子不是个"善茬",所以还没等小

安子说完话，就不耐烦地说："讲什么？现在什么也不要讲！"

那语气生硬极了，让咸丰皇帝听了都有点儿吃惊，肃顺也觉得自己有些过分，便补充道："天都已经黑了下来，皇上还没用膳，我哪儿有空去找马车，让你主子再忍一天吧，明天再说。"

安德海一脸的不高兴，他走了。肃顺随即忘记了这件事，可小安子回到懿贵妃的临时住处，却大加渲染了一番。他耷拉着脑袋，低声说道："主子，你就忍了吧，如今是肃顺一手遮天，还有主子您的好处吗？"

懿贵妃气得脸色发青，她咬牙切齿地说："好个肃六，你骑到娘娘我的头上了，也不看看我叶赫那拉氏是好惹的吗？"

"主子，小不忍则乱大谋，你不是常教导奴才吗？"

懿贵妃点了小安子一下，心里好受了一点。

"好个猴精儿，就你会说，去吧，看看晚膳怎么安排的。"

"嗻。主子放心，皇后吃什么，娘娘就吃什么，我小安子还能让娘娘受委屈！"

懿贵妃也真的乏极了，用了晚膳，她便睡了，一觉醒来，天已朦胧亮，她披件夹衣走到衙门院里。只见院里已有一个人，这个人正认真地打着太极拳，原来是肃顺。懿贵妃于咳了一声，肃顺目不斜视，依然一招一式地坚持下去。尽管懿贵妃有些不高兴，但她还是耐心地等他收式。

"娘娘吉祥！"

肃顺不能装下去，收了式连忙向懿贵妃请安。懿贵妃一看天色还早，除了他们俩，还没有第三个人起身，便说："肃大人，昨日我坐的马车实在太破旧了，一路上颠簸得厉害。趁现在没事儿，你赶快去找一辆新车来。"

"娘娘，你让我肃顺怎么说呢。这非常时期，哪儿去找新马车。若是在平常，别说一辆好车，就是一百辆也不难。可如今连知县都逃走了，这儿人生地不熟，向谁去要好车！"

懿贵妃一脸的不高兴，但她还是尽量按捺自己不发火，用商量的口气说："我这儿有银子，你到集市上去买一辆吧。"

肃顺冷笑了一声，说："娘娘，你是真不知，还是装糊涂？一大清早，到哪儿去买马车！哼！"

懿贵妃没有想到肃顺竟敢对她如此不敬，气得她泪水夺眶而出。她转身就走。肃顺仿佛不知道已经得罪了懿贵妃，依然在背后大声说："娘娘,不是我肃顺不帮忙啊。如今有辆旧车已经不错了,我到哪儿去弄新车!"

懿贵妃听得清清楚楚,她头也不回,一头扎进屋里,扑在床上就哭。小安子听到主子的哭声,连忙爬了起来,来劝慰主子。

"主子,莫哭、莫哭,你都两、三天没休息好了,再一哭,身子怎能吃得消。"

懿贵妃心头一热,含着眼泪说:"小安子,也就只有你心疼我。"

又过了半个时辰,皇上、皇后、小皇子以及众嫔妃都起身了,懿贵妃闹腾了一个早上,她早觉得饿了。昨天晚上太乏,只吃了一小口馒头,现在腹中已咕咕作响。小安子走了进来,送上一碗薄粥,没有馒头,也没有鸡蛋。

"小安子,今天怎么回事儿?"

懿贵妃早膳一般吃得也不多,在宫里时,一碗鲜牛奶、一个鸡蛋、一块萨其马。今天特别饿,却只有一碗薄粥,她当然很不高兴。

"主子,皇上只两个鸡蛋,皇后一个,阿哥一个,主子和其他娘娘没有。"

"什么? 这个肃六也太欺负人了!"

懿贵妃气得咬牙切齿,猛地起来,冲向肃顺。肃顺当然明白她为何而来,不等懿贵妃开口,便说道:"从今日起,饮食减半,除了保障皇上和大阿哥的膳食外,其他人,包括皇后不得提出要求。"

懿贵妃咽了口唾沫,转身就走,她在心里恨得厉害:"肃六呀,肃六,等哪一天你落到我那拉氏的手里,我让你连薄粥都喝不上。"

第二十七章

上下两宫齐心怒肃六　听信谗言挥笔杀贵妃

　　懿贵妃就此对肃顺埋下了恨意。咸丰皇帝驾崩后，懿贵妃借着西太后的威名处死了肃顺，报了肃顺的不敬之仇。当然这是后话。

　　咸丰皇帝自从来到热河行宫后，对肃顺更加宠幸，肃顺也仗着皇上对他的信任逐渐地跋扈起来。在避暑山庄里随便出入，不禁引起了皇后的反感。

　　皇后钮祜禄氏性格宽宏大度，一向不与别人计较。她深受传统礼教的教育，做人做事有些循规蹈矩，不失为一个贤良淑德的好皇后。在京城皇宫时她主管后宫，赏罚有度。真心疼爱地教导小皇子，也从来不干涉朝政，因此，宫中之人无不称赞，咸丰皇帝也对其敬爱有加。但是来到避暑山庄后，却发生了一件令她受辱的事情。

　　一日，皇后来到了烟波致爽殿看望咸丰皇帝，因为天热，皇后只穿了一件薄绸小褂、一条真丝长裤，咸丰皇帝一见皇后到此，龙颜大悦，高兴地说："朕好久没与皇后在一块儿用膳了，今天朕的心情格外好，留下来用晚膳吧。"

　　皇后嫣然一笑，说："既然如此，让王公公把大阿哥也接过来吧。这孩子这些日子以来，读书可用心了，师傅直夸他。"

　　听说小皇子学业有进步，咸丰皇帝喜上眉梢，他就这么一个宝贝儿子，当然希望儿子学业有成，将来承继大统。于是，咸丰皇帝口谕太监王公公去懿贵妃处接小皇子，王公公刚转身想离去，皇后又喊住了他："慢着，请懿贵妃一块儿来吧。"

　　咸丰皇帝高兴地望着皇后称赞她："皇后，你人真好，有你这么一位皇后，是朕这一生最大的福气。"

　　一会儿，懿贵妃牵着小皇子的手，喜孜孜地也来到了烟波致爽殿，好几天没见过父皇了,小皇子一看到咸丰皇帝便蹦蹦跳跳,一跳一跳像山雀一样跳到了父皇的怀里。

"阿玛吉祥!额娘吉祥!"

"乖,好阿哥。"

咸丰皇帝柔情似水,抚摸着小皇子的秀发,表现出无限的怜爱之情。皇后拉着懿贵妃的手问长问短,懿贵妃不住地点头说着什么.,今天特别闷热,懿贵妃也穿得很单薄,宫女不住地在后面为她们摇着扇子,每个人的头上依然是汗珠。

"皇后、爱妃,瞧你们,这大热的天,衣扣还扣得这么紧。这儿又没有别人,解开扣子透透气。"

咸丰皇帝平日里也很会关心人,更何况一个是皇后、一个是他的妃子。皇后与懿贵妃对视了一下,两个人都动手解开了最上边的一个蝴蝶花扣,露出白皙的脖子来。皇后不好意思,又想扣上,咸丰皇帝一把拉住了她。

"瞧你,热得透不过气来,怕什么。"

皇后只好笑着说着,这才罢手。不一会儿,太监来报:"肃大人到!"

皇后与懿贵妃连忙起身回避,咸丰皇帝制止道:"用不着如此拘礼,这儿不比皇宫,肃六常来常往的。"

皇后与懿贵妃只好又坐了下来。只见肃顺可能也是怕热,只穿了一件白色的真丝长衫到此。他一跨进门,发现皇后、贵妃娘娘在此,丝毫没有后退的意思,他向皇上、皇后行礼,又向懿贵妃点了点头。皇后连忙用眼色瞟了一下懿贵妃,示意她快将扣子扣上,懿贵妃会意地点了点头。

一位宫女送上冰茶,皇后、懿贵妃各端一杯,宫女端着一碗走向皇上,肃顺站了起来接过冰茶送至皇上的手中。这小小的动作,皇后、懿贵妃全看在了眼里,她们不由得皱了皱眉头。咸丰皇帝非常自然地接过了冰茶,可见,肃顺送水不是第一次了。坐了一会儿,肃顺起身告辞,咸丰皇帝居然说了句:"爱卿慢走。"

肃顺离开后,皇后一脸的不高兴,这种变化,咸丰皇帝并没有注意到,但却没逃脱懿贵妃那敏感的眼睛。懿贵妃当然明白皇后为什么不高兴,皇后一向讲究礼节,可今天她们姐妹穿得都很单薄,外臣肃顺全看在了眼里,这对于庄重的皇后来说,简直是一种侮辱。

　　用膳的时候，皇后一语不发，咸丰皇帝觉得有些不对劲儿，便关切地问："皇后，哪儿不舒服吗?"

　　皇后摇了摇头，还是一言不发，懿贵妃似乎觉得"空气"太凝重了，便开口道："阿哥，多吃一点。"

　　小皇子载淳小脸儿一仰，直摇头。自从到了热河，载淳的身体一直不好，也许是有些不服水土吧，这几个月以来，他总是闹肚子。六岁的孩子还没有百姓家三岁的孩子吃得多，对此，皇后和懿贵妃总觉得是块心病。一见今日用膳，阿哥的胃口又不好，皇后也直发愁。

　　"阿哥，你想吃什么，额娘替你夹来。"

　　皇后十分温存地询问小载淳，小载淳双手支着下巴，想了一会儿，才说："想吃那'看桌'上的烧鲫鱼。"

　　什么是"看桌"呢? 原来，皇帝每次用膳时，要摆上两张桌子。一张桌子上的菜肴是供皇帝食用的，另一张则只摆摆样子，并不动其菜肴。一般地说，"看桌"上的几十道菜肴的质量要比食用的这张桌子上的稍差一些，但也是山珍海味俱全。明明这张桌上的菜肴好一些，小皇子也明白这个道理，但小孩子总有好奇心，这便是"隔锅的饭香"吧。他居然要吃"看桌"上的鲫鱼。

　　既然小皇子提出了，侍膳太监只好小心翼翼夹上一条三、四两重的烧鲫鱼，然后剔去刺骨，送至小皇子的面前。小皇子正是淘气的年龄，这么大的男孩子，哪个不顽皮。

　　"我又不想吃了，李公公，你学小狗的模样，趴在地上，吃了这条鱼。"

　　咸丰皇帝露出一丝不满的神情，但他没说什么，懿贵妃笑眯眯地看着儿子，皇后则眉头一皱，不高兴地说："阿哥是懂事的乖孩子，不可如此没规矩!"

　　小皇子听到一向疼爱他的皇后额娘这么训斥他，"哇"地一声大哭了起来。太监张文亮连忙哄劝，可是越哄，他越哭，干脆，他又捶又打张文亮。皇后有些恼怒了，厉声说："张文亮，把阿哥抱下去。"

　　张文亮抱起小皇子便走，小皇子趴在他的肩头，直叫："张文亮坏! 张文亮坏!"

　　咸丰皇帝有些感慨地说："大阿哥有些骄纵，皇后应多加教导才是。"

　　懿贵妃嘴一噘，一脸的不高兴，皇后训斥小皇子，就像打在她的脸上似的。其实,宽厚温和的皇后根本没考虑那么多,但她马上发现了懿贵妃情绪上的变化,连忙说:"大阿哥都是我给惯宠成这个样子,皇上请放心,以后我会慢慢教导他的。这孩子天性善良,又机灵,很招人喜爱,相信他一定会有作为的。"

懿贵妃搭讪着说:"阿哥脾气有些倔,妾也有责任。"

"好了,小孩子一时任性,没什么大事,以后多开导他便是。"

咸丰皇帝的这句话算把关于小皇子的话题给结束了。这一餐被小皇子一搅和,谁也不想吃了,只好撤去饭桌。回到东暖阁,气温依然很高。皇上,皇后和懿贵妃闲聊了一会儿,皇后突然想起了什么,说:"皇上,如今在这山庄里,后宫的月银均减少,她们姐妹的膳食也不比往日。皇上的'看桌'能否撤去,这样可以节省一些。"

皇后虽然出生于富贵人家,从小也是锦衣玉食地养着,但她天性善良,有一副同情心。近来,她发现后宫嫔妃们的膳食差多了,所以今天建议撤去御膳上的"看桌"。咸丰皇帝点头称是:"皇后,你这个建议好极了,等朕问一问肃六,便撤它。"

咸丰皇帝为什么要征询肃顺的意见呢? 原来自从离开皇城,来到这承德避暑山庄,肃顺便成了皇上的"私人秘书"。上至朝廷大事,下至生活起居,皇上的一切事务是由他包揽的。正说着,肃顺又来了,皇后一脸的不高兴。膳前才来过,这刚用过膳,他还来。怪不得太监、宫女们在背后议论纷纷,都说肃顺像皇上的影子,总是不离皇上左右。

"皇上吉祥! 皇后吉祥!"

皇后面无表情,皇上却热情地点点头,算是对爱臣的最高奖赏。咸丰皇帝就像着了魔似的,一见肃顺,龙颜便大悦。

"爱卿,皇后建议撤去看桌,你以为如何?"

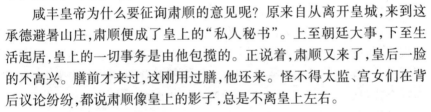

咸丰皇帝还真的征询肃顺的意见,皇后给懿贵妃递了个眼色,懿贵妃明白,皇上这么做,皇后很不高兴。肃顺则不假思索地说:"臣以为撤去看桌不妥。"

"为何?"

"传了出去,别人还以为皇上连用膳的银子都短缺呢。"

咸丰皇帝转向皇后,说:"既然如此,不撤看桌。"

皇后虽然没再反驳什么,但她心里反感极了。她堂堂皇后的话还抵不上一个外臣的一句话,岂有此理! 皇后的脸色变得有些难看,咸丰皇帝并没留意到这一点,但懿贵妃全看在了眼里,她走到皇后的身边,捏了捏皇后的手,意思是说:"不要和这等小人一般见识!"

又坐了一会儿,皇后和懿贵妃便起身告辞了,临行前,皇后对肃顺说:"大家都回去吧,皇上还要歇息呢。"

肃顺只好点点头,可咸丰皇帝却说:"爱卿,你稍留片刻,朕有话对你说。"

回去的路上,懿贵妃愤愤地说:"好个肃六,他尽和我们姐妹作对,一味地迷惑皇上。姐姐,应该给他点颜色看看才是。"

皇后的心里当然也很恨肃顺,可是又觉得找不出足够的理由去惩罚他。虽然肃顺从外面偷偷弄两个风骚女人迷惑皇上,虽然他又找来乌七八糟的戏班子,还弄个女伶上龙床;虽然他也曾带皇上逛集市、嫖妓女,但这些都是小节问题。

"怎么惩治他呢?"

懿贵妃一时也没有什么好主意,便说:"狐狸总会露出尾巴的,等以后抓住了他的把柄,非惩治这个可恶之徒不可。"

在热河行宫,肃顺权臣当道、专横跋扈,不可一世。他深知皇后、懿贵妃恨他,所以不惜重金,买通了后宫里的不少太监和宫女。不过,肃顺却买不通一个特殊的太监——安德海。小安子是懿贵妃的心腹太监,肃顺对这个狡猾的小安子一点儿办法也没有。肃顺暗中收买人心,不久便被小安子知道了,很快,皇后和懿贵妃便也知道了。皇后对身边的太监、宫女便有了提防,她觉得懿贵妃身边的人要可靠一些,于是,有什么事儿,她总是到懿贵妃那儿去说。一天,皇后带着小皇子又到了懿贵妃这里,因为她听说皇上近来不再召幸任何一个嫔妃,总是一个人独居烟波致爽殿。这对于一个三十来岁的男人来说是不正常的。

懿贵妃看到儿子也来了,心中不禁涌出一阵爱怜,她把大阿哥揽在自己的怀中,和皇后叙话儿。

"姐姐,你查过召幸薄吗?"

"查过,足足十二天,皇上都没召幸过。"

"是不是肃六又偷偷地把皇上引到了妓院里,这样下去怎么得了。"

皇后与懿贵妃:你一言、我一语地骂着肃顺,小皇子瞪大眼睛看着两位皇额娘,他幼小的心灵里种下了一粒种子,那便是:肃顺是个大坏蛋。因为,最宽厚仁爱的皇后额娘都说肃顺坏,可见,肃顺真的很坏。

就在皇后与懿贵妃密谈后第三天,发生了一件事,这件事让肃顺大吃一惊。这一天,天气依然非常闷热,到了黄昏时分,树梢动也不动。屋里实在太热了,于是皇后令张文亮把大阿哥带到花园里的树荫下透透气。这下子,小皇子可高兴了,他直嚷嚷道:"额娘,我要挖小草玩,好吗?好吗?"

皇后一想,小孩子的天性便是玩耍,于是点头同意了。太监张文亮带上一把小铲刀,准备让小皇子好好玩一会儿。雀儿一般活泼的小皇子.一蹦三跳,也不让背、更不让抱,一跳、一跳,飞奔至花园,正值盛夏,园子里的草木正旺,各种花儿竞相开放、彩蝶翩翩飞舞,小皇子犹如笼中的鸟儿初出笼,自由自在地"飞翔"。

"张文亮,快,帮我逮住那只花蝴蝶。"

小皇子和张文亮穿梭于花丛中,小皇子悄悄地接近蝴蝶,他刚想伸手去捉住它,可是蝴蝶突然飞跑了。他们只好追踪另一只蝴蝶,小皇子兴奋地跑着、叫着,不一会儿,他觉得有些口渴,便叫道:"我口渴,要喝冰茶。"

张文亮十分为难,不回去端冰茶吧,小皇子大叫口渴,回去吧,谁来照看小皇子,于是张文亮和小皇子商量道:"阿哥,奴才驮你回去喝了冰茶再回来,好吗?"

"不嘛,我偏不回去!"

小皇子的态度很坚决,毫无商量的余地,张文亮心想:"这山庄四周戒备森严,别说刺客了,就是一只猫儿、狗儿的也休想进来。回去取了冰茶,马上就回来,不会出什么事。'于是,张文亮对小皇子说:"阿哥,奴才回去取冰茶,你可千万不能走远。"

"别啰嗦了,我就在这儿挖小草,还不行吗? 啰嗦的臭奴才!"

小皇子与张文亮非常熟悉,他一落地,咸丰皇帝就把张文亮调到了储秀宫,直到现在,已经六年了,张文亮几乎没离过他寸步。所以,小皇子对张文亮说起话来十分亲昵。张文亮转身飞快离去,他要快去快回。张文亮一走,小皇子一个人也无聊,便拿着小铲刀挖花草玩。不一会儿,他就挖了一小堆花草,然后将花草堆成小"山"包,再用铲刀剁着玩。

突然,小皇子觉得后面有人在走近,他回过头来一看,不是张文亮,是一位大臣。小皇子不知道他叫什么名字，只觉得这个人挺眼熟，便问："你是谁？从哪里来？"

来者笑眯眯的，并没有回答小皇子的问话，而是说："阿哥，怎么一个人在玩？张文亮呢？"

小皇子可以肯定这个人认识张文亮，也许，他是张文亮的熟人。这皇宫里，谁不认识谙达张文亮，这位大臣与张文亮这么熟悉，又认识自己，一定是经常出入山庄的。

"玩什么呢？"

"挖花草，可好玩了，挖了一大堆，好多、好多，你挖吗？"

"你自己玩吧，我还要去见皇上呢，小心一点儿。"

那人转身走了，小皇子又聚精会神地玩了起来。他边砍剁着小草，口里还不断地念叨："杀肃顺、剁肃顺！杀了肃六儿！"

那人突然停住了脚步，回来问道："阿哥，你在说什么？"

"杀肃顺，额娘昨天还这么说。我把小草当作肃顺，统统杀了它。"

那人脸色大变，欲发作又强忍了下去。这时，谙达张文亮端着冰茶急匆匆地走了过来，他一见呆站在花园旁的人，便施了礼："肃大人吉祥！"

一听这话，小皇子吐了一下舌头，但他不敢告诉张文亮刚才的事情。肃顺一甩袖子，愤愤离去。他平时也感觉到皇后和懿贵妃对他很不"开胃"，但是万万没想到，她们竟恨他入骨，已到了水火不容的程度。如此看来，肃顺也应采取行动，不然会坐以待毙的。

来到热河之后，咸丰皇帝好色嗜酒贪玩，一方面与肃顺千方百计为他精心安排有关，另一方面也与他远离皇城，平日朝中事务大大减少有关。他觉得以前的十几年，全是在恐慌中度过，现在回想起来，那些岁月一点儿意思也没有。这几个月活得充实，这才是人生一大乐趣也。不知从哪天起，他开始讨厌看奏折了，只要一看折子，他的头就疼得厉害。到了热河之后，全国各地的折子都是先送到京城军机处，由奕䜣、桂良、宝望几个人先看，觉得有必要送往热河的便送，一部分无关紧要的折子就不送了。

在北京时，懿贵妃就已经学会了批阅奏折，如今来到了热河，皇上越来越倦政，奏折干脆全部由懿贵妃一人"承包"了。咸丰皇帝落个轻闲自在。一个人太轻闲了，他就要想着法子充实一下自己的生活，咸丰皇帝是天子，天子也是人，他当然也有人的共性。

初春的一个上午，咸丰皇帝游兴大发，他又破了一次例，小皇子不用去书房读书，他可以随父皇、皇后和众多额娘们去湖中泛舟游春。小皇子一落地便由奶妈喂养，他小小的年纪，不知道，也忘了去问，这么多的额娘，究竟哪一个是他的亲额娘。反正谁对他最温存，他就与谁亲近。

　　比来比去，还是皇后额娘最好，有什么好吃的东西，这位慈眉善目、说话声音特别柔美的额娘都想方设法给他留一些；有什么好玩的，总要让太监给他送来。可是懿贵妃额娘，虽然也很疼爱他，但总有些过于严厉，每次见到小皇子，总要一遍又一遍地询问他的学习情况。明明载淳读书很刻苦，她还要千问万问，问得他很反感。

　　今天，湖中春水荡漾、岸边杨柳吹拂，小皇子像鸟儿一般，自由自在地飞翔。咸丰皇帝心情也特别好，非让小皇子坐在他的身边不可，他们准备泛舟游湖，好好地欣赏一番这北国的湖光山色。

　　两个水性好一些的太监跳上了龙船，船上有皇上、皇后和小皇子。另一只装饰也十分精美的船上坐着懿贵妃、丽贵妃和大格格，其他嫔妃在岸上观赏、助兴。两只花船荡漾在湖面上，微风时时送来沁人心肺的香气，这香气中，咸丰皇帝能分辨出哪儿是花香、哪儿是嫔妃身上的香气，尤其是那位鑫常在，她的身上永远散着一种特殊的香味。虽然她人长得没有其他嫔妃美，但这股香气最使咸丰皇帝心醉。

　　嫔妃们站在岸边，指指点点、说说笑笑，花船里的咸丰皇帝怡然自得，娇妻——爱妃——爱子，一个个微笑着，注视着他，仿佛大家全是为他而活的。咸丰皇帝的心里得到了最大程度的满足。

　　两只船上的太监们都想划到最前面，可是龙船总是一路领先，懿贵妃乘坐的这只花船总是前进得很慢，怎么赶也赶不上龙船："我们的船快！我们的船快！"

　　小皇子兴奋地叫着，他有一种胜利的愉悦感。懿贵妃一看，自己的这只船已落下几丈远，她二话没说，从一个太监手中抢过船桨，自己动手划起来。懿贵妃入宫之前，在江南小城里生活过，那山清水秀的小城孕育了美女兰儿，也给了兰儿一身的好水性。

　　船桨到了懿贵妃手中，小船像离弦的箭直往前冲，三下两下便赶上了龙船。懿贵妃面不改色心不跳，脸上荡漾着笑容："阿哥，谁的船快？"

　　"额娘，你划船时，太漂亮了。"

小孩子口中吐真言,但懿贵妃反而被小皇子说得有些不好意思了。咸丰皇帝虽没像小皇子那么嘴快,但心中也暗暗诧异:"这个兰儿,还有这一手,划起船来如乳燕轻飞,那姿势真的很美,朕还是第一次知道她还有这一手。"

眼看着两只船儿齐头并进,嫔妃们在岸边呼叫:"加油!加油!"

有的呼"公公用力啊!"也有的叫"娘娘加油!"一时间,欢声笑语不断。不消片刻,龙船比不上那只花船,差距已经十分明显了。咸丰皇帝不甘落后,大叫:"狗奴才,快划。"

"嗻。"

两个太监异口同声,猛一用力,龙船蹿出了两丈远。谁知光顾前进了,忘了保持船身的平稳,小船左右颠簸,吓得小皇子"哇哇"大叫,咸丰皇帝连忙来扶住儿子!一侧身,船儿失去了平衡,咸丰皇帝差一点儿落入水中。

众人惊呼、小皇子尖叫,咸丰皇帝顿感扫兴,他脸色一沉,低声说:"回去,不玩了!"

大家只好败兴而归,一路上大公主哭丧着脸、小皇子噘着嘴、懿贵妃一言不发,这些,皇后全看在了眼里。她柔声细气地对皇上说:"大家玩得正开心,怎么不玩了?"

咸丰皇帝也觉得是自己扫了大家的兴,不好意思地说:"改日再来吧。"

回到烟波致爽殿,咸丰皇帝便忘记了这一段的不愉快,很快,他又高兴了起来。三天后,在他的提议下,人们再次泛舟湖面,愉快玩耍。这些都是两、三个月前发生的事了,谁也不再去提起它,可是,今天肃顺要利用这件事来大做文章。

肃顺从稚童小载淳的口中得知皇后、懿贵妃有杀他之心,这一惊可不小。老奸巨猾的肃顺准备先下手为强,借皇帝之手杀了心患叶赫那拉氏。至于那位温和的皇后,她好对付多了。想来想去,肃顺认为此事不宜迟。于是,他径直来到了烟波致爽殿。这时,咸丰皇帝刚饮下一碗鹿血,躺在龙榻上小憩一会儿。

肃顺几乎每日都来,所以见到皇上,只需请个安,无需那些繁琐的礼节。咸丰皇帝一听脚步声,就知道是谁来了。

"爱卿,大热的天,你不待在府中,又跑来干什么?"

语调中含着无限的关心与怜惜,肃顺凑近天子,小声答道:"臣一心挂念皇上,如何睡得着。这几日,臣在反复想一个问题,不知当讲不当讲。"

咸丰皇帝睁开眼,身子往上耸了耸,说:"肃六,有话尽管说,这么吞吞吐吐的,活像个女人。"

"臣如果有什么冒犯之处,还请皇上海涵。皇上,不知你可记得几个字。"

肃顺放慢了语速,讲到"几个字"时,他突然又卡壳了,咸丰皇帝有些不耐烦了,他催促道:"哪几个字,快说!"

"灭建州者叶赫!"

咸丰皇帝不以为然地说:"祖训怎能忘!"

"皇上,你不觉得这祖训如今该牢记吗?"

"朕一直也没忘,不过,无人欲灭我宗呀。"

咸丰皇帝被肃顺说糊涂了,今天看来,他大清的江山还坐着,只不过是几个洋人来捣乱,并没有叶赫氏欲夺皇位呀。肃顺犹豫了一下,最后终于鼓足勇气,说:"懿贵妃,这个人不得不防。"

"为什么要防她? 她不过是朕的一个妃子,又是大阿哥的生母,她不会有害朕之心。"

肃顺是一不做、二不休,干脆,他全说出来了。

"皇上,正因为她生了大阿哥,才应加倍防她。皇上就大阿哥这么一个皇子,将来承继大统的必然是他,可他的生母不是平庸之人,她会不会……"

肃顺不再说下去,聪明的天子什么都明白了:"母凭子贵,代子上朝!"

咸丰皇帝越想越可怕,自从入夏以来,他就咳嗽不止,有时痰中竟带血丝,这不是什么好兆头,尽管他希望真的能"万岁",但自己心里明白得很,别说是万岁,恐怕四十岁都活不到。大阿哥才刚刚六岁,万一自己撒手而去,这大清的江山托付给谁!

"叶赫那拉氏的确不是个简单的小女子,她有才干、有魄力,会不会也有野心!"

咸丰皇帝不敢把这句话说出口,但他与肃顺心里都明白,懿贵妃有可

能利用皇子生母的特殊身份,代替爱新觉罗氏坐天下。肃顺见皇上脸色一变,便知他的话奏效了,于是,趁热打铁,再加"一把火"。

"皇上,那日游春的事儿,你还记得吗?"

咸丰皇帝有些不耐烦了,来到热河之后,游玩的事儿太多了,他哪能每一件事全记在心里。

"哪件事儿,你直说无妨。"

"那日,臣站在岸边,什么也逃不过臣的锐利的目光,皇上忘了差一点儿落水之事儿?"

"哦,那有什么,是朕一不小心造成的,与她有什么关系。"

咸丰皇帝早把这件事情忘到了九霄云外,肃顺见皇上不以为然,便加以渲染。

"皇上,你太仁厚了,别人欲加害于你,皇上却如此宽厚待人。"

咸丰皇帝倒吸了一口凉气,试探性地说:"不会吧!她的心竟如此狠?"

"什么都有可能发生,怎么不会。难道皇上忘了,一开始并不是她划桨。两位公公划得好好的,为什么她要争过桨,这分明是早有预谋。"

"啊!难道这是真的?"

咸丰皇帝不由得不信了,他痛苦万分。一边是他的爱臣,另一边是他的爱妃,他们两个人,到底谁对他是忠心的。特别是今天肃顺如此一番话,更让他心悸。"灭建州者叶赫",这是祖训呀!祖训不可丢,可儿子的生母又不忍心处罚,怎么办呢?!

肃顺看出了咸丰皇帝的犹豫不决,于是说:"皇上,目前尚无什么动静,有皇上在,她绝不会轻举妄动,只是——"

"只是"什么,肃顺不往下说了,咸丰皇帝在心里替他补充道:"只是皇上一旦撒手而去,这个女人不会安分守己的。"

咸丰皇帝痛苦地低下了头,他一言不发,默默地走到龙案前,缓缓地亲自研墨。见此情景,肃顺连忙过来,为皇上研墨。咸丰皇帝端坐在龙案前,一动也不动,眼睛连眨都不眨一下,肃顺立在旁边,也一语不发。又过了一会儿,咸丰皇帝提起朱笔,写下:"朕死,必杀懿贵妃以殉,毋使覆我宗。"

肃顺看到这一行字,脸上流露出一丝不易为人察觉的笑容。

肃顺心中的一块大石头终于落了地,在他看来,淫靡无度的咸丰皇帝活不了几天了,在热河,他早已布置了天罗地网,一旦皇上殡天,他"肃党"的各大员便会粉墨登场。到时候,收拾她叶赫那拉氏易如反掌。

　　可是,他高兴得太早了,他也过低地估计了敌手的实力。他忽略了一个问题,这便是自己虽然是宠臣,但比起亲情来,这种力量显得太薄弱了。当咸丰皇帝朱批死后以懿贵妃殉葬时,早有一个人盯住了。他要弄清楚皇上到底写的是什么。

　　这个人便是安德海的拜把子兄弟——太监崔二毛。崔二毛是皇上的侍寝太监,皇上的许多行动都避不开他的眼睛。小安子又是懿贵妃的心腹太监,这就是说烟波致爽殿的一只苍蝇飞走了,不到半天的时间,懿贵妃就全知道了。当咸丰皇帝脸色铁青,自研朱墨时,崔二毛便已经躲到了隐蔽处,咸丰皇帝与肃顺的一举一动,他全看在了眼里。

　　咸丰皇帝写了一行字,肃顺流露出一丝笑容,崔二毛心里更犯嘀咕:"皇上究竟写了什么,这老东西如此开心?"

　　咸丰皇帝与肃顺走到了东暖阁,崔二毛冒死偷看了墨迹未干的那一行字。看到"必杀懿贵妃以殉"几个字后,他大吃一惊,二话没说直奔懿贵妃的住处去找安德海。

　　"安公公,不好了,要出事儿。"

　　崔二毛满脸的惊慌,安德海拍了拍他的肩膀,说:"能出什么大事儿,难道天塌下来不成?"

　　"对,你头顶上的天的确有塌的可能性。"

　　"什么? 你再说一遍。"

　　安德海张大了嘴巴,追问起来。崔二毛便如此、如此地讲述了刚才看到的一切,末了说:"安公公,你主子是在劫难逃了。"

　　安德海陷入了沉思之中,他苦心经营了十年,眼见着那拉氏一天比一天强大,自己也快有了出头之日,今天看来,并非如此。不行,快到手的东西,万万不能失去它! 安德海附在崔二毛耳边说了些什么,只见崔二毛说:"放心吧我会见机行事的。"

　　崔二毛刚走,懿贵妃便知道了这件事,她泪流满面,幽怨地说:"皇上,我兰儿为你生了儿子,你却要置我于死地,兰儿何罪之有!"

　　"主子,光哭可不行,总该想个法子。"

"小安子,姐姐这次恐怕是难逃一劫了,你还是另谋明主吧。"

安德海一把抓住了懿贵妃的手,把她那纤纤玉手放在自己的心口:"姐姐,你是主子,小安子是奴才,我的这颗心是为你跳的。"

懿贵妃激动地直拍打安德海,口中呢呢喃喃:"安子,好人呀!"

"皇上也许是被肃顺所迷惑,不过,到底是姐姐生了大阿哥,皇上总该念些旧情吧。有两个人可以帮你逃过这一劫。"

"谁,快说!"

"醇王爷和福晋。"

懿贵妃拍了一下小安子的头,破涕为笑:"好个猴儿羔子,就你机灵。"

是呀,这么合适的说客,懿贵妃怎么给忘了。醇亲王奕譞是皇上的七弟,而福晋则是懿贵妃的妹妹容儿,几个月前离京时,容儿随奕譞来到了热河,他们就住在山庄外。也许,他们可以说服皇上改变主意。

"小安子,事不宜迟,你赶快出山庄去请醇亲王爷。"

"主子,天这么晚了,我如何出得了山庄?"

"该死的奴才,你自己想法子去!"

"嗻。"

安德海冒险夜出山庄,直奔醇亲王的临时府邸,把肃顺劝咸丰皇帝赐死懿贵妃的事情向醇亲王和他的福晋讲述了一番。醇亲王福晋、懿贵妃的亲妹妹听完心中大惊,乞求丈夫一定要救懿贵妃,醇亲王不忍拒绝已经身怀六甲的福晋,向安德海保证明日一定会向皇帝进言,保全贵妃。

第二天上午,醇亲王夫妻二人来到山庄要求面见皇兄。见七弟和弟媳到此,咸丰皇帝心中也十分高兴,毕竟血缘至亲,一父所生的亲情是永远割舍不断的。当咸丰皇帝看到弟媳隆起的肚子,他更高兴了,因为他们皇兄弟几人生下的孩子多是女孩,迄今只有载淳一位是阿哥。对此咸丰皇帝觉得很是遗憾,他希望皇宗血脉更旺一些。看到弟媳怀上身孕,说不定就为皇室添一个阿哥。他焉有不开心的道理。

"皇上吉祥!"

虽然挺着个大肚子,容儿跪下已经很困难,但是天子面前礼仪失不得。夫妻二人双双跪安。咸丰皇帝一看,忙说道:"福晋不必多礼,快平身!"

容儿仿佛没听见皇帝的话，虽然在地上跪的艰辛，但就是不起身。

咸丰皇帝大惑不解，"福晋，怎么了？"

不要这一问，两行泪水顺着容儿的腮帮流了下来。

咸丰皇帝惊住了，"这位弟媳从来没在朕的面前表现过太多的情绪，今天这是怎么了？"

初见容儿时，咸丰皇帝承认自己对容儿有些想法。容儿虽与兰儿一母所生，但两个人的性情却截然不同。姐姐兰儿有些刁钻，而妹妹容儿却温和大度，咸丰皇帝很喜欢她，但自从将她赐婚给了七阿哥，皇帝也忘了这位温柔大度的弟媳。

"皇上。"醇亲王开口道，"今日我夫妻二人来此是为懿贵妃求情。昨天夜里，福晋做了一个噩梦，从梦中哭醒了。"

"哦，是什么噩梦让福晋如此担心，和懿贵妃又有什么关系呢？"、

咸丰皇帝有点心虚，难道自己写的密诏已经泄露？醇亲王奕譞接着说："福晋昨夜做了一怪梦，梦见皇上发了一道谕旨，赐死懿贵妃。本来是做梦，但是福晋害怕噩梦成真，特来请求皇上开恩。"

虽然咸丰皇帝并不相信噩梦一说，但赐死懿贵妃这件事本来就让他左右为难，今天兰儿的妹妹挺着肚子来求情，让他如何说出会赐死懿贵妃的话。咸丰皇帝只好装作什么都没发生似的说："福晋多虑了，哪里会有这等事情发生，懿贵妃是阿哥的生母，是朕的爱妃，朕疼爱至极，如何会忍心赐死她？"

听到皇帝的这句话，福晋破涕为笑，她知道皇帝金口玉言。这句话应该可以保姐姐平安了。她高兴地说："皇上仁慈，是容儿多心了！"

第二十八章

临终托孤八大臣受命　安排后事两太后伤悲

　　醇亲王奕譞带着容儿离开咸丰皇帝的寝殿后,又到了懿贵妃那儿,把皇帝的承诺悄悄地告诉了她。与此同时,咸丰皇帝也把昨日写的赐死懿贵妃的诏书偷偷地撕碎了,懿贵妃化险为夷。虽然此事知之人甚少,但俗话说:"天下没有不透风的墙。"不久,肃顺就得知醇亲王及福晋为懿贵妃求情的事,他没有想到皇上竟这么易于动摇,心里一面对懿贵妃更加惧恨,一面又不得不采取新的对策来防范她。形势所逼,肃顺加快了步伐。老奸巨猾的他,在热河安置了自己的心腹,以便随时听从他的调遣。当初,咸丰皇帝逃难热河行宫,带着肃顺几位大臣,将亲弟弟奕䜣留在京城主持大局。因而形成了以奕䜣为首的"北京派"和以肃顺为首的"热河派",又称"肃党"。"肃党"有这么几个重要的成员。

　　怡亲王载垣便是其中之一。载垣是世袭的王爷。当年,康熙皇帝封十三子允祥为怡贤亲王,到了雍正年代,允祥忠于皇兄雍正皇帝,改封为怡亲王。允祥办事公正无私,秉公执法,深受百姓的爱戴,人们称他为"诚直王爷"。允祥晚年时,雍正皇帝谕王爵世袭。于是,作为允祥的后代,载垣天生就是王爷命。这位世袭的王爷,文武双全、胆识过人,而且长相俊美。道光年间,年轻的怡亲王也曾有所作为,任御前大臣行走。咸丰皇帝登基后,也非常赏识他的才干,谕令他为左宗令、领侍卫大臣。载垣成了满朝文武中深受皇帝器重的一位大臣。咸丰末年,载垣投靠了宠冠一时的肃顺。无奈肃顺专横跋扈,最终败在西太后慈禧的手中。载垣也因此断送了一生的前程,搭上了自己的性命。

　　端华是"肃党"的主要人物之一。他们的祖上是努尔哈赤之弟舒尔哈济的第六子济尔哈朗。世袭郑亲王爵。作为长兄,端华继承了郑亲王的爵位,而排行第六的肃顺按礼法无权继承王爵。端华与肃顺,早年兄弟关系并不融洽,肃顺少时不务正业,提笼架鸟,游手好闲,专干些打架斗殴之事。那时端华看不起这个不成器的弟弟。可是,咸丰皇帝登基后,几乎是一夜间肃顺成了咸丰皇帝身边倚重的大臣之一,端华再也不敢小瞧这个弟弟了。兄弟关系逐渐好转起来。到后来,兄长巴结小弟,与其结成一党。

另一个"肃党"中的重要人物是穆荫,他是满族正白旗人。穆荫的文才很好,善诗文、通音乐,多年来一直从事文职工作。而且他还富有外交才能,一年前,他与载垣赴通州与外国人谈判,设计谋逮捕了英国领事巴夏礼,一时间引起了朝廷上下不小的反响。连英国首相都感慨地说:"穆荫是个有头脑的人。"

可是,就是这个有头脑的人,到了热河之后却头脑发晕了,跟在肃顺的后面,拍马逢迎,希望能够投机取巧,背靠肃顺这棵大树好乘凉。

匡源,汉人。山东胶州长大,胶州肥沃的土地养育了一代文豪。匡源自幼熟读诗书,长大立志做官,希望自己能够为国效力、为民造福。年轻的才子于咸丰八年入军机处学习,他聪明好学,很受元老们的称赞。随皇帝到了热河后,迫于形势,也投靠了肃顺。

杜翰,书香名门之后,杜受田的大儿子。此人虽有先父杜受田的学识,却无杜受田之德,若不是念在恩师的份上,咸丰三年他就销声匿迹了。咸丰四年,杜翰接受了教训,再也不敢在年轻的皇帝面前玩什么新花招。他仿佛是脱胎换骨、重新做人,居然也干出过一番事业,后来,咸丰皇帝不计前嫌,重新启用他。"巡幸木兰"时带上了杜翰。

焦佑瀛,天津人。在一年前抵御英国人的那场斗争中,他在天津静海诸县举办的团练,的确起过不小的作用。咸丰皇帝最赏识他的不是他的武功,而是他的文才,焦佑瀛写得一手好字,而且文章功底极深。闲来无事时,咸丰皇帝喜欢与他研讨诗文及其他艺术,与其说是皇帝的臣子,不如说是学友。令人痛心的是,在热河那个小天地里,他也进入了"肃党",祥祺政变后,也一落千丈,一代才子无处施展才能。

另外一个人,虽不是"肃党"分子,但他也不敢得罪肃顺,对于肃顺专横跋扈的嚣张做法,他是睁一眼、闭一眼。这个人是六额驸景寿。这位皇家的乘龙快婿,为人忠厚老实,平时是个闷葫芦,关键时刻一开口,足以让人刮目相看。在热河,景寿看不惯肃顺、载垣、端华等人排斥异己的做法,但大智若愚的景寿采取的方针是明哲保身。后来有人评论景寿是"高人"。

在热河，矛盾对立的双方已经剑拔弩张，差不多达到了白热化的程度。肃顺在加紧笼络人心的时候，懿贵妃也未放弃扩张自己的实力，她与皇后商量一番，决定派人迅速与京城的恭亲王奕䜣联系上，以争得"北京派"对她们的支持。很快，皇后、懿贵妃便与恭亲王联系上了，充当"联络员"的竟是肃顺手下的一员干将曹毓英。

肃顺的重大失误之一是错用曹毓英。几年前，军机处有个大臣叫曹毓英，

此人对肃顺忠心耿耿，绝无异心。可是，大才子曹毓英却受到了肃门其他弟子的排挤，肃顺不但不出来主持公道，反而嘲笑他无能。这一年来，肃顺大有"挟天子以令诸侯"之势，还有良知的曹毓英看在眼里，心中十分反感。一天，肃顺邀曹毓英到他府上喝酒，酒过几盅，肃顺有些口无遮拦了，他拍着曹毓英的肩膀，说："曹大人，跟着我干，保你前途似锦，享不尽的荣华富贵。"

曹敏英一仰脖子，喝了一杯闷酒，他忧心忡忡地说："皇上的龙体一天不如一天，真让人发愁，可皇上依然纵情酒色，肃大人总该劝劝他才是。"

"劝，能劝得了吗？"

"肃大人，听人传，说你带着皇帝逛窑子，有这回事吗？"

"皇上是个风流种，你又不是不知道，他那龙体呀，精髓早被女人吸干了。""万一……""万一"什么，曹毓英不敢往下说了，肃顺却接着说："万一皇上驾崩，只有六岁大阿哥登基。不过，这也没有什么不好，大阿哥年幼，皇上临终前必定要托孤。这朝廷上下，能托孤的人还不就是我肃顺！"

曹毓英心里不禁打了个寒噤，他悔恨自己"认贼做父"，跟错了人，他一向觉得肃顺这个人忠于朝廷，又有魄力。不曾想，肃顺的野心如此之大，居然想挟制天子以及大阿哥。从此以后，曹毓英背地里开始反戈一击了，在热河他暗中联系了皇后和懿贵妃，开始出卖肃顺。而这一切，肃顺并没有察觉。

留守京城的恭亲王奕䜣，本来与皇嫂懿贵妃的关系并不融洽，相反，原来还有点儿紧张。特别是咸丰皇帝住进圆明园的时候，他有些倦政，开始让懿贵妃学习批阅奏折，是奕䜣首先发现了这件事，并带头反对这件

事。懿贵妃在心底记恨了很久,可是如今天子被肃顺之流挟持,如果"北京派"再不与皇妃们联合起来,他们共同的敌人肃顺就有可能趁机起来压倒一切。大敌当前,一向不和的奕䜣与那拉氏开始联合了。

曹毓英明里是"肃党"之徒,所以,他的行动不受肃顺手下的监视,他出入山庄十分便利。哪怕是他与皇后说几句话,也没有人怀疑他。正因如此,皇后和懿贵妃通过他之口,了解到了京城恭亲王的情况,她们兴奋地说着。

"皇后,你能肯定六爷在京师势力很强大吗?"

懿贵妃对此有些怀疑,因为她们出逃时,奕䜣的心腹也就那么寥寥几个人,其中一个还是他的岳父大人。这才几个月,势力竟如此之大?这好像有些不可能。皇后点了点头,说:"这都是曹毓英告诉我的,他说老六留京这几个月,把留京的官员差不多都笼络到了自己的身边。再者,大家都认为他退敌有功,很是敬重他。"

懿贵妃不由得不信了,她知道有几个人本来就坚决站在奕䜣的一边,这几个人便是桂良、文祥、宝鋆和胜保。提起这几个人来,懿贵妃不能不承认他们是将才,对他们,她也略知一二。桂良不必介绍,他曾是首席军机大臣,更重要的是,他是奕䜣的岳父,这种翁婿关系,在关键时刻,团结得更像一个人。

文祥,字博川,瓜尔佳氏,正红旗人。此人天资聪颖,才华横溢,很得咸丰皇帝的赏识。咸丰八年,在军机大臣上学习行走,咸丰九年,成为军机大臣上行走。天子逃亡后,他随同恭亲王出城与外国公使周旋,表现了卓越的才华,也成为奕䜣的助手与好友。

宝鋆,字佩蘅,索绰络氏,镶白旗人。此人为人比较圆滑,一般不在公众场合发表自己的见解。咸丰十年,任总管内务府大臣,作为皇家的"大管家",他能左右逢源,不得罪任何一方,的确不容易。皇上出逃时,想携带二十万两白银一起走,可宝鋆为了稳定京城,安抚百姓,居然拒绝开银库。气得咸丰皇帝直瞪眼,如果不是仓皇出逃的话,他宝鋆的人头早搬家了。皇帝走了,京城上下一片混乱,来不及或没有能力逃走的百姓人心惶惶,一时没人做买卖,百姓一天也吃不上一粒米,眼看饥民成灾。宝鋆决定打开皇宫粮库,赈济难民,一下子,他的官升上去了。

逃到热河的咸丰皇帝接到奕䜣的奏折,认为宝鋆的确是个人才,便谕令宝鋆免于正法,撤去巡防,降为五品。后来,宝鋆整顿了混乱不堪的京城,为朝廷出了大力,咸丰皇帝又谕令宝鋆官复原职。留守京城的奕䜣看准了宝鋆是个难得的人才,便与他关系十分融洽。

恭亲王奕䜣在京师笼络了这许多大臣,他开始瞄向热河了。皇上远在承德,而肃顺、载垣、端华等人已经挟制了天子,奕䜣等人屡次请求皇上尽快回銮,可得到的答复总是迟迟不归。奕䜣心里明白,这是肃顺在捣鬼。皇上一日不回銮,肃顺扩大势力的机会就多一日,这样下去,等肃顺等人羽翼丰满了,再想对付他们可就更难了。

本来,咸丰皇帝也曾动过回銮的念头,准备四月四日起程回京,可就在四月一日,他又反悔了。聪明的恭亲王想象中,热河的情况一定很糟,一定是肃顺把持了朝政,皇上受了蒙蔽。正在这时,大臣曹毓英派人送来了密札,原来是皇后和懿贵妃两位皇嫂写给小叔子恭亲王的。信中诉说了她们在热河的艰难以及肃顺、载垣、端华等人的专横跋扈的狷獗行为。

奕䜣一看,终于证实了自己的猜测,的确是肃顺在热河一手遮天,他们企图把皇权控制在自己的手里。这样看来,恭亲王有必要亲赴热河与咸丰皇帝面对面地谈话,或许皇上能猛然醒悟。于是,"北京派"的几个大臣密谈了起来。

由于桂良在一年前与洋人打交道中,出师不利,使得咸丰皇帝对他很有成见,宝鋆更惹皇上生气,他们两个人此时最好往后退一退,不宜赴热河。剩下的几个人中,能让皇上看着顺眼一点儿的也就是恭亲王奕䜣和军机大臣文祥了。这样一来,恭亲王与文祥分别呈一份奏折给皇上,请求去热河探望皇上。

咸丰皇帝近来龙体欠安,时常咳嗽,有时咳了一阵后,痰中有些血丝,他不禁有所害怕,难道说?他不敢往下想,但又不能不想。自从到了热河以后,咸丰皇帝不仅沉湎于女色,而且还经常酗酒,他似乎忘却了令人心烦的朝政,但又的确忘却不了。一想到龙体一天比一天差,时常感到力不从心,他就心悸。大清的江山,他才坐十年,这十年来,内忧外患始终未断,事事让他心烦。唯一能让他感到有些安慰的是懿贵妃为他生了个小皇子,载淳天真无邪、聪明伶俐,可是如今儿子尚年幼,万一自己撒手而去,这大清的江山托付给谁呀?

每每想到这些,咸丰皇帝就感到心痛如刀绞。今天,他勉强吃了几块点心,旁边的燕窝粥还冒着热气,他一点儿胃口也没有。前几个月的纵情女色真的把身体搞垮了,今日后悔迟矣!正在这时,太监报:"皇后驾到!娘娘到!"

咸丰皇帝不愿让她们看到自己虚弱的样子,便强打精神坐了起来,斜靠在龙榻上。

"皇上吉祥!"

刚进屋,懿贵妃就向皇上请了安。咸丰皇帝勉强地微笑了一下,他那无神的眼睛已表明他病得不轻。皇后紧挨着皇上坐了下来,咸丰皇帝比十几日前还要消瘦,而且脸色蜡黄、惨白,看上去就是一个重病之人。皇后不由得鼻子一酸,落下两颗晶莹的泪珠来。懿贵妃也显示出心疼的样子,一时间,三个人相对无语。

过了一会儿,咸丰皇帝打破了沉默,轻声问:"大阿哥学习用功吗?"人到了这种时刻,最惦念、最不放心的便是他的孩子。咸丰皇帝足足五、六天没见到儿子了,一种淡淡的思念萦绕着他。皇后柔声地答道:"皇上放心吧,大阿哥是个懂事的乖孩子,师傅们直夸他聪明好学。"

咸丰皇帝又是一阵猛烈地咳嗽,咳得他眼泪、鼻涕直往下流,一个宫女连忙跪在龙榻前,端着一只痰盂,另一个宫女拿上一条温毛巾,不住地为他揩去口角间的痰渍。

"啊!"

宫女惊叫了一声,皇后知道不妙,抢过毛巾一看,她的眼前直冒金花,她再也忍不住,两行泪水簌簌落下。懿贵妃又接过一看,原来皇上吐的是鲜血,她的心也"咯噔"一下沉了下来,看来,皇上病得不轻。

"快请太医!"

"嗻。"

三个太医岂敢怠慢,不到一刻钟的工夫就到了龙榻前,他们又是把脉,又是观气色,最后又商讨了一下,谁也不敢说出两个字——"痨病"。最后,领班太医跪在皇上的面前,怯怯地说:"皇上无大妨,只须静心调养即可。从今日起,每日饮一次鹿血、二次燕窝粥,三日食一次人参粥,还要服些汤药。"

"下去吧!"

皇后心里十分明白,皇上此病一定不轻,不然,太医的脸色为何十分难看,三个人都有大难临头之态。聪明的懿贵妃更明白这一点,单从太医那胆怯的神情来看,皇上此病凶多吉少。此时,不是她那拉氏哭的时候,她必须抓紧一切时机,争取力量以防皇上突然殡天,势单力薄的后妃斗不过权臣肃顺。咸丰皇帝的心里比谁都明白,自己的病是自己胡作非为做出来的。如今已咳鲜血,看来黄泉路不远了。

不知不觉间,两行热泪涌了出来,皇后为咸丰皇帝轻轻抹去泪水,懿贵妃轻声说:"皇上、皇后请放宽心,皇上静心调养一阵子就会好的。今日,恭亲王和文祥的折子到了,他们远在京城,听说皇上龙体欠安,十分惦念,特请求前来热河探病。"

听罢,咸丰皇帝叹了一口气,说:"罢了,见相徒伤悲。"

一听这话,懿贵妃急了,连忙说:"目前京城很稳定,妾以为老六来热河看望皇上既在情,又在理。皇上何以拒绝呢?"

咸丰皇帝紧闭双目,心里想:"你知道什么!女人就是头发长、见识短,朕从心里不愿见老六。"

为什么咸丰皇帝在重病期间,还不愿意见恭亲王呢?他自有他的理由。咸丰皇帝与恭亲王奕䜣是同父异母的兄弟,从小两人感情很好,但随着年龄的增长,他们之间互相有了防备。但最终还是兄长奕詝继承了皇位,弟弟奕䜣为亲王。可是,咸丰皇帝心里的结永远解不开,他生怕奕䜣哪一天羽翼丰满后与他抗衡。所以,咸丰皇帝登基后,奕䜣一直失意。

热河避难后,奕䜣与外国人周旋,虽然以屈辱作代价,但总算把洋人赶出了京城。本来,咸丰皇帝想嘉奖于他,可是惇亲王奕誴到了热河,说了一番不利于奕䜣的话,使得咸丰皇帝相信奕䜣留守京城护皇宫是假,企图借洋人的势力,另立朝廷是真。尽管这个月奕䜣也没什么动静,但咸丰皇帝对这位能干的弟弟不能不防备着点儿。

咸丰皇帝十分清醒,他知道自己已是病重无望了,他不能不想到多尔衮。顺治皇帝幼年登基后,他处处受到摄政王多尔衮的挟制,咸丰皇帝不愿自己的儿子载淳走顺治帝的老路,更不能让恭亲王成为第二个多尔衮。他认为如果此时恭亲王来热河,兄弟相见,自然是一番悲悲切切,激动之余,他生怕自己会托孤于六弟恭亲王。如果真的发生了这种事情,日后将对儿子载淳十分不利,小载淳将难逃六皇叔奕䜣的挟制。干脆,不让恭亲王来热河,把他排斥在顾命大臣之外。

"皇上,毕竟老六是自己人,为什么不让他来?"

皇后为人宽厚和善,她没有懿贵妃那么敏锐的政治头脑,可是,她想到的是皇上已病重,亲兄弟应该来探病。至于为何皇上不愿见老六,她真是百思不得其解。咸丰皇帝轻声说:"爱妃,你代朕复折。"

懿贵妃点了点头,她令宫女将笔墨准备好,拿到皇上龙榻旁的案几上,提起朱笔准备写。咸丰皇帝一字一句地说:"朕与恭亲王奕䜣,自去秋别后,倏经半载有余,时思握手而谈,稍慰廑念。唯朕近日身体违和,咳嗽未止,红痰尚有时而见。总宜静慑,庶期火不上炎。朕与汝棣萼情联,见面时回思往事,岂能无感于怀,实于病体未宜。况诸事妥协,尚无面谕之处。统俟今岁回銮后,再行详细面陈。着不必赴行在。文祥也不必前来。"

说罢,咸丰皇帝轻轻地叹了一口气,他手一摆:"都跪安吧!"

皇后还想再说什么,可是聪明的懿贵妃将玉指往嘴前一放,她"嘘"了一声,制止了皇后。皇后与懿贵妃退了下去。懿贵妃还要将谕旨送到京城恭亲王的手里。热河小天地的上空笼罩着浓云,这块乌云压得人们喘不过气来。连一向只懂答"嗻"的太监们都感觉到了这一点。安德海焦虑不堪地对主子懿贵妃说:"主子,万岁爷恐怕——"

他不敢说下去了,只要主子心里明白。懿贵妃无可奈何地摇了摇头。自从谕旨发出后,算起来到今天也有八天了,奕䜣总该接到了,可是京城一点儿消息也没有,真是急死人。

"小安子,你学着机灵点儿,一旦肃六有什么动静,赶快来说。"

"奴才一直是这么做的,只怕防不胜防呀。"

主奴两个人正说着,突然皇上身边的太监崔二毛来了,他跑得太快,已上气不接下气。

"娘娘,六王爷来了。"

"什么?"

懿贵妃愕然了,难道恭亲王敢抗旨离京,他不要命了吗?她没时间多想,连忙拉着皇后到了烟波致爽殿,她们刚走到门口,就听见了里面的声音,是恭亲王那又浊又重的男中音。

"四阿哥,我还给你带来了西洋参,据说这西洋参不比高丽参差,让御膳房精心熬了喝,大补的。"

接着是一个微弱的声音："老六，这么远的路程赶来，朕本不该让你马上走，可是你留在热河，他们不会放过你的，还是趁早走吧。"

皇后和懿贵妃对视了一下，她们心里都明白，皇上所指的"他们"，一定是肃顺之流。由此看来，皇上与奕䜣毕竟是至亲，亲情割不断。也许，咸丰皇帝对肃顺等人横行霸道的猖獗行为早有察觉，只是不愿讲出来罢了，如今奕䜣一声不响来到了热河，皇上不得不提醒他注意保全自己。

此时，咸丰皇帝真的陷入了矛盾之中，一方面他处处提防奕䜣，生怕奕䜣成为第二个多尔衮；另一方面，对于外臣肃顺把持朝政，专横跋扈的做法也十分不满，苦命的天子此时已无力左右势力强大的"热河派"与"北京派"。但他对六弟奕䜣还有那么一份关心与疼爱，所以谕令奕䜣尽快离开是非之地。

皇后与懿贵妃是皇嫂，恭亲王是小叔子，按礼节，他们是不应该打照面的，可是如今是非常时期，顾不了这么许多了。皇后进来后，急切地问："老六，你怎么突然来了？"

"不突然呀，臣早想来向皇上请安，只是事务太多，一直抽不出空来。前几日京城一片安宁，故速来请安。"

奕䜣对答如流，任何人也看不出一点儿破绽。懿贵妃补充道："如此说来，你没有接到圣旨？"

"圣旨？何时发的？"

奕䜣面不改色、心不跳，说得皇上、皇后都信以为真，真的认为圣旨尚未到京时，奕䜣便动身赴热河了。只有聪明的懿贵妃看出了一点儿门道。因为奕䜣刚才答话时像背台词似的，这说明他早已事先预备好该说什么。

果真是这么回事，四天前的晚上，奕䜣接到了圣旨，当时在场的人只有他和岳父桂良。展开圣旨一看，圣旨里虽然情真意切，充满手足深情厚谊，但最后还是拒绝奕䜣赴热河探病。

"岳父，你意如何？"

没有其他人在场，女婿奕䜣规规矩矩称桂良为岳父，而桂良也不谦让，他们是翁婿关系，别说是亲王，就是皇上，也应该敬承恩公三分。

"王爷，干脆压下圣旨，你明早速赶往承德，面见皇上，弄清楚热河到底发生了什么事情。"

"我也这么想，不过，万一事情败露了，扣我个违抗圣旨之帽，可要杀头的。"

"王爷,这事儿天知地知,你知我知,你我不说,皇上怎会知道。"

奕䜣仰天长叹:"事到如今,也只能这样了,不入虎穴,焉得虎子,热河纵是肃顺布下了天罗地网,我奕䜣也要去闯一闯。"

就这样,奕䜣隐瞒了实情,冒险赴热河。到了烟波致爽殿,皇兄弟相见,所有的猜妒都消失了,是亲情把他们之间的距离缩短了。咸丰皇帝好像突然认清了肃顺的丑恶嘴脸,他生怕肃顺背地里加害于奕䜣,所以劝着奕䜣快回北京去。奕䜣感激地点了点头.,说:"臣明天就回京师,四阿哥,你多保重。"

这种称呼,远远比称"皇上"的力量大得多,这表明他与皇上是千真万确的亲兄弟,让咸丰皇帝心里明白,肃顺只不过是外臣,他恭亲王奕䜣才是亲人,才可以委托重任。奕䜣的突然到来,的确又让皇上吃惊,又让他高兴。天子是人,有正常人的各种复杂的情感,今天,他才清醒地认识到,奕䜣原来还能牵动他的心。毕竟他们同出一源。

奕䜣也生怕久留热河会生变,所以决定在山庄里住一夜,明日早上便动身回京。既然来了,何不见见七弟奕譞,听说他快要做父亲了,干脆,今晚就在他府上用膳。这么想着,在护卫的护导下,奕䜣来到了奕譞家里。老七奕譞万万没想到六阿哥会来,所以是几分惊喜、几分猜疑。眼看天色不早了,已经是黄昏时分,奕譞吩咐厨房多添几个菜肴,今晚他要和六皇兄喝个痛快。

"老七,恭喜你,快要做阿玛了。"

奕譞有些沾沾自喜,因为他们这皇兄弟几个人,只有载淳这么一个男孩子,六皇兄奕䜣所生的是位格格。如果这次福晋争气,生个阿哥,皇上一定会很高兴的,说不定还能赐他良田万顷。

"六阿哥,依我看,此地不宜久留,你还是今晚动身吧。"

"老七,肃顺敢拿我铁帽子王爷怎么样!"

奕䜣觉得奕譞的话有些危言耸听,肃顺还不至于公然冒犯王爷吧。奕譞流露出无可奈何的神情说:"防患于未然嘛,你还是早一点走吧。"

两兄弟正说着,府上公公报:"怡亲王、郑亲王到!"

一听这话,奕䜣脸色猛地一变,奕譞连忙说:"快请王爷!"

只见载垣、端华大模大样地直闯书房,奕䜣是道光皇帝遗诏封的王爷,按礼节,载垣、端华该向奕䜣施跪安礼,可是,他们装作没看见奕䜣,只和奕譞寒暄:"醇王爷,好雅兴,怎么几天不见你露面了?"

奕䜣再也忍不住了,厉声道:"大胆奴才,见了本王爷也不请安!"

载垣、端华同时"嘘"了一声,载垣阴声阳气地说:"哎唷,是恭亲王驾到。失礼! 失礼!"

说着,他向奕䜣拱了拱手,算是见过了。端华也皮笑肉不笑地说:"王爷到此,也不事先告诉我们一声,这热河地处偏僻,只怕要委屈王爷了。"

俗语说:"来者不善,善者不来",载垣与端华到这里,一定没安什么好心。奕䜣想到刚才在山庄里皇上说的话,他的心里不禁有些发毛了,这儿不比京城。在京城,他恭亲王咳嗽一声也会有上百人一呼而上来保驾,可在这承德,是肃顺的天下,还是小心一点儿为妙。于是,恭亲王转向载垣,说:"本王来前就听说承德有个庙很有些名气,两位如果有雅兴,不妨陪本王一游。"

奕譞刚想开口制止,却被奕䜣拦了过去,他继续说:"京城诸多事务缠身,我不打算久留,明日即回京。这样吧,现在天色并不晚,两位可否陪我一游。"

端华高兴地说:"来热河快一年了,我还从来没游过庙,既然王爷提议,我看没什么不好。"

就这样,奕䜣、载垣、端华三个人出了奕譞之住处,乘坐轿子来到了庙前。奕䜣下了轿子便询问:"哪儿有茅房,我有些肚子疼。"

一个护卫向远处指着说:"王爷,那儿有堵矮墙,猜想是茅房。"

"两位在此等一等,本王去去就来,你们可不能先逛呀。"

端华信以为真,点了点头。奕䜣捂住肚子,一副急便的样子,直奔茅房。可是,半个时辰过去了,仍不见他回转,载垣悄悄地对端华说:"我想此时奕䜣已逃出承德,快马加鞭已走了几十里了吧。"

就这样,奕䜣免遭一劫。回到了京城,他开始暗中布置兵力,以迎更残酷的争斗。肃顺、载垣、端华等人在热河更加紧了步伐,因为眼看着皇上的身体如秋叶一样凋零下去。连咸丰皇帝自己都明白,此去不久矣。这些日子以来,咸丰皇帝整日咳嗽,每咳必见血痰,再糊涂的人也该明白了,这是得了不治之症。太医每日来观诊,开些药方子,无非是延缓一下生命,拖一天算一天。那一碗碗汤药,又苦又涩,咸丰皇帝一看见宫女端上药碗，他就害怕。几天前，他开始拒绝喝药，今天，宫女已跪在龙榻前许久，咸丰皇帝紧闭双目，一声不响。

"皇上，喝几口吧。"

宫女哭着说，咸丰皇帝摇摇头，宫女依然劝他喝下去，他火了，怒斥："大胆奴婢，你敢逼朕喝药？"

那宫女将药碗放在案几上，跪下来直磕头求饶，她泪流满面，一则为自己受了委屈，二来为皇上，皇上如此拒绝服药，病魔缠住龙体，那可怕的后果人人皆知。领班宫女一看这情景，低声呵斥小宫女退下，自己又跪到了龙榻前，她一言不发，希望以此打动咸丰皇帝。咸丰皇帝虽然紧闭双目，但他能感觉到有人跪在这儿，便说："把药端下去吧，朕实在不愿喝那苦药。"

宫女只好起身端走苦药，她还没跨出门，就迎上皇后、懿贵妃和丽妃三个人，皇后见宫女手中捧着满满一碗汤药，什么都明白了。她不禁眉头一皱，从宫女手中接过药碗，走至龙榻前，柔声细气地说："皇上，今天的药一点儿也不苦。"

咸丰皇帝有气无力地睁开了眼，她们一看皇上那眼神，心里酸极了。那失神的目光哪儿是英俊天子神采奕奕的目光，他面色蜡黄，头发干枯，目光呆滞，嘴唇干裂。丽妃忍不住，泪水顺着两腮往下流，懿贵妃也一副黯然神伤的模样，皇后强忍悲痛，喝了一大口汤药。

"皇上，这药真的不苦，喝几口吧！"

皇后哀求时几乎是哭声，咸丰皇帝看着三位妇人，点了点头，他咬紧牙关总算喝了几口。一时间，谁也说不出一句话，三位妇人不敢哭，生怕引起皇上的伤心，咸丰皇帝更是强忍着巨大的悲痛。他并不为自己，而是为一群年轻的妇人和那个年幼的皇子。

咸丰皇帝当然也渴望生命，希望能活百岁、千岁、万岁，但是"阎王爷"在生死簿上已为他勾上了一笔，看来这一关，他是闯不过去了。虽然刚届而立之年，算不上寿终正寝，但这三十年也算轰轰烈烈，十岁丧母，十九岁登基，他体会过常人不曾体会的人生——做皇帝。他拥有大清的江山，拥有众多美妇，拥有数不清的财富。这一生没白过，此时，他更多的是为他身边的人难过。

这些美艳的妇人们将变成寡妇，她们最小的才二十二岁，最大的二十七岁,正值青春年少,眼看着就要孤灯度寒夜,好可怕。更让他放心不下的是小皇子载淳,他才六岁呀。小儿聪明伶俐,可是不久就要失去父皇,在众多额娘的照料下长大。六岁小儿做皇帝,谁能为他撑起那方天?

想到这里,咸丰皇帝泪如雨下,他再也控制不了自己的感情,"呜呜"地哭了起来,皇后、懿贵妃、丽妃一齐扑向龙榻,一时间,烟波致爽殿一片哭声,十分凄惨,在场的太监、宫女无不掩面啜泪。

一八六一年八月二十一日,也就是咸丰十一年七月十六日。这天早上天气特别闷热,空气中一丝风儿也没有,闷得人透不过气来。到了午时,空中突然打了几个大炸雷,"轰隆隆"的雷声不断传来,天边乌云笼罩,眼看一场暴雨要来临。可是,打了半天的雷,乌云一个劲儿地压过来,就是不下雨,人们感觉到更憋闷了。

咸丰皇帝昏昏沉沉地睡到午后,他被雷声惊醒,宫女连忙送上汤药,可是他连连摆手,表现出十分烦躁的样子。到了黄昏时分,他突然感到身上十分爽快,好像一切病痛之态都消失了。眼睛也突然一亮,这种光彩已消逝了一个多月,今天却又重新出现。几位太医连忙会诊,他们凑到外厅,谁也不敢说出自己的正确判断:这便是回光返照。

龙榻上的咸丰皇帝感到肚子饿了,他竟吃下一碗燕窝粥。他向上耸了耸身子,不咳也不喘,好像一切病痛都没了,不过,他的心底更沉了,聪明的天子恍然大悟:自己的时间不多了!

"传肃顺、载垣、端华、景寿、穆荫、匡源、杜翰、焦佑瀛八大臣。"

"嗻。"

早已等候在外的八大臣,一个个低着头轻轻走了进来,他们在肃顺的带领下,齐跪在龙榻前,他们依然口呼"万岁"。然后房内鸦雀无声,包括太监、宫女在内二十几个人,大家屏住呼吸,连落根银针在地,都能听得见响声。

八大臣心里明白,皇上一定是要临终托孤,所以,他们既难过又高兴。咸丰皇帝环视了一下跪在面前的八位大臣,然后开口道:"朕再颁最后一道谕旨。"

"皇上。"

肃顺欲言又止,几位大臣泪如雨下,咸丰皇帝摆摆手,以示"都不要再哭了"。咸丰皇帝十分清醒,他一字一句地说:"朕在位十一年,内忧外患竟十年,如今朕再无力回銮,看来,朕回不了京城了。"

几个大臣再也忍不住,恸哭起来。咸丰皇帝苦笑了一下,接着说:"皇长子载淳,著立为皇太子,著派载垣、端华、景寿、肃顺、穆荫、匡源、杜翰、焦佑瀛尽心辅弼,赞襄一切政务,特谕。"

八大臣听罢,心中大喜,但又不便流露出喜悦之情,便齐声说:"臣等一定尽力辅助大阿哥,效忠朝廷。"

咸丰皇帝苦笑着说:"朕这就放心了。传大阿哥,朕想再看一看他。"

"嗻。"

御前太监们岂敢怠慢,忙跑去接小皇子,生怕迟了,父子难以相见。这时,诸王进殿,参见皇上,老态龙钟的惠亲王绵愉满脸泪痕跪在龙榻前,眼看着皇侄爱新觉罗·奕詝将长辞人间,他老泪纵横,哽咽得说不出话来。

"五叔,我怕是不行了。"

"皇上放宽心,调养几日便会好一些,别想那么多。"

老亲王泪如雨下,八大臣发出哭声,咸丰皇帝也掉下了眼泪。这时,门外传来小皇子那稚嫩的童音:"阿玛,阿玛。"

大阿哥跑了进来,他已经十几天没见到阿玛,今天一大早张文亮就说:"阿哥不用去上书房,阿哥好乖,等会儿奴才带你去看望皇上。"

小皇子觉得大家都有些怪怪的。平日里,他贪玩时不想去上书房,可人们总要又劝又哄,非让他去读书不可,可今天为什么不用去上书房。现在,~到烟波致爽殿,幼小的他更纳闷了,这儿鸦雀无声,太监、宫女们没有一个敢出大气的,而且大殿外面围满了许多人,个个身着官服,都冷峻无比,没有一个露笑容的。

小皇子抬头一看,把他吓了一大跳,这哪儿是阿玛,往日阿玛精神饱满、英俊健美。而现在睡在龙榻上的阿玛却活像一个死人,脸色蜡黄、目光呆滞,脸瘦得像刀削的一样。小皇子有些惊呆了,他迟迟不敢上前。惠亲王拉住小皇子的手,说:"阿哥,快去拉拉阿玛的手。"

小皇子这才胆怯地上前几步,咸丰皇帝努力地微笑了一下,说:"阿哥,来,坐到阿玛面前。"

"阿玛。"

小皇子扑到咸丰皇帝的怀里,咸丰皇帝再也控制不住自己,哽咽着,泪水落到了儿子那红苹果一般的小脸上。小皇子有些莫名其妙,他傻傻地望着父皇,一声不响。咸丰皇帝抚摸着儿子的秀发,说:"阿哥,去,给他们作个揖,他们是阿玛所托的八大臣。"

八大臣纷纷摆手,不敢接受。可是咸丰皇帝坚持要这么做,惠亲王牵着载淳的手,走到八大臣的面前,八大臣并排站着。小皇子向他们作了个揖,八大臣连忙下跪还礼,咸丰皇帝心里稍稍有了一些安慰,他算当面托孤了。

"都跪安吧!"

咸丰皇帝感到一阵眩晕,他想睡一会儿。众人退下后,咸丰皇帝昏昏沉沉也不知过了多少时间,当他朦朦胧胧醒来的时候,发现皇后正坐在自己的身边无语抹眼泪。他伸出无力的手握住皇后的玉指:"皇后,你来了。"

皇后温情地凝视着咸丰皇帝,仍没说什么,只是泪如泉涌。咸丰皇帝想为她抹去泪水,可是,他总觉得胳臂像灌了铅一样,抬不起来。

"皇后,我不行了,留下你们孤儿寡母,以后你们自己多保重。"

咸丰皇帝说话都有些吃力,皇后轻轻点头,并不让他再说什么。咸丰皇帝抬起手来指一指玉枕下面,皇后明白他想拿什么东西,于是起身动手掀开玉枕。

是一枚印章,上写"御赏",旁边还有一个纸条。皇后打开一看,上面有一行小字:"……如恃子为帝,骄纵不法,卿可按祖宗家法治之,特谕。"

皇后有些惶恐,咸丰皇帝凝视着皇后,断断续续地说:"我不在了,你那么善良、宽厚,只怕日后有人欺负于你。到那时可持此谕保护你自己。"

皇后眼含泪水说:"谢皇上。"

"谢什么呢,你我夫妻一场,也没让你享几天福,你连个阿哥都没生,每每想到这些,我心里就觉得有愧于你。"

"皇上,快别说了。"

皇后一把搂住咸丰皇帝,两人的泪水打湿了锦被。这时一个女人低泣声传了进来,咸丰皇帝有气无力地说:"是兰儿在外面哭?让她进来吧。"

懿贵妃已经哭成个泪人儿,她跟在宫女后面,掩面低泣。咸丰皇帝轻声说:"兰儿,别哭了,朕即将辞世,真不忍心撇下你们孤儿寡母。"

懿贵妃一手拉着皇后,一手拉着咸丰皇帝,只哭不说话。一时间,三个人沉浸在悲痛之中。咸丰皇帝努力动了一下身子,从锦被下掏出一枚印章,断断续续地说:"这枚'同道堂'赐兰儿,日后下达诏谕时,皇后的'御赏'章为印起,兰儿的'同道堂'为印讫,切切。"

懿贵妃紧攥"同道堂"印,磕头谢恩,皇后连忙扶起她,咸丰皇帝补充道:"兰儿,日后你要尊重皇后,共辅阿哥,听见了吗?"

懿贵妃哽咽着说:"皇上请放心,兰儿一定会做到的。"

"你们先下去吧,朕有些疲惫。"

咸丰皇帝的临终安排是经过深思熟虑的。当时载淳太小,必须要有辅佐他的人,因此咸丰皇帝安排了顾命八大臣。他希望通过八大臣的集体智慧和政治经验,支持载淳直到其亲政。而恭亲王奕䜣则被排斥在八大臣之外也是有咸丰皇帝的考虑的。奕䜣留守京城处理政事,对朝臣多有笼络,如果让他辅佐,恐怕会成为第二个多尔衮。再说八大臣中多为肃顺一党,咸丰皇帝难道就不怕肃顺"挟天子以令诸侯"?这个咸丰帝也想到了。八大臣之中六额驸景寿不属于"肃党",而且是一位颇有心计且又不温不过的人。有他在,肃顺之流不敢太猖狂。

另外,对于皇后和懿贵妃,咸丰皇帝也有了合理的安排,他将"御赏"与"同道堂"两枚印章交给皇后和懿贵妃,交代任何谕令都要有这两枚印章的起讫才可生效,这无形中牵制了八大臣,保证了皇权牢牢地掌握在爱新觉罗家族的手中。而且为防止母夺子权,又留给皇后密诏,如有事变,则杀懿贵妃。可见为保证皇权,咸丰皇帝最后也算是英明的了。

交代完这一切,咸丰皇帝用尽了生命的最后一丝精力,昏睡了过去。迷迷糊糊中,他看见了灿烂夺目的天宇,天庭里一片辉煌,万道霞光如绸缎一般铺进了承德避暑山庄烟波致爽殿,仿佛是通往天宇的地毯,霞光的另一端的天庭回荡着一个亲切的声音:"奕詝,我的好儿子,额娘走后,你一切都好吗?"

好像是亲生母亲的声音,咸丰皇帝仔细一看,一双明眸如皓月,一双弯眉如柳叶,笑容慈爱,正是已经离去二十多年的生母全皇后。她一点没变,还是那么漂亮,仿佛是天上的仙女。

"额娘,额娘。"咸丰皇帝急切的呼唤着。

"儿呀,额娘来接你了,额娘要带你去一个天宇胜境,那里幸福、快乐、

祥和,不会再有痛苦、伤害,儿啊,赶快随额娘去吧。"

说罢,孝全成皇后的身影便消失在霞光的尽头。咸丰皇帝急了,他多想额娘留在身边,他使出全身的力气大叫:"额娘,等等我。"

"皇上,皇上,醒一醒。"

依然昏昏沉沉的咸丰皇帝,好像感受到母亲温暖的双手正在抚摸自己,他想抓住那只手。

"啊,真是额娘的手,好柔,好柔。"

"皇上、皇上,好一点儿吗?"

听到温柔的呼唤声,昏迷中咸丰皇帝清醒了过来。他看见皇后坐在身边,拉着自己的手,目光殷切。

"皇后,我刚才看见额娘了,她来接我了。"

皇后听到咸丰皇帝的这句话,泪水再也止不住了,"皇上,你昏睡了好长时间,要不要吃点东西。"皇后不敢表现过多的悲痛,只好转移话题。

"哦,是些饿了,想吃点儿冰糖煨燕窝。"

"皇上,你先睡一会,一会就取来了。"

咸丰皇帝点了点头闭上了双眼。他睡得好沉,好沉,任凭爱妻,爱妃,爱子怎么呼唤他再也没有醒来。

一八六一年八月二十二日晨,咸丰皇帝殡天了。